I0826018

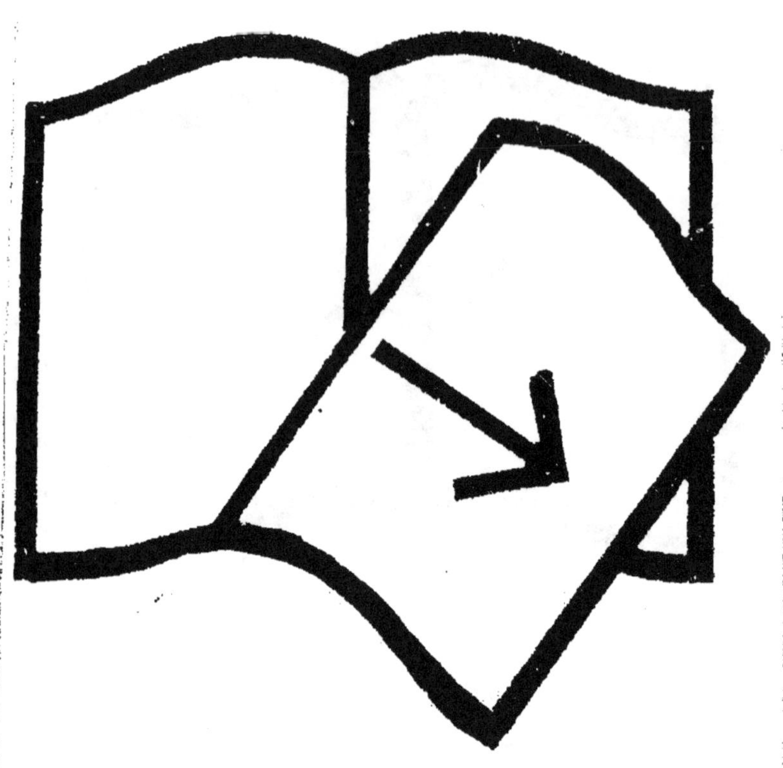

Couvertures supérieure et inférieure manquantes

LA GUERRE ET LA PAIX

COULOMMIERS. — TYPOG. PAUL BRODARD ET Cie.

COMTE LÉON TOLSTOÏ

LA GUERRE ET LA PAIX

ROMAN HISTORIQUE

TRADUIT AVEC L'AUTORISATION DE L'AUTEUR

PAR

UNE RUSSE

TOME PREMIER

AVANT TILSITT

1805 — 1807

PARIS

LIBRAIRIE HACHETTE ET Cie

79, BOULEVARD SAINT-GERMAIN, 79

1884

LA GUERRE ET LA PAIX

PREMIÈRE PARTIE

AVANT TILSITT

1805 — 1807

CHAPITRE PREMIER

I

« Eh bien, prince, que vous disais-je? Gênes et Lucques sont devenues les propriétés de la famille Bonaparte. Aussi, je vous le déclare d'avance, vous cesserez d'être mon ami, mon fidèle esclave, comme vous dites, si vous continuez à nier la guerre et si vous vous obstinez à défendre plus longtemps les horreurs et les atrocités commises par cet Antéchrist..., car c'est l'Antéchrist en personne, j'en suis sûre! Allons, bonjour, cher prince; je vois que je vous fais peur... asseyez-vous ici, et causons [1]... »

Ainsi s'exprimait en juillet 1805 Anna Pavlovna Schérer, qui était demoiselle d'honneur de Sa Majesté l'impératrice Marie Féodorovna et qui faisait même partie de l'entourage intime de Sa Majesté. Ces paroles s'adressaient au prince Basile, personnage grave et officiel, arrivé le premier à sa soirée.

Mlle Schérer toussait depuis quelques jours; c'était une grippe, disait-elle (le mot « grippe » était alors une expression toute nouvelle et encore peu usitée).

1. En français dans le texte. (*Note du traducteur.*)

I. — 1

Un laquais en livrée rouge — la livrée de la cour — avait colporté le matin dans toute la ville des billets qui disaient invariablement : « Si vous n'avez rien de mieux à faire, monsieur le Comte ou Mon Prince, et si la perspective de passer la soirée chez une pauvre malade ne vous effraye pas trop, je serai charmée de vous voir chez moi entre sept et huit. — ANNA SCHÉRER [1]. »

« Grand Dieu! quelle virulente sortie! » répondit le prince, sans se laisser émouvoir par cette réception.

Le prince portait un uniforme de cour brodé d'or, chamarré de décorations, des bas de soie et des souliers à boucles; sa figure plate souriait aimablement; il s'exprimait en français, ce français recherché dont nos grands-pères avaient l'habitude jusque dans leurs pensées, et sa voix avait ces inflexions mesurées et protectrices d'un homme de cour influent et vieilli dans ce milieu.

Il s'approcha d'Anna Pavlovna, lui baisa la main, en inclinant sa tête chauve et parfumée, et s'installa ensuite à son aise sur le sofa.

« Avant tout, chère amie, rassurez-moi, de grâce, sur votre santé, continua-t-il d'un ton galant, qui laissait pourtant percer la moquerie et même l'indifférence à travers ses phrases d'une politesse banale.

— Comment pourrais-je me bien porter, quand le moral est malade? Un cœur sensible n'a-t-il pas à souffrir de nos jours? Vous voilà chez moi pour toute la soirée, j'espère?

— Non, malheureusement : c'est aujourd'hui mercredi; l'ambassadeur d'Angleterre donne une grande fête, et il faut que j'y paraisse; ma fille viendra me chercher.

— Je croyais la fête remise à un autre jour, et je vous avouerai même que toutes ces réjouissances et tous ces feux d'artifice commencent à m'ennuyer terriblement.

— Si l'on avait pu soupçonner votre désir, on aurait certainement remis la réception, répondit le prince machinalement, comme une montre bien réglée, et sans le moindre désir d'être pris au sérieux.

— Ne me taquinez pas, voyons; et vous, qui savez tout, dites-moi ce qu'on a décidé à propos de la dépêche de Novosiltzow?

— Que vous dirai-je? reprit le prince avec une expression

1. En français dans le texte. (*Note du traducteur.*)

de fatigue et d'ennui..... Vous tenez à savoir ce qu'on a décidé? Eh bien, on a décidé que Bonaparte a brûlé ses vaisseaux, et il paraîtrait que nous sommes sur le point d'en faire autant. »

Le prince Basile parlait toujours avec nonchalance, comme un acteur qui répète un vieux rôle. Mlle Schérer affectait au contraire, malgré ses quarante ans, une vivacité pleine d'entrain. Sa position sociale était de passer pour une femme enthousiaste; aussi lui arrivait-il parfois de s'exalter à froid, sans en avoir envie, rien que pour ne pas tromper l'attente de ses connaissances. Le sourire à moitié contenu qui se voyait toujours sur sa figure n'était guère en harmonie, il est vrai, avec ses traits fatigués, mais il exprimait la parfaite conscience de ce charmant défaut, dont, à l'imitation des enfants gâtés, elle ne pouvait ou ne voulait pas se corriger. La conversation politique qui s'engagea acheva d'irriter Anna Pavlovna.

« Ah! ne me parlez pas de l'Autriche! Il est possible que je n'y comprenne rien; mais, à mon avis, l'Autriche n'a jamais voulu et ne veut pas la guerre! Elle nous trahit : c'est la Russie toute seule qui délivrera l'Europe! Notre bienfaiteur a le sentiment de sa haute mission, et il n'y faillira pas! J'y crois, et j'y tiens de toute mon âme! Un grand rôle est réservé à notre empereur bien-aimé, si bon, si généreux! Dieu ne l'abandonnera pas! Il accomplira sa tâche et écrasera l'hydre des révolutions, devenue encore plus hideuse, si c'est possible, sous les traits de ce monstre, de cet assassin! C'est à nous de racheter le sang du juste! A qui se fier, je vous le demande? L'Angleterre a l'esprit trop mercantile pour comprendre l'élévation d'âme de l'empereur Alexandre! Elle a refusé de céder Malte. Elle attend, elle cherche une arrière-pensée derrière nos actes. Qu'ont-ils dit à Novosiltzow? Rien! Non, non, ils ne comprennent pas l'abnégation de notre souverain, qui ne désire rien pour lui-même et ne veut que le bien général! Qu'ont-ils promis? Rien, et leurs promesses mêmes sont nulles! La Prusse n'a-t-elle pas déclaré Bonaparte invincible et l'Europe impuissante à le combattre? Je ne crois ni à Hardenberg, ni à Haugwitz! Cette fameuse neutralité prussienne n'est qu'un piège [1]! Mais j'ai foi en Dieu et dans la haute destinée de notre cher empereur, le sauveur de l'Europe! »

Elle s'arrêta tout à coup, en souriant doucement à son propre entraînement.

1. En français dans le texte.

« Que n'êtes-vous à la place de notre aimable Wintzingerode ! Grâce à votre éloquence, vous auriez emporté d'assaut le consentement du roi de Prusse ; mais... me donnerez-vous du thé ?

— A l'instant !... A propos, ajouta-t-elle en reprenant son calme, j'attends ce soir deux hommes fort intéressants, le vicomte de Mortemart, allié aux Montmorency par les Rohan, une des plus illustres familles de France, un des bons émigrés, un vrai ! L'autre, c'est l'abbé Morio, cet esprit si profond !... Vous savez qu'il a été reçu par l'empereur !

— Ah ! je serai charmé !... Mais dites-moi, je vous prie, continua le prince avec une nonchalance croissante, comme s'il venait seulement de songer à la question qu'il allait faire, tandis qu'elle était le but principal de sa visite, dites-moi s'il est vrai que Sa Majesté l'impératrice mère ait désiré la nomination du baron Founcke au poste de premier secrétaire à Vienne ? Le baron me paraît si nul ! » Le prince Basile convoitait pour son fils ce même poste, qu'on tâchait de faire obtenir au baron Founcke par la protection de l'impératrice Marie Féodorovna. Anna Pavlovna couvrit presque entièrement ses yeux en abaissant ses paupières ; cela voulait dire que ni elle ni personne ne savait ce qui pouvait convenir ou déplaire à l'impératrice.

« Le baron Founcke a été recommandé à l'impératrice mère par la sœur de Sa Majesté, » dit-elle d'un ton triste et sec.

En prononçant ces paroles, Anna Pavlovna donna à sa figure l'expression d'un profond et sincère dévouement avec une teinte de mélancolie ; elle prenait cette expression chaque fois qu'elle prononçait le nom de son auguste protectrice, et son regard se voila de nouveau lorsqu'elle ajouta que Sa Majesté témoignait beaucoup d'estime au baron Founcke.

Le prince se taisait, avec un air de profonde indifférence, et pourtant Anna Pavlovna, avec son tact et sa finesse de femme, et de femme de cour, venait de lui allonger un petit coup de griffe, pour s'être permis un jugement téméraire sur une personne recommandée aux bontés de l'impératrice ; mais elle s'empressa aussitôt de le consoler :

« Parlons un peu des vôtres ! Savez-vous que votre fille fait les délices de la société depuis son apparition dans le monde ? On la trouve belle comme le jour ! »

Le prince fit un salut qui exprimait son respect et sa reconnaissance.

« Que de fois n'ai-je pas été frappée de l'injuste répartition du bonheur dans cette vie, continua Anna Pavlovna, après un instant de silence. Elle se rapprocha du prince avec un aimable sourire pour lui faire comprendre qu'elle abandonnait le terrain de la politique et les causeries de salon pour commencer un entretien intime : « Pourquoi, par exemple, le sort vous a-t-il accordé de charmants enfants tels que les vôtres, à l'exception pourtant d'Anatole, votre cadet, que je n'aime pas? ajouta-t-elle avec la décision d'un jugement sans appel et en levant les sourcils. Vous êtes le dernier à les apprécier, vous ne les méritez donc pas..... »

Et elle sourit de son sourire enthousiaste.

« Que voulez-vous? dit le prince. Lavater aurait certainement découvert que je n'ai pas la bosse de la paternité.

— Trêve de plaisanteries! il faut que je vous parle sérieusement. Je suis très mécontente de votre cadet, entre nous soit dit. On a parlé de lui chez Sa Majesté (sa figure, à ces mots, prit une expression de tristesse), et on vous a plaint. »

Le prince ne répondit rien. Elle le regarda en silence et attendit.

« Je ne sais plus que faire, reprit-il avec humeur. Comme père, j'ai fait ce que j'ai pu pour leur éducation, et tous les deux ont mal tourné. Hippolyte du moins est un imbécile paisible, tandis qu'Anatole est un imbécile turbulent; c'est la seule différence qu'il y ait entre eux! »

Il sourit cette fois plus naturellement, plus franchement, et quelque chose de grossier et de désagréable se dessina dans les replis de sa bouche ridée.

« Les hommes comme vous ne devraient pas avoir d'enfants; si vous n'étiez pas père, je n'aurais aucun reproche à vous adresser, lui dit d'un air pensif Mlle Schérer.

— Je suis votre fidèle esclave, vous le savez; aussi est-ce à vous seule que je puis me confesser; mes enfants ne sont pour moi qu'un lourd fardeau et la croix de mon existence; c'est ainsi que je les accepte. Que faire?... » Et il se tut, en exprimant par un geste sa soumission à la destinée.

Anna Pavlovna parut réfléchir.

« N'avez-vous jamais songé à marier votre fils prodigue, Anatole? Les vieilles filles ont, dit-on, la manie de marier les gens; je ne crois pas avoir cette faiblesse, et pourtant j'ai une jeune fille en vue pour lui, une parente à nous, la princesse Bolkonsky, qui est très malheureuse auprès de son père. »

Le prince Basile ne dit rien, mais un léger mouvement de tête indiqua la rapidité de ses conclusions, rapidité familière à un homme du monde, et son empressement à enregistrer ces circonstances dans sa mémoire.

« Savez-vous bien que cet Anatole me coûte quarante mille roubles par an? soupira-t-il en donnant un libre cours à ses tristes pensées. Que sera-ce dans cinq ans, s'il y va de ce train? Voilà l'avantage d'être père!... Est-elle riche, votre princesse?

— Son père est très riche et très avare! Il vit chez lui, à la campagne. C'est ce fameux prince Bolkonsky auquel on a fait quitter le service du vivant de feu l'empereur et qu'on avait surnommé « le roi de Prusse ». Il est fort intelligent, mais très original et assez difficile à vivre. La pauvre enfant est malheureuse comme les pierres. Elle n'a qu'un frère, qui a épousé depuis peu Lise Heinenn et qui est aide de camp de Koutouzow. Vous le verrez tout à l'heure.

— De grâce, chère Annette, dit le prince en saisissant tout à coup la main de Mlle Schérer, arrangez-moi cette affaire, et je serai à tout jamais le plus fidèle de vos *esclafes*, comme l'écrit mon *starost* [1] au bas de ses rapports. Elle est de bonne famille et riche, c'est juste ce qu'il me faut. »

Et là-dessus, avec la familiarité de geste élégante et aisée qui le distinguait, il baisa la main de la demoiselle d'honneur, puis, après l'avoir serrée légèrement, il s'enfonça dans son fauteuil en regardant d'un autre côté.

« Eh bien, écoutez, dit Anna Pavlovna, j'en causerai ce soir même avec Lise Bolkonsky. Qui sait? cela s'arrangera peut-être! Je vais faire, dans l'intérêt de votre famille, l'apprentissage de mon métier de vieille fille.

II

Le salon d'Anna Pavlovna s'emplissait peu à peu : la fine fleur de Pétersbourg y était réunie; cette réunion se composait, il est vrai, de personnes dont le caractère et l'âge différaient beaucoup, mais qui étaient toutes du même bord. La

1. Bailli du village. (*Note du traducteur.*)

fille du prince Basile, la belle Hélène, venait d'arriver pour emmener son père et se rendre avec lui à la fête de l'ambassadeur d'Angleterre. Elle était en toilette de bal, avec le chiffre de demoiselle d'honneur à son corsage. La plus séduisante femme de Pétersbourg, la toute jeune et toute mignonne princesse Bolkonsky, y était également. Mariée l'hiver précédent, sa situation intéressante, tout en lui interdisant les grandes réunions, lui permettait encore de prendre part aux soirées intimes. On y voyait aussi le prince Hippolyte, fils du prince Basile, suivi de Mortemart, qu'il présentait à ses connaissances, l'abbé Morio, et bien d'autres.

« Avez-vous vu ma tante? » ou bien : « Ne connaissez-vous pas ma tante? » répétait invariablement Anna Pavlovna à chacun de ses invités en les conduisant vers une petite vieille coiffée de nœuds gigantesques, qui venait de faire son apparition. Mlle Schérer portait lentement son regard du nouvel arrivé sur « sa tante » en le lui présentant, et la quittait aussitôt pour en amener d'autres. Tous accomplissaient la même cérémonie auprès de cette tante inconnue et inutile, qui n'intéressait personne. Anna Pavlovna écoutait et approuvait l'échange de leurs civilités, d'un air à la fois triste et solennel. La tante employait toujours les mêmes termes, en s'informant de la santé de chacun, en parlant de la sienne propre et de celle de Sa Majesté l'impératrice, « laquelle, Dieu merci, était devenue meilleure ». Par politesse, on tâchait de ne pas marquer trop de hâte en s'esquivant, et l'on se gardait bien de revenir auprès de la vieille dame une seconde fois dans la soirée. La jeune princesse Bolkonsky avait apporté son ouvrage dans un *ridicule* de velours brodé d'or. Sa lèvre supérieure, une ravissante petite lèvre, ombragée d'un fin duvet, ne parvenait jamais à rejoindre la lèvre inférieure; mais, malgré l'effort visible qu'elle faisait pour s'abaisser ou se relever, elle n'en était que plus gracieuse, malgré ce léger défaut tout personnel et original, privilège des femmes véritablement attrayantes, car cette bouche à demi ouverte lui prêtait un charme de plus. Chacun admirait cette jeune femme, pleine de vie et de santé, qui, à la veille d'être mère, portait si légèrement son fardeau. Après avoir échangé quelques mots avec elle, tous, jeunes gens ennuyés ou vieillards moroses, se figuraient qu'ils étaient bien près de lui ressembler, ou qu'ils avaient été particulièrement aimables, grâce à son gai sourire, qui à chaque parole faisait briller ses petites dents blanches.

La petite princesse fit le tour de la table à petits pas et en se dandinant; puis, après avoir arrangé les plis de sa robe, elle s'assit sur le canapé à côté du samovar, de l'air d'une personne qui n'avait eu dans tout cela qu'un seul but, son propre plaisir et celui des autres.

« J'ai apporté mon ouvrage, dit-elle en ouvrant son sac et en s'adressant à la société en général. — Prenez garde, Annette, n'allez pas me jouer quelque méchant tour; vous m'avez écrit que votre soirée serait toute petite; aussi voyez comme me voilà attifée... » Et elle étendit les bras pour mieux faire valoir son élégante robe grise, garnie de dentelles, et serrée un peu au-dessous de la gorge par une large ceinture.

« Soyez tranquille, Lise, vous serez malgré tout la plus jolie.

— Savez-vous que mon mari m'abandonne? continua-t-elle, en s'adressant du même ton à un général : il va se faire tuer!

— A quoi bon cette horrible guerre? » dit-elle au prince Basile.

Et, sans attendre sa réponse, elle se mit à causer avec la fille du prince, la belle Hélène.

« Quelle gentille personne que cette petite princesse, » dit tout bas le prince Basile à Anna Pavlovna!

Bientôt après, un jeune homme, gros et lourd, aux cheveux ras, fit son entrée dans le salon. Il portait des lunettes, un pantalon clair à la mode de l'époque, un immense jabot et un habit brun. C'était le fils naturel du comte Bésoukhow, un grand seigneur très connu du temps de Catherine et qui se mourait en ce moment à Moscou. Le jeune homme n'avait encore fait choix d'aucune carrière; il arrivait de l'étranger, où il avait été élevé, et se montrait pour la première fois dans le monde. Anna Pavlovna l'accueillit avec le salut dont elle gratifiait ses hôtes les plus obscurs. Pourtant, à la vue de Pierre, et malgré ce salut d'un ordre inférieur, sa figure exprima un mélange d'inquiétude et de crainte, sentiment que l'on éprouve à la vue d'un objet colossal qui ne serait pas à sa place. Pierre était effectivement d'une stature plus élevée que les autres invités; mais l'inquiétude d'Anna Pavlovna provenait d'une autre cause : elle craignait ce regard bon et timide, observateur et sincère, qui le distinguait du reste de la compagnie.

« C'est on ne peut plus aimable à vous, monsieur Pierre, d'être venu voir une pauvre malade, » dit-elle en échangeant avec sa tante des regards troublés pendant qu'elle le lui présentait.

Pierre balbutia quelque chose d'inintelligible, en continuant à laisser errer ses yeux autour de lui. Tout à coup il sourit gaiement et salua la petite princesse comme une de ses bonnes connaissances, puis il s'inclina devant « la tante ». Anna Pavlovna avait bien raison de s'inquiéter, car Pierre quitta « la tante » brusquement, sans même attendre la fin de sa phrase sur la santé de Sa Majesté. Elle l'arrêta tout effrayée :

« Connaissez-vous l'abbé Morio? lui dit-elle. C'est un homme fort intéressant.

— Oui, j'ai entendu parler de son projet d'une paix perpétuelle; c'est très spirituel..., mais ce n'est guère praticable.

— Croyez-vous? » dit Anna Pavlovna, pour dire quelque chose, en rentrant dans son rôle de maîtresse de maison.

Mais Pierre se rendit coupable d'une seconde incivilité : il venait d'abandonner une de ses interlocutrices, sans attendre la fin de sa phrase, et maintenant il retenait l'autre, qui voulait s'éloigner, en lui expliquant, la tête penchée et ses grands pieds solidement rivés au parquet, pourquoi le projet de l'abbé Morio n'était qu'une utopie.

« Nous en causerons plus tard, » dit en souriant Mlle Schérer.

S'étant débarrassée de ce jeune homme, qui ne savait pas vivre, elle retourna à ses occupations, écoutant, regardant, prête à intervenir sur les points faibles et à remettre à flot une conversation languissante. Elle imitait en cela la conduite d'un contremaître de filature, qui, en se promenant au milieu de ses ouvriers, remarque l'immobilité ou le son criard, inusité, bruyant, d'un fuseau, et s'empresse à l'instant de l'arrêter ou de le lancer. Telle Anna Pavlovna se promenait dans son salon, s'approchait tour à tour d'un groupe silencieux ou d'un cercle bavard; un mot de sa bouche, un déplacement de personnes habilement opéré, remontait la machine à conversation, qui continuait à tourner d'un mouvement égal et convenable. La crainte que lui inspirait Pierre se trahissait au milieu de ses soucis; en le suivant des yeux, elle le vit se rapprocher pour écouter ce qui se disait autour de Mortemart et gagner ensuite le cercle de l'abbé Morio. Quant à Pierre, élevé à l'étranger, c'était sa première soirée en Russie; il savait qu'il avait autour de lui tout ce que Pétersbourg contenait d'intelligent, et ses yeux s'écarquillaient en passant rapidement de l'un à l'autre, comme ceux d'un enfant dans un magasin de joujoux, tant il craignait de manquer une conversation frappée au coin de l'esprit. En regardant ces personnages dont les figures étaient distinguées et pleines d'assurance, il en attendait toujours un mot fin et spirituel. La conversation de l'abbé Morio l'ayant attiré, il s'arrêta, cherchant une occasion de donner son avis : car c'est le faible de tous les jeunes gens.

III

La soirée d'Anna Pavlovna était lancée, les fuseaux travaillaient dans tous les coins, sans interruption. A l'exception de la tante, assise près d'une autre dame âgée dont le visage était creusé par les larmes et qui se trouvait un peu dépaysée dans cette brillante société, les invités s'étaient divisés en trois groupes. Au centre du premier, où dominait l'élément masculin, se tenait l'abbé ; le second, composé de jeunes gens, entourait Hélène, la beauté princière, et la princesse Bolkonsky, cette charmante petite femme, si jolie et si fraîche, quoiqu'un peu trop forte pour son âge ; le troisième s'était formé autour de Mortemart et de Mlle Schérer.

Le vicomte, dont le visage était doux et les manières agréables, posait pour l'homme célèbre ; mais, par bienséance, il laissait modestement à la société qui l'entourait le soin de faire les honneurs de sa personne. Anna Pavlovna en profitait visiblement à la façon d'un bon maître d'hôtel, qui vous recommande, comme un mets choisi et recherché, certain morceau qui, préparé par un autre, n'aurait pas été mangeable : elle avait ainsi servi à ses invités le vicomte d'abord, et l'abbé ensuite, deux bouchées d'une exquise délicatesse. Autour de Mortemart, on causait de l'assassinat du duc d'Enghien. Le vicomte soutenait que le duc était mort par grandeur d'âme, et que Bonaparte avait des raisons personnelles de lui en vouloir.

« Ah oui ! contez-nous cela, vicomte, » dit gaiement Anna Pavlovna, qui avait trouvé dans cette phrase : « contez-nous cela, vicomte, » un vague parfum Louis XV.

Le vicomte sourit et s'inclina en signe d'assentiment. Il se fit un cercle autour de lui, tandis qu'Anna Pavlovna invitait les gens à l'écouter.

« Le vicomte, dit-elle tout bas à son voisin, connaissait le duc intimement ; le vicomte, répéta-t-elle en se tournant vers un autre, est un conteur admirable ; le vicomte (ceci s'adressait à un troisième) appartient au meilleur monde, cela se voit tout de suite. »

Voilà comment le vicomte se trouvait offert au public comme un gibier rare, avec la manière d'offrir la plus distinguée et la plus alléchante; il souriait avec finesse au moment de commencer son récit.

« Venez vous asseoir ici, ma chère Hélène, » dit Anna Pavlovna en s'adressant à la belle jeune fille qui était le centre d'un autre groupe.

La princesse Hélène garda en se levant cet inaltérable sourire qu'elle avait sur les lèvres depuis son entrée et qui était son apanage de beauté sans rivale. Frôlant à peine, de sa toilette blanche garnie de lierre et d'herbages, les hommes, qui se reculaient pour la laisser passer, elle avança toute scintillante du feu des pierreries, du lustre de ses cheveux, de l'éblouissante blancheur de ses épaules, symbole vivant de l'éclat d'une fête. Elle ne regardait personne ; mais, souriant à tous, elle accordait pour ainsi dire à chacun le droit d'admirer la beauté de sa taille, ses épaules si rondes, que son corsage échancré à la mode du jour laissait à découvert, ainsi qu'une partie de la gorge et du dos. Hélène était si merveilleusement belle qu'elle ne pouvait avoir l'ombre de coquetterie; elle se sentait en entrant comme gênée d'une beauté si parfaite et si triomphante, et elle aurait désiré en affaiblir l'impression, qu'elle n'aurait pu y réussir.

« Qu'elle est belle! » s'écriait-on en la regardant.

Le vicomte eut un mouvement d'épaules en baissant les yeux, comme frappé par une apparition surnaturelle, pendant qu'Hélène s'asseyait près de lui, en l'éclairant, lui aussi, de son éternel sourire.

« Je suis, dit-il, tout intimidé devant un pareil auditoire. »

Hélène, appuyant son beau bras sur une table, ne jugea pas nécessaire de répondre; elle souriait et attendait. Tout le temps que dura le récit, elle se tint droite, abaissant parfois son regard sur sa belle main potelée, sur sa gorge encore plus belle, jouant avec le collier de diamants qui l'ornait, étalant sa robe, et se retournant aux endroits dramatiques vers Anna Pavlovna, pour imiter l'expression de sa physionomie et reprendre ensuite son calme et placide sourire.

La petite princesse avait également quitté la table de thé.

« Attendez, je vais prendre mon ouvrage. Eh bien! que faites-vous? A quoi pensez-vous? dit-elle à Hippolyte. Apportez-moi donc mon *ridicule.* »

La princesse, riant et parlant à la fois, avait causé un déplacement général.

« Je suis très bien ici, » continua-t-elle en s'asseyant pour recevoir son *ridicule* des mains du prince Hippolyte, qui avança un fauteuil et se plaça à côté d'elle.

Le « charmant Hippolyte » ressemblait d'une manière frappante à sa sœur, « la belle des belles, » quoiqu'il fût remarquablement laid. Les traits étaient les mêmes, mais chez sa sœur ils étaient transfigurés par ce sourire invariablement radieux, satisfait, plein de jeunesse, et par la perfection classique de toute sa personne; sur le visage du frère se peignait au contraire l'idiotisme, joint à une humeur constamment boudeuse; sa personne était faible et malingre; ses yeux, son nez, sa bouche paraissaient se confondre en une grimace indéterminée et ennuyée, tandis que ses pieds et ses mains se tordaient et prenaient des poses impossibles.

« Est-ce une histoire de revenants? demanda-t-il en portant son lorgnon à ses yeux comme si cet objet devait lui rendre l'élocution plus facile.

— Pas le moins du monde, dit le narrateur stupéfait.

— C'est que je ne puis les souffrir, » reprit Hippolyte, et l'on comprit à son air qu'il avait senti après coup la portée de ses paroles; mais il avait tant d'aplomb qu'on se demandait, chaque fois qu'il parlait, s'il était bête ou spirituel. Il portait un habit à pans, vert foncé, des *inexpressibles* couleur « chair de nymphe émue », selon sa propre expression, des bas et des souliers à boucles.

Le vicomte conta fort agréablement l'anecdote qui circulait sur le duc d'Enghien; il s'était, disait-on, rendu secrètement à Paris pour voir Mlle Georges, et il y avait rencontré Bonaparte, que l'éminente artiste favorisait également. La conséquence de ce hasard malheureux avait été pour Napoléon un de ces évanouissements prolongés auxquels il était sujet et qui l'avait mis au pouvoir de son ennemi. Le duc n'en avait pas profité; mais Bonaparte s'était vengé plus tard de cette généreuse conduite en le faisant assassiner. Ce récit, plein d'intérêt, devenait surtout émouvant au moment de la rencontre des deux rivaux, et les dames s'en montrèrent émues.

« C'est charmant, murmura Anna Pavlovna en interrogeant des yeux la petite princesse.

— Charmant! » reprit la petite princesse en piquant son

aiguille dans son ouvrage pour faire voir que l'intérêt et le charme de l'histoire interrompaient son travail.

Le vicomte goûta fort cet éloge muet, et il s'apprêtait à continuer lorsqu'Anna Pavlovna, qui n'avait pas cessé de surveiller le terrible Pierre, le voyant aux prises avec l'abbé, se précipita vers eux pour prévenir le danger. Pierre avait en effet réussi à engager l'abbé dans une conversation sur l'équilibre politique, et l'abbé, visiblement enchanté de l'ardeur ingénue de son jeune interlocuteur, lui développait tout au long son projet tendrement caressé; tous deux parlaient haut, avec vivacité et avec entrain, et c'était là ce qui avait déplu à la demoiselle d'honneur.

« Quel moyen? Mais l'équilibre européen et le droit des gens, disait l'abbé... Un seul empire puissant comme la Russie, réputée barbare, se mettant honnêtement à la tête d'une alliance qui aurait pour but l'équilibre de l'Europe, et le monde serait sauvé!

— Mais comment parviendrez-vous à établir cet équilibre? » disait Pierre, au moment où Anna Pavlovna, lui jetant un regard sévère, demandait à l'Italien comment il supportait le climat du Nord. La figure de ce dernier changea subitement d'expression; et il prit cet air doucereusement affecté qui lui était habituel avec les femmes.

« Je subis trop vivement le charme de l'esprit et de la culture intellectuelle de la société féminine surtout, dans laquelle j'ai l'honneur d'être reçu, pour avoir eu le loisir de songer au climat, » répondit-il, tandis que Mlle Schérer s'empressait de les rapprocher, Pierre et lui, du cercle général, afin de ne les point perdre de vue.

Au même moment, un nouveau personnage fit son entrée dans le salon de Mlle Schérer : c'était le jeune prince Bolkonsky, le mari de la petite princesse, un joli garçon, de taille moyenne, avec des traits durs et accentués. Tout en lui, à commencer par son regard fatigué et à finir par sa démarche mesurée et tranquille, était l'opposé de sa petite femme, si vive et si remuante. Il connaissait tout le monde dans ce salon. Tous lui inspiraient un ennui profond, et il aurait payé cher pour ne plus les voir ni les entendre, sans en excepter même sa femme. Elle semblait lui inspirer plus d'antipathie que le reste, et il se détourna d'elle avec une grimace qui fit tort à sa jolie figure. Il baisa la main d'Anna Pavlovna et promena ses regards autour de lui en fronçant le sourcil.

« Vous vous préparez à faire la guerre, prince? lui dit-elle.

— Le général Koutouzow a bien voulu de moi pour aide de camp, répondit Bolkonsky en accentuant la syllabe « zow ».

— Et votre femme?

— Elle ira à la campagne.

— Comment n'avez-vous pas honte de nous priver de votre ravissante petite femme?

— André, s'écria la petite princesse, aussi coquette avec son mari qu'avec les autres, si tu savais la jolie histoire que le vicomte vient de nous conter sur Mlle Georges et Bonaparte! »

Le prince André fit de nouveau la grimace et s'éloigna.

Pierre, qui depuis son entrée l'avait suivi de ses yeux gais et bienveillants, s'approcha de lui et lui saisit la main. Le prince André ne se dérida pas pour le nouveau venu; mais, quand il eut reconnu le visage souriant de Pierre, le sien s'illumina tout à coup d'un bon et cordial sourire :

« Ah! bah! te voilà aussi dans le grand monde!

— Je savais que vous y seriez. J'irai souper chez vous; le puis-je? ajouta-t-il tout bas pour ne pas gêner le vicomte, qui parlait encore.

— Non, tu ne le peux pas, » dit André en riant et en faisant comprendre à Pierre par un serrement de main l'inutilité de sa question.

Il allait lui dire quelque chose, lorsque le prince Basile et sa fille se levèrent, et l'on se rangea pour leur faire place.

« Excusez-nous, cher vicomte, dit le prince en forçant aimablement Mortemart à rester assis; cette malencontreuse fête de l'ambassade d'Angleterre nous prive d'un plaisir et nous force à vous interrompre. Je regrette vivement, chère Anna Pavlovna, d'être obligé de quitter votre charmante soirée. »

Sa fille Hélène se fraya un chemin au milieu des chaises, en retenant sa robe d'une main, sans cesser de sourire. Pierre regarda cette beauté resplendissante avec un mélange d'extase et de terreur.

« Elle est bien belle! dit le prince André.

— Oui, » répondit Pierre.

Le prince Basile lui serra la main en passant :

« Faites-moi l'éducation de cet ours-là, dit-il en s'adressant à Mlle Schérer, je vous en supplie. Voilà onze mois qu'il demeure chez moi, et c'est la première fois que je l'aperçois dans le monde. Rien ne forme mieux un jeune homme que la société des femmes d'esprit. »

IV

Anna Pavlovna promit en souriant de s'occuper de Pierre, qu'elle savait apparenté par son père au prince Basile. La vieille dame, qui était restée assise à côté de « la tante », se leva précipitamment et rattrapa le prince Basile dans l'antichambre. Sa figure bienveillante et creusée par les larmes n'exprimait plus l'intérêt attentif qu'elle s'était efforcée de lui donner, mais elle trahissait l'inquiétude et la crainte.

« Que me direz-vous, prince, à propos de mon Boris? »

Elle prononçait le mot Boris en accentuant tout particulièrement l'*o*.

« Je ne puis rester plus longtemps à Pétersbourg. Dites-moi, de grâce, quelles nouvelles je puis rapporter à mon pauvre garçon? »

Malgré le visible déplaisir et la flagrante impolitesse du prince Basile en l'écoutant, elle lui souriait et le retenait de la main pour l'empêcher de s'éloigner.

« Que vous en coûterait-il de dire un mot à l'empereur? Il passerait tout droit dans la garde!

— Soyez assurée, princesse, que je ferai tout mon possible, mais il m'est difficile de demander cela à Sa Majesté; je vous conseillerais plutôt de vous adresser à Roumianzow par l'intermédiaire du prince Galitzine; ce serait plus prudent. »

La vieille dame portait le nom de princesse Droubetzkoï, celui d'une des premières familles de Russie; mais, pauvre et retirée du monde depuis de longues années, elle avait perdu toutes ses relations d'autrefois. Elle n'était venue à Pétersbourg que pour tâcher d'obtenir pour son fils unique l'autorisation d'entrer dans la garde. C'est dans l'espoir de rencontrer le prince Basile qu'elle était venue à la soirée de Mlle Schérer. Sa figure, belle jadis, exprima un vif mécontentement, mais pendant une seconde seulement; elle sourit de nouveau et se saisit plus fortement du bras du prince Basile.

« Écoutez-moi, mon prince; je ne vous ai jamais rien demandé, je ne vous demanderai plus jamais rien, et jamais je ne me suis prévalue de l'amitié qui vous unissait, mon père et vous. Mais à présent, au nom de Dieu, faites cela pour mon fils et vous serez notre bienfaiteur, ajouta-t-elle rapidement. Non, ne vous fâchez pas, et promettez. J'ai demandé à Galitzine, il m'a refusé! Soyez le bon enfant que vous étiez jadis, continua-t-elle, en essayant de sourire, pendant que ses yeux se remplissaient de larmes.

— Papa! nous serons en retard, » dit la princesse Hélène, qui attendait à la porte.

Et elle tourna vers son père sa charmante figure.

Le pouvoir en ce monde est un capital qu'il faut savoir ménager. Le prince Basile le savait mieux que personne : intercéder pour chacun de ceux qui s'adressaient à lui, c'était le plus sûr moyen de ne jamais rien obtenir pour lui-même; il avait compris cela tout de suite. Aussi n'usait-il que fort rarement de son influence personnelle; mais l'ardente supplication de la princesse Droubetzkoï fit naître un léger remords au fond de sa conscience. Ce qu'elle lui avait rappelé était la vérité. Il devait en effet à son père d'avoir fait les premiers pas dans la carrière. Il avait aussi remarqué qu'elle était du nombre de ces femmes, de ces mères surtout, qui n'ont ni cesse ni repos tant que le but de leur opiniâtre désir n'est pas atteint, et qui sont prêtes, le cas échéant, à renouveler à toute heure les récriminations et les scènes. Cette dernière considération le décida.

« Chère Anna Mikhaïlovna, lui dit-il de sa voix ennuyée et avec sa familiarité habituelle, il m'est à peu près impossible de faire ce que vous me demandez; cependant j'essayerai pour vous prouver mon affection et le respect que je porte à la mémoire de votre père. Votre fils passera dans la garde, je vous en donne ma parole! Etes-vous contente?

— Cher ami, vous êtes mon bienfaiteur! Je n'attendais pas moins de vous, je connaissais votre bonté! Un mot encore, dit-elle, le voyant prêt à la quitter. Une fois dans la garde.... et elle s'arrêta confuse... Vous qui êtes dans de bons rapports avec Koutouzow, vous lui recommanderez bien un peu Boris, n'est-ce pas, afin qu'il le prenne pour aide de camp? Je serai alors tranquille, et jamais je ne... »

Le prince Basile sourit :

« Cela, je ne puis vous le promettre. Depuis que Koutouzow a été nommé général en chef, il est accablé de demandes. Lui-même m'a assuré que toutes les dames de Moscou lui proposaient leurs fils comme aides de camp.

— Non, non, promettez, mon ami, mon bienfaiteur, promettez-le-moi, ou je vous retiens encore!

— Papa! répéta du même ton la belle Hélène, nous serons en retard.

— Eh bien! au revoir, vous voyez, je ne puis.....

— Ainsi, demain vous en parlerez à l'empereur?

— Sans faute; mais quant à Koutouzow, je ne promets rien!

— Mon Basile, » reprit Anna Mikhaïlovna en l'accompagnant avec un sourire de jeune coquette sur les lèvres, et en oubliant que ce sourire, son sourire d'autrefois, n'était plus guère en harmonie avec sa figure fatiguée. Elle ne pensait plus en effet à son âge et employait sans y songer toutes ses ressources de femme. Mais, à peine le prince eut-il disparu, que son visage reprit une expression froide et tendue. Elle regagna le cercle au milieu duquel le vicomte continuait son récit, et fit de nouveau semblant de s'y intéresser, en attendant, puisque son affaire était faite, l'instant favorable pour s'éclipser.

« Mais que dites-vous de cette dernière comédie du sacre de Milan? demanda Mlle Schérer, et des populations de Gênes et de Lucques qui viennent présenter leurs vœux à M. Buonaparte. M. Buonaparte assis sur un trône et exauçant les vœux des nations? Adorable! Non, c'est à en devenir folle! On dirait que le monde a perdu la tête. »

Le prince André sourit en regardant Anna Pavlovna.

« Dieu me la donne, gare à qui la touche, » dit-il.

C'étaient les paroles que Bonaparte avaient prononcées en mettant la couronne sur sa tête.

« On dit qu'il était très beau en prononçant ces paroles, » ajouta-t-il, en les répétant en italien : « Dio mi la dona, guai a chi la toca! »

« J'espère, continua Anna Pavlovna, que ce sera là la goutte d'eau qui fera déborder le vase. En vérité, les souverains ne peuvent plus supporter cet homme, qui est pour tous une menace vivante.

— Les souverains! Je ne parle pas de la Russie, dit le vicomte poliment et avec tristesse, les souverains, madame? Qu'ont-ils fait pour Louis XVI, pour la reine, pour Madame Elisabeth? Rien, continua-t-il en s'animant, et, croyez-moi, ils sont punis pour avoir trahi la cause des Bourbons. Les souverains? Mais ils envoient des ambassadeurs complimenter l'Usurpateur[1]... » Et, après avoir poussé une exclamation de mépris, il changea de pose.

Le prince Hippolyte, qui n'avait cessé d'examiner le vicomte à travers son lorgnon, se tourna à ces mots tout d'une pièce vers la petite princesse pour lui demander une aiguille, avec laquelle il lui dessina sur la table l'écusson des Condé, et il se mit à le lui expliquer avec une gravité imperturbable, comme si elle l'en avait prié :

« Bâton de gueules engrelés de gueule et d'azur, maison des Condé. »

La princesse écoutait et souriait.

« Si Bonaparte reste encore un an sur le trône de France, dit le vicomte, en reprenant son sujet comme un homme habitué à suivre ses propres pensées sans prêter grande attention aux réflexions d'autrui dans une question qui lui est familière, les choses n'en iront que mieux : la société française, je parle de la bonne, bien entendu, sera à jamais détruite par les intrigues, la violence, l'exil et les condamnations... et alors... »

Il haussa les épaules en levant les bras au ciel. Pierre voulut intervenir; mais Anna Pavlovna, qui le guettait, le devança.

« L'empereur Alexandre, commença-t-elle avec cette inflexion de tristesse qui accompagnait toujours ses réflexions sur la famille impériale, a déclaré laisser aux Français eux-mêmes le droit de choisir la forme de leur gouvernement, et je suis convaincue que la nation entière, une fois délivrée de l'Usurpateur, va se jeter dans les bras de son roi légitime. »

Anna Pavlovna tenait, comme on le voit, à flatter l'émigré royaliste.

« C'est peu probable, dit le prince André. Monsieur le vicomte suppose avec raison que les choses sont allées très loin, et il sera, je crois, difficile de revenir au passé.

— J'ai entendu dire, ajouta Pierre en se rapprochant d'eux, que la plus grande partie de la noblesse a été gagnée par Napoléon.

— Ce sont les bonapartistes qui l'assurent, s'écria le vicomte sans regarder Pierre.

— Il est impossible de savoir quelle est aujourd'hui l'opinion publique en France.

— Bonaparte l'a pourtant dit, reprit le prince André avec

1. En français dans le texte.

ironie, car le vicomte lui déplaisait, et c'était lui que visaient ses saillies. « Je leur ai montré le chemin de la gloire, ils n'en « ont pas voulu, — ce sont les paroles que l'on prête à Napo- « léon; — je leur ai ouvert mes antichambres, ils s'y sont « précipités en foule.... » Je ne sais pas à quel point il avait le droit de le dire.

— Il n'en avait aucun, répondit le vicomte; après l'assassinat du duc d'Enghien, les gens les plus enthousiastes ont cessé de voir en lui un héros, et si même il l'avait été un moment aux yeux de certaines personnes, ajouta-t-il en se tournant vers Anna Pavlovna, après cet assassinat il y a eu un martyr de plus au ciel, et un héros de moins sur la terre [1]. »

Ces derniers mots du vicomte n'avaient pas encore été salués d'un sourire approbatif, que déjà Pierre s'était de nouveau élancé dans l'arène, sans laisser à Anna Pavlovna, qui pressentait quelque chose d'exorbitant, le temps de l'arrêter.

« L'exécution du duc d'Enghien, dit Pierre, était une nécessité politique, et Napoléon a justement montré de la grandeur d'âme en assumant sur lui seul la responsabilité de cet acte.

— Dieu! Dieu! murmura Mlle Schérer avec horreur.

— Comment, monsieur Pierre, vous trouvez qu'il y a de la grandeur d'âme dans un assassinat? dit la petite princesse en souriant et en attirant à elle son ouvrage.

— Ah! ah! firent plusieurs voix.

— Capital! » s'écria le prince Hippolyte en anglais.

Et il se frappa le genou de la main. Le vicomte se borna à hausser les épaules.

Pierre regarda gravement son auditoire par-dessus ses lunettes.

« Je parle ainsi, continua-t-il, parce que les Bourbons ont fui devant la Révolution, en laissant le peuple livré à l'anarchie! Napoléon seul a su comprendre et vaincre la Révolution, et c'est pourquoi il ne pouvait, lorsqu'il avait en vue le bien général, se laisser arrêter par la vie d'un individu.

— Ne voulez-vous pas passer à l'autre table? » dit Anna Pavlovna.

Mais Pierre, s'animant de plus en plus, continua son plaidoyer sans lui répondre :

« Oui, Napoléon est grand parce qu'il s'est placé au-dessus

1. En français.

de la Révolution, qu'il en a écrasé les abus en conservant tout ce qu'elle avait de bon, l'égalité des citoyens, la liberté de la presse et de la parole, et c'est par là qu'il a conquis le pouvoir.

— S'il avait rendu ce pouvoir au roi légitime, sans en profiter pour commettre un meurtre, je l'aurais appelé un grand homme, dit le vicomte.

— Cela lui était impossible. La nation ne lui avait donné la puissance que pour qu'il la débarrassât des Bourbons; elle avait reconnu en lui un homme supérieur. La Révolution a été une grande œuvre, continua Pierre, qui témoignait de son extrême jeunesse, en essayant d'expliquer ses opinions et en émettant des idées avancées et irritantes.

— La Révolution et le régicide une grande œuvre! Après cela.... Mais ne voulez-vous pas passer à l'autre table? répéta Anna Pavlovna.

— Le *Contrat social!* repartit le vicomte avec un sourire de résignation.

— Je ne parle pas du régicide, je parle de l'idée.

— Oui, l'idée du pillage, du meurtre et du régicide, dit en l'interrompant une voix ironique.

— Il est certain que ce sont là les extrêmes; mais le fond véritable de l'idée, c'est l'émancipation des préjugés, l'égalité des citoyens, et tout cela a été conservé par Napoléon dans son intégrité.

— La liberté! l'égalité! dit avec mépris le vicomte, qui était décidé à démontrer au jeune homme toute l'absurdité de son raisonnement.... Ces mots si ronflants ont déjà perdu leur valeur. Qui donc n'aimerait la liberté et l'égalité? Le Sauveur nous les a prêchées! Sommes-nous devenus plus heureux après la Révolution? Au contraire! Nous voulions la liberté, et Bonaparte l'a confisquée! »

Le prince André regardait en souriant tantôt Pierre et le vicomte, tantôt la maîtresse de la maison, qui, malgré son grand usage du monde, avait été terrifiée par les sorties de Pierre; mais, lorsqu'elle s'aperçut que ces paroles sacrilèges n'excitaient point la colère du vicomte et qu'il n'était plus possible de les étouffer, elle fit cause commune avec le noble émigré et, rassemblant toutes ses forces, tomba à son tour sur l'orateur.

« Mais, mon cher monsieur Pierre, dit-elle, comment pouvez-vous expliquer la conduite du grand homme qui met à mort un duc, disons même tout simplement un homme, lorsque cet homme n'a commis aucun crime, et cela sans jugement?

— J'aurais également demandé à monsieur, dit le vicomte, de m'expliquer le 18 brumaire. N'était-ce point une trahison, ou, si vous aimez mieux, un escamotage qui ne ressemble en rien à la manière d'agir d'un grand homme?

— Et les prisonniers d'Afrique massacrés par son ordre, s'écria la petite princesse, c'est épouvantable!

— C'est un roturier, vous avez beau dire, » ajouta le prince Hippolyte.

Pierre, ne sachant plus à qui répondre, les regarda tous en souriant, non pas d'un sourire insignifiant et à peine visible, mais de ce sourire franc et sincère qui donnait à sa figure, habituellement sévère et même un peu morose, une expression de bonté naïve, semblable à celle d'un enfant qui implore son pardon.

Le vicomte, qui ne l'avait jamais vu, comprit tout de suite que ce jacobin était moins terrible que ses paroles. On se taisait.

« Comment voulez-vous qu'il vous réponde à tous? dit tout à coup le prince André. N'y a-t-il pas une différence entre les actions d'un homme privé et celles d'un homme d'État, d'un grand capitaine ou d'un souverain? Il me semble du moins qu'il y en a une.

— Mais sans doute, s'écria Pierre, tout heureux de cet appui inespéré.

— Napoléon, sur le pont d'Arcole ou tendant la main aux pestiférés dans l'hôpital de Jaffa, est grand comme homme, et il est impossible de ne pas le reconnaître; mais il y a, c'est vrai, d'autres faits difficiles à justifier, » continua le prince André, qui tenait visiblement à réparer la maladresse des discours de Pierre et qui se leva sur ces derniers mots, en donnant ainsi à sa femme le signal du départ.

Le prince Hippolyte fit de même, mais tout en engageant d'un geste de la main tous ceux qui allaient suivre cet exemple à ne pas bouger.

« A propos, dit-il vivement, on m'a conté aujourd'hui une anecdote moscovite charmante; il faut que je vous en régale. Vous m'excuserez, vicomte; je dois la dire en russe; on n'en comprendrait pas le sel autrement..... »

Et il entama son histoire en russe, mais avec l'accent d'un Français qui aurait séjourné un an en Russie :

« Il y a à Moscou une dame, une grande dame, très avare, qui avait besoin de deux valets de pied de grande taille pour placer derrière sa voiture..... Or cette dame avait aussi, c'était son goût, une femme de chambre de grande taille..... »

Ici le prince Hippolyte se mit à réfléchir, comme s'il éprouvait une certaine difficulté à continuer son récit :

« Elle lui dit; oui, elle lui dit : Fille une telle, mets la livrée et monte derrière la voiture; je vais faire des visites.... »

A cet endroit, le prince Hippolyte éclata de rire, mais par malheur il n'y eut pas d'écho dans son auditoire, et le conteur parut éprouver de cet insuccès une impression défavorable. Plusieurs se décidèrent pourtant à sourire, entre autres la vieille dame et Mlle Schérer.

.... Elle partit; tout à coup il s'éleva un ouragan; la fille perdit son chapeau, et ses longs cheveux se dénouèrent. »

Ne pouvant se contenir davantage, il fut pris d'un accès de rire si bruyant qu'il en suffoquait.

« ... Oui, acheva-t-il en se tordant, ses longs cheveux se dénouèrent.... et toute la ville l'a su ! »

Et l'anecdote finit là. Personne, à vrai dire, n'en avait compris le sens, ni pourquoi elle devait être nécessairement contée en russe. Mais Anna Pavlovna et quelques autres surent gré au narrateur d'avoir si adroitement mis fin à l'ennuyeuse et désagréable sortie de M. Pierre. La conversation s'éparpilla ensuite en menus propos, en remarques insignifiantes sur le bal à venir et sur le bal passé, sur les théâtres, le tout entremêlé de questions pour savoir où et quand on se retrouverait.

V

Après cet incident, les hôtes d'Anna Pavlovna la remercièrent de sa charmante soirée et se retirèrent un à un.

D'une taille peu ordinaire, carré des épaules, et maladroit à l'extrême, Pierre avait aussi, entre autres désavantages physiques, des mains énormes et rouges; il ne savait pas entrer dans un salon, encore moins en sortir comme il convient et après avoir débité de jolies phrases. Grâce à sa distraction proverbiale, il avait pris en se levant, au lieu de son chapeau, le tricorne à plumet d'un général, qu'il se mit à tirailler jusqu'au moment où le légitime propriétaire, effrayé, parvint à se le faire rendre. Mais, il faut le dire, tous ces défauts et toutes ces gaucheries étaient rachetés par sa bienveillance, sa candeur et sa modestie.

Mlle Schérer, se tournant vers lui, le salua comme pour lui octroyer son pardon, avec une mansuétude toute chrétienne.

« J'espère, lui dit-elle, avoir encore le plaisir de vous voir; mais j'espère également, mon cher monsieur Pierre, que d'ici là vous aurez changé d'opinions. »

Il ne lui répondit rien ; mais, quand il lui rendit son salut, tous les assistants purent voir sur ses lèvres ce franc sourire qui avait l'air de dire : « Après tout, les opinions sont des opinions, et vous voyez que je suis un bon et brave garçon. » C'était si vrai que tous, y compris Mlle Schérer, le sentirent instinctivement.

Le prince André avait suivi dans l'antichambre sa femme et le prince Hippolyte, qu'il écoutait avec indifférence, en se faisant donner son manteau par un laquais. Le prince Hippolyte, le lorgnon dans l'œil, debout à côté de la gentille petite princesse, la regardait obstinément.

« Allez-vous-en, Annette, disait la jeune femme en prenant congé d'elle; vous aurez froid!.... C'est convenu! » ajouta-t-elle tout bas.

Anna Pavlovna avait eu le temps de causer avec Lise du mariage projeté entre sa belle-sœur et Anatole :

« Je compte sur vous, ma chérie, répondit-elle également à voix basse. Vous lui en écrirez un mot, et vous me direz comment le père envisage la chose. Au revoir!.... »

Et elle rentra au salon.

Le prince Hippolyte se rapprocha de la petite princesse et, se penchant au-dessus d'elle, lui parla de très près en chuchotant.

Deux laquais, le sien et celui de la princesse, l'un tenant un surtout d'officier, l'autre un châle, attendaient qu'il eût fini ce bavardage en français, qu'ils semblaient écouter, tout inintelligible qu'il fût pour eux, et même comprendre, sans vouloir le laisser paraître.

La petite princesse parlait, souriait et riait tout à la fois.

« Je suis enchanté de n'être pas allé chez l'ambassadeur, disait le prince Hippolyte. Quel ennui! Charmante soirée, n'est-il pas vrai? Charmante!

— On assure que le bal de ce soir sera très-beau, repartit la princesse en retroussant sa petite lèvre au fin duvet; toutes les jolies femmes de la société y seront.

— Pas toutes, puisque vous n'y serez pas, » ajouta-t-il en riant. Et s'emparant du châle que présentait le valet de pied, il le poussa de côté pour envelopper la princesse. Ses mains s'attardèrent assez longtemps autour du cou de la jeune femme, qu'il avait l'air d'embrasser (était-ce intention ou gaucherie? personne n'aurait pu le deviner). Elle recula gracieusement, en continuant à sourire, se détourna et regarda son mari, dont les yeux étaient fermés et qui avait l'air fatigué et endormi.

« Êtes-vous prête? » dit-il à sa femme en lui glissant un regard.

Le prince Hippolyte endossa prestement son surtout, qui, étant à la dernière mode, lui descendait plus bas que les talons, et, tout en s'embarrassant dans ses plis, il se précipita sur le perron pour aider la princesse à monter en voiture.

« Au revoir, princesse! » cria-t-il, la langue aussi embarrassée que les pieds.

La princesse relevait sa robe et s'asseyait dans le fond obscur de la voiture; son mari arrangeait son sabre.

Le prince Hippolyte, qui faisait semblant de les aider, ne faisait en réalité que les gêner.

« Pardon, monsieur, dit le prince André d'un ton sec et désagréable, en s'adressant en russe au jeune homme qui l'empêchait de passer. — Pierre, viens-tu, je t'attends, » reprit-il affectueusement.

Le postillon partit, et le carrosse s'ébranla avec un bruit de roues [1].

Le prince Hippolyte, resté sur le perron, riait d'un rire nerveux en attendant le vicomte, à qui il avait promis de le reconduire.

« Eh bien, mon cher, votre petite princesse est très bien, très bien, dit le vicomte en se mettant en voiture, très bien, ma foi!... » Et il baisa le bout de ses doigts.

Hippolyte se rengorgea en riant.

« Savez-vous que vous êtes terrible avec votre petit air innocent? Je plains le pauvre mari, ce petit officier qui se donne des airs de prince régnant. »

1. A cette époque, les grands seigneurs avaient toujours à leur équipage quatre chevaux et un petit postillon sur l'un des deux chevaux de devant.

Hippolyte balbutia en riant aux éclats : « Et vous disiez que les dames russes ne valaient pas les Françaises : il ne s'agit que de savoir s'y prendre. »

VI

Pierre, arrivé le premier, entra tout droit dans le cabinet du prince André, en habitué de la maison ; après s'être étendu sur le canapé, comme il en avait l'habitude, il prit un livre au hasard, — c'était ce jour-là les *Commentaires* de César, — et, s'accoudant aussitôt, il l'ouvrit au beau milieu.

« Qu'as-tu fait chez Mlle Schérer? Elle en tombera sérieusement malade, » dit le prince André, qui entra bientôt après en frottant l'une contre l'autre ses mains, qu'il avait petites et blanches.

Pierre se retourna tout d'une pièce; le canapé en gémit, et, montrant sa figure animée et souriante, il fit un geste qui témoignait de son indifférence :

« Cet abbé est vraiment intéressant; seulement il n'entend pas la question comme il faut l'entendre... Je suis sûr qu'une paix inviolable est possible, mais je ne puis dire comment, ce ne serait toujours pas au moyen de l'équilibre politique... »

Le prince André, qui n'avait pas l'air de s'intéresser aux questions abstraites, l'interrompit :

« Vois-tu, mon cher, ce qui est impossible, c'est de dire partout et toujours ce que l'on pense! Eh bien, t'es-tu décidé à quelque chose? Seras-tu garde à cheval ou diplomate?

— Croiriez-vous que je n'en sais encore rien! Ni l'une ni l'autre de ces perspectives ne me séduit, dit Pierre en s'asseyant à la turque sur le divan.

— Il faut pourtant te décider à quelque chose; ton père attend! »

Pierre avait été envoyé à l'étranger à l'âge de dix ans avec un abbé pour précepteur, et il y était resté jusqu'à vingt-cinq ans. A son retour à Moscou, son père avait congédié l'abbé et avait dit au jeune homme :

« Maintenant, va à Pétersbourg, examine et choisis! Je consens à tout. Voici une lettre pour le prince Basile, et voilà de l'argent. Écris et compte sur moi pour t'aider. »

Or depuis trois mois Pierre cherchait une carrière et ne faisait rien. Il se passa la main sur le front :

« Ce doit être un franc-maçon? dit-il en pensant à l'abbé qu'il avait vu à la soirée.

— Chimères que tout cela, lui dit en l'interrompant le prince André; parlons plutôt de tes affaires. Es-tu allé voir la garde à cheval?

— Non, je n'y suis pas allé; mais j'ai réfléchi à une chose, que je voulais vous communiquer. Nous avons la guerre avec Napoléon; si l'on se battait pour la liberté, je serais le premier à m'engager; mais aider l'Angleterre et l'Autriche à lutter contre le plus grand homme qui soit au monde, ce n'est pas bien. »

Le prince André ne fit que hausser les épaules à cette sortie enfantine; dédaignant d'y faire une réponse sérieuse, il se contenta de dire :

« Si l'on ne se battait que pour ses convictions, il n'y aurait pas de guerre.

— Et ce serait parfait, répliqua Pierre.

— C'est bien possible, mais cela ne sera jamais, reprit en souriant le prince André.

— Enfin, voyons, pourquoi allons-nous faire la guerre?

— Pourquoi? Je n'en sais rien! Il le faut, et par-dessus le marché j'y vais... — et il s'arrêta. J'y vais, parce que la vie que je mène ici... ne me va pas! »

VII

Le frôlement d'une robe se fit entendre dans la pièce voisine. A ce bruit, le prince André eut l'air de revenir à lui : il se redressa et donna à son visage l'expression qu'il avait eue pendant toute la soirée d'Anna Pavlovna. Pierre glissa ses pieds à terre. La princesse entra; elle avait eu le temps de remplacer sa toilette du soir par un déshabillé de maison, non moins frais et non moins élégant; son mari se leva et lui avança poliment un fauteuil.

« Je me demande souvent, dit-elle en français, selon son habitude, et en s'asseyant vivement, pourquoi Annette ne s'est pas mariée? Comme vous êtes sots, messieurs, de ne pas l'avoir épousée! Je vous en demande pardon, mais vous n'entendez rien aux femmes. Quel disputeur vous faites, monsieur Pierre!

— Je dispute aussi contre votre mari, car je ne comprends pas pourquoi il va faire la guerre, » dit Pierre en s'adressant à la princesse, sans le moindre symptôme de cet embarras qui existe souvent entre un jeune homme et une jeune femme.

La princesse tressaillit; la réflexion de Pierre l'avait touchée au vif.

« Eh bien, moi aussi, je lui dis la même chose. Vraiment, je ne comprends pas pourquoi les hommes ne peuvent vivre sans guerre? Pourquoi ne désirons-nous rien, n'avons-nous besoin de rien, nous autres femmes? Voyons, je vous en fais juge. Je suis toujours à lui répéter que sa position ici comme aide de camp de mon oncle est des plus brillantes : chacun le connaît, chacun l'apprécie! Pas plus tard que ces jours-ci, chez les Apraxine, j'ai entendu une dame dire : « C'est là le fameux « prince André! » ma parole d'honneur! »

Et elle éclata de rire.

« Voilà comment il est reçu partout, et il peut, quand il le voudra, devenir aide de camp de l'empereur, car l'empereur, vous le savez, s'est entretenu très gracieusement avec lui! Nous le disions justement, Annette et moi, ce serait si facile à arranger! Qu'en pensez-vous? »

Pierre regarda le prince André et se tut en voyant que son ami paraissait contrarié.

« Quand partez-vous? demanda-t-il.

— Ah! ne me parlez pas de ce départ, je ne veux pas en entendre parler, reprit la princesse de cet air à la fois capricieux et enjoué qu'elle avait eu avec Hippolyte, mais qui, dans ce cercle intime dont Pierre faisait partie, détonnait singulièrement. Lorsque j'ai pensé aujourd'hui qu'il me faudra rompre avec toutes ces chères relations... je..., et puis, sais-tu, André, et elle lui fit un imperceptible clignement d'yeux en frissonnant..... j'ai peur! »

Son mari la regarda stupéfait, comme s'il venait seulement de s'apercevoir de sa présence. Il lui répondit pourtant avec une froide politesse :

« Que craignez-vous, Lise? Je ne vous comprends pas.

— Voilà bien les hommes! Des égoïstes, tous des égoïstes! Parce qu'il lui est venu une fantaisie, il m'abandonne, Dieu sait pourquoi, et m'enferme toute seule à la campagne.

— Avec mon père et ma sœur, vous l'oubliez.

— Cela revient au même; j'y serai seule, loin de mes amis à moi, et il veut que je sois tranquille? »

Elle parlait d'un ton boudeur; sa lèvre relevée, loin de donner à sa physionomie une expression souriante, lui prêtait au contraire quelque chose qui faisait songer à un méchant petit rongeur. Elle se tut, ne trouvant peut-être pas convenable de faire allusion à sa grossesse devant Pierre, car là était le nœud de la situation.

« Je ne puis pourtant pas deviner de quoi vous avez peur, » reprit lentement son mari, sans la quitter du regard.

La princesse rougit et fit un geste de désespoir.

« André, André, pourquoi êtes-vous si changé?

— Votre médecin vous défend de veiller; vous devriez aller vous mettre au lit. »

La princesse ne répondit rien, mais ses lèvres tremblèrent tout à coup. Quant à lui, il se leva, haussa les épaules et se mit à arpenter son cabinet.

Pierre, naïvement surpris, les observait tous deux; enfin il fit un mouvement comme pour se lever, mais il s'arrêta.

« Ça m'est égal que monsieur Pierre soit présent, s'écria la princesse, dont la jolie figure fit la grimace de l'enfant qui va pleurer. Il y a longtemps, André, que je voulais te le demander : pourquoi es-tu devenu tout autre avec moi? Que t'ai-je fait? Tu vas rejoindre l'armée, tu n'as aucune pitié pour moi. Pourquoi?

— Lise! » dit le prince André.

Et ce seul mot contenait à la fois la prière, la menace et l'assurance qu'elle allait regretter ses paroles.

Elle continua pourtant avec précipitation :

« Tu me traites en malade ou en enfant. Je vois tout.... Tu n'étais pas ainsi il y a six mois!

— Lise, finissez, je vous en prie, » reprit son mari en élevant la voix.

Pierre, dont l'agitation n'avait fait que croître pendant cet entretien, se leva et s'approcha de la jeune femme. Il paraissait ne pouvoir supporter la vue de ses larmes, et l'on aurait dit qu'il était prêt à pleurer avec elle.

« Calmez-vous, princesse; ce sont des idées... J'ai éprouvé cela aussi... je vous assure... enfin... non, excusez-moi; je suis de trop comme étranger. Tranquillisez-vous. Adieu! »

Le prince André le retint.

« Non, Pierre; attends. La princesse est trop bonne pour me priver du plaisir de passer ma soirée avec toi.

— Oui, il ne pense qu'à lui, murmura-t-elle, sans pouvoir retenir des larmes de dépit.

— Lise ! » reprit sèchement le prince André, dont la voix était montée au diapason qui indiquait que sa patience était à bout.

Tout à coup sur son joli minois d'écureuil en colère se répandit cette expression craintive, timide et timorée que prend souvent un chien lorsque, de sa queue abaissée, il frappe la terre rapidement et sans bruit.

« Mon Dieu, mon Dieu, » murmura-t-elle en jetant à son mari un regard sournois, puis, relevant sa robe d'une main, elle s'approcha de lui et lui mit un baiser sur le front.

« Bonsoir, Lise, » dit-il en se levant à son tour et en lui baisant la main, comme à une étrangère.

VIII

Les deux amis se taisaient. Ni l'un ni l'autre ne se décidait à parler. Pierre regardait à la dérobée le prince André, qui se frottait le front de sa petite main.

« Allons souper, » dit-il en soupirant, et il se dirigea vers la porte. Ils entrèrent dans une magnifique salle à manger nouvellement décorée. Les cristaux, l'argenterie, la vaisselle, le linge damassé, tout portait l'empreinte de la nouveauté, cette marque distinctive des jeunes ménages. Au milieu du souper, le prince André s'accouda sur la table et se mit à parler avec une irritation nerveuse que Pierre n'avait jamais remarquée en lui, et comme un homme qui a quelque chose sur le cœur depuis longtemps et qui se décide enfin à entrer dans la voie des confidences.

« Mon cher ami, ne te marie que lorsque tu auras fait tout ce que tu veux faire, lorsque tu auras cessé d'aimer la femme de ton choix et que tu l'auras bien étudiée; autrement, tu te tromperas cruellement et d'une façon irréparable! Marie-toi plutôt vieux et bon à rien! Alors tu ne risqueras pas de gaspiller tout ce qu'il y a en toi d'élevé et de bon. Oui, tout s'éparpille en menue monnaie! Oui, c'est ainsi; tu as beau me regarder de cet air étonné. Si tu comptais devenir quelque chose par toi-même, tu sentiras à chaque pas que tout est fini, que tout est fermé pour toi, sauf les salons où tu coudoieras un laquais de cour et un idiot... Mais à quoi sert de...? »

Et sa main retomba avec force sur la table.

Pierre ôta ses lunettes. Ce mouvement, en changeant complètement sa figure, laissait mieux encore voir sa bonté et sa stupéfaction.

« Ma femme, continua le prince André, est une excellente femme, une de celles avec lesquelles l'honneur d'un mari n'a rien à craindre; mais que ne donnerais-je pas en ce moment, grands dieux! pour n'être pas marié! Tu es le premier et le seul à qui je l'avoue, parce que je t'aime! »

Le prince André, en parlant ainsi, ressemblait de moins en moins à ce prince Bolkonsky qui se carrait dans un des fauteuils de Mlle Schérer, fermant à demi les yeux et lançant à à demi-voix des phrases en français. Chaque muscle de sa figure sèche et nerveuse avait un tressaillement de fièvre; ses yeux, dont le feu paraissait toujours éteint, brillaient et rayonnaient avec éclat. On devinait qu'il était d'autant plus violent dans ces courts instants d'irritabilité maladive, qu'il semblait faible et sans vigueur dans son état habituel.

« Tu ne me comprends pas, et c'est pourtant l'histoire de toute une existence! Tu parles de Bonaparte et de sa carrière, continua-t-il, bien que Pierre n'en eût pas soufflé mot;... mais Bonaparte, lorsqu'il travaillait, marchait à son but, pas à pas, il était libre, il n'avait que cet objet en vue, et il l'a atteint. Mais que tu aies le malheur de te lier à une femme, et te voilà enchaîné comme un forçat; tout ce que tu sentiras en toi de forces et d'aspirations ne fera que t'accabler et te remplir de regrets. Les commérages de salon, les bals, la vanité, la mesquinerie, voilà le cercle magique qui te retiendra. Je m'en vais à présent faire la guerre, une des plus formidables guerres qui aient jamais eu lieu, et je ne sais rien, je ne suis capable de rien; mais en revanche je suis très aimable, très caustique, et l'on m'écoute chez Mlle Schérer! Et puis cette société stupide dont ma femme ne peut se passer!... Si seulement tu savais ce qu'elles valent, toutes ces femmes distinguées et toutes les femmes en général. Mon père a raison! L'égoïsme, la vanité, la sottise, la médiocrité en tout... voilà les femmes, lorsqu'elles se montrent comme elles sont. A les voir dans le monde, on pourrait croire qu'il y a en elles autre chose; mais non, rien, rien! Oui, mon ami, ne te marie pas... »

Ce furent les dernières paroles du prince André.

« Ce qui me paraît singulier, dit Pierre, c'est que vous, vous puissiez vous trouver incapable, et croire que vous avez manqué votre vie, quand l'avenir est devant vous et que.... »

Son intonation faisait voir en quelle haute estime il tenait son ami et tout ce qu'il en attendait.

Quel droit a-t-il de parler ainsi, pensait Pierre, pour qui le prince André était le type de toutes les perfections, justement parce qu'il avait en lui la qualité qu'il sentait lui manquer à lui-même, c'est-à-dire la force de volonté. Il avait toujours admiré chez son ami la facilité et l'égalité de ses rapports avec des gens de toute espèce, sa mémoire merveilleuse, ses connaissances variées, car il lisait tout ou prenait un aperçu de toute chose, ainsi que son aptitude au travail et à l'étude. Si Pierre était frappé de ne point rencontrer chez André de dispositions à la philosophie spéculative, ce qui était son faible à lui, il n'y voyait point un défaut, mais une force de plus.

Dans les relations les plus intimes, les plus amicales et les plus simples, la flatterie et la louange sont aussi nécessaires que l'huile qui graisse le rouage et le fait marcher.

« Je suis un homme fini, aussi ne parlons plus de moi, mais de toi, » reprit le prince André, après un moment de silence, et en souriant à cette heureuse diversion.

Le visage de Pierre refléta aussitôt ce changement de physionomie.

« De moi? dit-il, et sa bouche s'épanouit en un sourire joyeux et inconscient...? Mais, de moi, il n'y a rien à dire. Que suis-je d'ailleurs? Un bâtard!... — Et il rougit subitement, car il avait fait pour prononcer ce mot un visible effort, — sans nom, sans fortune, et... en vérité... je suis libre et content, pour le moment, du moins. Seulement je ne sais, vous l'avouerai-je, ce que je dois entreprendre, et je tenais sérieusement à vous demander conseil là-dessus. »

Le prince André le regardait avec une affectueuse bienveillance; mais cette bienveillance amicale laissait cependant deviner la conscience qu'il avait de sa supériorité.

« J'ai de l'affection pour toi, parce que tu es le seul homme vivant, dans tout notre cercle; tu es satisfait; eh bien! choisis à ton goût, le choix importe peu. Tu seras bien partout; mais cesse de voir, je t'en prie, ces Kouraguine; cesse de mener cette existence; cela te va si peu, toute cette débauche, cette vie à la hussarde, cette...

— Que voulez-vous, mon cher, dit Pierre en haussant les épaules; les femmes, mon ami, les femmes!

— Je n'admets pas cela, répondit André: les femmes comme il faut, oui, mais pas celles de Kouraguine; celles-là et le vin, je n'admets pas cela. »

Pierre demeurait chez le prince Basile et partageait la vie dissipée de son fils cadet Anatole, celui-là même qu'on voulait marier à la sœur du prince André pour tâcher de le corriger.

« Savez-vous, dit Pierre, comme s'il lui était venu tout à coup une heureuse inspiration, j'y ai sérieusement réfléchi depuis longtemps! Grâce à ce genre de vie, je ne puis ni me décider, ni penser à rien. J'ai des maux de tête et pas d'argent. Il m'a encore invité pour ce soir, mais je n'irai pas!

— Donne-moi ta parole d'honneur que tu cesseras d'y aller.

— Je vous la donne! »

IX

Il était une heure passée lorsque Pierre quitta son ami. C'était par une nuit de juin, une de ces nuits de Pétersbourg, presque sans crépuscule; il monta dans une voiture de louage avec l'intention bien arrêtée de rentrer chez lui. Mais plus il avançait, plus il sentait qu'il lui serait impossible de dormir pendant cette nuit qui ressemblait au matin ou au soir d'un beau jour. Son regard plongeait au loin dans les rues désertes. Chemin faisant, il se rappela que la société habituelle des joueurs devait se trouver réunie chez Anatole Kouraguine; après le jeu, on se mettait à boire, et le tout finissait par un des plaisirs favoris de Pierre.

« Si j'y allais? » se dit-il, et il pensa à la parole qu'il venait de donner au prince André.

Mais en même temps, comme il arrive souvent aux gens sans caractère, il lui prit une si furieuse envie de jouir une fois encore de cette vie de libertinage, qu'il ne connaissait, hélas, que trop bien, qu'il se décida à aller chez Anatole, tout en se disant que son engagement n'avait aucune valeur, puisqu'il avait promis à Anatole avant de promettre au prince André; qu'à tout prendre, ces engagements n'étaient que de pure convention, sans signification précise, et que d'ailleurs personne n'était sûr de son lendemain et ne pouvait savoir s'il n'arriverait pas quelque événement extraordinaire qui emporterait, avec la vie, l'honneur et le déshonneur. Cette façon habituelle de raisonner bouleversait souvent ses décisions en apparence les plus arrêtées. Pierre céda encore et alla chez Kouraguine. Arrivé devant le perron d'une grande maison située à côté des casernes de la garde à cheval, il en gravit les marches éclairées et entra par la porte qu'il trouva toute grande ouverte. Il n'y avait personne dans le vestibule. Ça sentait le vin : des bouteilles vides, des manteaux, des galoches étaient jetés çà et là, et l'on entendait à distance des bruits de voix et des cris.

Le jeu et le souper venaient de finir, mais on ne se séparait pas encore. Après s'être débarrassé de son manteau, Pierre entra dans la première pièce, où l'on voyait les restes du souper et où un laquais, sûr de l'impunité, avalait en cachette le vin oublié au fond des verres. Plus loin, dans le troisième salon, au milieu du tohu-bohu général des rires et des cris, le grognement d'un ours se faisait entendre. Huit jeunes gens se pressaient anxieusement autour d'une fenêtre ouverte; trois d'entre eux jouaient avec un ourson, que l'un d'eux traînait à la chaîne en l'excitant contre son camarade pour lui faire peur.

« Je parie pour Stievens! cria l'un.

— Ne l'aidez pas surtout! cria un second.

— Va pour Dologhow! cria un troisième.

— Kouraguine, sépare-les!

— Voyons, laissez-là Michka, il s'agit d'un pari!

— D'un coup, autrement il a perdu! cria un quatrième.

— Jacques, une bouteille! hurla le maître de la maison, un grand et beau garçon qui se tenait au milieu du groupe, sans habit, sa chemise ouverte sur la poitrine.

— Attendez, Messieurs, voici Pétrouchka, ce cher ami, » dit-il, s'adressant à Pierre.

Un homme de taille moyenne, aux yeux bleus et clairs, dont la voix calme et sobre contrastait singulièrement avec toutes les autres voix avinées, l'appela de la fenêtre :

« Viens ici que je t'explique le pari... »

C'était Dologhow, un officier du régiment de Séménovsky, bretteur et joueur connu, qui demeurait avec Anatole. Pierre souriait et regardait gaiement autour de lui :

« Je n'y comprends rien! de quoi s'agit-il?

— Un moment, il n'est pas gris! Vite une bouteille, dit Anatole, et, saisissant un verre sur la table, il s'approcha de lui :

— Avant tout, il faut boire! » Pierre se mit à avaler verre sur verre; cela ne l'empêchait pas de suivre la conversation et d'examiner de côté tous les convives qui étaient ivres et qui s'étaient de nouveau groupés près de la croisée. Anatole lui versait du vin, et lui racontait le pari de Dologhow avec l'Anglais Stievens, un marin. Le premier s'était engagé à boire une bouteille de rhum, assis sur une fenêtre du troisième étage, les jambes pendantes en dehors.

« Voyons, achève-la, répondit Anatole, en offrant à Pierre le dernier verre : je ne te lâche pas auparavant!

— Non, je n'en veux plus, » dit Pierre, repoussant son ami et s'approchant de la fenêtre.

Dologhow tenait l'Anglais par le bras, et lui répétait d'une façon nette et précise les conditions du pari, tout en s'adressant de préférence à Pierre ou à Anatole.

Dologhow, de taille moyenne, avait les cheveux crépus, les yeux bleus et vingt-cinq ans environ. Comme tous les officiers d'infanterie de cette époque, il ne portait pas de moustaches, et sa bouche, qui était le trait saillant de sa figure, se montrait tout entière. Les lignes en étaient remarquablement fines et bien dessinées; la lèvre supérieure s'avançait virilement au-dessus de la lèvre inférieure, qui était un peu forte; aux deux coins de sa bouche se jouait constamment un sourire : on aurait même pu dire deux sourires, dont l'un faisait pendant à l'autre; cet ensemble, joint à son regard ferme, assuré et intelligent, forçait l'attention. Sans fortune, il n'avait pas de relations, demeurait avec Anatole, dépensait des milliers de roubles, et s'était posé malgré cela de façon à inspirer à ceux qui le connaissaient plus de respect qu'ils n'en avaient pour Anatole. Il jouait à tous les jeux, gagnait toujours et buvait énormément, sans jamais perdre sa liberté d'esprit. Kouraguine et lui étaient alors des célébrités dans le monde des mauvais sujets et des viveurs de Pétersbourg.

On apporta une bouteille de rhum; deux laquais, visiblement ahuris par les cris et les ordres qu'on ne cessait de leur donner, se dépêchaient à démolir le châssis qui empêchait de s'asseoir sur le rebord extérieur de la croisée.

Anatole s'en approcha avec son air conquérant. Il avait

envie de casser quelque chose, et, repoussant les domestiques, il tira à lui le châssis, qui résista; les carreaux se brisèrent.

« Voyons, à ton tour, Hercule, dit-il à Pierre. Pierre saisit l'encadrement, l'arracha et en détacha avec fracas le châssis en bois de chêne.

— Enlevez-le en entier, on pourrait croire que je m'y suis cramponné, dit Dologhow.

— L'Anglais se vante, je crois? dit Anatole.

— C'est bien, répéta Pierre, en suivant des yeux Dologhow, qui, ayant pris une bouteille de rhum, s'approchait de la fenêtre ouverte sur le ciel, où la lumière du soir et celle du matin se confondaient. Il sauta sur la croisée, tenant la bouteille d'une main :

« Écoutez, s'écria-t-il, debout dans l'embrasure, le visage tourné vers l'intérieur de la chambre. Chacun se tut.

« Je parie (il parlait le français pour se bien faire comprendre de l'Anglais, et il le parlait même assez mal), je parie cinquante impériales, voulez-vous cent?

— Non, cinquante!

— Bien, c'est dit : je parie cinquante impériales que je boirai toute cette bouteille de rhum, sans ôter le goulot de ma bouche, que je la boirai là, assis, en dehors de la fenêtre, — et il se pencha pour indiquer le rebord incliné de la muraille, — là-dessus et sans me tenir à rien. Est-ce cela?

— Parfaitement, » dit l'Anglais.

Anatole, saisissant ce dernier par un des boutons de son habit et le regardant de haut, car Stievens était petit, lui répéta en anglais les conditions du pari.

« Ce n'est pas tout, s'écria Dologhow, en frappant avec la bouteille sur l'entablement de la fenêtre, afin de se faire écouter... Ce n'est pas tout, Kouraguine, attention! Si quelqu'un fait la même chose, je lui payerai cent impériales. Est-ce compris? »

L'Anglais inclina la tête, sans laisser deviner s'il avait l'intention d'accepter ou de refuser ce nouveau pari. Anatole le tenait toujours, et lui traduisait les paroles de Dologhow, malgré ses gestes affirmatifs réitérés. Un jeune hussard de la garde, qui avait été en déveine toute la soirée, grimpa sur la fenêtre et se pencha pour regarder en bas :

« Oh! oh! murmura-t-il, en jetant les yeux jusque sur les dalles du trottoir.

— Silence! » cria Dologhow, et il tira en arrière l'officier, qui, embarrassé par ses éperons, sauta gauchement dans la chambre.

La bouteille une fois placée à sa portée, Dologhow enjamba la fenêtre avec lenteur et précaution, en abaissant ses jambes; alors, s'appuyant des deux mains aux deux côtés de la fenêtre il en mesura de l'œil la largeur. Puis il s'assit doucement, laissa aller ses mains, se pencha un peu à gauche, puis à droite, et saisit la bouteille.

Anatole apporta deux bougies et les plaça dans l'embrasure. Il faisait pourtant grand jour. Le dos et la tête crépue de Dologhow en chemise étaient éclairés des deux côtés. Tous se serrèrent autour de la fenêtre, l'Anglais en avant des autres. Pierre souriait en silence. Tout à coup un des assistants, terrifié et mécontent, se glissa au premier rang, avec l'intention de saisir Dologhow par sa chemise.

« Messieurs, ce sont des folies, il se blessera mortellement, » s'écria cet homme sage, plus sage assurément que ses camarades.

Anatole l'arrêta.

« Ne le touche pas, tu vas l'effrayer et il se tuera, et alors quoi? hein! »

Dologhow, s'appuyant sur ses mains et cherchant à se mettre d'aplomb, se retourna :

« Si quelqu'un essaye encore de s'en mêler, je le ferai descendre par là à la minute. Voilà! » dit-il, laissant lentement tomber ces mots à travers ses lèvres minces et serrées... Puis ayant prononcé : Voilà! il se retourna, porta la bouteille à sa bouche, rejeta sa tête en arrière et leva le bras qu'il avait encore de libre, afin de s'assurer un contrepoids. Un des domestiques, en train de rassembler les verres sur la table, s'arrêta immobile, à demi penché, et ne quitta plus des yeux la fenêtre et la tête de Dologhow.

L'Anglais, les lèvres fortement pincées, regardait de côté. Celui qui avait essayé, mais en vain, d'empêcher cette folie, s'était précipité dans un coin de la chambre sur un canapé, la figure tournée vers la muraille. Pierre se couvrit les yeux, et un faible sourire passa sur sa figure, qui exprimait l'épouvante et l'horreur. Il se fit un grand silence.

Pierre ouvrit les yeux et vit Dologhow assis dans la même position; seulement sa tête penchait si fortement en arrière, que ses cheveux crépus touchaient le col de sa chemise, tandis que le bras qui tenait la bouteille s'élevait de plus en plus, vacillant un peu sous l'effort. La bouteille se vidait à vue d'œil.

« Comme c'est long! » pensait Pierre. Il lui semblait qu'il s'était écoulé plus d'une demi-heure... Dologhow fit tout à coup un mouvement de recul, et son bras trembla plus fort. Assis comme il l'était, sur un rebord incliné, ce mouvement nerveux pouvait le faire glisser dans le vide. Il se déplaça tout d'une pièce, et son bras et sa tête vacillèrent davantage; instinctivement il leva une main comme pour se cramponner à l'entablement de la croisée, mais l'abaissa aussitôt. Pierre referma les yeux, en se promettant de ne plus les rouvrir; mais au mouvement général qui se produisit une seconde après il regarda et vit Dologhow qui se tenait debout dans l'embrasure, pâle mais joyeux.

« Elle est vide! »

Il lança sa bouteille à l'Anglais, qui l'attrapa à la volée. Dologhow sauta dans la chambre : il exhalait une forte odeur de rhum.

« Admirable! bravo! Voilà un pari! Que le diable vous emporte tous! » criait-on de tous côtés à la fois.

L'Anglais avait tiré sa bourse et faisait ses comptes avec Dologhow, devenu silencieux et maussade. Pierre s'élança sur la fenêtre.

« Messieurs! qui veut parier avec moi que je ferai la même chose, et même sans pari? Vite une bouteille, je le ferai! Vite!...

— Va, va, dit Dologhow en souriant.

— Es-tu devenu fou, voyons! Qu'est-ce qui te prend? On te le défend, entends-tu bien, à toi dont la tête tourne sur un escalier, s'écrièrent plusieurs voix.

— Je boirai; vite une bouteille! cria Pierre en frappant avec force sur la table d'un geste d'ivrogne, et il enjamba l'appui de la fenêtre. Un des jeunes gens se jeta sur ses mains, mais l était si fort, qu'il le repoussa bien loin.

— Non, vous n'en viendrez pas à bout comme cela, dit Anatole; attendez, je vais l'attraper.

— Écoute! je tiens le pari, mais pas avant demain; maintenant allons tous à.....

— Allons! s'écria Pierre, allons, et en avant Michka! » Il saisit l'ourson, l'entoura de ses bras, le souleva de terre et se mit à valser avec lui tout autour de la chambre.

X

Le prince Basile n'avait point oublié la promesse qu'il avait faite à la princesse Droubetzkoï à la soirée de Mlle Schérer. La requête avait été présentée à l'Empereur, et le fils de la princesse passa, par exception, en qualité de sous-lieutenant dans la garde, au régiment Séménovsky; mais cependant, malgré tous les efforts de sa mère, Boris ne fut pas nommé aide de camp de Koutouzow. Quelque temps après la soirée, la princesse retourna à Moscou auprès des Rostow, ses riches parents, chez qui elle s'arrêtait toujours; c'est là que son petit Boris adoré avait passé la plus grande partie de son enfance. La garde avait quitté Pétersbourg le 10 du mois d'août, et le jeune homme, retenu à Moscou par la nécessité de s'occuper de son équipement, devait la rejoindre à Radziwilow.

C'était jour de fête chez les Rostow. La mère et la fille cadette s'appelaient Natalie, et on les fêtait toutes les deux. Une longue suite de voitures n'avaient cessé dès le matin de déposer à l'hôtel Rostow, rue Povarskaïa, une foule de visiteurs qui apportaient leurs félicitations. La comtesse et sa fille aînée, une belle personne, les recevaient au salon, où ils se succédaient sans relâche.

La mère était une femme de quarante-cinq ans, avec un type oriental, un visage amaigri, et visiblement épuisée par les douze enfants qu'elle avait donnés à son mari. La lenteur de ses mouvements et de son parler, qui provenait de sa faiblesse, lui donnait un air imposant qui inspirait le respect. La princesse Droubetzkoï était avec elle, et, comme elle faisait partie de la famille, elle aidait de son mieux à recevoir les visiteurs et à soutenir la conversation.

Les jeunes gens, qui ne se souciaient pas de prendre part à la réception, se tenaient dans des chambres intérieures. Le comte allait à la rencontre des arrivants, et en les reconduisant les engageait tous à dîner.

« Je vous suis bien sincèrement obligé, mon cher, ou ma chère, disait-il indifféremment à chacun, aux inférieurs aussi bien qu'aux supérieurs. Merci pour celle dont nous célébrons la fête. Vous viendrez dîner sans faute, n'est-ce pas? Autrement, mon cher, vous m'offenseriez. Je vous supplie de venir avec toute votre famille, ma chère..... » Il répétait exactement les mêmes paroles à tous les invités, et les accompagnait exactement de la même expression de figure, puis venait un serrement de main avec saluts réitérés. Après avoir reconduit les partants, il revenait auprès de ceux qui n'avaient pas encore fait leurs adieux, s'avançait à lui-même un fauteuil et, après avoir posé avec complaisance ses pieds à terre et ses mains sur ses genoux, il se balançait de droite et de gauche, émettant, en homme qui croit savoir vivre, des réflexions sur le temps, sur la santé, tantôt en russe, tantôt en français, bien qu'il parlât fort mal le français, mais toujours avec le même aplomb. Malgré sa fatigue, il se levait de nouveau pour reconduire les partants, comme un homme bien décidé à remplir ses devoirs jusqu'au bout, et renouvelait ses invitations, tout cela en ramenant sur son crâne chauve quelques cheveux gris et rares.

Parfois, en revenant, il traversait le vestibule et la serre et entrait dans une grande salle avec des murs de stuc, où l'on dressait les tables pour un dîner de quatre-vingts couverts. Après avoir regardé les domestiques qui portaient les porcelaines, l'argenterie, et déployaient les nappes damassées, il appelait un certain Dmitri Vassiliévitch, noble de naissance, qui dirigeait ses affaires, et lui disait :

« Écoute, Mitenka, tâche que tout soit bien ; oui, c'est bien, c'est bien !... »

Et en examinant avec satisfaction une énorme table qui venait de recevoir une rallonge, il ajoutait :

« Le principal, c'est le service, c'est le service, entends-tu bien, » et là-dessus il rentrait enchanté dans le salon.

« Marie Lvovna Karaguine ! » annonça d'une voix de basse le valet de pied de la comtesse en se montrant à la porte.

La comtesse réfléchit un instant, en savourant une prise de tabac qu'elle prenait dans une tabatière en or ornée du portrait de son mari.

« Dieu! que ces visites m'ont exténuée! Allons, encore cette dernière... elle est si bégueule!... Priez-la de monter, » répondit-elle tristement au laquais, comme si elle voulait dire : « Oh ! celle-là va m'achever ! »

Une dame, grande, forte, à l'air hautain, suivie d'une jeune fille au visage rond et souriant, entra au salon; elles étaient précédées toutes deux du frou-frou de leurs robes traînantes.

« Chère comtesse... il y a si longtemps... elle a été alitée, la pauvre enfant... au bal des Razoumosky et de la comtesse Apraxine... J'ai été si heureuse! »

Ces civilités à bâtons rompus se confondaient avec le frôlement des robes et le déplacement des chaises. Puis la conversation s'engageait tant bien que mal jusqu'au moment où, grâce à une première pause, on pouvait décemment se permettre de lever la séance, tout en faisant ses adieux, et, après avoir recommencé les : « Je suis bien charmée... la santé de maman... La comtesse Apraxine... » passer dans l'antichambre, mettre sa pelisse et son manteau et partir.

La maladie du vieux comte Besoukhow, l'un des plus beaux hommes du temps de Catherine, qui était en ce moment la nouvelle du jour, fit naturellement les frais de la conversation, et il fut même question de son fils naturel, Pierre, celui-là même qui avait été si peu convenable à la soirée de Mlle Schérer.

« Je plains bien sincèrement le pauvre comte, dit Mme Karaguine. Sa santé est si mauvaise, et avoir un fils qui lui cause un pareil chagrin!

— Mais quel est donc le chagrin qu'il a pu lui causer? » demanda la comtesse en feignant d'ignorer l'histoire, tandis qu'elle l'avait déjà entendu conter au moins une quinzaine de fois.

« Voilà le fruit de l'éducation actuelle! Ce jeune homme s'est trouvé livré à lui-même lorsqu'il était à l'étranger, et maintenant on raconte qu'il a fait à Pétersbourg des choses si épouvantables, qu'on a dû le faire partir, par ordre de la police.

— Vraiment? dit la comtesse.

— Il a fait de mauvaises connaissances, ajouta la princesse Droubetzkoï, et avec le fils du prince Basile et un certain Dologhow ils ont commis des horreurs... Ce dernier a été fait soldat et on a renvoyé le fils de Besoukhow à Moscou; quant à Anatole, son père a trouvé le moyen d'étouffer le scandale; on lui a pourtant enjoint de quitter Pétersbourg.

— Mais qu'ont-ils donc fait? demanda la comtesse.

— Ce sont de véritables brigands, Dologhow surtout, reprit Mme Karaguine : il est le fils de Marie Ivanovna Dologhow, une dame si respectable... Croiriez-vous qu'à eux trois ils se sont emparés, je ne sais où, d'un ourson, qu'ils l'ont fourré avec eux en voiture et mené chez des actrices. La police a voulu les arrêter. Alors... qu'ont-ils imaginé?... Ils ont saisi l'officier de police; et, après l'avoir attaché sur le dos de l'ourson, ils l'ont lâché dans la Moïka, l'ourson nageant avec l'homme de police sur son dos.

— Ah ! ma chère, la bonne figure que devait avoir cet homme ! s'écria le comte en se tordant de rire.

— Mais, c'est une horreur ! Il n'y a pas là, cher comte, de quoi rire, » s'écria Mme Karaguine.

Et, malgré elle, elle pouffait de rire, comme lui.

« On a eu toutes les peines du monde à sauver le malheureux... et quand on pense que c'est le fils du comte Besoukhow qui s'amuse d'une façon aussi insensée ! Il passait pourtant pour un garçon intelligent et bien élevé.... Voilà le résultat d'une éducation faite à l'étranger. J'espère au moins que personne ne le recevra, malgré sa fortune. On a voulu me le présenter, mais j'ai immédiatement décliné cet honneur... ! J'ai des filles !

— Où avez-vous donc appris qu'il fût si riche, demanda la comtesse en se penchant vers Mme Karaguine et en tournant le dos aux demoiselles, qui feignirent aussitôt de ne rien entendre. Le vieux comte n'a que des enfants naturels, et Pierre est un de ces bâtards, je crois ! »

Mme Karaguine fit un geste de la main.

« Ils sont, je crois, une vingtaine. »

La princesse Droubetzkoï, qui brûlait du désir de faire parade de ses relations et de montrer qu'elle connaissait à fond l'existence de chacun dans le détail le plus intime, prit à son tour la parole et dit à voix basse et avec emphase :

« Voici ce que c'est... ! La réputation du comte Besoukhow est bien établie : il a tant d'enfants, qu'il en a perdu le compte, mais Pierre est son favori.

— Quel beau vieillard c'était, pas plus tard que l'année dernière, dit la comtesse, je n'ai jamais vu d'homme aussi beau que lui !

— Ah ! il a beaucoup changé depuis... A propos, j'allais vous dire que l'héritier direct de toute sa fortune est le prince Basile, du chef de sa femme ; mais le vieux, ayant de l'affection pour Pierre, s'est beaucoup occupé de son éducation, et a écrit à l'Empereur à son sujet. Personne ne peut donc savoir lequel des deux héritera de lui à sa mort, qu'on attend d'ailleurs d'un moment à l'autre. Lorrain est même arrivé de Pétersbourg. La fortune est colossale... quarante mille âmes et des millions en capitaux. Je le sais pour sûr, car je le tiens du prince Basile lui-même. Le vieux Besoukhow m'est aussi un peu cousin par sa mère, et il est le parrain de Boris, ajouta-t-elle, en faisant semblant de n'attacher à ce fait aucune importance. Le prince Basile est à Moscou depuis hier soir.

— N'est-il pas chargé de faire une inspection?

— Oui; mais, entre nous soit dit, reprit la princesse, l'inspection n'est qu'un prétexte : il n'est arrivé que pour voir le comte Cyrille Vladimirovitch, quand il a su qu'il était au plus mal.

— Cela n'empêche pas, ma chère, l'histoire d'être excellente, dit le comte, qui, en se voyant peu écouté par les dames, se tourna du côté des demoiselles. Oh! la bonne figure qu'il devait faire, l'homme de police!... »

Et il se mit à contrefaire les gestes du policier en éclatant de rire d'une voix de basse-taille. C'était ce rire bruyant et sonore particulier aux gens qui aiment à bien manger et surtout à bien boire; tout son gros corps en trembla.

« Vous revenez dîner, n'est-ce pas, ma chère? » ajouta-t-il.

XI

Il se fit un grand silence. La comtesse regardait Mme Karaguine et souriait agréablement, sans même chercher à déguiser la satisfaction qu'elle éprouverait à la voir partir. La fille de Mme Karaguine arrangeait machinalement sa robe en interrogeant sa mère du regard, lorsqu'on entendit tout à coup comme le bruit de plusieurs personnes qui auraient traversé en courant la pièce voisine, puis la chute d'une chaise, et une fillette de treize ans, retenant d'une main le jupon retroussé de sa petite robe de mousseline dans lequel elle semblait cacher quelque chose, bondit jusqu'au milieu du salon et s'y arrêta tout court. Il était évident qu'une course désordonnée l'avait entraînée plus loin qu'elle ne voulait.

Au même moment se montrèrent à sa suite un étudiant au collet amarante, un officier de la garde, une jeune fille de quinze ans et un petit garçon en jaquette, au teint vif et coloré.

Le comte se leva en se balançant et, entourant la petite fille de ses bras :

« Ah! la voilà, s'écria-t-il, c'est sa fête aujourd'hui; ma chère, c'est sa fête!

— Il y a temps pour tout, ma chérie, dit la comtesse avec une feinte sévérité.... Tu la gâtes toujours, Elie!

— Bonjour, ma chère; je vous souhaite une bonne fête!... La délicieuse enfant! » dit Mme Karaguine en s'adressant à la mère. »

La petite fille, avec ses yeux noirs et sa bouche trop grande, semblait plutôt laide que jolie, mais, en revanche, elle était d'une vivacité sans pareille; le mouvement de ses épaules, qui s'agitaient encore dans son corsage décolleté, attestait qu'elle venait de courir; ses cheveux noirs, bouclés, et tout ébouriffés, retombaient en arrière; ses bras nus étaient minces et grêles; elle portait encore des pantalons garnis de dentelle, et ses petits pieds étaient chaussés de souliers. En un mot, elle était dans cet âge plein d'espérances où la petite fille n'est plus une enfant, mais où l'enfant n'est pas encore une jeune fille. Echappant à son père, elle se jeta sur sa mère, sans prêter la moindre attention à sa réprimande, et, cachant sa figure en feu dans le fouillis de dentelle qui couvrait le mantelet de la comtesse, elle éclata de rire et se mit à conter à bâtons rompus une histoire sur sa poupée, qu'elle tira aussitôt de son jupon.

« Vous voyez bien, c'est une poupée, c'est Mimi, vous voyez!... »

Et Natacha, pouvant à peine parler, glissa sur les genoux de sa mère en riant de si bon cœur, que Mme Karaguine ne put s'empêcher d'en faire autant.

« Voyons, laisse-moi, va-t'en avec ton monstre, disait la comtesse en jouant la colère et en la repoussant doucement.... C'est ma cadette, » dit-elle en s'adressant à Mme Karaguine.

Natacha, relevant sa tête enfouie au milieu des dentelles de sa mère, regarda un moment la dame inconnue à travers les larmes du rire et se cacha de nouveau le visage. Obligée d'admirer ce tableau de famille, Mme Karaguine crut bien faire en y jouant son rôle :

« Dites-moi, ma petite, qui est donc Mimi? C'est votre fille sans doute? »

Natacha, mécontente du ton de condescendance de l'étrangère, ne répondit rien et se borna à la regarder d'un air sérieux.

Pendant ce temps, toute la jeunesse, c'est-à-dire Boris, l'officier, fils de la princesse Droubetzkoï, Nicolas, l'étudiant, fils aîné du comte Rostow, Sonia, sa nièce, âgée de quinze ans, et Pétroucha, son fils cadet, s'étaient groupés dans la chambre et faisaient des efforts visibles pour contenir, dans les limites de la bienséance, la vivacité et l'entrain qui perçaient dans chacun de leurs mouvements. Rien qu'à les voir, on comprenait bien vite que, dans les appartements intérieurs d'où ils s'étaient si impétueusement élancés, l'entretien avait été autrement gai qu'au salon, et qu'on y avait parlé d'autre chose que des bruits de la ville, du temps qu'il faisait et de la comtesse Apraxine. Ils échangeaient des regards furtifs et retenaient à grand'peine leur fou rire.

Les deux jeunes gens étaient des amis d'enfance, du même âge, tous deux jolis garçons, mais absolument différents l'un de l'autre. Boris était grand, blond, d'une beauté calme et régulière. Nicolas avait la tête bouclée, il était petit et son visage exprimait la franchise. Sur sa lèvre supérieure s'estompaient légèrement les premiers poils d'une moustache naissante. Tout en lui respirait l'ardeur et l'enthousiasme. Il avait fortement rougi en entrant et avait essayé en vain de dire quelque chose. Boris, au contraire, reprit tout de suite son aplomb, et raconta d'une façon plaisante qu'il avait eu l'honneur de connaître Mlle Mimi dans son adolescence, mais que depuis cinq ans elle avait terriblement vieilli et que sa tête était fendue!

Pendant ce récit il jeta un regard à Natacha, qui reporta aussitôt les yeux sur son petit frère : celui-ci, les paupières à moitié fermées, était comme secoué par un rire convulsif et silencieux; ne pouvant à cette vue se contenir davantage, elle se leva d'un bond et s'enfuit aussi vite que ses petits pieds pouvaient la porter. Boris resta impassible :

« Maman, ne désirez-vous pas sortir et n'avez-vous pas besoin de la voiture? demanda-t-il en souriant.

— Oui, certainement, va la commander, » répondit sa mère.

Boris quitta le salon sans se presser et suivit les traces de Natacha, tandis que le petit bonhomme joufflu s'élançait à leur suite, tout mécontent d'avoir été abandonné par eux.

XII

De toute cette jeunesse il ne restait plus que Nicolas et Sonia, la demoiselle étrangère et la fille aînée de la comtesse, de quatre ans plus âgée que Natacha et qui comptait déjà au nombre des grandes personnes.

Sonia était une petite brune mignonne, avec des yeux doux, ombragés de longs cils. Le ton olivâtre de son visage s'accusait encore plus sur la nuque et sur ses mains fines et gracieuses, et une épaisse natte de cheveux noirs s'enroulait deux fois autour de sa tête. L'harmonie de ses mouvements, la mollesse et la souplesse de ses membres grêles, ses manières un peu réservées la faisaient comparer à un joli petit minet prêt à se métamorphoser en une délicieuse jeune chatte. Elle essayait par un sourire de prendre part à la conversation générale, mais ses yeux, sous leurs cils longs et soyeux, se portaient involontairement sur le cousin qui allait partir pour l'armée : ils exprimaient si visiblement ce sentiment d'adoration particulier aux jeunes filles, que son sourire ne pouvait tromper personne ; il était évident que le petit minet ne s'était pelotonné que pour un instant, et qu'une fois hors du salon, à l'exemple de Boris et de Natacha, il sauterait et gambaderait de plus belle avec ce cher petit cousin.

« Oui, ma chère, disait le vieux comte en montrant Nicolas, son ami Boris a été nommé officier et il veut le suivre par amitié pour lui, me quitter, laisser là l'université et se faire militaire... Et dire, ma chère, que sa place aux Archives était toute prête ! C'est ce que j'appelle de l'amitié !

— Mais la guerre est déclarée, dit-on ?

— On le dit depuis longtemps, on le redira encore, et puis on n'en parlera plus... Oui, ma chère, voilà de l'amitié, ou je ne m'y connais pas... Il entre aux hussards ! »

Mme Karaguine, ne sachant que répondre, hocha la tête.

« Ce n'est pas du tout par amitié ! » s'écria Nicolas, qui devint pourpre et eut l'air de s'en défendre comme d'une action honteuse.

Il jeta un coup d'œil sur sa cousine et sur Mlle Karaguine, qui semblaient toutes deux l'approuver.

« Nous avons aujourd'hui à dîner le colonel du régiment de Pavlograd ; il est ici en congé et il l'emmènera. Que faire ? dit le comte en haussant les épaules et en s'efforçant de parler gaiement d'un sujet qui lui avait causé beaucoup de chagrin.

— Je vous ai déjà déclaré, papa, que si vous me défendiez de partir, je resterais. Mais je ne puis être que militaire, je le sais très bien, car, pour devenir diplomate ou fonctionnaire civil, il faut savoir cacher ses sentiments, et je ne le sais pas, » continua-t-il en regardant ces demoiselles avec toute la coquetterie de son âge.

La petite chatte, les yeux attachés sur les siens, semblait guetter la minute favorable pour recommencer ses agaceries et donner un libre cours à sa nature féline.

« C'est bon, c'est bon, dit le comte : il s'enflamme tout de suite. Bonaparte leur a tourné la cervelle à tous, et tous cherchent à savoir comment de simple lieutenant il est devenu Empereur. Après tout, je leur souhaite bonne chance, » ajouta-t-il sans remarquer le sourire moqueur de Mme Karaguine.

On se mit à parler de Napoléon, et Julie, c'était le nom de Mlle Karaguine, s'adressant au jeune Rostow :

« Je regrette, lui dit-elle, que vous n'ayez pas été jeudi chez les Argharow. Je me suis ennuyée sans vous, » murmura-t-elle tendrement.

Le jeune homme, très flatté, se rapprocha d'elle, et il s'ensuivit un aparté plein de coquetterie, qui lui fit oublier la jalousie de Sonia, tandis que la pauvre petite, toute rouge et toute frémissante, s'efforçait de sourire. Au milieu de l'entretien il se tourna vers elle, et Sonia, lui répondant par un regard à la fois passionné et irrité, quitta la chambre, ayant beaucoup de peine à retenir ses larmes.

Toute la vivacité de Nicolas disparut comme par enchantement, et, profitant du premier moment favorable, il s'éloigna à sa recherche, la figure bouleversée.

« Les secrets de cette jeunesse sont cousus de fil blanc, » dit la princesse Droubetzkoï en le suivant des yeux... « cousinage, dangereux voisinage[1]. »

« Oui, » reprit la comtesse, après l'éclipse de ce rayon de soleil et de vie apporté par toute cette jeunesse...

Et répondant elle-même à une question que personne ne lui avait adressée, mais qui la préoccupait constamment :

« Que de soucis, que de souffrances avant de pouvoir en jouir !... et maintenant je tremble plus que je ne me réjouis. J'ai peur, toujours peur ! C'est justement l'âge le plus dangereux pour les filles comme pour les garçons.

— Tout dépend de l'éducation !

— Vous avez parfaitement raison; j'ai été, Dieu merci, l'amie de mes enfants, et ils me donnent jusqu'à présent toute leur confiance, — répondit la comtesse ; elle nourrissait à cet

1. En français dans le texte.

égard les illusions de beaucoup de parents qui s'imaginent connaître les secrets de leurs enfants. — Je sais que mes filles n'auront rien de caché pour moi, et que si Nicolas fait des folies, — un garçon y est toujours plus ou moins obligé, — il ne se conduira pas comme ces messieurs de Pétersbourg.

— Ce sont de bons enfants, — dit le comte, dont le grand moyen pour trancher les questions compliquées était de trouver tout parfait. — Que faire? il a voulu être hussard... Que voulez-vous, ma chère?

— Quelle charmante petite créature que votre cadette, un véritable vif-argent.

— Oui, elle me ressemble, reprit naïvement le père, et quelle voix! Bien qu'elle soit ma fille, je suis forcé d'être juste; ce sera une véritable cantatrice, une seconde Salomoni! Nous avons pris un Italien pour lui donner des leçons.

— N'est-ce pas trop tôt? A son âge, cela peut lui gâter la voix.

— Mais pourquoi donc serait-ce trop tôt? Nos mères se mariaient bien à douze ou treize ans.

— Savez-vous qu'elle est déjà amoureuse de Boris! Qu'en pensez-vous? » dit la comtesse en souriant et en échangeant un regard avec son amie la princesse A. Mikhaïlovna.

Et comme si elle répondait ensuite à ses propres pensées, elle ajouta :

« Si je la tenais sévèrement, si je lui défendais de le voir, Dieu sait ce qu'il en adviendrait (elle voulait dire sans doute par là qu'ils s'embrasseraient en cachette) : tandis que maintenant je sais tout ce qu'ils se disent; elle vient elle-même me le conter tous les soirs. Je la gâte, c'est possible, mais cela vaut mieux, croyez-moi... Quant à ma fille aînée, elle a été élevée très sévèrement.

— Ah! c'est bien vrai, j'ai été élevée tout autrement, » dit la jeune comtesse Véra en souriant.

Mais par malheur son sourire ne l'embellissait pas, car, au contraire de ce qui a lieu d'habitude, il donnait à sa figure une expression désagréable et affectée. Cependant elle était plutôt belle, assez intelligente, instruite, elle avait la voix agréable, et ce qu'elle venait de dire était parfaitement juste; pourtant, chose étrange, tous se regardèrent, étonnés et embarrassés.

« On tâche toujours de mieux réussir avec les aînés et d'en faire quelque chose d'extraordinaire, dit Mme Karaguine.

— Il faut avouer, reprit le comte, que la comtesse a voulu

atteindre l'impossible avec Véra; mais, après tout, elle a réussi, et parfaitement réussi, » ajouta-t-il, en lançant à sa fille un coup d'œil approbateur.

Mme Karaguine se décida enfin à faire ses adieux, en promettant de revenir dîner.

« Quelle sotte! s'écria la comtesse après l'avoir reconduite, je croyais qu'elle ne s'en irait jamais! »

XIII

Natacha s'était arrêtée, dans sa fuite, à l'entrée de la serre; là elle attendit Boris, tout en prêtant l'oreille à la conversation du salon. A la fin, perdant patience et frappant du pied, elle était sur le point de pleurer, lorsqu'elle entendit le jeune homme, qui arrivait sans se presser le moins du monde. Elle n'eut que le temps de se jeter derrière les caisses d'arbustes. Une fois dans la serre, Boris regarda autour de lui et, secouant un léger grain de poussière de dessus sa manche, il s'approcha de la glace pour y mirer sa jolie figure. Natacha suivait avec curiosité tous ses mouvements : elle le vit sourire et se diriger vers la porte opposée; alors elle eut la pensée de l'appeler :

« Non, se dit-elle, qu'il me cherche! »

A peine avait-il disparu, que Sonia, tout en pleurs et les joues en feu, se précipita dans la serre. Natacha allait s'élancer vers elle, mais le plaisir de rester invisible et d'observer ce qui se passait, comme dans les contes de fées, la retint immobile. Sonia se parlait à elle-même tout bas, les yeux fixés sur la porte du salon. Nicolas entra.

« Sonia, qu'as-tu? Est-ce possible? lui cria-t-il en courant à elle.

— Rien, je n'ai rien, laissez-moi!... »

Et elle fondit en larmes.

« Mais non, je sais ce que c'est!

— Eh bien! si vous le savez, tant mieux pour vous, allez la rejoindre.

— Sonia, un mot! Peut-on se tourmenter ainsi et me tourmenter moi, pour une chimère, » lui dit-il en lui prenant la main.

Sonia pleurait sans retirer sa main. Natacha, clouée à sa place, retenait sa respiration; ses yeux brillaient.

« Qu'est-ce qui va se passer? pensa-t-elle.

— Sonia, le monde entier n'est rien pour moi : toi seule tu es tout, et je te le prouverai!

— Je n'aime pas que tu parles à.... dit Sonia.

— Eh bien! je ne le ferai plus, pardonne-moi!... »

Et, l'attirant à lui, il l'embrassa.

« Ah! voilà qui est bien! » se dit Natacha.

Nicolas et Sonia quittèrent la serre; elle les suivit à distance jusqu'à la porte et appela Boris.

« Boris, venez ici, dit-elle d'un air important et mystérieux. J'ai à vous dire quelque chose. Ici, ici!... »

Et elle l'amena jusqu'à sa cachette entre les fleurs. Boris obéissait en souriant :

« Qu'avez-vous à me dire? »

Elle se troubla, regarda autour d'elle, et, ayant aperçu sa poupée qui gisait abandonnée sur une des caisses, elle s'en empara et la lui présenta :

« Embrassez ma poupée! »

Boris ne bougeait pas et regardait sa petite figure animée et souriante.

« Vous ne le voulez pas? Eh bien, venez, par ici.... »

Et, l'entraînant tout au milieu des arbres, elle jeta sa poupée.

« Plus près, plus près! » dit-elle en saisissant tout à coup le jeune homme par son uniforme.

Et, rougissante d'émotion et prête à pleurer, elle murmura :

« Et moi, m'embrasserez-vous? »

Boris devint pourpre.

« Comme vous êtes étrange! » lui dit-il.

Et il se penchait indécis au-dessus d'elle.

S'élançant d'un bond sur une des caisses, elle entoura de ses deux petits bras nus et grêles le cou de son compagnon, et, rejetant ses cheveux en arrière, elle lui appliqua un baiser sur les lèvres; puis, s'échappant aussitôt et se glissant rapidement à travers les plantes, elle s'arrêta de l'autre côté, la tête penchée.

« Natacha, je vous aime, vous le savez bien, mais...

— Êtes-vous amoureux de moi?

— Oui, je le suis. Mais, je vous en prie, ne recommençons plus... ce que nous venons de faire... Encore quatre ans... alors je demanderai votre main... »

Natacha se mit à réfléchir.

« Treize, quatorze, quinze, seize, dit-elle en comptant sur ses doigts. Bien, c'est convenu!... »

Et un sourire de confiance et de satisfaction éclaira son petit visage.

« C'est convenu! reprit Boris.

— Pour toujours, à la vie à la mort! » s'écria la fillette en lui prenant le bras et en l'emmenant, heureuse et tranquille, dans le grand salon.

XIV

La comtesse, qui s'était sentie fatiguée, avait fait fermer sa porte et donné ordre au suisse d'inviter à dîner tous ceux qui viendraient apporter leurs félicitations. Elle désirait aussi causer en tête-à-tête avec son amie d'enfance, la princesse Droubetzkoï, qui était revenue depuis peu de Pétersbourg.

« Je serai franche avec toi, lui dit-elle en rapprochant son fauteuil de celui de la comtesse : il nous reste, hélas! si peu de vieux amis, que ton amitié m'est doublement précieuse. »

Et, jetant un regard sur Véra, elle se tut.

La comtesse lui serra tendrement la main.

« Véra, vous ne comprenez donc rien? »

Elle aimait peu sa fille, et c'était facile à voir.

« Tu ne comprends donc pas que tu es de trop ici. Va rejoindre tes sœurs.

— Si vous me l'aviez dit plus tôt, maman, — répondit la belle Véra avec un certain dédain, mais sans paraître toutefois offensée, — je serais déjà partie.... »

Et elle passa dans la grande salle, où elle aperçut deux couples assis chacun devant une fenêtre et qui semblaient se faire pendants l'un à l'autre.

Elle s'arrêta un moment pour les regarder d'un air moqueur. Nicolas, à côté de Sonia, lui copiait des vers, les premiers de sa composition. Boris et Natacha causaient à voix basse; ils se turent à l'approche de Véra. Les deux petites filles avaient un air joyeux et coupable qui trahissait leur amour; c'était charmant et comique tout à la fois, mais Véra ne trouvait cela ni charmant ni comique.

« Combien de fois ne vous ai-je pas prié de ne jamais toucher aux objets qui m'appartiennent! Vous avez une chambre à vous. »

Et là-dessus elle prit l'encrier des mains de Nicolas.

« Un instant, un instant, dit Nicolas en trempant sa plume dans l'encrier.

— Vous ne faites jamais rien à propos : tout à l'heure, vous êtes entrés comme des fous dans le salon, et vous nous avez tous scandalisés. » En dépit, ou peut-être à cause de la vérité de sa remarque, personne ne souffla mot, mais il y eut entre les quatre coupables un rapide échange de regards. Véra, son encrier à la main, hésitait à s'éloigner.

« Et quels secrets pouvez-vous bien avoir à vos âges? C'est ridicule, et ce ne sont que des folies!

— Mais que t'importe, Véra? dit avec douceur Natacha, qui se sentait ce jour-là meilleure que d'habitude et mieux disposée pour les autres.

— C'est absurde! J'ai honte pour vous! Quels sont vos secrets, je vous prie?

— Chacun a les siens, et nous te laissons en repos, toi et Berg, reprit Natacha en s'échauffant.

— Il est facile de me laisser tranquille, puisque je ne fais rien de blâmable. Mais, quant à toi, je dirai à maman comment tu te conduis avec Boris.

— Natalie Ilinischna se conduit très bien avec moi, je n'ai pas à m'en plaindre.

— Finissez, Boris; vous êtes un vrai diplomate! »

Ce mot « diplomate », très usité parmi ces enfants, avait dans leur argot une signification toute particulière.

« C'est insupportable, dit Natacha, irritée et blessée. Pourquoi s'accroche-t-elle à moi? Tu ne nous comprendras jamais, car tu n'as jamais aimé personne; tu n'as pas de cœur, tu es Mme de Genlis, et voilà tout (ce sobriquet, inventé par Nicolas, passait pour fort injurieux); ton seul plaisir est de causer de l'ennui aux autres : tu n'as qu'à faire la coquette avec Berg tant que tu voudras.

— Ce qui est certain, c'est que je ne cours pas après un jeune homme devant le monde, et...

— Très bien, s'écria Nicolas, tu as atteint ton but, tu nous as dérangés pour nous dire à tous des sottises; allons-nous-en, sauvons-nous dans la chambre d'étude!... »

Aussitôt tous les quatre se levèrent et disparurent comme une nichée d'oiseaux effarouchés.

« C'est à moi au contraire que vous en avez dit, » s'écria Véra, tandis que les quatre voix répétaient gaiement en chœur derrière la porte :

« Mme de Genlis ! Mme de Genlis ! »

Sans se préoccuper de ce sobriquet, Véra s'approcha de la glace pour arranger son écharpe et sa coiffure, et la vue de son beau visage lui rendit son impassibilité habituelle.

Dans le salon, la conversation était des plus intimes entre les deux amies.

« Ah ! chère, disait la comtesse, tout n'est pas rose dans ma vie ; je vois très bien, au train dont vont les choses, que nous n'en avons pas pour longtemps ; toute notre fortune y passera ! A qui la faute ? A sa bonté et au club ! A la campagne même, il n'a point de repos... toujours des spectacles, des chasses, que sais-je enfin ? Mais à quoi sert d'en parler ? Raconte-moi plutôt ce que tu as fait. Vraiment, je t'admire : comment peux-tu courir ainsi la poste à ton âge, aller à Moscou, à Pétersbourg, chez tous les ministres, chez tous les gros bonnets et savoir t'y prendre avec chacun ? Voyons, comment y es-tu parvenue ? C'est merveilleux ; quant à moi, je n'y entends rien !

— Ah ! ma chère âme, que Dieu te préserve de jamais savoir par expérience ce que c'est que de rester veuve, sans appui, avec un fils qu'on aime à la folie ! On se soumet à tout pour lui ! Mon procès a été une dure école ! Lorsque j'avais besoin de voir un de ces gros bonnets, j'écrivais ceci : « La princesse une telle désire voir un tel, » et j'allais moi-même en voiture de louage une fois, deux fois, quatre fois, jusqu'à ce que j'eusse obtenu ce qu'il me fallait, et ce que l'on pensait de moi m'était complètement indifférent.

— A qui donc t'es-tu adressée pour Boris ? Car enfin le voilà officier dans la garde, tandis que Nicolas n'est que « junker ». Personne ne s'est remué pour lui. A qui donc t'es-tu adressée ?

— Au prince Basile, et il a été très aimable. Il a tout de suite promis d'en parler à l'Empereur, ajouta vivement la princesse, oubliant les récentes humiliations qu'elle avait dû subir.

— A-t-il beaucoup vieilli, le prince Basile ? Je ne l'ai pas rencontré depuis l'époque de nos comédies chez les Roumiantzow ; il m'aura oubliée, et pourtant à cette époque-là il me faisait la cour !

— Il est toujours le même, aimable et galant ; les grandeurs ne lui ont pas tourné la tête ! « Je regrette, chère princesse,

« m'a-t-il dit, de ne pas avoir à me donner plus de peine; vous « n'avez qu'à ordonner. » C'est vraiment un brave homme et un bon parent. Tu sais, Nathalie, l'amour que je porte à mon fils; il n'y a rien que je ne sois prête à faire pour son bonheur. Mais ma position est si difficile, si pénible, et elle a encore empiré, dit-elle tristement à voix basse. Mon malheureux procès n'avance guère et me ruine. Je n'ai pas dix kopeks dans ma poche, le croirais-tu? Et je ne sais comment équiper Boris. »

Et, tirant son mouchoir, elle se mit à pleurer :

« J'ai besoin de cinq cents roubles, et je n'ai qu'un seul billet de vingt-cinq roubles. Ma situation est épouvantable : je n'ai plus d'espoir que dans le comte Besoukhow. S'il ne consent pas à venir en aide à son filleul Boris et à lui faire une pension, toutes mes peines sont perdues. »

Les yeux de la comtesse étaient devenus humides, et elle paraissait absorbée dans ses réflexions.

« Il m'arrive souvent de penser à l'existence solitaire du comte Bésoukhow, reprit la princesse, à sa fortune colossale, et de me demander — c'est peut-être un péché — pourquoi vit-il? La vie lui est à charge, tandis que Boris est jeune...

— Il lui laissera assurément quelque chose, dit la comtesse.

— J'en doute, chère amie; ces grands seigneurs millionnaires sont si égoïstes! Je vais pourtant y aller avec Boris, afin d'expliquer au comte ce dont il s'agit. Il est maintenant deux heures, dit-elle en se levant, et vous dînez à quatre... j'aurai le temps. »

La princesse envoya chercher son fils :

« Au revoir, mon amie, dit-elle à la comtesse, qui la reconduisit jusqu'à l'antichambre; souhaite-moi bonne chance.

— Vous allez voir le comte Cyrille Vladimirovitch, ma chère, lui cria le comte en sortant de la grande salle? S'il se sent mieux, vous inviterez Pierre à dîner; il venait chez nous autrefois et dansait avec les enfants. Faites-le-lui promettre, je vous en prie. Nous verrons si Tarass se distinguera; il assure que le comte Orlow n'a jamais donné un dîner pareil à celui qu'il nous prépare. »

XV

« Mon cher Boris, dit la princesse à son fils, pendant que la voiture mise à sa disposition par la comtesse Rostow quittait la rue jonchée de paille et entrait dans la grande cour de l'hôtel Besoukhow, mon cher Boris, répéta-t-elle en dégageant sa main de dessous son vieux manteau et en la posant sur celle de son fils avec un mouvement à la fois caressant et timide, sois aimable, sois prudent. Il est ton parrain, et ton avenir dépend de lui, ne l'oublie pas. Sois gentil, comme tu sais l'être quand tu veux.

— J'aurais voulu, je l'avoue, être sûr de retirer de tout cela autre chose qu'une humiliation, répondit-il froidement; mais vous avez ma promesse, et je ferai cela pour vous. »

Après avoir refusé de se faire annoncer, la mère et le fils entrèrent dans le vestibule vitré, orné de deux rangées de statues dans des niches. Le suisse les examina des pieds à la tête, ses yeux s'arrêtèrent sur le manteau râpé de la mère; alors il leur demanda s'ils étaient venus pour les jeunes princesses ou pour le comte. En apprenant que c'était pour ce dernier, il s'empressa de leur déclarer, en dépit des voitures qui stationnaient devant la porte et dont la présence lui donnait un démenti, que Son Excellence ne recevait personne, vu l'extrême gravité de son état.

« Dans ce cas, partons, dit Boris en français.

— Mon ami, » reprit sa mère d'un ton suppliant, en lui touchant le bras, comme si cet attouchement avait le don de le calmer ou de l'exciter à volonté.

Boris se tut; sa mère en profita pour s'adresser au suisse d'un ton larmoyant : « Je sais que le comte est très mal, c'est pour cela que je suis venue; je suis sa parente, je ne le dérangerai pas... je veux seulement voir le prince Basile; je sais qu'il est ici; va, je te prie, nous annoncer. »

Le suisse tira avec humeur le cordon de la sonnette.

« La princesse Droubetzkoï se fait annoncer chez le prince Basile, » cria-t-il à un valet de chambre qui avançait sa tête sous la voûte de l'escalier.

La princesse arrangea les plis de sa robe de taffetas teint, en se regardant dans une grande glace de Venise encadrée dans le mur, et posa hardiment sa chaussure usée sur les marches tendues d'un riche tapis.

« Vous me l'avez promis, mon cher, » répéta-t-elle à son fils, en l'effleurant de la main pour l'encourager.

Boris la suivit tranquillement, les yeux baissés, et tous deux entrèrent dans la salle que l'on devait traverser pour arriver chez le prince Basile.

Au moment où ils allaient demander leur chemin à un vieux

valet de chambre qui s'était levé à leur approche, une des nombreuses portes qui donnaient dans cette pièce s'ouvrit et laissa passer le prince Basile en douillette de velours fourrée et ornée d'une seule décoration, ce qui était ordinairement chez lui l'indice d'une toilette négligée. Le prince reconduisait un beau garçon à cheveux noirs. C'était le docteur Lorrain.

« Est-ce bien certain?

— *Errare humanum est*, mon prince, répondit le docteur en grasseyant et en prononçant le latin à la française.

— C'est bien, c'est bien, » dit le prince Basile, qui, ayant remarqué la princesse Droubetzkoï et son fils, congédia le médecin en le saluant de la tête.

Alors il s'approcha d'eux en silence et les interrogea du regard. Boris vit l'expression d'une profonde douleur passer aussitôt dans les yeux de sa mère, et il en sourit à la dérobée.

« Nous nous retrouvons dans de bien tristes circonstances, mon prince.... Comment va le cher malade? » dit-elle, en faisant semblant de ne point remarquer le regard froid et blessant dirigé sur elle.

Le prince Basile continua à les regarder en silence, elle et son fils Boris, sans chercher même à déguiser son étonnement; sans rendre à ce dernier son salut, il répondit à la princesse par un mouvement de tête et de lèvres qui indiquait que la situation du malade était désespérée.

« C'est donc vrai! s'écria-t-elle. Ah! c'est épouvantable, c'est terrible à penser.... C'est mon fils, ajouta-t-elle; il tenait à vous remercier en personne. » Nouveau salut de Boris. « Soyez persuadé, mon prince, que jamais le cœur d'une mère n'oubliera ce que vous avez fait pour son fils.

— Je suis heureux, chère Anna Mikhaïlovna, d'avoir pu vous être agréable, » dit le prince en chiffonnant son jabot.

Et sa voix et son geste prirent des airs de protection tout autres qu'à Pétersbourg à la soirée de Mlle Schérer.

« Faites votre possible pour servir avec zèle et vous rendre digne de... Je suis charmé, charmé de... Etes-vous en congé? »

Tout cela avait été débité avec la plus parfaite indifférence.

« J'attends l'ordre du jour, Excellence, pour me rendre à ma nouvelle destination, » répondit Boris sans se montrer blessé de ce ton sec et sans témoigner le désir de continuer la conversation.

Frappé de son air tranquille et discret, le prince le regarda avec attention :

« Demeurez-vous avec votre mère?

— Je demeure chez la comtesse Rostow, Excellence.

— Chez Elie Rostow, marié à Nathalie Schinchine, dit Anna Mikhaïlovna.

— Je sais, je sais, reprit le prince de sa voix monotone. Je n'ai jamais pu comprendre Nathalie! S'être décidée à épouser cet ours mal léché.... Un personnage stupide, ridicule et, qui plus est, joueur, à ce qu'on dit.

— Oui, mais un très brave homme, mon prince, reprit la princesse en souriant, de manière à faire croire qu'elle partageait son opinion, tout en défendant le pauvre comte.

— Que disent les médecins? demanda-t-elle de nouveau en redonnant à sa figure fatiguée l'expression d'un profond chagrin.

— Il y a peu d'espoir.

— J'aurais tant désiré pouvoir encore une fois remercier mon oncle de toutes ses bontés pour moi et pour Boris. C'est son filleul! » ajouta-t-elle avec importance, comme si cette nouvelle devait produire une impression favorable sur le prince Basile.

Ce dernier se tut et fronça le sourcil.

Comprenant aussitôt qu'il craignait de trouver en elle un compétiteur dangereux à la succession du comte Besoukhow, elle s'empressa de le rassurer :

« Si ce n'était ma sincère affection et mon dévouement à mon oncle... »

Ces deux mots « mon oncle » glissaient de ses lèvres avec un mélange d'assurance et de laisser-aller.

« Je connais son caractère franc et noble!... mais ici il n'a que ses nièces auprès de lui ; elles sont jeunes.... »

Et elle continua à demi-voix en baissant la tête :

« A-t-il rempli ses derniers devoirs? Ses instants sont précieux! Il ne saurait être plus mal, il serait donc indispensable de le préparer. Nous autres femmes, prince, ajouta-t-elle en souriant avec douceur, nous savons toujours faire accepter ces choses-là. Il faut absolument que je le voie, malgré tout ce qu'une telle entrevue peut avoir de pénible pour moi; mais je suis si habituée à souffrir! »

Le prince avait compris, comme l'autre fois à la soirée de Mlle Schérer, qu'il serait impossible de se débarrasser d'Anna Mikhaïlovna.

« Je craindrais que cette entrevue ne lui fît du mal, chère

princesse! Attendons jusqu'au soir : les médecins comptent sur une crise!

— Attendre, mon prince, mais ce sont ses derniers instants, pensez qu'il y va du salut de son âme! Ah! ils sont terribles les devoirs d'un chrétien! »

La porte qui communiquait avec les chambres intérieures s'ouvrit à ce moment, et une des princesses en sortit; sa figure était froide et revêche, et sa taille, d'une longueur démesurée, jurait par sa disproportion avec l'ensemble de sa personne.

« Eh bien, comment est-il? demanda le prince Basile.

— Toujours de même, et cela ne peut être autrement avec ce bruit, répondit la demoiselle, en toisant Anna Mikhaïlovna comme une étrangère.

— Ah! chère, je ne vous reconnaissais pas, s'écria celle-ci avec joie en s'approchant d'elle. Je viens d'arriver, et je suis accourue pour vous aider à soigner mon oncle! Combien vous avez dû souffrir! » ajouta-t-elle en levant les yeux au ciel.

La jeune princesse tourna sur ses talons et sortit sans dire un mot.

Anna Mikhaïlovna ôta ses gants, et, s'établissant dans un fauteuil comme dans un retranchement conquis, elle engagea le prince à s'asseoir à ses côtés.

« Boris, je vais aller chez le comte, chez mon oncle; toi, mon ami, en attendant, va chez Pierre, et fais-lui part de l'invitation des Rostow. Ils l'invitent à dîner, tu sais?... Mais il n'ira pas, je crois, dit-elle en se tournant vers le prince Basile.

— Pourquoi pas? reprit celui-ci avec une mauvaise humeur bien visible; je serai très content que vous me débarrassiez de ce jeune homme. Il s'est installé ici, et le comte n'a pas demandé une seule fois à le voir. »

Il haussa les épaules et sonna. Un valet de chambre parut et fut chargé de conduire Boris chez Pierre Kirilovitch en prenant par un autre escalier.

XVI

C'était la vérité. Pierre n'avait pas eu le loisir de se choisir encore une carrière, par suite de son renvoi de Pétersbourg à Moscou pour ses folies tapageuses. L'histoire racontée chez les

Rostow était authentique. Il avait, de concert avec ses camarades, attaché l'officier de police sur le dos de l'ourson!

De retour depuis peu de jours, il s'était arrêté chez son père, comme d'habitude. Il supposait avec raison que son aventure devait être connue et que l'entourage féminin du comte, toujours hostile à son égard, ne manquerait pas de le monter contre lui. Malgré tout, il se rendit le jour même de son arrivée dans l'appartement de son père et s'arrêta, chemin faisant, dans le salon où se tenaient habituellement les princesses, pour leur dire bonjour. Deux d'entre elles faisaient de la tapisserie à un grand métier, tandis que la troisième, l'aînée, leur faisait une lecture à haute voix.

Son maintien était sévère, sa personne soignée, mais la longueur de son buste sautait aux yeux : c'était celle qui avait feint d'ignorer la présence d'Anna Mikhaïlovna. Les cadettes, toutes deux fort jolies, ne se distinguaient l'une de l'autre que par un grain de beauté, qui était placé chez l'une juste au-dessus de la lèvre et qui la rendait fort séduisante. Pierre fut reçu comme un pestiféré. L'aînée interrompit sa lecture et fixa sur lui en silence des regards effrayés; la seconde, celle qui était privée du grain de beauté, suivit son exemple; la troisième, moqueuse et gaie, se pencha sur son ouvrage pour cacher de son mieux le sourire provoqué par la scène qui allait se jouer et qu'elle prévoyait. Elle piqua son aiguille dans le canevas et fit semblant d'examiner le dessin, en étouffant un éclat de rire.

« Bonjour, ma cousine, dit Pierre, vous ne me reconnaissez pas?

— Je ne vous reconnais que trop bien, trop bien!

— Comment va le comte? Puis-je le voir? demanda Pierre avec sa gaucherie habituelle, mais sans témoigner d'embarras.

— Le comte souffre moralement et physiquement, et vous avez pris soin d'augmenter chez lui les souffrances de l'âme.

— Puis-je voir le comte? répéta Pierre.

— Oh! si vous voulez le tuer, le tuer définitivement, oui, vous le pouvez. Olga, va voir si le bouillon est prêt pour l'oncle; c'est le moment, » ajouta-t-elle, pour faire comprendre à Pierre qu'elles étaient uniquement occupées à soigner leur oncle, tandis que lui, il ne pensait évidemment qu'à lui être désagréable.

Olga sortit. Pierre attendit un instant, et, après avoir examiné les deux sœurs :

« Si c'est ainsi, dit-il en les saluant, je retourne chez moi, et vous me ferez savoir quand ce sera possible. »

Il s'en alla, et la petite princesse au grain de beauté accompagna sa retraite d'un long éclat de rire.

Le prince Basile arriva le lendemain et s'installa dans la maison du comte. Il fit venir Pierre :

« Mon cher, lui dit-il, si vous vous conduisez ici comme à Pétersbourg, vous finirez très mal : c'est tout ce que je puis vous dire. Le comte est dangereusement malade; il est inutile que vous le voyiez. »

A partir de ce moment, on ne s'inquiéta plus de Pierre, qui passait ses journées tout seul dans sa chambre du second étage.

Lorsque Boris entra chez lui, Pierre marchait à grands pas, s'arrêtait dans les coins de l'appartement, menaçant la muraille de son poing fermé, comme s'il voulait percer d'un coup d'épée un ennemi invisible, lançant des regards furieux par-dessus ses lunettes et recommençant sa promenade en haussant les épaules avec force gestes et paroles entrecoupées.

« L'Angleterre a vécu! disait-il en fronçant les sourcils et en dirigeant son index vers un personnage imaginaire. M. Pitt, traître à la nation et au droit des gens, est condamné à... »

Il n'eut pas le temps de prononcer l'arrêt dicté par Napoléon, représenté en ce moment par Pierre. Il avait déjà traversé la Manche et pris Londres d'assaut, lorsqu'il vit entrer un jeune et charmant officier, à la tournure élégante. Il s'arrêta court. Pierre avait laissé Boris âgé de quatorze ans et ne se le rappelait plus; malgré cela, il lui tendit la main en lui souriant amicalement, par suite de sa bienveillance naturelle.

« Vous ne m'avez pas oublié? dit Boris, répondant à ce sourire. Je suis venu avec ma mère voir le comte, mais on dit qu'il est malade.

— Oui, on le dit; on ne lui laisse pas une minute de repos, » reprit Pierre, qui se demandait à part lui quel était ce jeune homme.

Boris voyait bien qu'il ne le reconnaissait pas; mais, trouvant qu'il était inutile de se nommer et n'éprouvant d'ailleurs aucun embarras, il le regardait dans le blanc des yeux.

« Le comte Rostow vous invite à venir dîner chez lui aujourd'hui, dit-il après un silence prolongé, qui commençait à devenir pénible pour Pierre.

— Ah! le comte Rostow, s'écria Pierre joyeusement; alors

vous êtes son fils Elie. Figurez-vous que je ne vous reconnaissais pas. Vous rappelez-vous nos premenades aux montagnes des Oiseaux en compagnie de Mme Jacquot, il y a de cela longtemps?

— Vous vous trompez, reprit Boris sans se presser et en souriant d'un air assuré et moqueur. Je suis Boris, le fils de la princesse Droubetzkoï. Le comte Rostow s'appelle Elie et son fils Nicolas, et je n'ai jamais connu de Mme Jacquot. »

Pierre secoua la tête et promena ses mains autour de lui, comme s'il voulait chasser des cousins ou des abeilles.

« Ah! Dieu! est-ce possible? J'aurai tout confondu; j'ai tant de parents à Moscou... Vous êtes Boris,... oui, c'est bien cela... enfin c'est débrouillé! Voyons, que pensez-vous de l'expédition de Boulogne? Les Anglais auront du fil à retordre, si Napoléon parvient seulement à traverser le détroit. Je crois l'entreprise possible,... pourvu que Villeneuve se conduise bien. »

Boris, qui ne lisait pas les journaux, ne savait rien de l'expédition et entendait prononcer le nom de Villeneuve pour la première fois.

« Ici, à Moscou, les dîners et les commérages nous occupent bien autrement que la politique, répondit-il d'un air toujours moqueur : je n'en sais absolument rien et je n'y pense jamais! Il n'est question en ville que de vous et du comte. »

Pierre sourit de son bon sourire, tout en ayant l'air de craindre que son interlocuteur ne laissât échapper quelque parole indiscrète; mais Boris s'exprimait d'un ton sec et précis sans le quitter des yeux.

« Moscou n'a pas autre chose à faire; chacun veut savoir à qui le comte léguera sa fortune, et qui sait s'il ne nous enterrera pas tous? Pour ma part, je le lui souhaite de tout cœur!

— Oui, c'est très pénible, très pénible, balbutia Pierre, qui continuait à redouter une question délicate pour lui.

— Et vous devez croire, reprit Boris en rougissant légèrement, mais en conservant son maintien réservé, que chacun cherche également à obtenir une obole du millionnaire....

— Nous y voilà! pensa Pierre.

— Et je tiens justement à vous dire, pour éviter tout malentendu, que vous vous tromperiez singulièrement en nous mettant, ma mère et moi, au nombre de ces gens-là. Votre père est très riche, tandis que nous sommes très pauvres; c'est pourquoi je ne l'ai jamais considéré comme un parent. Ni ma mère, ni moi, ne lui demanderons rien et n'accepterons jamais rien de lui! »

Pierre fut quelque temps avant de comprendre; tout à coup il saisit vivement, et gauchement comme toujours, la main de Boris, et rougissant de confusion et de honte :

« Est-ce possible? s'écria-t-il, peut-on croire que je... ou que d'autres...?

— Je suis bien aise de vous l'avoir dit; excusez-moi. Si cela vous a été désagréable, je n'ai pas eu l'intention de vous offenser, continua Boris en rassurant Pierre, car les rôles étaient intervertis. J'ai pour principe d'être franc... Mais que dois-je répondre? Viendrez-vous dîner chez les Rostow?... »

Et Boris, s'étant ainsi délivré d'un lourd fardeau et tiré d'une fausse situation en les passant à un autre, était redevenu charmant comme d'habitude.

« Ecoutez-moi, dit Pierre tranquillisé, vous êtes un homme étonnant. Ce que vous venez de faire est bien, très bien! Vous ne me connaissez pas, c'est naturel... il y a si longtemps que nous ne nous étions vus... encore enfants... Donc, vous auriez pu supposer... je vous comprends très bien; je ne l'aurais pas fait, je n'en aurais pas eu le courage, mais tout de même c'est parfait. Je suis enchanté d'avoir fait votre connaissance. C'est vraiment étrange, ajouta-t-il en souriant après un moment de silence, vous avez pu supposer que je.... et il se mit à rire. — Enfin nous nous connaîtrons mieux, n'est-ce pas? je vous en prie... » et il lui serra la main. Savez-vous que je n'ai pas vu le comte? Il ne m'a pas fait demander... il me fait de la peine comme homme, mais que faire?... Ainsi, vous croyez sérieusement que Napoléon aura le temps de faire passer la mer à son armée? »

Et Pierre se mit à développer les avantages et les désavantages de l'expédition de Boulogne.

Il en était là lorsqu'un domestique vint prévenir Boris que sa mère montait en voiture; il prit congé de Pierre, qui lui promit, en lui serrant amicalement la main, d'aller dîner chez les Rostow. Il se promena longtemps encore dans sa chambre, mais cette fois sans s'escrimer contre des ennemis imaginaires; il souriait et se sentait pris, sans doute à cause de sa grande jeunesse et de son complet isolement, d'une tendresse sans cause pour ce jeune homme intelligent et sympathique, et bien décidé à faire plus ample connaissance avec lui.

Le prince Basile reconduisait la princesse, qui cachait dans son mouchoir son visage baigné de larmes.

« C'est affreux, c'est affreux, murmurait-elle, mais malgré tout je remplirai mon devoir jusqu'au bout. Je reviendrai pour le veiller; on ne peut pas le laisser ainsi..., chaque seconde est précieuse. Je ne comprends pas ce que ses nièces attendent. Dieu aidant, je trouverai peut-être moyen de le préparer... Adieu, mon prince, que le bon Dieu vous soutienne!

— Adieu, ma chère, » répondit négligemment le prince Basile.

« Ah! son état est terrible, dit la mère à son fils, à peine assise dans sa voiture; il ne reconnaît personne.

— Je ne puis, ma mère, me rendre compte de la nature de ses rapports avec Pierre.

— Le testament dévoilera tout, mon ami, et notre sort en dépendra également.

— Mais qu'est-ce qui vous fait supposer qu'il nous laissera quelque chose?

— Ah! mon enfant, il est si riche, et nous sommes si pauvres!

— Cette raison ne me paraît pas suffisante, je vous l'avoue, maman....

— Mon Dieu, mon Dieu, qu'il est malade! » répétait la princesse.

XVII

Lorsque Anna Mikhaïlovna et son fils avaient quitté la comtesse Rostow pour faire leur visite, ils l'avaient laissée seule, plongée dans ses réflexions et essuyant de temps en temps ses yeux pleins de larmes. Enfin elle sonna.

« Il me semble, ma bonne, dit-elle en s'adressant d'un ton sévère à la fille de chambre qui avait tardé à répondre à l'appel, que vous ne voulez pas faire votre service; c'est bien! je vous chercherai une autre place! »

La comtesse avait les nerfs agacés; le chagrin et la pauvreté honteuse de son amie l'avaient mise de fort mauvaise humeur, ce qui se traduisait toujours dans son langage par le « vous » et « ma bonne ».

« Pardon, madame, murmura la coupable.

— Priez le comte de passer chez moi. »

Le comte arriva bientôt en se dandinant et s'approcha timidement de sa femme :

« Oh ! oh ! ma petite comtesse, quel sauté de gelinottes au madère nous aurons ! Je l'ai goûté, ma chère. Aussi ai-je payé Taraska mille roubles, et il les vaut. »

Il s'assit à côté de sa femme, passa une main dans ses cheveux et posa l'autre sur ses genoux d'un air vainqueur.

« Que désirez-vous, petite comtesse?

— Voilà ce que c'est, mon ami ; mais quelle est cette tache? lui dit-elle en posant le doigt sur son gilet. C'est sans doute le sauté de gelinottes? ajouta-t-elle en souriant. Voyez-vous, cher comte, il me faut de l'argent. »

La figure du comte s'allongea.

« Ah! dit-il, chère petite comtesse! »

Et il chercha son portefeuille avec agitation.

« Il m'en faut beaucoup..., cinq cents roubles, reprit-elle, en frottant la tache avec son mouchoir de batiste.

— A l'instant, à l'instant! hé, qui est là? cria-t-il, avec l'assurance de l'homme qui sait qu'il sera obéi et qu'on s'élancera tête baissée à sa voix. Qu'on m'envoie Mitenka ! »

Mitenka était le fils d'un noble et avait été élevé par le comte, qui lui avait confié le soin de toutes ses affaires ; il fit son entrée à pas lents et mesurés, et s'arrêta respectueusement devant lui.

« Ecoute, mon cher, apporte-moi, — et il hésita, — apporte-moi sept cents roubles, oui, sept cents roubles ; mais fais attention de ne pas me donner des papiers sales et déchirés comme l'autre fois. J'en veux de neufs ; c'est pour la comtesse.

— Oui, je t'en prie, Mitenka, qu'ils soient propres, dit la comtesse avec un soupir.

— Quand Votre Excellence désire-t-elle les avoir? car vous savez que... du reste soyez sans inquiétude, se hâta de dire Mitenka, qui voyait poindre dans la respiration fréquente et pénible du comte le signe précurseur d'une colère inévitable... J'avais oublié... vous allez les recevoir.

— Très bien, très bien, donne-les à la comtesse. Quel trésor que ce garçon ! dit le comte en le suivant des yeux ; rien ne lui est impossible, et c'est là ce qui me plaît, car après tout c'est ainsi que cela doit être.

— Ah ! l'argent, l'argent, que de maux l'argent cause dans ce monde, et celui-là me sera bien utile, cher comte.

— Chacun sait, petite comtesse, que vous êtes terriblement

dépensière, » reprit le comte. Et, après avoir baisé la main de sa femme, il rentra chez lui.

La comtesse reçut ses assignats tout neufs, et elle venait de les recouvrir soigneusement de son mouchoir de poche, lorsque la princesse Droubetzkoï entra dans sa chambre.

« Eh bien, mon amie? demanda la comtesse légèrement émue.

— Ah! quelle terrible situation! Il est méconnaissable et si mal, si mal! Je ne suis restée qu'un instant, et je n'ai pas dit deux mots.

— Annette, au nom du ciel, ne me refuse pas, » dit tout à coup la comtesse en rougissant et avec un air de confusion qui contrastait singulièrement avec l'expression sévère de sa figure fatiguée.

Elle retira vivement son mouchoir et présenta le petit paquet à Anna Mikhaïlovna. Celle-ci devina tout de suite la vérité, et elle se pencha aussitôt, toute prête à serrer son amie dans ses bras.

« Voilà pour l'uniforme de Boris! »

Le moment était venu, et la princesse embrassa son amie en pleurant. Pourquoi pleuraient-elles toutes deux? Etait-ce parce qu'elles se trouvaient forcées de penser à l'argent, cette question si secondaire quand on s'aime! ou peut-être songeaient-elles au passé, à leur enfance, qui avait vu naître leur affection, et à leur jeunesse évanouie? Quoi qu'il en soit, leurs larmes coulaient, mais c'étaient de douces larmes.

XVIII

La comtesse Rostow était au salon avec ses filles et un grand nombre d'invités. Le comte avait emmené les hommes dans son cabinet et leur faisait les honneurs de sa collection de pipes turques; de temps en temps il revenait demander à sa femme si Marie Dmitrievna Afrossimow était arrivée.

Marie Dmitrievna, surnommée « le terrible dragon », n'avait ni titre ni fortune, mais son caractère était franc et ouvert, ses manières simples et naturelles. Elle était connue de la famille impériale; la meilleure société des deux capitales allait chez elle. On avait beau se moquer tout bas de son sans-façon et faire circuler les anecdotes les plus étranges sur son compte, elle inspirait la crainte et le respect.

On fumait dans le cabinet du comte et l'on causait de la guerre qui venait d'être officiellement déclarée dans le manifeste au sujet du recrutement. Personne ne l'avait encore lu, mais chacun savait qu'il était publié. Le comte, assis sur une ottomane entre deux convives qui parlaient tout en fumant, ne disait mot, mais inclinait la tête à gauche et à droite, en les regardant et en les écoutant tour à tour avec un visible plaisir.

L'un d'eux portait le costume civil : sa figure ridée, bilieuse, maigre et rasée de près, accusait un âge voisin de la vieillesse, quoiqu'il fût mis à la dernière mode; il avait ramené ses pieds sur le divan, avec le sans-gêne d'un habitué de la maison, et aspirait bruyamment, à longs traits et avec force contorsions, la fumée qui s'échappait d'une chibouque, dont le bout d'ambre relevait le coin de sa bouche. Schinchine était un vieux garçon, cousin germain de la comtesse. On le tenait, dans les salons de Moscou, pour une mauvaise langue. Lorsqu'il causait, il avait toujours l'air de faire un grand honneur à son interlocuteur. L'autre convive, jeune officier de la garde, frais et rose, bien frisé, bien coquet, et tiré à quatre épingles, tenait le bout de sa chibouque entre les deux lèvres vermeilles de sa jolie bouche, et laissait doucement échapper la fumée en légères spirales. C'était le lieutenant Berg, officier au régiment de Séménovsky, qu'il était sur le point de rejoindre avec Boris : c'était lui que Natacha avait appelé « le fiancé » de la comtesse Véra.

Le comte continuait à prêter une oreille attentive, car jouer au boston et suivre la conversation de deux bavards, quand il avait l'heureuse fortune d'en avoir deux sous la main, étaient ses occupations favorites.

« Comment arrangez-vous tout cela, mon cher, mon très honorable Alphonse Karlovitch ? » disait Schinchine avec ironie; il mêlait, ce qui donnait un certain piquant à sa conversation, les expressions russes les plus familières aux phrases françaises les plus choisies.

« Vous comptez donc vous faire des rentes sur l'État avec votre compagnie, et en tirer un petit revenu?

— Non, Pierre Nicolaïévitch, je tiens seulement à prouver que les avantages sont bien moins considérables dans la cavalerie que dans l'infanterie. Mais vous allez du reste juger de ma position... »

Berg parlait toujours d'une façon précise, tranquille et polie; sa conversation n'avait jamais d'autre objet que lui-même, et tant qu'un entretien ne lui offrait pas d'intérêt personnel, son silence pouvait se prolonger indéfiniment sans lui faire éprouver et sans faire éprouver aux autres le moindre embarras; mais, à la première occasion favorable, il se mettait en avant avec une satisfaction visible.

« Voici ma situation, Pierre Nicolaïévitch... Si je servais dans la cavalerie, même comme lieutenant, je n'aurais pas plus de 200 roubles par trimestre; à présent j'en ai 230... »

Et Berg sourit agréablement en regardant Schinchine et le comte avec une tranquille assurance, comme si sa carrière et ses succès devaient être le but suprême des désirs de chacun.

« Et puis, dans la garde je suis en vue, et les vacances y sont plus fréquentes que dans l'infanterie. Vous devez comprendre que 230 roubles ne pouvaient me suffire, car je fais des économies, et j'envoie de l'argent à mon père, continua Berg en lançant une bouffée de fumée.

— Le calcul est juste : « l'Allemand moud son blé sur le dos « de sa hache, » comme dit le proverbe... »

Et Schinchine fit passer le tuyau de sa chibouque dans le coin opposé de sa bouche en jetant un coup d'œil au comte, qui éclata de rire. Le reste de la société, voyant Schinchine en train de parler, fit cercle autour d'eux. Berg, qui ne remarquait jamais la moquerie dont il pouvait être l'objet, continua à énumérer les avantages qu'il s'était assurés en passant dans la garde : premièrement un rang de plus que ses camarades; puis, en temps de guerre, le chef d'escadron pouvait fort bien être tué, et alors lui, comme le plus ancien, le remplacerait d'autant plus facilement qu'on l'aimait beaucoup au régiment, et que son papa était très fier de lui. Il contait avec délices ses petites histoires, sans paraître se douter qu'il pût y avoir des intérêts plus graves que les siens, et il y avait dans l'expression naïve de son jeune égoïsme une telle ingénuité, que l'auditoire en était désarmé.

« Enfin, mon cher, que vous soyez dans l'infanterie ou dans la cavalerie, vous ferez votre chemin, je vous en réponds, » dit Schinchine en lui tapant sur l'épaule et en posant ses pieds par terre.

Berg sourit avec satisfaction et suivit le comte, qui passa au salon avec toute la société.

C'était le moment qui précède l'annonce du dîner, ce moment où personne ne tient à engager une conversation, dans l'attente de la zakouska [1]. Cependant la politesse vous y oblige, ne fût-ce que pour déguiser votre impatience. Les maîtres de la maison regardent la porte de la salle à manger et échangent entre eux des coups d'œil désespérés. De leur côté, les invités, qui surprennent au passage ces signes non équivoques d'impatience, se creusent la tête pour deviner quelle peut être la personne ou la chose attendue : est-ce un parent en retard, ou est-ce le potage?

Pierre venait seulement d'arriver, et s'était gauchement assis dans le premier fauteuil venu qui lui avait barré le chemin au milieu du salon. La comtesse se donnait toute la peine imaginable pour le faire parler, mais n'en obtenait que des monosyllabes, pendant qu'à travers ses lunettes il regardait autour de lui, en ayant l'air de chercher quelqu'un. On le trouvait sans doute fort gênant, mais il était le seul à ne pas s'en apercevoir. Chacun connaissait plus ou moins son histoire de l'ours, et cet homme gros, grand et robuste excitait la curiosité générale ; on se demandait avec étonnement comment un être aussi lourd, aussi indolent, avait pu faire une pareille plaisanterie à l'officier de police.

« Vous êtes arrivé depuis peu? lui demanda la comtesse.

— Oui, madame, répondit-il en regardant à gauche.

— Vous n'avez pas vu mon mari?

— Non, madame, dit-il en souriant mal à propos.

— Vous avez été à Paris il n'y a pas bien longtemps; ce doit être très intéressant à visiter?

— Très intéressant. »

La comtesse jeta un regard à Anna Mikhaïlovna, qui, saisissant au vol cette prière muette, s'approcha du jeune homme pour animer, s'il était possible, la conversation; elle lui parla de son père, mais sans plus de succès, et il continua à ne répondre que par monosyllabes.

De leur côté, les autres invités échangeaient entre eux des phrases comme celles-ci : « Les Razoumovsky... cela a été charmant!.... Vous êtes bien bonne... la comtesse Apraxine... » lorsque la comtesse se dirigea tout à coup vers l'autre salon, et on l'entendit s'écrier :

« Marie Dmitrievna !

1. Hors-d'œuvre et eau-de-vie servis avant le dîner. (*Note du traducteur.*)

— Elle-même!... » répondit une voix assez dure.

Et Marie Dmitrievna parut au même instant.

A l'exception des vieilles femmes, les dames comme les demoiselles se levèrent aussitôt.

Marie Dmitrievna s'était arrêtée sur le seuil de la porte. D'une taille élevée, forte et hommasse, elle portait haut sa tête à boucles grises, qui accusait la cinquantaine, et, tout en affectant de rabattre sans se hâter les larges manches de sa robe, elle enveloppa du regard toute la société qui l'entourait.

Marie Dmitrievna parlait toujours russe.

« Salut cordial à celle que nous fêtons, à elle et à ses enfants! dit-elle de sa voix forte qui dominait toutes les autres. — Que deviens-tu, vieux pécheur? dit-elle en s'adressant au comte, qui lui baisait la main. — Avoue-le, tu t'ennuies à Moscou, il n'y a où lancer les chiens... Que faire, mon bon? Voilà! Quand ces petits oiseaux-là auront grandi, — et elle désignait les jeunes filles, — bon gré mal gré il faudra leur chercher des fiancés. — Eh bien! mon cosaque, dit Marie Dmitrievna à Natacha, qu'elle appelait toujours ainsi, en la caressant de la main pendant que la petite baisait gaiement la sienne, — sans avoir peur.... Cette fillette est un lutin, je le sais, mais je l'aime! »

Retirant d'un énorme « ridicule » des boucles d'oreilles en pierres fines, taillées en poires, elle les donna à la petite fille, toute rayonnante de joie et de plaisir, et, se retournant ensuite vers Pierre :

« Hé! hé! mon très cher, viens, viens ici, lui dit-elle d'une voix qu'elle s'efforçait de rendre douce et engageante; viens ici, mon cher. »

Et elle relevait ses larges manches d'un air menaçant... :

« Approche, approche! J'ai été la seule à dire la vérité à ton père, quand l'occasion s'en présentait; je ne vais pas te la ménager non plus, c'est Dieu qui l'ordonne. »

Elle se tut, et chacun attendit ce qui allait se passer après cet exorde gros d'orage :

« C'est bien, il n'y a rien à dire, tu es un gentil garçon!... Pendant que ton père est étendu sur son lit de douleur, tu t'amuses à attacher un homme de police sur le dos d'un ourson! C'est indécent, mon bonhomme, c'est indécent! Tu aurais mieux fait d'aller faire la guerre... »

Puis, lui tournant le dos et présentant sa main au comte, qui retenait à grand'peine un éclat de rire étouffé :

« Eh bien, à table, s'écria-t-elle, il en est temps, je crois! »

Le comte ouvrit la marche avec Marie Dmitrievna. Venaient ensuite la comtesse au bras d'un colonel de hussards, personnage à ménager, car il devait servir de guide à Nicolas et l'emmener au régiment, Anna Mikhaïlovna avec Schinchine, Berg avec Véra, la souriante Julie Karaguine avec Nicolas; d'autres couples suivaient à la file tout le long de la salle, et enfin derrière toute la compagnie, marchant un à un avec les enfants, les gouverneurs et les gouvernantes. Les domestiques se précipitèrent sur les chaises, qui furent avancées avec bruit; la musique éclata dans les galeries du haut, et tout le monde s'assit. Les sons de l'orchestre ne tardèrent pas à être étouffés par le cliquetis des couteaux et des fourchettes, par la voix des convives et les allées et venues des valets de chambre. La comtesse occupait un des bouts de la longue table avec Marie Dmitrievna à sa droite, et Anna Mikhaïlovna à sa gauche. Le comte, placé à l'autre bout, avait Schinchine à sa droite et à sa gauche le colonel; les autres invités du sexe fort s'assirent à leur fantaisie, et, au milieu de la table, les jeunes gens, Véra, Berg, Pierre et Boris, faisaient face aux enfants, aux gouverneurs et aux gouvernantes.

Le comte jetait par intervalles un regard à sa femme et à son gigantesque bonnet à nœuds bleus, qu'il apercevait entre les carafes, les bouteilles et les vases garnis de fruits qui l'en séparaient, et s'occupait activement, sans s'oublier lui-même, à verser du vin à ses voisins. A travers les tiges d'ananas qui la cachaient un peu, la comtesse répondait aux coups d'œil de son mari, dont le front enluminé se détachait ostensiblement au milieu des cheveux gris qui l'entouraient. Le côté des dames gazouillait à l'unisson; du côté des hommes, les voix s'élevaient de plus en plus, et entre autres celle du colonel de hussards, qui mangeait et buvait tant et si bien, que sa figure en était devenue pourpre, et que le comte l'offrait comme exemple aux autres dîneurs. Berg expliquait à Véra, avec un tendre sourire, que l'amour venait du ciel et n'appartenait point à la terre. Boris nommait une à une, à son nouvel ami Pierre, toutes les personnes présentes, en échangeant des regards avec Natacha, qui lui faisait vis-à-vis. Pierre parlait peu, examinait les figures qui lui étaient inconnues et mangeait à belles dents. Des deux potages qu'on lui avait présentés, il avait choisi le potage à la tortue, et depuis la koulibiaka jusqu'au rôti de gelinottes, il n'avait pas laissé passer un seul plat, ni refusé un seul des vins offerts par le maître d'hôtel, qui tenait majestueusement la bouteille enveloppée d'une serviette, et qui lui glissait mystérieusement à l'oreille :

« Madère sec, vin de Hongrie, vin du Rhin! »

Il buvait indifféremment dans l'un ou l'autre des quatre verres, aux armes du comte, placés devant chaque convive, et il se sentait pris pour ses voisins d'une bienveillance qui ne faisait qu'augmenter à chaque rasade. Natacha regardait fixement Boris, comme les fillettes savent seules le faire quand elles ont une amourette, et surtout lorsqu'elles viennent d'embrasser pour la première fois le héros de leurs rêves. Pierre ne faisait nulle attention à elle, et cependant, à la vue de cette singulière petite fille qui avait des yeux passionnés, il se sentait pris d'une folle envie de rire.

Nicolas, qui se trouvait loin de Sonia, et à côté de Julie Karaguine, causait avec elle en souriant. Sonia souriait aussi, mais la jalousie la dévorait : elle pâlissait, rougissait tour à tour, et faisait tout son possible pour deviner ce qu'ils pouvaient se dire. La gouvernante, à l'air agressif, se tenait sur le qui-vive, toute prête à fondre sur celui qui oserait attaquer les enfants. Le gouverneur allemand tâchait de noter dans sa cervelle les mets et les vins qui défilaient devant lui, pour en faire une description détaillée dans sa première lettre à sa famille, et il était profondément blessé de ce que le maître d'hôtel ne faisait nulle attention à lui et ne lui offrait jamais de vin. Il dissimulait de son mieux, en faisant semblant de ne pas en désirer, et il aurait bien voulu faire croire que, s'il en avait accepté, ç'aurait été uniquement pour satisfaire une curiosité de savant.

XIX

La conversation s'animait de plus en plus du côté des hommes. Le colonel racontait que le manifeste de la déclaration de guerre était déjà répandu à Pétersbourg, et que l'exemplaire qu'il en avait eu venait d'être apporté au général en chef par un courrier.

« Quelle est la mauvaise étoile qui nous pousse à guerroyer contre Napoléon? s'écria Schinchine. Il a déjà rabattu le caquet à l'Autriche; je crains cette fois que ce ne soit notre tour. »

Le colonel, un robuste et rouge Allemand, bon soldat d'ailleurs et bon patriote, malgré son origine, s'offensa de ces paroles :

« Mauvaise étoile! s'écria-t-il en prononçant les mots à sa façon et tout de travers. Quand c'est l'Empereur, monsieur, qui sait pourquoi nous la faisons! Il dit dans son manifeste qu'il ne saurait rester indifférent au danger qui menace la Russie, et que la sécurité de l'empire, la dignité et la sainteté des *alliances!...* » ajouta-t-il en appuyant particulièrement sur ce dernier mot, comme si toute l'importance de la question y était contenue.

Puis, grâce à une mémoire infaillible et exercée depuis longtemps à retenir les édits officiels, il se mit à répéter mot à mot les premières lignes du manifeste :

« Le seul désir, l'unique et constant but de l'Empereur étant d'établir en Europe une paix durable, il se décide, afin d'en atteindre la réalisation, à faire passer dès à présent une partie de l'armée à l'étranger. Voilà, monsieur, la raison! dit-il, en vidant son verre avec lenteur et en sollicitant du regard l'approbation du comte.

— Connaissez-vous le proverbe : « Jerémie, Jérémie, reste chez toi, et veille à tes fuseaux! » repartit ironiquement Schinchine. Cela nous va comme un gant. Quand on pense que même Souvorow a été battu à plate couture..., et où sont aujourd'hui, je vous le demande, les Souvorow? dit-il en passant du russe au français.

— Nous devons nous battre jusqu'à la dernière goutte de notre sang, reprit le colonel en frappant du poing sur la table, et mourir pour notre Empereur! Voilà ce qu'il faut, et surtout raisonner le moins possible, ajouta-t-il en accentuant le mot « moins » et en se tournant vers le comte. C'est ainsi que nous raisonnons, nous autres vieux hussards; et vous, comment raisonnez-vous, jeune homme et jeune hussard? continua-t-il en s'adressant à Nicolas, qui négligeait sa voisine pour écouter de toutes ses oreilles.

— Je suis complètement de votre avis, répondit-il en devenant rouge comme une pivoine, en tournant les assiettes dans tous les sens et en déplaçant et replaçant son verre d'un mouvement si brusque et si désespéré, qu'il faillit le briser. Je suis convaincu que nous devons, nous autres Russes, vaincre ou mourir!... »

La phrase n'était pas achevée, qu'il en avait déjà senti tout le ridicule : c'était pompeux, emphatique et complètement hors de propos.

« C'est bien beau, ce que vous venez de dire, » lui souffla à l'oreille Julie en soupirant. Sonia, saisie d'un tremblement nerveux, l'avait écouté toute rougissante, tandis que Pierre approuvait le discours du colonel :

« Voilà qui s'appelle parler, dit-il.

— Vous êtes, jeune homme, un vrai hussard, reprit le colonel, en recommençant à frapper sur la table.

— Hé, là-bas, pourquoi tout ce bruit?... »

C'était Marie Dmitrievna qui élevait la voix.

« Pourquoi ces coups de poing? A qui en as-tu? En vérité, tu t'emportes comme si tu chargeais des Français!

— Je dis la vérité, lui répondit le hussard.

— Nous parlons de la guerre, s'écria le comte, car savez-vous, Marie Dmitrievna, que j'ai un fils qui part pour l'armée?

— Et moi, j'en ai quatre à l'armée et je ne m'en plains pas; tout se fait par la volonté de Dieu. On meurt couché « sur son poêle [1] », et l'on se tire sain et sauf d'une mêlée, continua Marie Dmitrievna, en élevant sa forte voix qui résonnait à travers la table...

Et la conversation se localisa de nouveau entre les femmes d'un côté, et les hommes de l'autre.

« Je te dis que tu ne le demanderas pas, murmurait à Natacha son petit frère, tu ne le demanderas pas?

— Et moi, je te dis que je le demanderai, » répondit Natacha....

Et la figure tout en feu et avec une audace mutine et résolue, elle se leva à demi, et invitant Pierre du regard à lui prêter attention :

« Maman! s'écria-t-elle de sa voix d'enfant, fraîche et sonore.

— Que veux-tu? » demanda la comtesse effrayée.

Elle avait deviné une gaminerie, à l'expression de la figure de la petite fille, et elle la menaça sévèrement du doigt, en hochant la tête d'un air fâché et mécontent.

Les conversations cessèrent.

« Maman, quel plat sucré aurons-nous? » reprit sans hésitation Natacha....

Sa mère faisait de vains efforts pour l'arrêter.

1. En hiver, les paysans russes couchent sur leur poêle, construit de façon à leur permettre de s'y étendre plusieurs à la fois.

(*Note du traducteur.*)

« Cosaque! » cria Marie Dmitrievna, en la menaçant à son tour de l'index.

Les convives s'entre-regardèrent. Les vieux ne savaient comment prendre cet incident.

« Maman, quel plat sucré aurons-nous? » répéta Natacha gaiement, et parfaitement rassurée sur les suites de son espièglerie.

Sonia et le gros Pierre étouffaient leurs rires tant bien que mal.

« Eh bien, tu vois, je l'ai demandé, chuchota Natacha au petit frère et à Pierre, qu'elle regarda de nouveau.

— On servira une glace, mais tu n'en auras pas, » dit Marie Dmitrievna.

Natacha, voyant qu'elle n'avait plus rien à craindre même de la part de cette dernière, s'adressa à elle encore plus résolument :

« Quelle glace? Je n'aime pas la glace à la crème.

— Aux carottes, alors?

— Non, non, quelle glace, Marie Dmitrievna, quelle glace? Je veux le savoir, » criait-elle toujours plus haut.

La comtesse et tous les convives éclatèrent de rire. On ne riait pas autant de la repartie de Marie Dmitrievna que de la hardiesse et de l'habileté déployées par cette fillette, qui osait ainsi lui tenir tête.

Natacha se calma lorsqu'on lui eut annoncé une glace à l'ananas. Un instant après, on versa le champagne; la musique se remit à jouer; le comte et la petite comtesse s'embrassèrent, les convives se levèrent pour la féliciter et trinquer avec leurs hôtes, leurs vis-à-vis, leurs voisins et les enfants. Enfin les domestiques retirèrent vivement les chaises, et tous les convives, dont le vin et le dîner avaient légèrement coloré les visages, se remirent en file comme en entrant, et passèrent dans le même ordre de la salle à manger au salon.

XX

Les tables de jeu étaient préparées; les parties de boston s'organisèrent, et les invités se répandirent dans les salons et dans la bibliothèque. Le comte contemplait un jeu de cartes qu'il avait disposées en éventail devant lui. C'était l'heure habituelle de sa sieste : aussi faisait-il son possible pour vaincre le sommeil qui le gagnait, et il riait à tout propos. La jeunesse, entraînée par la maîtresse de la maison, s'était groupée autour du piano et de la harpe. Julie, cédant aux instances générales, exécuta sur ce dernier instrument un air avec variations, et se joignit ensuite au reste de la société, pour prier Natacha et Nicolas, dont on connaissait le talent musical, de chanter quelque chose. Natacha, toute fière d'être traitée en grande personne, était cependant fort intimidée.

« Que chanterons-nous? demanda-t-elle.

— *La Source*, répondit Nicolas.

— Eh bien, commençons! Boris, venez ici! Où donc est Sonia? »

S'apercevant de l'absence de son amie, Natacha s'élança hors de la salle à sa recherche et courut à la chambre de Sonia. Elle était vide : dans le salon d'étude, personne! Elle comprit alors que Sonia devait se trouver sur le banc du corridor. Ce banc était le lieu consacré aux douloureux épanchements de la jeune génération féminine de la famille Rostow. Il n'y avait pas à en douter. Sonia s'était effectivement jetée sur le banc, où elle pleurait à chaudes larmes, dans sa vaporeuse toilette rose, qu'elle froissait sans y prendre garde; ses petites épaules décolletées étaient convulsivement secouées par des sanglots, et elle pressait contre un coussin rayé et sale, propriété de sa vieille bonne, son visage caché dans ses mains. La figure de Natacha, jusque-là si animée et si joyeuse, perdit son air de fête : ses yeux devinrent fixes, les veines de son cou se gonflèrent et les coins de sa bouche s'abaissèrent.

« Sonia, qu'as-tu? Qu'est-il arrivé? Oh! oh! » s'écria-t-elle.

Et à la vue des pleurs de Sonia elle se mit, de son côté, à fondre en larmes.

Sonia essaya, mais en vain, de relever la tête pour lui répondre. Elle enfonça davantage sa figure dans le coussin. Natacha s'assit près d'elle en l'entourant de ses bras, et, parvenant enfin à maîtriser son émotion, elle se leva à demi en s'essuyant les yeux.

« Nicolas part dans une semaine, balbutia-t-elle : l'ordre du jour a paru, il est imprimé; il me l'a dit lui-même. Mais je n'aurais pas pleuré malgré cela, ajouta-t-elle en montrant un papier qu'elle tenait à la main et sur lequel Nicolas lui avait écrit des vers. Mais c'est que tu ne peux pas me comprendre, et personne ne peut comprendre cette belle âme. Tu es heureuse, toi, je ne t'en veux pas, je t'aime et j'aime Boris : il est charmant, il n'y aura pas d'obstacles entre vous; mais Nicolas est mon cousin et il faudra le métropolitain lui-même pour... autrement c'est impossible! Et puis si maman (Sonia regardait la comtesse comme sa mère) trouvait que je suis un empêchement à l'avenir de Nicolas? Elle dirait que je n'ai pas de cœur, que je suis une ingrate; et vraiment, Dieu m'est témoin, je l'aime tant, et elle, et vous tous... excepté pourtant Véra... Que lui ai-je fait à celle-là pour que...? Oui, je vous suis si reconnaissante, que j'aurais été heureuse de vous sacrifier quelque chose, mais je n'ai rien..... »

Et Sonia, ne pouvant se contenir, cacha de nouveau son visage dans le coussin. On voyait, aux efforts de Natacha pour la calmer, que celle-ci comprenait toute la gravité du chagrin de son amie.

« Sonia, » dit-elle.

Elle avait tout à coup deviné la vérité.

« Je parie que Véra t'a parlé après le dîner? Oui, n'est-ce pas?

— Mais c'est Nicolas qui les a écrits, ces vers, et c'est moi qui ai copié les autres qu'elle a trouvés sur ma table et qu'elle menace de montrer à maman... Elle m'a dit que j'étais une ingrate, et que maman ne me permettrait jamais de l'épouser..., qu'il épouserait Julie Karaguine, et tu as bien vu comme il s'est occupé d'elle toute la journée; Natacha, pourquoi tout cela?.... »

Et ses larmes recommencèrent de plus belle. Natacha l'attira à elle, l'embrassa, et la tranquillisa en lui souriant à travers ses pleurs.

« Sonia, il ne faut pas la croire. Souviens-toi de ce que nous disions à nous trois avec Nicolas, l'autre soir après le souper. Nous avons décidé d'avance comment tout se passerait ; je ne me rappelle plus comment, mais je sais que cela devait être très bien et très possible. Le frère de l'oncle Schinchine a bien épousé sa cousine germaine, et nous ne sommes cousins qu'au troisième degré. Boris aussi disait que ce ne serait pas difficile, car je lui ai raconté tout cela, tu sais, et il est si intelligent, si bon! Ne pleure pas, Sonia, ma petite colombe, ma petite amie..,... »

Et elle la couvrait de baisers en riant.

« Véra est méchante, laissons-la tranquille, mais tout ira

bien, et elle ne dira rien à maman. Nicolas l'annoncera lui-même et il ne pense pas à Julie..... »

Puis elle lui donna encore un baiser, et Sonia se releva d'un bond, les yeux tout brillants de nouveau, de joie et d'espérance. C'était bien véritablement un charmant petit chat, qui semblait guetter le moment favorable pour retomber doucement sur ses pattes et s'élancer à la poursuite du peloton avec lequel, comme tous ceux de sa race, il savait si bien jouer.

« Tu le crois? bien vrai, tu le jures? dit-elle vivement, en réparant le désordre de sa robe et de sa coiffure.

— Je te le jure, » répliqua Natacha, en lui rattachant une boucle de cheveux échappée de ses longues nattes. « Eh bien, allons chanter *la Source*, s'écrièrent-elles en riant, allons !

— Sais-tu que ce gros Pierre, qui était en face de moi, est très drôle, dit tout à coup Natacha en s'arrêtant. Oh! que je m'amuse!.... »

Et elle s'élança dans le corridor. Sonia secoua le duvet attaché à sa jupe, glissa les vers dans son corsage et la suivit à pas précipités, les joues tout en feu.

Comme on le pense, le quatuor de *la Source* eut un grand succès. Nicolas chanta ensuite une nouvelle romance :

Phœbé rayonne dans la nuit,
Je rêve à toi, mon cœur s'enfuit
Vers ton cœur, ô mon adorée ;
Je rêve que tes doigts charmants
Font vibrer la harpe dorée...
Mais que m'importent ces doux chants,
Et ces appels de mon amante,
Si ses baisers ne viennent pas
Devancer sur ma lèvre ardente
Le baiser glacé du trépas?

Il n'avait pas fini, que l'orchestre placé dans la galerie donna le signal de la danse, et la jeunesse s'élança au milieu d'un pêle-mêle général.

Schinchine venait d'accaparer Pierre, qui était pour lui un morceau friand tout fraîchement débarqué, et il se lançait dans une ennuyeuse dissertation politique, lorsque Natacha entra dans le salon, et marchant droit vers Pierre :

« Maman, lui dit-elle en riant et en rougissant, maman m'a ordonné de vous inviter à danser.

— Je crains de brouiller toutes les figures, répondit Pierre, mais si vous voulez me guider... »

Et il présenta sa main à la fillette.

Pendant que les couples se mettaient en place et que les instruments s'accordaient, Pierre s'était assis à côté de sa petite dame, qui ne se possédait pas de joie, à la seule idée de danser avec un grand monsieur arrivé de l'étranger, et de causer avec lui comme une grande personne. Tout en jouant avec un éventail qu'on lui avait donné à garder et en prenant une pose dégagée, étudiée Dieu sait où et Dieu sait quand, elle bavardait et riait avec son cavalier.

« Eh bien, eh bien, regardez-la donc! » dit la comtesse en traversant la salle.

Natacha rougit sans cesser de rire :

« Mais, maman, quel plaisir avez-vous à... Qu'y a-t-il donc là de si extraordinaire? »

On dansait la troisième « anglaise », lorsque le comte et Marie Dmitrievna, qui jouaient au salon, repoussèrent leurs chaises et passèrent dans la salle de bal, suivis de quelques vieux dignitaires qui étiraient leurs membres endoloris à la suite de ce long repos, tout en remettant dans leur poche leur bourse et leur portefeuille.

Marie Dmitrievna et son cavalier étaient de fort belle humeur; ce dernier lui avait offert, comme un véritable danseur de ballet et avec une politesse comique et théâtrale, son poing arrondi, sur lequel elle avait gracieusement posé la main. Se redressant alors plein de gaieté et de verve, le comte attendit que la figure de « l'anglaise » fût terminée :

« Semione! s'écria-t-il aussitôt, en battant des mains et en s'adressant au premier violon, joue le *Daniel Cooper*, tu sais? »

C'était la danse favorite du comte, la danse de sa jeunesse, une des figures de « l'anglaise ».

« Regardez donc papa, » s'écria Natacha de toutes ses forces, et, oubliant qu'elle dansait avec un grand monsieur, elle pencha sa tête sur ses genoux en riant de tout son cœur. Toute la salle s'amusait effectivement à suivre les mouvements et les poses du joyeux petit vieillard et de son imposante partenaire, dont la taille dépassait la sienne. Les bras arrondis, les épaules effacées, les pieds en dehors, il battait légèrement la mesure sur le parquet; le sourire qui s'épanouissait sur son visage préparait le public à ce qui allait suivre. Aux premières notes de cet entraînant *Daniel Cooper*, qui lui rappelait le gai *trépak* (danse nationale russe), toutes les portes qui donnaient dans la salle se garnirent d'hommes d'un côté et de femmes de l'autre : c'étaient les gens de la maison accourus pour contempler le spectacle que leur offrait la joyeuse incartade de leur maître :

« Ah! Seigneur notre Père, quel aigle! » s'écria la vieille bonne.

Le comte dansait avec art et il en était fier! Quant à sa dame, elle n'avait jamais su, ni jamais essayé de bien danser. Ayant confié son « ridicule » à la comtesse, elle se tenait immobile et droite comme une véritable géante. Ses puissantes mains pendaient le long de sa puissante personne, et grâce à un sourire étudié et au frémissement de ses narines, son visage, dont les lignes étaient correctes, mais d'une beauté sévère, témoignait seul de son animation. Si le cavalier charmait les spectateurs qui l'entouraient par l'imprévu et les grâces de ses pas et de ses entrechats, le moindre geste de la dame excitait une admiration égale. On savait gré à Marie Dmitrievna de ses balancements, de ses demi-tours, de ses mouvements d'épaules, empreints d'une dignité surprenante malgré sa corpulence, et que sa retenue habituelle rendait encore plus extraordinaires. La danse s'animait de plus en plus, on négligeait les autres couples, et toute l'attention se concentrait sur les deux vieilles gens. Natacha tirait les gens au hasard par leur robe ou par leur habit en exigeant qu'on regardât son père, et Dieu sait si l'on s'en faisait faute.

Dans les intervalles de la danse, le comte reprenait haleine, s'éventait avec son mouchoir et criait aux musiciens d'aller plus vite. Puis il se lançait de nouveau, tournant autour de sa dame, tantôt sur la pointe des pieds, tantôt sur les talons. Enfin, emporté par son ardeur juvénile, après avoir ramené sa danseuse à sa place et s'être galamment incliné devant elle, il leva une jambe en l'air, et termina ses évolutions chorégraphiques par une pirouette splendide, aux applaudissements et aux rires de toute la salle et surtout de Natacha.

Les deux danseurs s'arrêtèrent, épuisés, hors d'haleine front ruisselant.

« Oui, ma chère, c'est bien ainsi que l'on dansait de notre temps, s'écria le comte.

— Hourra pour *Daniel Cooper!* » reprit Marie Dmitrievna, en respirant avec peine et en retroussant ses manches.

XXI

Pendant que l'on dansait ainsi la septième « anglaise », que les musiciens détonnaient de fatigue, et que les domestiques et les cuisiniers, à bout de forces, préparaient le souper, un sixième coup d'apoplexie frappait le comte Besoukhow. Les médecins ayant déclaré que tout espoir de guérison était perdu, on lut au moribond les prières de la confession, on le fit communier et l'on se prépara à lui donner l'extrême-onction. L'agitation et l'inquiétude inséparables de ces derniers moments régnaient autour de ce lit de mort. De nombreux agents des pompes funèbres, alléchés par l'appât de riches funérailles, se pressaient devant la grande porte d'entrée, ayant soin pourtant de se dérober entre les voitures qui s'arrêtaient devant le perron. Le général-gouverneur de Moscou, qui avait envoyé ses aides de camp plusieurs fois par jour pour avoir des nouvelles du malade, était venu ce soir-là en personne prendre un dernier congé de l'illustre contemporain de Catherine. Le magnifique salon de réception était plein de monde. Tous se levèrent avec respect à l'entrée du général en chef, qui venait de passer une demi-heure seul avec le mourant, et qui, en saluant à droite et à gauche, se hâta de traverser le salon sous le feu de tous les regards.

Le prince Basile, singulièrement pâli et amaigri, le reconduisait, en lui disant quelques mots à voix basse. Après avoir accompli ce devoir, il s'arrêta dans la grande salle, et se laissa tomber sur une chaise, en se couvrant les yeux de la main.

Bientôt après, il se leva et se dirigea vivement et d'un air anxieux vers un long couloir qui aboutissait à l'appartement de l'aînée des princesses, et il y disparut.

Les personnes qui étaient restées dans le salon à demi éclairé chuchotaient entre elles ou se taisaient subitement, et jetaient des regards curieux et inquiets du côté de la porte, chaque fois qu'elle s'ouvrait pour livrer passage à ceux qui entraient chez le malade ou qui en sortaient.

« Le terme est arrivé! disait un vieux prêtre assis à côté d'une dame qui l'écoutait avec vénération... Le terme est arrivé! Aller plus loin est impossible!

— N'est-ce pas trop tard pour l'extrême-onction? demanda sa voisine, feignant de ne point savoir à quoi s'en tenir là-dessus.

— C'est un bien grand sacrement, » répondit le serviteur de l'Église, et, passant doucement la main sur son front chauve, il ramena en avant quelques rares mèches de cheveux gris.

« Qui était-ce donc? Le général en chef? demandait-on à l'autre bout de la chambre... Comme il est encore jeune!

— Et il est à la veille de ses soixante-dix ans!... On dit que le comte n'a plus sa tête... Il était question de lui donner l'extrême-onction...

— J'ai connu quelqu'un qui l'a reçue sept fois. »

La seconde des nièces du comte Besoukhow venait de quitter son oncle. Elle avait les yeux rouges; elle alla s'asseoir à côté du docteur Lorrain, qui était gracieusement accoudé sous le portrait de l'impératrice Catherine.

« Il fait véritablement beau, princesse, très beau, lui dit le médecin... on pourrait en vérité se croire à la campagne, bien qu'on soit à Moscou!

— N'est-ce pas? répondit la demoiselle avec un soupir... Me permettez-vous de lui donner à boire? »

Le médecin parut réfléchir :

« A-t-il pris la potion?

— Oui. »

Il regarda son « Bréguet » :

« Prenez un verre d'eau cuite et mettez-y une pincée (faisant le geste de ses doigts fluets) de... de crème de tartre.

« Che ne gonnais bas de gas où l'on reste en fie abrès le droisième goup, disait un médecin allemand à un aide de camp.

— Quel homme robuste c'était! répondit son interlocuteur... A qui reviennent toutes ses richesses? ajouta-t-il tout bas.

— Il se drouvera pien un amadeur, » reprit l'Allemand avec un gros sourire.

La porte s'ouvrit de nouveau. Tout le monde regarda : c'était la seconde princesse qui, après avoir préparé la tisane, entrait chez le malade.

Le médecin allemand s'approcha de Lorrain.

« Il bourra pien draîner engore jusqu'au madin. »

Lorrain plissa ses lèvres, et fit solennellement un geste négatif avec son index :

« Cette nuit au plus tard! » dit-il tout bas, en souriant orgueilleusement à sa propre science, qui lui permettait de si bien préciser la situation de l'agonisant.

Le prince Basile ouvrit la porte de la chambre de la princesse aînée. Il y faisait presque nuit : deux petites lampes brûlaient devant les images, et il s'en exhalait une douce odeur de fleurs et de parfums. Une foule de petits meubles, de chiffonnières et de guéridons de toutes formes l'encombraient, et l'on entrevoyait à demi cachées par un paravent les blanches couvertures d'un lit très élevé.

Un petit chien aboya.

« Ah! c'est vous, mon cousin! »

Elle se leva, en passant la main sur ses bandeaux, si constamment et si correctement lisses, qu'on aurait pu les croire fixés sur sa tête par une couche de vernis.

« Qu'y a-t-il? dit-elle, vous m'avez effrayée!

— Il n'y a rien. C'est toujours la même chose, mais je suis venu causer affaires avec toi, Catiche, » lui dit le prince.

Et il s'assit avec lassitude dans le fauteuil qu'elle avait occupé.

« Comme tu as chauffé ta chambre! Voyons, assieds-toi là, et causons.

— Je croyais qu'il était arrivé quelque chose.... »

Et elle se mit en face de lui, toute prête à l'écouter avec son air impassible et dur.

« J'ai essayé de dormir, mais je ne peux pas.

— Eh bien, ma chère? » dit le prince Basile qui lui prit la main et qui ensuite l'abaissa graduellement, selon son habitude....

Ces quelques mots devaient faire allusion à bien des choses, car le cousin et la cousine s'étaient entendus sans rien se dire.

La princesse, dont la taille était longue, sèche et disgracieuse, tourna lentement ses yeux gris à fleur de tête et sans expression, et les fixa sur lui; puis elle secoua la tête, soupira et reporta son regard vers les images. Ce mouvement pouvait s'interpréter de deux manières : c'était de la douleur et de la résignation, ou bien de la fatigue et l'espoir d'un prochain repos.

Le prince Basile le comprit ainsi.

« Crois-tu donc que je ne m'en ressente pas aussi? Je suis

éreinté comme un cheval de poste. Causons pourtant, et sérieusement, si tu veux bien... »

Il se tut et la contraction de ses joues donna à sa physionomie une expression désagréable, qui ne ressemblait en rien à celle qu'il prenait devant témoins. Son regard était aussi tout autre, et on y lisait à la fois l'impudence et la crainte.

La princesse, retenant son petit chien sur ses genoux, de ses mains osseuses et maigres, le regardait attentivement dans le plus profond silence, bien décidée à ne pas le rompre la première, dût-il se prolonger toute la nuit.

« Voyez-vous, chère princesse et chère cousine Catherine Sémenovna, reprit le prince Basile avec un effort visible, il faut penser à tout dans de pareils moments ; il faut penser à l'avenir, au vôtre... je vous aime toutes trois comme mes propres filles, tu le sais...? »

Comme la princesse restait impassible et impénétrable, il continua sans la regarder, en repoussant avec humeur un guéridon :

« Tu sais bien, Catiche, que vous trois et ma femme vous êtes les seules héritières directes. Je comprends tout ce que le sujet a de pénible pour toi et pour moi aussi, je te le jure ; mais, ma chère amie, j'ai dépassé la cinquantaine, il faut tout prévoir !.... Sais-tu que j'ai envoyé chercher Pierre? Le comte l'a exigé en indiquant son portrait.... »

Le prince Basile releva les yeux sur elle : rien n'indiquait sur sa figure si elle l'avait écouté, ou si elle le regardait sans songer à rien.

« Je ne cesse d'adresser de ferventes prières à Dieu, mon cousin, pour qu'il soit sauvé et pour que sa belle âme se détache sans souffrance de ce monde.

— Oui, oui, certainement, répliqua le vieux prince, en attirant cette fois à lui avec un mouvement de colère l'innocent guéridon....

— Mais enfin, voici l'affaire.... tu la connais.... le comte a fait l'hiver dernier un testament par lequel il laisse toute sa fortune à Pierre, en mettant de côté ses héritiers légitimes.

— Oh ! il en a tant fait de testaments ! repartit la nièce avec une tranquillité parfaite.... En tout cas, il ne saurait rien léguer à Pierre, car Pierre est un fils naturel !

— Et que ferions-nous? s'écria vivement le prince Basile en serrant contre lui le guéridon à le briser.... — Que ferions-nous si le comte demandait à l'Empereur, dans une lettre, de légitimer ce fils? Eu égard aux services du comte, on le lui accorderait peut-être! »

La princesse sourit, et ce sourire disait qu'elle en savait là-dessus plus long que son interlocuteur.

« Je te dirai plus : la lettre est écrite, mais elle n'a pas été envoyée, et pourtant l'Empereur en a connaissance. Il s'agirait de découvrir si elle a été détruite; si, au contraire, elle existe... alors.... quand tout sera fini! — et il soupira pour faire entendre ce que voulait dire le mot « tout », — on cherchera dans les papiers du comte..., le testament sera remis à l'Empereur avec la lettre, sa prière sera accueillie et Pierre héritera légitimement de tout!

— Et notre part? demanda la princesse avec une ironie marquée, bien convaincue qu'il n'y avait rien à craindre.

— Mais, ma pauvre Catiche, c'est clair comme le jour : il sera le seul héritier, et vous ne recevrez pas une obole.... Tu dois le savoir, ma chère! Le testament et la lettre ont-ils été détruits? S'il les a oubliés, où se trouvent-ils? Dans ce cas il faudrait s'en emparer, car....

— Il ne manquerait plus que cela, lui dit-elle en l'interrompant du même ton et avec la même expression dans le regard... Je ne suis qu'une femme et, selon vous, nous sommes toutes des sottes? Mais je suis sûre qu'un bâtard ne peut hériter de rien, un bâtard! ajouta-t-elle en français, comme si ce mot dans cette langue devait répondre victorieusement à tous les arguments de son adversaire.

— Tu ne veux pas me comprendre, Catiche, car tu es intelligente. Si le comte obtient la légitimation, Pierre deviendra comte Besoukhow, et toute la fortune ira à lui de droit. Si le testament et la lettre existent, il ne te reviendra à toi, que la consolation d'avoir été bonne, dévouée.... etc..... etc.... c'est certain!

— Je sais que le testament existe, mais je sais aussi qu'il n'est pas légal, et vous me prenez, je crois, pour une idiote, mon cousin, répondit la princesse, convaincue qu'elle avait été mordante et spirituelle.

— Ma chère princesse Catherine, reprit le vieux prince avec une impatience marquée, je ne suis pas venu pour te blesser, mais pour causer avec toi de tes propres intérêts. Tu es une bonne et aimable parente, et je te répète pour la dixième fois que, si le testament et la lettre se trouvent parmi les papiers du comte, tes sœurs et toi vous cessez d'être les héritières. Si tu manques de confiance en moi, adresse-toi à des gens compétents. Je viens d'en causer avec Dmitri Onoufrievitch, l'homme d'affaires de la maison, et il m'a répété la même chose. »

La lumière se fit tout à coup dans les idées de la princesse. Ses lèvres minces pâlirent, mais ses yeux gardèrent leur immobilité, tandis que sa voix, qu'elle ne pouvait plus maîtriser, avait des éclats inattendus.

« Ce serait charmant, je n'ai jamais rien demandé, et je ne veux rien accepter! s'écria-t-elle en jetant à terre son carlin, et en arrangeant les plis de sa robe.... Voilà la reconnaissance, voilà l'affection pour celles qui lui ont tout sacrifié! Bravo! c'est parfait. Je n'ai heureusement besoin de rien, prince!

— Mais tu n'es pas seule, tu as des sœurs....

— Oui, continua-t-elle sans l'écouter, je le savais depuis longtemps, mais je n'y pensais plus : l'envie, la duplicité, l'intrigue, la plus noire des ingratitudes, voilà à quoi je devais m'attendre dans cette maison. J'ai tout compris, et je sais à qui je dois m'en prendre de ces intrigues.

— Mais il ne s'agit pas de cela, ma chère amie.

— C'est votre protégée, cette charmante princesse Droubetzkoï, que je n'aurais pas voulu avoir pour femme de chambre, cette vilaine et atroce créature!

— Voyons, ne perdons pas notre temps.

— Ah! laissez-moi : elle s'est faufilée ici pendant l'hiver et a raconté au comte des horreurs, des choses épouvantables sur nous toutes, sur Sophie surtout. Impossible de vous les répéter!.... Le comte en est tombé malade et n'a pas voulu nous laisser entrer chez lui pendant quinze jours. C'est alors qu'il a écrit ce sale papier, qui, à ce que je croyais, ne pouvait avoir aucune valeur.

— Nous y voilà...., mais pourquoi ne pas m'avoir prévenu? Où est-il?

— Il est enfermé dans le portefeuille à mosaïque qu'il garde toujours sous son oreiller.... Oui, c'est elle, et si j'ai un gros péché sur la conscience, c'est la haine que m'inspire cette vilaine femme! Pourquoi se glisse-t-elle parmi nous? Oh! un jour viendra où je lui dirai son fait, » s'écria la princesse complètement hors d'elle-même.

XXII

Pendant que toutes ces conversations avaient lieu au salon et chez la princesse, la voiture du prince Basile ramenait Pierre et avec lui la princesse Droubetzkoï, qui avait jugé nécessaire de l'accompagner. Lorsque les roues glissèrent doucement sur la paille étendue devant la façade de l'hôtel Besoukhow, elle se tourna vers son compagnon avec des phrases de consolation toutes prêtes; mais, à sa grande surprise, Pierre dormait, tranquillement bercé par le mouvement de la voiture; elle le réveilla, et il la suivit en songeant pour la première fois qu'il allait avoir une entrevue avec son père mourant! La voiture s'était arrêtée à une des entrées latérales. Au moment où il mettait pied à terre, deux hommes vêtus de noir se retirèrent vivement dans l'ombre projetée par le mur; d'autres avaient également l'air de se cacher. Personne n'y faisait la moindre attention. « Cela doit être ainsi, » se dit Pierre, et il continua à suivre la princesse, qui montait rapidement l'étroit escalier de service. Il se demandait pourquoi elle avait justement choisi cette entrée inusitée, pourquoi cette visite au comte et quelle en serait l'utilité, mais l'assurance et la hâte de son guide le forçaient à croire encore une fois que cela devait être ainsi. A mi-chemin, ils furent heurtés par des gens qui descendaient l'escalier en courant, avec des seaux d'eau, et qui se serrèrent contre la muraille pour leur livrer passage, sans témoigner le moindre étonnement à leur vue.

« C'est bien de ce côté, l'appartement des princesses? demanda Anna Mikhaïlovna à l'un d'eux.

— Oui, c'est ici, répondit à haute voix l'homme à qui elle s'était adressée, comme si le moment était venu où l'on pouvait tout se permettre. C'est la porte à gauche.

— Le comte ne m'a peut-être pas appelé, dit Pierre en arrivant sur le palier.... Je préférerais aller tout droit chez moi. »

Anna Mikhaïlovna s'arrêta pour l'attendre:

« Ah! mon ami! lui dit-elle en lui effleurant la main comme elle avait effleuré celle de son fils peu d'heures auparavant. Croyez que je souffre autant que vous, mais soyez homme!

— Vraiment, je ferais mieux de me retirer... »

Et Pierre regarda affectueusement la princesse par-dessus ses lunettes.

« Ah! mon ami, oubliez les torts qu'on a pu avoir envers vous; pensez qu'il est votre père et qu'il est à l'agonie. » Elle soupira : « Je vous aime comme mon fils, fiez-vous à moi, je veillerai à vos intérêts. »

Pierre n'avait rien compris, mais encore une fois il se dit : « Cela doit être ainsi, » et il se laissa emmener. La princesse ouvrit une porte et entra dans une petite pièce qui servait d'antichambre. Un vieux serviteur des princesses, assis dans un coin, y tricotait un bas. Pierre n'avait jamais visité cette partie de la maison. Anna Mikhaïlovna s'informa de la santé de ces dames auprès d'une fille de chambre, à laquelle elle prodigua les « ma bonne » et les « mon enfant ».

Celle-ci, qui portait une carafe d'eau sur un plateau, enfila un long couloir dallé et fut suivie par la princesse. La première chambre à gauche était celle de l'aînée des nièces. Dans son empressement à y entrer, la servante laissa la porte entrebâillée, si bien que Pierre et sa conductrice, en y jetant involontairement les yeux, surprirent la nièce aînée causant avec le prince Basile. A la vue des deux visiteurs, ce dernier se rejeta en arrière avec un geste marqué de contrariété, tandis que la princesse, se précipitant sur la porte, la referma avec violence. Cet accès de colère, si opposé au calme habituel de son maintien, et l'inquiétude extrême qui se peignait sur le visage du prince Basile étaient si étranges, que Pierre s'arrêta court, interrogeant son guide du regard; la bonne dame, qui ne partageait pas sa surprise, répondit par un soupir et un sourire :

« Soyez homme, mon ami; c'est moi qui veillerai à vos intérêts. »

Et Anna Mikhaïlovna doubla le pas.

C'est moi qui veillerai à vos intérêts! Que voulait-elle dire? Pierre n'y comprenait rien, « mais cela doit sans doute être ainsi, » se disait-il. Le corridor aboutissait à une grande salle mal éclairée attenante au salon de réception du comte. Quoique richement décoré, ce salon était d'un aspect sévère; Pierre le traversait habituellement lorsqu'il rentrait par le grand escalier. Une baignoire, qu'on y avait oubliée, s'y étalait au beau milieu; l'eau en dégouttait tout doucement et mouillait le tapis. Un domestique, et un sacristain tenant un encensoir s'approchaient doucement des nouveaux venus, qu'ils n'avaient pas aperçus. Le salon d'à côté s'ouvrait sur un jardin d'hiver; deux énormes fenêtres à l'italienne y laissaient entrer le jour; un buste en marbre et un portrait en pied de l'impératrice Catherine en étaient les principaux ornements. Les mêmes personnes y étaient encore assises et chuchotaient entre elles, en gardant les mêmes poses.

Tous se turent à l'entrée d'Anna Mikhaïlovna, pour examiner sa figure pâle et éplorée, et le gros et grand Pierre qui la suivait docilement, la tête basse. Elle savait, et son visage l'exprimait clairement, que l'instant décisif était enfin arrivé, et ce fut avec l'assurance d'une Pétersbourgeoise rompue aux affaires qu'elle soutint la fixité curieuse de leurs regards. Elle sentait qu'elle était protégée par celui qu'elle avait amené, car le mourant l'avait demandé. Se dirigeant sans hésiter vers le confesseur du comte, et se courbant de façon à se rapetisser, sans toutefois s'incliner outre mesure, elle lui demanda respectueusement sa bénédiction, et s'adressa avec la même humilité à l'autre dignitaire de l'Eglise.

« Dieu soit loué, nous voilà à temps, dit-elle, nous avions si grand'peur!... C'est le fils du comte! Quel épouvantable moment! »

Ayant murmuré ces quelques mots, elle se tourna vers le docteur :

« Cher docteur, ce jeune homme est le fils du comte; y a-t-il de l'espoir? »

Le docteur leva les yeux au ciel et haussa les épaules.

Anna Mikhaïlovna l'imita en tout point, et, se couvrant la figure de la main, elle le quitta avec un profond soupir, pour se rapprocher de Pierre, avec une physionomie où il y avait du respect, de la tendresse et une tristesse significative.

« Ayez confiance en sa miséricorde! » Alors elle lui indiqua du doigt un petit canapé qu'elle l'engagea à occuper; ensuite elle se dirigea sans bruit vers la porte mystérieuse qui attirait toute l'attention, l'ouvrit imperceptiblement et disparut.

Pierre, qui s'était décidé à lui obéir aveuglément, s'assit sur le petit canapé et remarqua, non sans surprise, qu'on l'observait avec plus de curiosité que d'intérêt. On chuchotait en le désignant, et il paraissait inspirer une certaine crainte et une certaine servilité. On lui témoignait un respect auquel on ne l'avait point habitué, et la dame inconnue qui causait avec les deux prêtres se leva pour lui offrir sa place; un aide de camp ramassa le gant qu'il avait laissé tomber et le lui présenta; les médecins se turent et se rangèrent pour le laisser passer. Le premier mouvement de Pierre avait été de refuser la place offerte, pour ne point déranger la dame, de ramasser lui-même son gant et d'éviter les médecins, qui d'ailleurs ne se trouvaient pas sur son chemin; mais il pensa que ce ne serait pas convenable, qu'il était devenu un personnage, qu'on attendait beaucoup de lui pendant cette mystérieuse et triste nuit, et que par conséquent il était tenu d'accepter les services de chacun.

Il prit donc silencieusement le gant que lui tendait l'aide de camp, il s'assit à la place offerte par la dame, posa ses mains sur ses genoux, bien parallèles l'une à l'autre, dans la pose naïve d'une statue égyptienne, très décidé, pour ne point se compromettre, à s'abandonner à la volonté d'autrui, au lieu de suivre ses propres inspirations.

Deux minutes s'étaient à peine écoulées, que le prince Basile, la tête haute, vêtu de sa longue redingote, sur laquelle brillaient trois étoiles, fit majestueusement son entrée. Il semblait avoir subitement maigri; ses yeux s'agrandirent à la vue de Pierre. Il lui prit la main, ce qu'il n'avait encore jamais fait, et l'abaissa lentement comme pour en éprouver la force de résistance.

« Courage, courage, mon ami;... il a demandé à vous voir, c'est bien! »

Et il allait le quitter, lorsque Pierre crut de son devoir de lui demander :

« Est-ce que la santé de...? »

Il s'arrêta confus, ne sachant comment nommer le comte son père!

« Il a eu encore « un coup » il y a une demi-heure. Courage, mon ami! »

Le trouble de ses idées était si grand, que Pierre s'imagina à l'entendre que le mourant avait été frappé par quelqu'un, et il fixa sur le prince Basile un regard ahuri. Celui-ci, ayant échangé quelques mots avec le docteur Lorrain, se glissa sur la pointe du pied par la porte entr'ouverte. L'aînée des princesses le suivit, ainsi que le clergé et les serviteurs de la maison. Il se fit un mouvement dans la chambre du malade, et Anna Mikhaïlovna, pâle mais ferme dans l'accomplissement de son devoir, en sortit pour aller chercher Pierre.

« La bonté divine est inépuisable, lui dit-elle. La cérémonie de l'extrême-onction va commencer... venez...! »

Il se leva et remarqua que toutes les personnes qui étaient là, la dame inconnue et l'aide de camp compris, entrèrent avec lui dans la pièce voisine. Il n'y avait plus de consigne à observer.

XXIII

Pierre connaissait parfaitement cette grande chambre, divisée par des colonnes formant alcôve et toute tapissée d'étoffes à l'orientale. Derrière les colonnes, on voyait un grand lit en bois d'acajou, très élevé, garni de lourds rideaux, et, de l'autre, la niche vitrée contenant les saintes images, qui était éclairée comme une église pendant l'office divin. Dans un large fauteuil à la Voltaire placé devant elles, le comte Besoukhow, avec sa grande et majestueuse figure, et enveloppé jusqu'à la ceinture d'une couverture de soie, était à demi couché sur des oreillers d'une blancheur immaculée. Une crinière de cheveux gris, semblable à celle d'un lion, et des rides fortement accusées faisaient ressortir son beau et noble visage au teint de cire. Ses deux mains, grandes et fortes, gisaient inanimées sur la couverture. Entre l'index et le pouce de la main droite, on avait placé un cierge, que retenait un vieux serviteur penché au-dessus du fauteuil. Les prêtres et les diacres, avec leurs longs cheveux descendant sur les épaules, et leurs riches habits sacerdotaux, officiaient autour de lui avec une lenteur solennelle, tenant à la main des cierges allumés. Au second plan, les deux nièces cadettes, leurs mouchoirs sur les yeux, s'effaçaient derrière le visage impassible de Catiche, leur sœur aînée, qui paraissait craindre, si elle avait porté ailleurs son regard rivé aux saintes images, de ne plus rester maîtresse de ses sentiments. Une tristesse calme et une expression de pardon sans réserve se lisaient sur les traits de la princesse Droubetzkoï, qui était restée appuyée à la porte, à côté de la dame inconnue. Le prince Basile, en face d'elle, à deux pas du mourant, un cierge dans la main gauche, se tenait accoudé sur le dossier sculpté d'une chaise recouverte de velours, et levait les yeux au ciel chaque fois que de sa main droite il se touchait le front en se signant. Son visage était empreint d'une piété résignée et d'un abandon complet à la volonté du Très-Haut.

« Malheur à vous qui n'êtes pas à la hauteur de mes sentiments! » avait-il l'air de dire.

Derrière lui étaient groupés les médecins et les serviteurs de la maison, les hommes d'un côté, les femmes de l'autre, comme à l'église. Tous se taisaient et se signaient. On n'entendait que la voix des officiants et le chant plein et continu du chœur. Parfois, un des assistants soupirait ou changeait de pose.

Tout à coup, la princesse Droubetzkoï traversa la chambre de l'air assuré d'une personne qui a la conscience de ce qu'elle fait, et offrit un cierge à Pierre.

Il l'alluma, et, distrait par ses propres réflexions, il se signa de la main qui le tenait.

Sophie, la cadette des princesses, celle-là même qui avait un grain de beauté sur la joue, le regarda en souriant, replongea sa figure dans son mouchoir et resta quelques instants la figure cachée. Puis, après avoir jeté un second coup d'œil sur Pierre, elle se sentit incapable de garder plus longtemps son sérieux et se retira derrière une des colonnes. Au milieu de la cérémonie, les voix se turent soudain : les prêtres se dirent quelques mots à l'oreille; le vieux serviteur qui soutenait la main du comte se redressa et se tourna vers les dames. Anna Mikhaïlovna s'avança aussitôt, et, se penchant au-dessus du moribond, elle appela à elle, d'un geste et sans le regarder, le docteur Lorrain, qui, adossé à une colonne, témoignait, par sa tenue respectueuse, qu'il comprenait et approuvait, malgré sa qualité d'étranger et la différence de religion, toute l'importance du sacrement administré. Il s'approcha doucement et souleva de ses doigts fluets la main étendue sur la couverture; il en chercha le pouls en se détournant, et s'absorba dans ses calculs. On s'agita autour de lui, on mouilla les lèvres du mourant avec un cordial, chacun reprit sa place, et la cérémonie continua. Pendant cette interruption, Pierre, qui avait suivi les mouvements du prince Basile, l'avait vu quitter sa chaise, rejoindre l'aînée des nièces et se diriger avec elle vers le fond de l'alcôve, puis passer près du grand lit à rideaux et disparaître par une petite porte dérobée.

L'office n'était pas terminé, qu'ils avaient déjà repris leurs places. Cette circonstance n'éveilla pas la curiosité de Pierre, car il était convaincu ce soir-là que tout ce qu'il voyait faire était indispensable et naturel. Les chants cessèrent et la voix du prêtre, qui présentait au mourant ses respectueuses félicitations, se fit entendre; mais le mourant gisait toujours inanimé! Les allées et venues recommencèrent à ses côtés; on marchait, on chuchotait, et le chuchotement de la princesse Droubetzkoï dominait les autres. Pierre l'entendit qui disait :

« Il faut absolument le reporter dans son lit; autrement il sera impossible de.... »

Les médecins, les princesses et les domestiques entourèrent le comte, qui se trouva ainsi caché aux yeux de Pierre, et cependant cette tête jaunie, avec sa forêt de cheveux, était toujours présente à ses yeux depuis son entrée. Il devina, aux précautions qu'on prenait, qu'on le soulevait pour le transporter.

« Empoigne donc mon bras, tu vas le laisser tomber, dit un domestique effrayé....

— Par en bas!.... vite!... encore un! » disait un autre.

Et, à entendre les respirations oppressées et les pas précipités des porteurs, on devinait le poids qui les accablait. Ils frôlèrent le jeune homme, et il put apercevoir pendant une seconde, au milieu d'un fouillis de têtes inclinées, la poitrine élevée et puissante du mourant, ses épaules à découvert et sa tête de lion à crinière bouclée. Cette tête, avec son front extraordinairement large, ses pommettes saillantes, sa bouche bien découpée, son regard froid et imposant, n'était pas encore défigurée par les approches de la mort; c'était bien la même que Pierre avait vue trois mois auparavant, lorsque son père l'avait envoyé à Pétersbourg. Mais aujourd'hui elle se balançait inerte, selon la marche inégale des porteurs, et son regard atone ne s'arrêtait sur rien.

Après quelques minutes de confusion autour du lit, les serviteurs se retirèrent. Anna Mikhaïlovna toucha légèrement Pierre du bout du doigt et lui dit :

« Venez! »

Il obéit. On avait donné au malade, à demi soulevé et soutenu par une pile de coussins, une pose apprêtée, en rapport avec le sacrement qu'il venait de recevoir. Ses mains étaient étalées sur le taffetas vert de la couverture, et il regardait droit devant lui, de ce regard vague et perdu dans l'espace, qu'aucun homme ne saurait ni définir ni comprendre; n'avait-il rien à dire ou avait-il à dire beaucoup? Pierre s'arrêta près du lit, ne sachant que faire; il interrogea des yeux son guide, qui, d'un mouvement imperceptible, lui indiqua la main du mourant, en lui faisant signe d'y appliquer un baiser. Pierre se pencha avec précaution pour ne pas toucher à la couverture, et ses lèvres effleurèrent la main large et charnue du comte.

Pas un muscle ne tressaillit sur cette main, pas une contraction ne parut sur ce visage, et rien, rien ne répondit à cet attouchement. Pierre, indécis, reporta ses yeux sur la princesse, qui lui fit signe de s'asseoir dans le fauteuil, au pied du lit. Il s'assit sans la quitter du regard; elle baissa la tête affirmativement. Plus sûr de son fait, il reprit sa pose de statue égyptienne, et, visiblement embarrassé de sa gaucherie habituelle, il faisait de sérieux efforts pour occuper le moins de place possible, les regards fixés sur les traits de l'agonisant. Anna Mikhaïlovna ne le perdait pas de vue non plus, convaincue de l'importance de cette dernière et touchante entrevue du fils et du père.

Deux minutes, qui parurent un siècle à Pierre, s'étaient à peine écoulées, lorsque la figure du comte fut subitement et violemment agitée par une convulsion, et sa bouche, rejetée de côté, laissa passer un râle rauque et sourd. Ce fut pour Pierre le premier avertissement d'une fin prochaine; la princesse Droubetzkoï épiait les yeux du mourant pour en deviner les désirs : elle porta son doigt tour à tour sur Pierre, sur la tisane, sur le prince Basile, sur la couverture.... tout fut inutile, et un éclair d'impatience sembla briller dans ce regard éteint, qui essayait d'attirer l'attention du valet de chambre immobile au chevet de sa couche.

« Il demande à être retourné, » murmura ce dernier, qui se mit en devoir de le changer de position.

Pierre voulut l'aider, et ils venaient d'y réussir, quand une des mains du comte retomba lourdement en arrière, malgré les vains efforts du malade pour la ramener à lui.

S'aperçut-il de l'expression d'effroi qui se peignit sur la figure bouleversée de Pierre à la vue de ce membre frappé de paralysie, ou quelque autre pensée traversa-t-elle son cerveau? Qui peut le dire? Car il regarda à son tour ce bras désobéissant, le visage terrifié de son fils, et un sourire terne, décoloré, étrange à cette heure, voltigea sur ses lèvres. On aurait dit qu'il répondait, par une compassion ironique, à cette destruction envahissante et graduelle de ses forces.

Ce sourire inattendu fit mal à Pierre : il fut saisi d'une crampe à la poitrine, il lui vint un chatouillement dans le gosier, et les larmes lui montèrent aux yeux.

Le malade, qu'on avait recouché du côté de la muraille, poussa un profond soupir.

« Il s'est assoupi, dit Anna Mikhaïlovna à une des nièces qui revenait à son poste. Allons!... »

Et Pierre la suivit.

XXIV

Il n'y avait plus personne au salon que le prince Basile et la princesse Catiche, assis tous les deux sous le portrait de l'impératrice et causant avec vivacité; ils s'interrompirent soudain à l'entrée de Pierre; il ne put s'empêcher de remarquer que la princesse Catiche faisait un mouvement comme pour cacher quelque chose.

« Je ne puis voir cette femme, murmura-t-elle en apercevant la princesse Droubetzkoï.

— Catiche a fait servir le thé dans le petit salon, dit le prince Basile à la princesse Droubetzkoï; allez, allez, ma pauvre amie, mangez un morceau, autrement vous n'y résisterez pas.... »

Et il serra silencieusement et affectueusement le bras de Pierre.

« Rien ne restaure comme une tasse de cet excellent thé russe après une nuit blanche, » disait le docteur Lorrain, en savourant à petites gorgées le chaud breuvage dans une tasse en vieille porcelaine de Chine. Il se tenait debout dans le petit salon, devant une table sur laquelle on avait préparé le thé et une collation froide.

Tous ceux qui avaient passé la nuit dans la maison s'étaient réunis dans cette petite pièce, presque entièrement tapissée de glaces, et meublée de consoles dorées. C'était là que Pierre aimait à se retirer pendant les grands bals, car il ne savait pas danser; il préférait s'y isoler pour observer et s'amuser des dames qui y venaient, toutes pimpantes et ruisselantes de diamants et de perles, voir se refléter dans ces glaces leurs brillantes images. A cette heure, l'éclairage ne se composait que de deux bougies; sur une table, placée au hasard, des plats et des tasses se confondaient en désordre; il n'y avait plus de toilettes de fête; mais des groupes étranges, formés de personnes de toute condition, s'entretenaient à voix basse, laissant paraître, à chaque mot, à chaque geste, une incessante préoccupation sur le mystérieux événement qui allait se passer dans l'alcôve de la grande chambre. Pierre avait faim, mais il s'abstint de manger. Il chercha autour de lui sa compagne et la vit se glisser furtivement dans le salon à côté, où étaient restés le prince Basile et la princesse Catiche. Se croyant obligée la suivre, il se leva et la trouva aux prises avec l'aînée des nièces.

« Permettez-moi, madame, de savoir ce qui est et ce qui n'est pas nécessaire, disait Catiche de ce ton irrité qui rappelait le moment où elle avait fermé la porte avec colère.

— Chère princesse, reprenait Anna Mikhaïlovna avec douceur et en lui barrant le chemin... ce sera, je le crains, trop pénible pour votre pauvre oncle ; en ce moment il a si fort besoin de repos;... lui parler des intérêts de ce monde, lorsque son âme est prête à... »

Le prince Basile, enfoncé dans un fauteuil, les jambes croisées selon son habitude, paraissait ne prêter qu'une médiocre attention au colloque des deux dames; mais ses joues agitées en tous sens tressaillaient d'une émotion contenue.

« Voyons, ma bonne princesse, laissez faire Catiche; le comte l'aime tant, vous savez?

— Je ne sais pas même ce qu'il contient, reprit Catiche en se tournant vers lui et en désignant le portefeuille à mosaïque qu'elle tenait entre ses doigts crispés. Je sais seulement que le véritable testament est dans son bureau; il n'y a là dedans que des papiers oubliés.... »

Et elle fit un pas pour échapper à la princesse Droubetzkoï, qui d'un bond se retrouva sur son passage.

« Je le sais, chère et bonne princesse, répliqua-t-elle en saisissant le portefeuille avec une force qui prouvait sa ferme intention de ne point le lâcher; chère princesse, je vous en conjure, ménagez-le! »

Une lutte s'engagea entre elles. Catiche se défendait encore sans rien dire, mais on sentait qu'un torrent d'injures était prêt à couler de ses lèvres serrées, tandis que la voix doucereuse de son ennemie avait conservé tout son calme, malgré les violents efforts de la lutte.

« Pierre, mon ami, approchez, lui cria Anna Mikhaïlovna.... Il ne sera pas de trop dans ce conseil de famille, n'est-ce pas, prince?

— Eh quoi, mon cousin, vous ne répondez pas? Pourquoi donc ce silence, quand Dieu sait quel monde vient se mêler de nos affaires, sans respecter le seuil de la chambre du mourant!... Intrigante! » murmura-t-elle avec fureur, en tirant à elle le portefeuille.

La violence de son geste ébranla Anna Mikhaïlovna, qui fut entraînée en avant sans toutefois lâcher prise.

« Oh ! » fit le prince Basile avec un accent de reproche.

Et il se leva.

« C'est ridicule, voyons, lâchez-le, vous dis-je ! »

Catiche obéit; mais comme son adversaire s'obstinait à garder le portefeuille :

« Et vous aussi, laissez-le; voyons, je prends tout sur moi, je vais lui demander.... cela vous satisfait-il ?

— Mais, prince, après ce grand sacrement, donnez-lui un instant de répit ! Quel est votre avis ? dit-elle à Pierre, qui contemplait, tout ahuri, le visage enflammé de Catiche et les joues tremblotantes du prince Basile.

— Rappelez-vous que vous êtes responsable des conséquences, répondit sèchement ce dernier, vous ne savez ce que vous faites.

— Horrible femme ! » s'écria tout à coup Catiche, en se jetant sur elle et en lui arrachant enfin le portefeuille.

Le vieux prince baissa la tête, et ses bras retombèrent le long de son corps.

Au même moment, la porte mystérieuse qui s'était si souvent ouverte et refermée avec précaution pendant cette longue nuit s'ouvrit avec fracas, et livra passage à la seconde des nièces, qui, les mains jointes, affolée de terreur, se précipita au milieu d'eux :

« Que faites-vous, balbutia-t-elle avec désespoir ; il se meurt, et vous m'abandonnez toute seule ! »

Catiche laissa échapper le portefeuille; la princesse Droubetzkoï, se penchant vivement, le ramassa et s'enfuit.

Le prince Basile et la princesse Catiche, une fois revenus de leur stupeur, la suivirent dans la chambre à coucher. Catiche reparut bientôt; sa figure était pâle, sa physionomie dure et sa lèvre inférieure fortement pincée. A la vue de Pierre, ses sentiments de malveillance éclatèrent :

« Oui, jouez votre comédie, jouez-la.... Vous vous y attendiez !... »

Ses sanglots l'arrêtèrent, et elle s'éloigna en se cachant la figure.

Le prince Basile revint à son tour. A peine avait-il atteint le canapé occupé par Pierre, qu'il s'y laissa tomber comme s'il allait se trouver mal ; il était livide, sa mâchoire tremblait, ses dents claquaient comme s'il avait la fièvre.

« Ah ! mon ami, » dit-il en saisissant les bras de Pierre.

Pierre fut frappé de la sincérité de son accent et de la faiblesse de sa voix : c'était chose nouvelle pour lui !

« Nous péchons, nous trompons, et tout cela pourquoi? J'ai dépassé la soixantaine, mon ami..... Oui, tout finit par la mort, la mort, quelle terreur!... »

Et il se mit à pleurer.

Anna Mikhaïlovna ne tarda pas à paraître à son tour; elle s'approcha de Pierre à pas lents et mesurés.

« Pierre! » murmura-t-elle.

Il la regarda pendant qu'elle le baisait au front, les yeux mouillés de larmes :

« Il n'est plus!.... »

Pierre continuait à la regarder par-dessus ses lunettes.

« Allons, je vous reconduirai, tâchez de pleurer.... rien ne soulage comme les larmes! »

Elle le fit passer dans une salle obscure. En y entrant, Pierre éprouva la satisfaction intime de n'y être plus un objet de curiosité. Anna Mikhaïlovna l'y laissa un moment, et, quand elle revint le chercher, elle le trouva profondément endormi, la tête appuyée sur sa main.

Le lendemain, elle lui dit :

« Oui, mon cher ami, c'est une grande perte pour nous tous. Je ne parle pas de vous. Dieu vous soutiendra, vous êtes jeune, vous serez à la tête d'une fortune colossale. Le testament n'a pas encore été ouvert, mais je vous connais assez pour être sûre que cela ne vous tournera pas la tête; seulement vous aurez de nouveaux devoirs à remplir, il faut être homme! »

Pierre ne disait mot.

« Un jour peut-être...., plus tard, je vous raconterai! Enfin.... si je n'avais pas été là, Dieu sait ce qui serait arrivé. Mon oncle m'avait promis, avant-hier encore, de ne pas oublier Boris, mais il n'a pas eu le temps d'y songer. J'espère, mon cher ami, que vous exécuterez les volontés de votre père. »

Pierre, qui ne comprenait rien à tout ce qu'elle disait, se taisait et rougissait d'un air embarrassé.

Après la mort du vieux comte, la princesse était retournée chez les Rostow pour s'y reposer un peu de toutes ses fatigues. A peine éveillée, elle se mit à raconter à ses amis et à ses connaissances les moindres détails de cette nuit pleine d'incidents. « Le comte, disait-elle, était mort comme elle aurait elle-même désiré mourir!.... Sa fin avait été des plus édifiantes, et la dernière entrevue entre le père et le fils touchante au point qu'elle ne pouvait y songer sans attendrissement. Elle ne savait vraiment pas lequel des deux s'était montré le plus admirable pendant ces derniers et solennels instants, du père, qui avait eu un mot pour chacun et qui s'était montré d'une tendresse si profonde pour son enfant, ou du fils, qui, anéanti et brisé par la douleur, s'efforçait encore de prendre sur lui en face de son père à l'agonie.... « De pareilles scènes sont navrantes, mais elles font du bien... Elles élèvent l'âme lorsqu'on a devant soi des hommes comme ceux-là ! » ajoutait-elle. Elle racontait aussi et critiquait la conduite du prince Basile et de la princesse Catiche, mais bien bas, dans le tuyau de l'oreille, et sous le sceau du plus grand secret.

XXV

On attendait de jour en jour à Lissy-Gory, domaine du prince Nicolas Andréévitch Bolkonsky, l'arrivée du jeune prince André et de sa femme; mais cette attente ne troublait en rien le mode d'existence établi par le vieux prince, qu'on avait surnommé, dans un certain cercle, « le roi de Prusse ». Général en chef de l'empereur Paul, il avait été exilé par lui dans sa propriété de Lissy-Gory, et il y vivait depuis lors dans la retraite avec sa fille Marie et sa demoiselle de compagnie, Mlle Bourrienne. Le nouveau règne lui avait ouvert les portes de sa prison et lui avait rendu le droit de séjourner dans les deux capitales; mais il s'obstinait à ne pas quitter sa terre, ayant déclaré à qui voulait l'entendre que les cent cinquante verstes qui le séparaient de Moscou pouvaient bien être franchies par ceux qui désiraient le voir, et que, quant à lui, il n'avait besoin de rien, ni de personne.

Les vices de l'humanité provenaient, disait-il, exclusivement de deux causes : l'oisiveté et la superstition. De même, il ne reconnaissait que deux vertus : l'activité et l'intelligence; et il s'occupait personnellement de l'éducation de sa fille, afin de développer en elle, autant que possible, ces deux qualités. Jusqu'à l'âge de vingt ans, elle avait étudié, sous sa direction, la géométrie et l'algèbre, et sa journée avait été méthodiquement employée à des occupations déterminées et suivies.

Quant à lui, il écrivait ses mémoires, résolvait des problèmes de mathématiques, tournait des tabatières, travaillait au jardin et surveillait la construction de ses différentes bâtisses, qui lui donnaient fort à faire, car le bien était grand et l'on bâtissait toujours.

Jusqu'au moment de son entrée dans la salle à manger, qui avait lieu invariablement à la même heure, ou, pour mieux dire, à la même minute, sa vie entière était réglée dans ses moindres détails avec une exactitude scrupuleuse. Il était cassant et exigeant à l'extrême à l'égard de son entourage, y compris sa fille; aussi, sans être cruel, il avait su inspirer une crainte et un respect qu'un homme vraiment méchant aurait eu de la peine à obtenir. Malgré sa vie retirée et en dehors de tout emploi officiel, aucun des fonctionnaires du gouvernement où il demeurait n'eût manqué de venir lui présenter ses devoirs et de pousser la déférence jusqu'à attendre son apparition dans le grand vestibule, à l'exemple de la princesse Marie, de l'architecte et du jardinier. Tous ressentaient du reste le même sentiment mêlé de crainte et de respect, lorsque la lourde porte de son cabinet s'ouvrait lentement pour laisser passer ce petit vieillard, avec sa perruque poudrée, ses mains sèches et fines, ses sourcils épais et grisonnants, dont l'ombre adoucissait parfois l'éclat des yeux brillants et presque jeunes encore.

Dans la matinée où devait arriver le jeune ménage, la princesse Marie traversa, selon son invariable habitude, le grand vestibule pour aller souhaiter le bonjour à son père, et, comme toujours, à ce moment-là, elle ne pouvait se défendre d'une certaine émotion, elle se signait et priait pour se donner du courage, afin que cette première entrevue se passât sans bourrasque. Le vieux serviteur poudré qui était toujours assis dans le vestibule se leva et lui dit tout bas :

« Veuillez entrer. »

Le bruit régulier d'un tour se faisait entendre dans la pièce voisine. La princesse en ouvrit timidement la porte, qui tourna doucement sur ses gonds, et s'arrêta sur le seuil; le prince travaillait, il se retourna et reprit aussitôt son ouvrage.

Ce cabinet était plein d'objets d'un usage journalier. Une énorme table, sur laquelle étaient jetés au hasard des cartes et des livres, des armoires vitrées dont les clefs brillaient dans leurs serrures, un bureau très élevé pour écrire debout, et sur lequel s'étalait un cahier ouvert, un tour garni de ses outils, et des copeaux jonchant le parquet, témoignaient d'une activité variée, constante et réglée. Au mouvement cadencé de son pied chaussé d'une botte molle à la tartare, à la pression ferme et égale de sa main nerveuse, on restait frappé de la forte dose de volonté contenue dans ce vieillard encore vert. Après avoir travaillé pendant quelques secondes, il retira son pied de dessus la pédale, essuya le repoussoir, qu'il jeta dans un sac de cuir cloué au tour, et s'approcha de la table. Il n'avait pas l'habitude de bénir ses enfants, mais il leur offrait toujours à baiser une joue, que le rasoir négligeait le plus souvent. Ce cérémonial accompli, il examina sa fille et lui dit avec une certaine brusquerie, qui cependant n'était pas exempte d'affection :

« Tu vas bien, tu vas bien? Assieds-toi là.... »

Et, s'emparant d'un cahier de géométrie écrit de sa main, il étendit la jambe et attira à lui un fauteuil.

« C'est pour demain, » dit-il vivement en feuilletant les pages et en marquant de l'ongle le paragraphe qu'il avait choisi.

La princesse Marie se pencha sur la table.

« Tiens, voici une lettre pour toi, » ajouta-t-il tout à coup, en retirant d'un vide-poche suspendu au mur une enveloppe dont l'adresse avait été écrite par une main féminine, et il la lui jeta.

A la vue de cette lettre, le visage de la princesse Marie se marbra de taches rouges; elle la saisit aussitôt et la regarda.

« Est-ce de ton « Héloïse »? demanda le prince avec un sourire glacial, qui laissa voir des dents jaunes, mais bien conservées.

— Oui, c'est de Julie, répondit-elle timidement.

— Je laisserai encore passer deux lettres, mais je lirai la troisième; vous vous écrivez des folies, je parie,.... je lirai la troisième.

— Mais lisez celle-ci, mon père.... »

Et sa fille la lui tendit en rougissant.

« J'ai dit la troisième, ce sera la troisième, s'écria le vieux prince, en repoussant la lettre pour reprendre son cahier de géométrie.

— Eh bien, mademoiselle..... »

Et il se pencha au-dessus de sa fille, en appuyant une main sur le dossier du fauteuil où elle était assise et où elle se sentait comme enveloppée de cette atmosphère âcre, imprégnée d'une odeur de tabac, particulière à la vieillesse et qui lui était si familière.... « Eh bien, ces triangles sont égaux; tu vois l'angle ABC. »

La princesse regardait avec effroi les yeux brillants de son père, ses joues se couvraient de taches de feu, la peur lui ôtait la faculté de penser et la rendait incapable de suivre les déductions de son professeur, si claires qu'elles fussent.... Cette scène se répétait tous les jours ; mais à qui en était la faute, au maître ou à l'élève, qui finissait par voir trouble et par ne plus rien entendre? La figure de son père touchait la sienne, elle sentait l'odeur pénétrante de son haleine et ne pensait plus qu'à fuir au plus vite et à se retirer dans sa chambre pour y étudier et résoudre en toute liberté le problème proposé. Lui, de son côté, s'échauffait, repoussait et ramenait son fauteuil avec fracas, tout en faisant maints efforts pour se maîtriser; puis de nouveau il se fâchait, tempêtait et envoyait le cahier à tous les diables.

Le malheur voulut que, cette fois encore, la princesse répondît de travers :

« Quelle sotte! » s'écria-t-il, en rejetant le manuscrit.

Puis, se détournant, il se leva, fit quelques pas, passa la main sur les cheveux de sa fille, se rassit et reprit son explication de plus belle.

« Cela ne va pas, princesse, cela ne va pas! lui dit-il, voyant qu'elle était prête à le quitter en emportant son cahier... Les mathématiques sont une noble science, et je ne veux pas que tu ressembles à nos sottes demoiselles. Persévère, tu finiras par les aimer, et la bêtise délogera de ta cervelle. »

Et il conclut en lui donnant une petite tape sur la joue.

Elle fit un pas, il l'arrêta du geste, et, saisissant sur son bureau un livre nouvellement reçu, il le lui tendit :

« Ton « Héloïse » t'envoie aussi je ne sais quelle *Clef du mystère*; c'est religieux, à ce qu'il paraît. Je ne m'inquiète en rien des croyances de personne, mais je l'ai parcouru. Tiens, prends-le, et va-t'en. » Et, lui tapant cette fois sur l'épaule, il ferma la porte derrière elle.

La princesse Marie rentra dans sa chambre. L'expression craintive, qui lui était habituelle, rendait encore moins attrayant son visage maladif et sans charme. Elle s'assit devant la table à écrire, garnie de miniatures encadrées, et encombrée de livres et de cahiers jetés au hasard, car elle avait autant de désordre que son père avait d'ordre, et rompit avec impatience le cachet de la lettre de sa plus chère amie d'enfance, Julie Karaguine, que nous avons déjà rencontrée chez les Rostow.

Voici le contenu de cette lettre :

« Chère et excellente amie, quelle chose terrible et effrayante que l'absence! J'ai beau me dire que la moitié de mon existence et de mon bonheur est en vous, que, malgré la distance qui nous sépare, nos cœurs sont unis par des liens indissolubles, le mien se révolte contre la destinée, et je ne puis, malgré les plaisirs et les distractions qui m'entourent, vaincre une certaine tristesse cachée que je ressens au fond du cœur depuis notre séparation. Pourquoi ne sommes-nous pas réunies, comme cet été, dans votre grand cabinet, sur le canapé bleu, le canapé aux confidences?

« Pourquoi ne puis-je, comme il y a trois mois, puiser de nouvelles forces morales dans votre regard si doux, si calme, si pénétrant, regard que j'aimais tant et que je crois voir devant moi quand je vous écris [1]. »

Arrivée à cet endroit de la lettre, la princesse Marie poussa un soupir, se retourna et se regarda dans une psyché, qui lui renvoya l'image de sa personne disgracieuse et de son visage amaigri, dont les yeux toujours tristes semblaient avoir pris, en se voyant reflétés dans la glace, une expression encore plus accentuée de mélancolie. « Elle me flatte, » se dit-elle en reprenant sa lecture. Et cependant Julie était dans le vrai : les yeux de Marie étaient grands, profonds, et avaient parfois des éclairs qui leur donnaient une beauté surnaturelle, en transformant complètement sa figure, qu'ils éclairaient de leur douce et tendre lumière. Mais la princesse ne se rendait pas compte à elle-même de l'expression que ses yeux prenaient chaque fois qu'elle s'oubliait en pensant aux autres, et l'impitoyable psyché continuait à refléter une physionomie gauche et guindée. Elle reprit sa lecture :

« Tout Moscou ne parle que de guerre! L'un de mes deux frères est déjà à l'étranger ; l'autre est avec la garde, qui se met en marche vers la frontière. Notre cher Empereur a quitté Pétersbourg et, à ce qu'on prétend, compte lui-même exposer sa précieuse existence aux chances de la guerre. Dieu veuille que le monstre corse qui détruit le repos de l'Europe soit terrassé par l'ange que le Tout-Puissant, dans sa miséricorde, nous a donné pour souverain. Sans parler de mes frères, cette guerre m'a privée d'une relation des plus chères à mon cœur.

1. En français dans le texte. (*Note du traducteur.*)

Je parle du jeune Nicolas Rostow, qui, avec son enthousiasme, n'a pu supporter l'inaction et a quitté l'université pour aller s'enrôler dans l'armée. Eh bien, chère Marie, je vous avouerai que, malgré son extrême jeunesse, son départ pour l'armée a été un grand chagrin pour moi ! Ce jeune homme, dont je vous parlais cet été, a tant de noblesse, tant de cette véritable jeunesse qu'on rencontre si rarement dans ce siècle où nous ne vivons qu'au milieu de vieillards de vingt ans, il a surtout tant de franchise et de cœur, il est tellement pur et poétique, que mes relations avec lui, quelque passagères qu'elles aient été, ont été une des plus douces jouissances de mon pauvre cœur, qui a déjà tant souffert. Je vous raconterai un jour nos adieux et tout ce qui s'est dit au départ. Tout cela est encore trop récent.

« Ah ! chère amie, vous êtes heureuse de ne pas connaître ces jouissances et ces peines si poignantes ; vous êtes heureuse, puisque ces dernières sont ordinairement les plus fortes. Je sais très bien que le comte Nicolas est trop jeune pour pouvoir jamais devenir pour moi quelque chose de plus qu'un ami ; mais cette douce amitié, ces relations si poétiques sont pour mon cœur un vrai besoin ; mais n'en parlons plus. La grande nouvelle du jour, qui occupe tout Moscou, est la mort du comte Besoukhow et l'ouverture de sa succession. Figurez-vous que les princesses n'ont reçu que très peu de chose, le prince Basile rien, et que c'est M. Pierre qui a hérité de tout et qui, par-dessus le marché, a été reconnu pour fils légitime, par conséquent comte Besoukhow et possesseur de la plus grande fortune de Russie. On prétend que le prince Basile a joué un très vilain rôle dans toute cette histoire et qu'il est reparti tout penaud pour Pétersbourg. Je vous avoue que je comprends très peu toutes ces affaires de legs et de testament. Ce que je sais, c'est que ce jeune homme, que nous connaissions tous sous le nom de M. Pierre tout court, est devenu comte Besoukhow et possesseur de l'une des plus grandes fortunes de Russie. Je m'amuse fort à observer les changements de ton et de manières des mamans accablées de filles à marier, et des demoiselles elles-mêmes, à l'égard de cet individu, qui, par parenthèse, m'a toujours paru être un pauvre sire. Comme on s'amuse depuis deux ans à me donner des promis que je ne connais pas le plus souvent, la chronique matrimoniale de Moscou me fait comtesse Besoukhow. Mais vous sentez bien que je ne me soucie nullement de le devenir.

A propos de mariage, savez-vous que, tout dernièrement, « la tante en général », Anna Mikhaïlovna, m'a confié, sous le sceau du plus grand secret, un projet de mariage pour vous. Ce n'est ni plus ni moins que le fils du prince Basile, Anatole, qu'on voudrait ranger, en le mariant à une personne riche et distinguée, et c'est sur vous qu'est tombé le choix des parents. Je ne sais comment vous envisagerez la chose. Mais j'ai cru de mon devoir de vous en prévenir. On le dit très beau et très mauvais sujet : c'est tout ce que j'ai pu savoir sur son compte. Mais assez de bavardage comme cela; je finis mon second feuillet, et maman m'envoie chercher pour aller dîner chez les Apraxine. Lisez le livre mystique que je vous envoie et qui fait fureur chez nous. Quoiqu'il y ait dans ce livre des choses difficiles à atteindre avec la faible conception humaine, c'est un livre admirable, dont la lecture calme et élève l'âme. Adieu. Mes respects à monsieur votre père, et mes compliments à Mlle Bourrienne. Je vous embrasse comme je vous aime.

« JULIE.

« *P.-S.* Donnez-moi des nouvelles de votre frère et de sa charmante petite femme [1]. »

Cette lecture avait plongé la princesse Marie dans une douce rêverie; elle réfléchissait et souriait, et son visage, éclairé par ses beaux yeux, semblait transfiguré. Se levant tout à coup, elle traversa résolument la chambre, et, s'asseyant à sa table, elle laissa courir sa plume sur une feuille de papier; voici sa réponse :

« Chère et excellente amie, votre lettre du 13 m'a causé une grande joie. Vous m'aimez donc toujours, ma poétique Julie! L'absence, dont vous dites tant de mal, n'a donc pas eu sur vous son influence habituelle. Vous vous plaignez de l'absence? Que devrais-je dire, moi, si j'osais me plaindre, privée de tous ceux qui me sont chers? Ah! si nous n'avions pas la religion pour nous consoler, la vie serait bien triste! Pourquoi me supposez-vous un regard sévère, quand vous me parlez de votre affection pour ce jeune homme? Sous ce rapport, je ne suis rigide que pour moi. Je comprends ces sentiments chez les autres, et si je ne puis les approuver, ne les ayant jamais res-

1. En français dans le texte. (*Note du traducteur.*)

sentis, je ne les condamne pas. Il me paraît seulement que l'amour chrétien, l'amour du prochain, l'amour pour ses ennemis est plus méritoire, plus doux que ne le sont les sentiments que peuvent inspirer les beaux yeux d'un jeune homme à une jeune fille poétique et aimante comme vous. La nouvelle de la mort du comte Besoukhow nous est parvenue avant votre lettre, et mon père en a été très affecté. Il dit que c'est l'avant-dernier représentant du grand siècle, et qu'à présent c'est son tour, mais qu'il fera son possible pour que son tour vienne le plus tard possible. Que Dieu nous garde de ce terrible malheur! Je ne puis partager votre opinion sur Pierre, que j'ai connu enfant. Il m'a toujours paru avoir un cœur excellent, et c'est là la qualité que j'estime le plus. Quant à son héritage et au rôle qu'y a joué le prince Basile, c'est bien triste pour tous les deux! Ah! chère amie, la parole de notre divin Sauveur, « qu'il est plus aisé à un chameau de passer par le trou d'une aiguille qu'à un riche d'entrer dans le royaume de Dieu, » cette parole est terriblement vraie! Je plains le prince Basile et je plains encore davantage le sort de M. Pierre. Si jeune et accablé de ses richesses, que de tentations n'aura-t-il pas à subir! Si l'on me demandait ce que je désirerais le plus au monde, ce serait d'être plus pauvre que le plus pauvre des mendiants. Mille grâces, chère amie, pour l'ouvrage que vous m'avez envoyé et qui fait si grande fureur chez vous!

« Cependant, puisque vous me dites qu'au milieu de plusieurs bonnes choses il y en a d'autres que la faible conception humaine ne peut atteindre, il me paraît assez inutile de s'occuper d'une lecture inintelligible, qui par là même ne pourrait être d'aucun fruit. Je n'ai jamais pu comprendre la rage qu'ont certaines personnes de s'embrouiller l'entendement en s'attachant à des livres mystiques qui n'élèvent que des doutes dans leurs esprits, en exaltant leur imagination et en leur donnant un caractère d'exagération tout à fait contraire à la simplicité chrétienne. Lisons les Apôtres et les Évangiles. Ne cherchons pas à pénétrer ce que ceux-là renferment de mystérieux, car comment oserions-nous, misérables pécheurs que nous sommes, prétendre à nous initier dans les secrets terribles et sacrés de la Providence, tant que nous portons cette dépouille charnelle, qui élève entre nous et l'Éternel un voile impénétrable? Bornons-nous donc à étudier les principes sublimes que notre divin Sauveur nous a laissés pour notre conduite ici-bas; cherchons à nous y conformer et à les suivre; persuadons-nous que moins nous donnons d'essor à notre faible esprit humain, plus il est agréable à Dieu, qui rejette toute science ne venant pas de lui; que moins nous cherchons à approfondir ce qu'il lui a plu de dérober à notre connaissance, plus tôt il nous en accordera la découverte par son divin esprit. Mon père ne m'a pas parlé du prétendant, mais il m'a dit seulement qu'il a reçu une lettre et attend une visite du prince Basile. Quant au projet de mariage qui me regarde, je vous dirai, chère et excellente amie, que le mariage, selon moi, est une institution divine à laquelle il faut se conformer. Quelque pénible que cela soit pour moi, si le Tout-Puissant m'impose jamais les devoirs d'épouse et de mère, je tâcherai de les remplir aussi fidèlement que je le pourrai, sans m'inquiéter de l'examen de mes sentiments à l'égard de celui qu'il me donnera pour époux. J'ai reçu une lettre de mon frère qui m'annonce son arrivée à Lissy-Gory avec sa femme. Ce sera une joie de courte durée, puisqu'il nous quitte pour prendre part à cette malheureuse guerre, à laquelle nous sommes entraînés, Dieu sait comment et pourquoi. Non seulement chez vous, au centre des affaires et du monde, on ne parle que de guerre, mais ici au milieu des travaux champêtres et de ce calme de la nature que les citadins se représentent à la campagne, les bruits de la guerre se font entendre et sentir péniblement. Mon père ne parle que de marches et de contremarches, choses auxquelles je ne comprends rien, et avant-hier, en faisant ma promenade habituelle dans la rue du village, je vis quelque chose qui me déchira le cœur : c'était un convoi de recrues enrôlées chez nous et expédiées pour l'armée! Il fallait voir l'état où se trouvaient les mères, les femmes et les enfants des hommes qui partaient! il fallait entendre les sanglots des uns et des autres! On dirait que l'humanité a oublié les lois de son divin Sauveur, qui prêchait l'amour et le pardon des offenses, et qu'elle fait consister son plus grand mérite dans l'art de s'entre-tuer.

« Adieu, chère et bonne amie. Que notre divin Sauveur et sa très sainte Mère vous aient en leur sainte et puissante garde!

« MARIE [1]. »

« Ah! princesse, vous expédiez votre courrier; j'ai déjà écrit à ma pauvre mère, » s'écria en grasseyant Mlle Bourrienne d'une voix pleine et sympathique.

1. En français dans le texte. (*Note du traducteur.*)

Sa personne vive et légère contrastait singulièrement avec l'atmosphère sombre, solitaire et mélancolique qui entourait la princesse Marie.

« Il faut que je vous prévienne, princesse, ajouta-t-elle plus bas : le prince a eu une altercation avec Michel Ivanow ; il est de très mauvaise humeur, — et s'écoutant grasseyer avec plaisir, — très morose..... Tenez-vous donc sur vos gardes..... vous savez.....

— Ah ! chère amie, je vous ai priée de ne jamais me parler de la mauvaise humeur de mon père ; je ne me permets pas de le juger, et je tiens à ce que les autres fassent comme moi, » répondit la princesse Marie en regardant à sa montre.

Et, remarquant avec effroi qu'elle était en retard de cinq minutes sur l'heure qu'elle était obligée de consacrer à son piano, elle se dirigea vers la grande salle. Pendant que le prince se reposait, de midi à deux heures, sa fille devait exercer ses doigts : ainsi le voulait la règle immuable de la maison.

XXVI

Le valet de chambre à cheveux gris s'assoupissait aussi de son côté sur sa chaise, au bruit du ronflement égal de son maître, qui dormait dans son grand cabinet, et aux sons lointains du piano, sur lequel se succédaient jusqu'à vingt fois de suite les passages difficiles d'une sonate de Dreyschock.

Une voiture et une britchka s'arrêtèrent devant l'entrée principale. Le prince André descendit le premier de la voiture et aida sa jeune femme à le suivre.

Le vieux Tikhone, qui s'était doucement glissé hors de l'antichambre en refermant la porte derrière lui, leur annonça tout bas que le prince dormait. Ni l'arrivée du fils de la maison, ni aucun autre événement, quelque extraordinaire qu'il pût être, ne devait intervertir l'ordre de la journée. Le prince André le savait comme lui, et peut-être encore mieux, car il regarda à sa montre, pour se convaincre que rien n'était changé dans les habitudes de son père.

« Il ne s'éveillera que dans vingt minutes, dit-il à sa femme ; allons chez la princesse Marie. »

La petite princesse avait pris de l'embonpoint, mais ses yeux et sa petite lèvre retroussée avec son fin duvet avaient toujours le même sourire gai et gracieux.

« Mais c'est un palais ! » dit-elle à son mari. Elle exprimait son admiration comme si elle eût félicité un maître de maison sur la beauté de son bal. « Allons, vite, vite ! »

Et elle souriait à son mari et au vieux Tikhone qui les conduisait.

« C'est Marie qui s'exerce; allons doucement, il faut la surprendre. »

Le prince André la suivait avec tristesse.

« Tu as vieilli, mon vieux Tikhone, » dit-il au serviteur qui lui baisait la main.

Au moment où ils allaient entrer dans la salle d'où partaient les accords du piano, une porte de côté s'ouvrit et livra passage à une jeune et jolie Française : c'était la blonde Mlle Bourrienne, qui parut transportée de joie et de surprise à leur vue, et s'écria :

« Ah ! quel bonheur pour la princesse !.... Il faut que je la prévienne !....

— Non, non, de grâce ! Vous êtes Mlle Bourrienne : je vous connais déjà par l'amitié que vous porte ma belle-sœur, lui dit la princesse en l'embrassant. Elle ne nous attend guère, n'est-ce pas ?... »

Ils étaient près de la porte derrière laquelle les mêmes morceaux allaient se répétant sans relâche. Le prince André fronça le sourcil, comme s'il s'attendait à éprouver une impression pénible.

Sa femme entra la première; la musique cessa brusquement. On entendit un cri, un bruit de baisers échangés, et le prince André put voir sa sœur et sa femme, qui ne s'étaient rencontrées qu'une fois, à l'époque de son mariage, tendrement serrées dans les bras l'une de l'autre, pendant que Mlle Bourrienne les regardait, la main sur le cœur et prête à pleurer et à rire tout à la fois.

Il haussa les épaules, et son front se plissa comme celui d'un mélomane qui entend une fausse note. Les deux jeunes femmes, ayant reculé d'un pas, se jetèrent de nouveau dans les bras l'une de l'autre pour s'embrasser encore en se prenant les mains et la taille. Finalement, elles fondirent en larmes, à sa grande stupéfaction. Mlle Bourrienne, profondément attendrie, se mit à pleurer. Le prince André se sentait mal à l'aise, mais sa femme et sa sœur semblaient trouver tout naturel que leur première entrevue ne pût se passer sans larmes.

« Ah! chère. — Ah! Marie, dirent-elles à la fois en riant.

— Savez-vous bien que j'ai rêvé de vous cette nuit?

— Vous ne nous attendiez pas?.... Mais, Marie, vous avez maigri!

— Et vous, vous avez repris....

— J'ai tout de suite reconnu Madame la princesse, s'écria Mlle Bourrienne.

— Et moi qui ne me doutais de rien.... Ah! André, je ne vous voyais pas! »

Le prince André et sa sœur s'embrassèrent.

« Quelle pleurnicheuse! » lui dit-il, pendant qu'elle fixait sur lui ses yeux encore voilés de pleurs, et que son tendre et lumineux regard cherchait le sien. La petite princesse bavardait sans s'arrêter. Sa lèvre supérieure ne cessait de s'abaisser, en effleurant celle de dessous pour se relever aussitôt et s'épanouir dans un gai sourire, qui faisait ressortir l'éclat de ses petites dents et celui de ses yeux.

« Ils avaient eu un accident, contait-elle tout d'une haleine, à la Spasskaïa-Gora.... et cet accident aurait pu être grave.... et puis elle avait laissé toutes ses robes à Pétersbourg; elle n'avait plus rien à mettre.... et André était si changé.... et Kitty Odintzow avait épousé un vieux bonhomme.... et elle avait un mari pour sa belle-sœur, un mari sérieux.... mais nous en causerons plus tard, » ajouta-t-elle.

La princesse Marie continuait à examiner son frère : on lisait l'affection et la tristesse dans ses beaux yeux. Ses pensées ne suivaient plus le caquetage de la jolie petite perruche, et elle interrompit même la description d'une des dernières fêtes données à Pétersbourg, pour demander à son frère s'il était tout à fait décidé à rejoindre l'armée.

« Oui, et pas plus tard que demain. »

Lise soupira.

« Il m'abandonne ici, s'écria-t-elle, et Dieu sait pourquoi, lorsqu'il aurait pu obtenir de l'avancement.... »

La princesse Marie, sans l'écouter davantage, la regarda affectueusement, et désignant au prince André l'embonpoint exagéré de sa femme :

« Est-ce bien sûr? » dit-elle.

La jeune femme changea de couleur.

« Oui, répondit-elle en soupirant. Et c'est si effrayant! »

Ses lèvres se serrèrent, et, effleurant de sa joue le visage de sa belle-sœur, elle fondit en larmes.

« Il lui faut du repos, dit le prince André avec un air de mécontentement.... N'est-ce pas, Lise? Emmène-la chez toi, Marie, pendant que j'irai chez mon père... Dis-moi, est-il toujours le même?

— Oui, toujours, au moins pour moi, reprit sa sœur.

— Et toujours les mêmes heures, les mêmes promenades dans les mêmes allées, et puis après cela vient le tour.... »

Et l'imperceptible sourire du prince André disait assez que, malgré son respect filial, il était au courant des manies de son père.

« Oui, les mêmes heures, le même tour et les mêmes leçons de mathématiques et de géométrie, » reprit-elle en riant, comme si ces heures d'étude étaient les plus belles de son existence.

Lorsque les vingt dernières minutes consacrées au sommeil du vieux prince se furent écoulées, le vieux Tikhone vint chercher le prince André; son père lui faisait l'honneur de changer, à cause de lui, la règle de la journée en le recevant pendant sa toilette. Le vieux prince se faisait toujours poudrer pour le dîner et endossait alors une longue redingote à l'ancienne mode. Au moment où son fils entra dans son cabinet de toilette, il était enfoncé dans un fauteuil de cuir, et couvert d'un large peignoir blanc, la tête livrée aux mains du fidèle Tikhone. Le prince André s'avança vivement; l'expression chagrine qui était devenue son expression habituelle avait disparu; il y avait dans sa physionomie la même vivacité qui s'y montrait dans ses causeries avec Pierre.

« Ah! te voilà, mon guerrier! Tu veux vaincre Bonaparte, » s'écria le vieux prince, en secouant sa tête poudrée, autant que le lui permettaient les mains de Tikhone qui tressait le catogan.

« Oui, oui, vas-y.... ferme! de l'avant! Sans cela, il pourrait se faire qu'il nous comptât bientôt au nombre de ses sujets.... Tu vas bien?.... »

Et il lui tendit sa joue. La sieste l'avait mis de belle humeur, aussi avait-il l'habitude de dire : « avant dîner sommeil d'or, après dîner sommeil d'argent ». Il lançait à son fils de joyeux regards de côté à travers ses épais sourcils, pendant que son fils l'embrassait à l'endroit indiqué, sans répondre à ses éternelles plaisanteries sur les militaires de l'époque actuelle et surtout sur Bonaparte.

« Oui, me voici, mon père, et je vous ai aussi amené ma

femme dans un état intéressant.... Et vous, vous portez-vous bien?

— Mon cher ami, il n'y a que les imbéciles et les débauchés pour être malades, et tu me connais.... Je travaille du matin au soir, je suis sobre, donc je me porte bien!

— Dieu merci! reprit son fils.

— Dieu n'y est pour rien! Voyons.... et revenant à son dada, voyons, conte-moi un peu comment les Allemands vous ont enseigné le moyen de battre Bonaparte, selon les règles de cette nouvelle science appelée stratégie?

— Laissez-moi un peu respirer, mon père, lui répondit en souriant le prince André, qui l'aimait et le respectait malgré ses manies. Je ne sais même pas encore où je loge.

— Sottises, sottises que tout cela, » s'écria le vieux en tortillant sa tresse pour s'assurer qu'elle était bien nattée.

Et saisissant la main de son fils :

« La maison destinée à ta femme est prête: la princesse Marie l'y conduira, la lui montrera, et elles bavarderont à remplir trois paniers.... Affaires de femmes que tout cela.... Je suis content de la recevoir. Voyons, mets-toi là et parle. J'admets l'armée de Michelson, de Tolstoy, car elles opéreront ensemble; mais l'armée du Midi, que fera-t-elle? La Prusse reste neutre, je le sais; mais l'Autriche, mais la Suède? ajouta-t-il en se levant et en marchant dans la chambre, pendant que le vieux Tikhone le suivait, lui présentant les différentes pièces de son ajustement.... Comment traversera-t-on la Poméranie? »

L'insistance de son père était si grande, que le prince André commença, à contre-cœur d'abord et en s'animant ensuite, à développer, moitié en russe, moitié en français, le plan des opérations pour la nouvelle campagne qui était à la veille de s'ouvrir. Il expliqua comment une armée de 90 000 hommes devait menacer la Prusse pour la faire sortir de sa neutralité et la forcer à l'action; comment une partie de ces troupes se joindrait aux Suédois à Stralsund; comment 220 000 Autrichiens et 100 000 Russes agiraient pendant ce temps en Italie et sur le Rhin; comment 50 000 Russes et 50 000 Anglais débarqueraient à Naples, et comment enfin ce total de 500 000 hommes attaquerait les Français sur plusieurs points à la fois. Le vieux prince ne témoigna pas le moindre intérêt à ce long récit. On aurait dit qu'il ne l'avait même pas écouté, car il l'avait interrompu à trois reprises, sans cesser de marcher en s'habillant; la première fois il s'écria :

« Le blanc, le blanc!... »

Ce qui voulait dire que le vieux Tikhone se trompait de gilet. La seconde, il demanda si sa belle-fille accoucherait bientôt, et hocha la tête d'un air de reproche en ajoutant :

« C'est mal! C'est mal! Continue! »

Et la troisième, pendant que son fils terminait son exposition, il entonna de sa voix fausse et cassée :

« Marlbrough s'en va-t-en guerre, ne sait quand reviendra. »

« Je ne vous dis pas que j'approuve ce plan, lui dit son fils en souriant légèrement. Je vous l'ai exposé tel qu'il est : Napoléon en aura bien certainement fait un qui vaudra le nôtre.

— Rien de neuf, rien de neuf là dedans, voilà ce que je te dirai. »

Et le vieux répéta entre ses dents, d'un air pensif :

« Ne sait quand reviendra »... Maintenant va-t'en dans la salle à manger! »

XXVII

Deux heures sonnaient lorsque le prince, rasé et poudré, fit son entrée dans la salle à manger, où l'attendaient sa belle-fille, sa fille, Mlle Bourrienne et l'architecte de la maison, qui était admis à sa table, quoique sa position inférieure ne lui donnât aucun droit à un pareil honneur. Le vieux prince, à cheval sur l'étiquette et sur la différence des rangs, n'invitait que rarement les gros bonnets de la province, mais il lui plaisait de montrer dans la personne de son architecte, qui se mouchait timidement dans un mouchoir à carreaux, que tous les hommes sont égaux. Il lui arrivait souvent de rappeler à sa fille que Michel Ivanovitch ne valait pas moins qu'eux, et c'était à lui qu'il s'adressait presque toujours pendant ses repas.

Dans la haute et spacieuse salle à manger, derrière chaque chaise se tenait un domestique, et le maître d'hôtel, une serviette sur le bras, promenait une dernière fois son regard inquiet de la table aux laquais, et du cartel à la porte qui allait s'ouvrir devant son maître. Le prince André examinait attentivement l'arbre généalogique de sa famille, encadré d'une baguette d'or. Cet objet, tout nouveau pour lui, était suspendu en face d'un autre immense tableau du même genre, indignement barbouillé par un artiste amateur. Ce barbouillage représentait le chef de la lignée des Bolkonsky, un descendant de Rurik, en prince souverain avec une couronne sur la tête. André ne put s'empêcher de sourire à la vue de ce portrait de haute fantaisie qui frisait la caricature.

« Ah! je le reconnais bien là tout entier! »

La princesse Marie, qui venait d'entrer, le regardait avec étonnement, et ne comprenait pas ce qu'il pouvait y avoir là de risible; tout ce qui touchait à son père lui inspirait un respect religieux, qu'aucune critique ne pouvait affaiblir.

« Chacun a son talon d'Achille, continua le prince André.... Avoir l'esprit qu'il a et se donner ce ridicule!... »

La princesse Marie, à laquelle déplaisait la hardiesse de ces propos, allait y répondre, lorsque les pas si impatiemment attendus se firent entendre. La démarche agile et légère du vieux prince, ses allures brusques et vives contrastaient si singulièrement avec la tenue sévère et correcte de sa maison, qu'on aurait pu y soupçonner une arrière-pensée de sa part.

Deux heures venaient donc de sonner au cartel, et la pendule du salon y répondait mélancoliquement, lorsque le prince parut; ses yeux brillants, pleins de feu, surplombés de leurs épais sourcils gris, glissèrent rapidement sur toutes les personnes présentes pour se fixer sur la petite princesse. A sa vue, elle fut saisie de ce sentiment de respect et de crainte que son beau-père savait inspirer à tout son entourage. Il lui caressa doucement les cheveux et lui donna une petite tape sur la nuque.

« Je suis bien aise, bien aise, » dit-il.

Et, l'ayant dévisagée une seconde, il la quitta aussitôt pour s'asseoir à table :

« Asseyez-vous, asseyez-vous, Michel Ivanovitch. »

Il indiqua à sa belle-fille une chaise à côté de lui, et le valet de chambre la lui avança.

« Oh! oh! fit le vieux prince en jetant un regard sur sa taille arrondie; trop de hâte, c'est mal! Il faut marcher, beaucoup marcher, beaucoup!.... »

Et sa bouche riait d'un rire sec et désagréable, tandis que ses yeux ne disaient rien.

La petite princesse ne l'entendit pas ou fit semblant de ne pas l'avoir entendu; elle garda un silence embarrassé jusqu'au moment où il lui demanda des nouvelles de son père et de différentes autres connaissances; alors elle sourit et retrouva son entrain en lui racontant tous les petits commérages de la capitale.

« La pauvre comtesse Apraxine a perdu son mari et elle a pleuré toutes les larmes de son corps!.... »

Plus elle s'animait, plus le vieux prince l'étudiait d'un air sévère ; tout à coup il se détourna brusquement : on aurait dit qu'il n'avait plus rien à apprendre :

« Eh bien, Michel Ivanovitch, s'écria-t-il, il va arriver malheur à votre Bonaparte. Le prince André (il ne parlait jamais de son fils qu'à la troisième personne) me l'a expliqué; de terribles forces s'amassent contre lui.... Et dire qu'à nous deux, vous et moi, nous l'avons toujours tenu pour un imbécile! »

Michel Ivanovitch savait parfaitement n'avoir jamais eu pareille opinion en si flatteuse compagnie : aussi comprit-il que sa personne servait d'entrée en matière; il regarda le jeune prince avec une certaine surprise, ne sachant pas trop ce qui allait suivre.

« C'est un grand tacticien, » dit le prince à son fils, en désignant Michel Ivanovitch, et il reprit son thème favori, c'est-à-dire la guerre, Bonaparte, les grands capitaines et les hommes d'État du moment. Il n'y avait, selon lui, à la tête des affaires que des écoliers ignorant les premières notions de la science militaire et administrative ; Bonaparte n'était qu'un petit Français sans importance, dont les succès devaient être attribués au manque des Potemkin et des Souvorow. L'état de l'Europe n'offrait aucune complication, et il n'y avait point de guerre sérieuse, mais une comédie de marionnettes, jouée par les grands faiseurs pour tromper le public.

Le prince André répondait gaiement à ces plaisanteries, et les provoquait même pour engager son père à continuer.

« Le passé l'emporte toujours sur le présent, et pourtant Souvorow s'est laissé prendre au piège tendu par Moreau; il n'a pas su s'en tirer.

— Qui te l'a dit? Qui te l'a dit? s'écria le prince. Souvorow.... »

Et il jeta en l'air son assiette, que le vieux Tikhone eut l'adresse de saisir au vol.

« Frédéric et Souvorow, en voilà deux; mais Moreau! Moreau était prisonnier si Souvorow avait été libre d'agir; mais il avait sur son dos le Hof-kriegs-wurstschnapsrath, dont le diable ne se serait pas débarrassé. Vous verrez, vous verrez ce qu'est un Hof-kriegs-wurstschnapsrath! Si Souvorow n'a pas eu ses coudées franches avec lui, ce n'est pas Michel Koutouzow qui les aura. Non, mon ami, vos généraux ne vous suffiront pas : il vous faudra des généraux français, de ceux qui se retournent contre les leurs pour lutter avec Bonaparte. On a déjà envoyé à New-York l'Allemand Pahlen à la recherche de Moreau, ajouta-t-il en faisant allusion à la proposition faite à ce dernier d'entrer au service de la Russie. C'est inouï! Les Potemkin, les Souvorow, les Orlow, étaient-ils des Allemands? Crois-moi, ou bien ils n'ont plus de cervelle, ou bien c'est moi qui ai perdu la mienne. Je vous souhaite bonne chance, mais nous verrons. Bonaparte un grand capitaine? Oh! oh!

— Je suis loin de trouver notre organisation parfaite, mais j'avoue que je ne partage pas votre manière de voir; moquez-vous de Bonaparte, si cela vous plaît : il n'en sera pas moins un grand capitaine.

— Michel Ivanovitch, s'écria le vieux prince, entendez-vous?»

L'architecte, qui était fort occupé de son rôti, avait espéré se faire oublier.

« L'entendez-vous? Je vous ai toujours soutenu que Bonaparte était un grand tacticien : eh bien, c'est aussi son avis à lui.

— Mais certainement, Excellence, murmura Michel Ivanovitch, pendant que le prince riait d'un rire sec.

— Bonaparte est né sous une heureuse étoile, ses soldats sont admirables, et puis il a eu la chance d'avoir affaire aux Allemands en premier et de les avoir battus : il faut être un bon à rien pour ne pas savoir les battre ; depuis que le monde existe, on les a toujours rossés, et eux ne l'ont jamais rendu à personne!... Si! pourtant, ils se sont rossés entre eux... mais cela ne compte pas! Eh bien, c'est à eux qu'il est redevable de sa gloire!... »

Et il se mit à énumérer toutes les fautes commises, selon lui, par Bonaparte, comme capitaine et comme administrateur. Son fils l'écoutait en silence, mais aucun argument n'aurait été assez fort pour ébranler ses convictions, aussi fermement enracinées que celles de son père; seulement, il s'étonnait et se demandait comment il était possible à un vieillard solitaire et retiré à la campagne de connaître aussi bien dans leurs moindres détails toutes les combinaisons politiques et militaires de l'Europe.

« Tu crois que je n'y comprends rien, parce que je suis

vieux? Eh bien, voilà :... cela me travaille... je n'en dors pas la nuit... Où est-il donc, ton grand capitaine? Où a-t-il fait ses preuves?

— Ce serait trop long à démontrer.

— Eh bien, va le rejoindre, ton Bonaparte! Voilà encore un admirateur de votre goujat d'empereur! s'écria-t-il en excellent français.

— Vous savez que je ne suis pas bonapartiste, mon prince.

— « Ne sait quand reviendra, » fredonna le vieillard d'une voix fausse, et c'est en riant tout jaune qu'il se leva de table.

Tant qu'avait duré la discussion, la petite princesse était restée silencieuse et effarouchée, regardant tour à tour son mari, son beau-père et sa belle-sœur. A peine le dîner fini, elle prit cette dernière par le bras, et l'entraînant dans la pièce voisine :

« Quel homme d'esprit que votre père! C'est à cause de cela, je crois, qu'il me fait peur!

— Il est si bon! » répondit la princesse Marie.

XXVIII

On était au lendemain et le prince André partait dans la soirée. Quant au vieux prince, il n'avait rien changé à ses habitudes et s'était retiré chez lui après le dîner. Sa belle-fille était chez la princesse Marie, pendant que son fils, après avoir ôté son uniforme et mis une redingote sans épaulettes, faisait ses derniers préparatifs de départ avec l'aide de son valet de chambre. Il visita lui-même avec soin sa calèche de voyage, ses valises, et donna l'ordre d'atteler. Il ne restait plus dans sa chambre que les menus objets qui le suivaient partout : une cassette, une cantine en argent, deux pistolets et un sabre turc, que son père avait rapportés de l'assaut d'Otchakow et dont il lui avait fait cadeau; tout était rangé dans le plus grand ordre, nettoyé, remis à neuf, et placé dans des fourreaux de drap solidement attachés.

Pour peu qu'on soit enclin à la réflexion, on est presque toujours dans une disposition d'esprit sérieuse au moment d'un départ ou d'un changement d'existence : on jette un coup d'œil en arrière et l'on fait des plans pour l'avenir. Le prince

André était soucieux et attendri : il marchait de long en large, les mains croisées derrière le dos, regardant sans voir et hochant la tête d'un air absorbé. Craignait-il l'issue de la guerre, ou regrettait-il sa femme? L'un et l'autre peut-être; mais il était évident qu'il ne tenait pas à être surpris dans ces dispositions, car, à un bruit de pas qui se fit entendre dans la pièce voisine, il s'approcha vivement de la table, dégagea ses mains et fit semblant de ranger sa cassette, pendant que sa figure reprenait son expression habituelle de calme impénétrable.

La princesse Marie entra en courant, et toute hors d'haleine: « On m'a dit que tu avais fait atteler, et moi qui désirais causer seule avec toi,... car Dieu sait pour combien de temps nous allons nous séparer... Cela ne t'ennuie pas au moins que je sois venue?... Tu es bien changé, Andrioucha, » ajouta-t-elle, comme pour expliquer sa question.

Elle n'avait pu s'empêcher de sourire en l'appelant ainsi, car il lui paraissait étrange que ce beau garçon, dont l'extérieur était si sévère, fût l'Andrioucha de ses jeux, le petit gamin efflanqué et polisson de son enfance.

« Où est Lise? dit-il en répondant à la question de sa sœur par un sourire.

— Elle s'est endormie de fatigue sur mon canapé! Ah! André, quel trésor de femme vous avez là!.... Une véritable enfant, gaie, vive : aussi je l'aime bien. »

Le prince André s'était assis à côté de sa sœur et gardait le silence; un sourire ironique se jouait sur ses lèvres, elle le remarqua et reprit :

« Il faut être indulgent pour ses petites faiblesses.... Qui n'en a pas? Elle a été élevée dans le monde : sa position actuelle est très difficile... il faut se mettre à la place de chacun: tout comprendre, c'est tout pardonner. Tu avoueras qu'il est bien dur pour elle, dans l'état où elle se trouve, de se séparer de son mari et de rester seule à la campagne..... oui, c'est très dur d'être obligée de rompre ainsi avec ses habitudes passées. »

Le prince André l'écoutait comme on écoute les personnes que l'on connaît à fond.

« Mais toi, tu vis bien à la campagne?.... Tu trouves donc cette existence bien difficile à supporter?

— Oh! moi, c'est tout différent. Je ne connais rien, et je ne puis désirer une autre existence; mais, pour une jeune femme habituée à la vie du monde, enterrer ses plus belles années dans cette solitude, car, tu le sais, mon père est toujours occupé, et moi... et moi? Quelle ressource puis-je être pour elle?.... Elle a toujours vécu dans la meilleure société.... il ne lui reste donc que Mlle Bourrienne....

— Elle me déplaît, votre Bourrienne!

— Oh! je t'assure qu'elle est très bonne, très gentille et surtout très malheureuse!.... Elle n'a personne au monde.... A dire vrai, elle me gêne plus qu'elle ne m'est utile; j'ai toujours été un véritable sauvageon et je préfère être seule!... Mon père l'aime, il est toujours bon pour elle et pour Michel Ivanovitch, car il est leur bienfaiteur, et comme dit Sterne : « On « aime les gens en raison du bien qu'on leur fait et non du bien « qu'ils nous font ».... Mon père l'a recueillie orpheline, sur le pavé, et elle est vraiment bonne!.... Sa façon de lire lui plaît, et tous les soirs elle lui fait sa lecture.

— Voyons, Marie, dis-moi franchement, tu dois bien souffrir parfois du caractère de notre père? »

La princesse Marie, atterrée par cette question, balbutia avec effort :

« Moi, souffrir?

— Il a toujours été dur, mais maintenant il doit être terriblement difficile à vivre, continua le prince André pour éprouver sa sœur.

— Tu es bon, André, très bon, mais tu pêches par orgueil, reprit-elle, comme si elle eût répondu à ses propres pensées, et c'est très mal! Comment peux-tu te permettre un pareil jugement et supposer que notre père puisse inspirer autre chose que la vénération? Je suis heureuse et satisfaite auprès de lui, et je regrette que ce bonheur ne soit pas partagé par tout le monde. »

Son frère secoua la tête avec incrédulité.

« Une seule chose, à te parler franchement, m'inquiète et me tourmente : ce sont ses opinions en matière religieuse. Je ne puis comprendre qu'un homme aussi intelligent puisse s'égarer et s'aveugler au point de discuter sur des questions claires comme le jour. Voilà bien véritablement mon seul chagrin! Du reste il me semble, depuis quelque temps, voir en lui un léger progrès : ses plaisanteries sont moins mordantes, il a même consenti à recevoir la visite d'un moine, avec lequel il s'est longuement entretenu.

— Oh! oh! je crains bien qu'avec lui, sur ce point, toi et le moine vous ne perdiez votre latin.

— Ah! mon ami, je prie Dieu de toute mon âme et j'espère qu'il m'entendra.... André, ajouta-t-elle timidement, j'ai une prière à t'adresser!

— Que puis-je faire pour toi ?

— Promets-moi de ne point la rejeter, cela ne te causera aucune peine : ce n'est rien, crois-le bien, qui soit indigne de toi, et ce sera pour moi une grande consolation. Promets-le-moi, Andrioucha, et, plongeant la main dans son sac, elle en retira un objet, qu'elle tint caché, comme si elle n'osait le présenter à son frère avant d'en avoir reçu une bonne et formelle réponse.

— Dussé-je même faire un grand sacrifice, je....

— Tu n'as qu'à en penser ce qu'il te plaira. Tu es tout juste comme mon père, mais peu m'importe; promets-le-moi, je t'en prie ; notre grand-père l'a déjà portée pendant les guerres qu'il a faites, et tu la porteras aussi, n'est-ce pas?

— Mais de quoi s'agit-il donc?

— André, je te bénis avec cette petite image, et tu vas me promettre de ne jamais l'ôter de ton cou.

— Uniquement pour te faire plaisir, et si elle n'est pas d'un poids à me le rompre », répliqua le prince André; mais l'expression chagrine que prit la figure de sa sœur, à cette mauvaise plaisanterie, le fit changer de ton : « Certainement, mon amie, je la reçois avec plaisir.

— Il vaincra ta résistance, Il te sauvera, Il te pardonnera, et Il t'amènera à Lui, car Lui seul est la vérité et la paix, » dit-elle d'une voix tremblante d'émotion, en élevant au-dessus de la tête de son frère, d'un geste solennel et recueilli, une vieille image noircie par le temps. La sainte image, de forme ovale, représentait le Sauveur. Elle était enchâssée d'argent et suspendue à une petite chaîne du même métal. Après s'être signée, elle la baisa et la lui présenta : « Fais-le pour moi, je t'en prie! »

Ses beaux yeux brillaient d'un doux et tendre éclat, son visage pâle et maladif en était comme transfiguré. Son frère étendit la main pour prendre l'image, mais elle l'arrêta. Il comprit et la baisa, en faisant le signe de la croix d'un air à la fois attendri et railleur.

« Merci, mon ami, dit-elle en l'embrassant et en reprenant sa place à ses côtés. Sois bon et généreux, André, ne juge pas Lise avec sévérité.... Elle est bonne, gentille, et sa position est très pénible.

— Mais il me semble, Marie, que je n'ai jamais rien reproché à ma femme, ni témoigné aucun mécontentement, Pourquoi toutes ces recommandations? »

Elle rougit, et se tut, confuse et interdite.

« Mettons que je ne t'ai rien dit, mais je vois que d'autres ont parlé, et cela m'afflige. »

Sa figure et son cou se marbraient de taches rouges, et elle faisait d'inutiles efforts pour lui répondre, car son frère avait deviné juste.

La petite princesse avait en effet beaucoup pleuré en lui confiant ses craintes : elle était sûre de mourir en couches, disait-elle, et se trouvait bien à plaindre.... elle en voulait au sort, à son beau-père, à son mari. Puis, cette crise de larmes l'ayant épuisée, elle s'était endormie de fatigue.

Le prince André eut pitié de sa sœur.

« Ecoute, Marie : je n'ai jamais rien reproché à ma femme, je ne l'ai jamais fait et ne le ferai jamais. Je n'ai également aucun tort envers elle, et je tâcherai de n'en jamais avoir.... Mais si tu tiens à savoir la vérité, à savoir si je suis heureux... Eh bien! non, je ne le suis pas. Elle, non plus, n'est pas heureuse!.... Pourquoi cela? je l'ignore. »

En achevant ces mots, il se pencha et embrassa sa sœur, mais sans voir le doux rayonnement de son regard, car ses yeux s'étaient arrêtés sur la porte entre-bâillée.

« Allons la retrouver, Marie, il faut lui dire adieu ; ou plutôt vas-y d'abord et réveille-la, je vais venir.... Petroucha ! dit-il, en appelant son valet de chambre : viens ici, emporte-moi tous ces objets : tu mettras ceci à ma droite, et cela sous le siège. »

La princesse Marie se leva et s'arrêta à mi-chemin :

« André, si vous aviez la foi, vous vous seriez adressé à Dieu, pour lui demander l'amour que vous ne ressentez pas, et votre vœu aurait été exaucé!

— Ah oui! comme cela, peut-être bien!.... Va, Marie, je te rejoins. »

Peu d'instants après, le prince André traversait la galerie qui réunissait l'aile du château au corps de logis, et il y rencontra la jolie et sémillante Mlle Bourrienne; c'était la troisième fois de la journée qu'elle se trouvait sur son chemin.

« Ah ! je vous croyais chez vous? » dit-elle en rougissant et en baissant les yeux.

Le visage du prince André prit une expression de vive irritation, et pour toute réponse il lui lança un regard empreint d'un tel mépris, qu'elle s'arrêta interdite et disparut aussitôt. En approchant de la chambre de sa sœur, il entendit la voix enjouée de sa femme qui s'était réveillée, et bavardait comme si elle avait à rattraper le temps perdu.

« Vous figurez-vous, Marie, disait-elle en riant aux éclats, la vieille comtesse Zoubow avec ses fausses boucles et la bouche pleine de fausses dents, comme si elle voulait défier les années.... ah! ah! ah! »

C'était bien la cinquième fois que le prince André lui entendait répéter les mêmes plaisanteries. Il entra doucement et la trouva toute reposée, les joues fraîches, travaillant à l'aiguille et commodément assise dans une grande bergère, racontant à bâtons rompus ses petites anecdotes sur Pétersbourg. Il lui passa affectueusement la main sur les cheveux, en lui demandant si elle se sentait mieux.

« Oui, oui, » dit-elle, en se hâtant de reprendre l'inépuisable thème de ses souvenirs.

La calèche de voyage, attelée de six chevaux, attendait devant le perron. L'obscurité impénétrable d'une nuit d'automne dérobait aux regards les objets les plus proches, et le cocher distinguait à peine le timon de la voiture, autour de laquelle les domestiques agitaient leurs lanternes; l'intérieur de la maison était éclairé, et les immenses fenêtres de la vaste façade envoyaient au dehors des flots de lumière. La domesticité se pressait en foule dans le vestibule pour prendre congé du jeune maître, tandis que les personnes de l'entourage intime de la famille étaient réunies dans le grand salon. On attendait la sortie du prince André, que son père, désirant le voir seul, avait fait appeler dans son cabinet. André, en y entrant, avait trouvé le vieux prince assis à sa table, écrivant avec ses lunettes sur le nez, et vêtu d'une robe de chambre blanche; c'est un costume dans lequel il ne se laissait jamais surprendre, d'habitude.

Le vieux prince se retourna.

« Tu vas partir? lui dit-il, en se remettant à écrire.

— Oui, je viens vous faire mes adieux.

— Embrasse-moi là.... »

Et il lui indiqua sa joue....

« Merci! merci!

— De quoi me remerciez-vous?

— De ce que tu ne restes pas en arrière, attaché aux jupons d'une femme. Le service avant tout!... merci! »

Et il recommença à écrire d'une façon si nerveuse, que sa plume criait et crachait dans tous les sens.

« Si tu as quelque chose à me dire, dis-le, j'écoute !

— Ma femme... je suis confus de vous la laisser ainsi sur les bras.

— Que viens-tu me chanter? dis ce qu'il faut dire!

— Quand le terme sera proche, envoyez à Moscou chercher un accoucheur, pour qu'il soit là... »

Le vieux prince leva sur son fils un regard surpris et sévère.

« Je sais bien que rien n'y fera, si la nature ne vient pas elle-même en aide à la science, reprit le prince André légèrement ému; je sais que, sur des milliers de cas pareils, il ne s'en trouverait qu'un peut-être de malheureux, mais c'est son caprice à elle, et le mien aussi. On lui a fait accroire toutes sortes de choses à la suite d'un rêve.

— Hem! hem! murmura le vieux entre ses dents... Bien, bien, je le ferai; puis signant son nom avec un paragraphe vigoureux : Mauvaise affaire, hein? ajouta-t-il en souriant.

— De quelle mauvaise affaire parlez-vous, mon père?

— Ta femme! répliqua carrément le vieux, en appuyant sur ce mot.

— Je ne vous comprends pas.

— Vois-tu, mon ami, on n'y peut rien, elles sont toutes les mêmes; on ne peut pas se démarier; ne crains rien, je ne le dirai à personne, mais tu le sais aussi bien que moi,... c'est la vérité. »

De sa main maigre et osseuse il saisit brusquement la main d'André et la serra, tandis que son regard perçant pénétrait jusqu'au fond de son être. Son fils répondit par un aveu muet, un soupir!

Le vieux prince plia et cacheta ses lettres en un tour de main : « Qu'y faire? elle est jolie! Sois tranquille, ce sera fait, » dit-il brièvement.

André se taisait, à la fois triste et content d'avoir été deviné.

« Ecoute, ne t'en inquiète pas, on fera le possible; et maintenant voici une lettre pour Michel Illarionovitch : je lui demande de t'employer aux bons endroits et de ne pas te garder trop longtemps auprès de lui. Tu lui diras que ma vieille affection se souvient toujours de lui et tu m'informeras de son accueil. Si tu en es content, fais ton devoir; autrement, va-t'en;

le fils de Nicolas Bolkonsky ne saurait être gardé auprès de son chef par tolérance.... Approche! »

Il parlait très vite et avalait la moitié de ses mots, mais son fils le comprenait. Il le suivit au bureau, que son père ouvrit pour en retirer un gros cahier tout couvert d'une écriture serrée, mais parfaitement lisible. « Il est probable que je mourrai avant toi, ceci est un mémoire à remettre à l'Empereur après ma mort; voici également un billet du Lombard et une lettre; c'est le prix que je destine à celui qui écrira les campagnes de Souvorow; tu l'enverras à l'Académie, j'y ai fait des annotations; lis-les après moi, elles te seront utiles. »

André, sentant qu'il ne pouvait pas, sans une sorte d'indélicatesse, promettre à son père une longue vie, répondit simplement :

« Tout sera fait selon votre désir.

— Et maintenant, adieu, s'écria le vieillard en l'embrassant et en lui donnant sa main à baiser. Rappelle-toi, prince André, que si la mort te frappait, mon vieux cœur en saignerait; et si j'apprenais, ajouta-t-il gravement en le regardant en face, que le fils de Nicolas Bolkonsky ne fait point son devoir, j'en aurais honte, sache-le bien. »

Ces dernières paroles s'échappèrent en sifflant de sa bouche.

« Vous auriez pu vous épargner la peine de me le dire, mon père, répliqua le prince André en souriant. J'ai aussi une prière à vous adresser : si je suis tué et qu'il me soit né un fils, gardez-le auprès de vous, élevez-le ici, je vous en supplie!

— Il ne faudra donc pas le rendre à ta femme?... »

Et il essaya de rire, mais un frisson nerveux agita son menton.

« Va-t'en, s'écria-t-il en haussant la voix, et il poussa son fils hors du cabinet.

— Qu'y a-t-il? Qu'est-il arrivé? » demandèrent anxieusement les deux princesses, en voyant le vieillard apparaître dans sa robe de chambre, ses lunettes sur le nez, et sans perruque.

Il se retira aussitôt.

Le prince André soupira sans répondre :

« Eh bien? dit-il à sa femme d'un ton froidement railleur, comme s'il l'invitait à jouer ses petites comédies.

— André, déjà! » et la petite princesse pâlit de crainte et d'émotion; il l'embrassa, elle poussa un cri et s'évanouit. Soulevant sa tête penchée sur son épaule, il lui jeta un long regard et la déposa doucement dans un fauteuil.

« Adieu, Marie, » dit-il tout bas à sa sœur ; leurs mains s'enlacèrent, et, la baisant au front, il sortit à pas précipités. Mlle Bourrienne frottait les tempes de la petite princesse ; la princesse Marie la soutenait et envoyait, de ses yeux voilés de pleurs, encore un dernier regard et une dernière bénédiction à son frère, tandis que le vieux prince se mouchait fréquemment et avec un tel bruit, dans son cabinet, qu'on aurait cru entendre des coups de pistolet tirés avec colère. Elle le vit tout à coup paraître sur le seuil du salon.

« Il est parti !... Allons, c'est bien !... »

Et, apercevant la jeune femme évanouie, il secoua la tête d'un air fâché, et rentra brusquement chez lui, en refermant la porte avec violence.

CHAPITRE II

I

L'armée russe occupait, en octobre 1805, un certain nombre de villes et de villages de l'archiduché d'Autriche. On y voyait arriver chaque jour de nouveaux régiments, dont le séjour pesait lourdement sur le pays et sur ses habitants. Ces forces, toujours croissantes, se concentraient autour de la forteresse de Braunau, quartier général du commandant en chef Koutouzow.

C'était le 11 octobre, et un régiment d'infanterie, fraîchement arrivé, s'était arrêté à un demi-mille de la ville. Il n'avait rien emprunté dans son aspect à la localité étrangère qui lui servait de cadre. Malgré les vergers, les murs en pierre, les toits en tuile qui l'entouraient et les montagnes qui se dessinaient à l'horizon, il était bien toujours le type d'un régiment russe, se préparant dans son pays pour l'inspection de son chef.

L'ordre du jour qui annonçait l'inspection lui était parvenu la veille, à la dernière étape; mais comme la rédaction présentait quelque obscurité, le chef du régiment avait été obligé d'assembler le conseil des chefs de bataillon, pour décider de a tenue exigée en cette occasion. Devait-on se mettre en tenue de campagne ou en grande tenue? On opina pour la dernière alternative; mieux valait montrer trop de zèle que trop peu. Les soldats se mirent à l'œuvre : malgré les trente verstes qu'ils venaient de parcourir, pas un ne ferma l'œil de la nuit, tout fut raccommodé et nettoyé.

Les aides de camp et les chefs de compagnie comptaient leurs soldats, formaient les rangs, et, quand le jour fut venu, leurs regards charmés purent s'arrêter sur une masse compacte de 2000 hommes bien serrés et bien alignés, à la place de la foule débraillée de la veille. Chacun était à son poste et savait ce qu'il avait à faire : pas un bouton, pas une petite courroie ne manquait, tout reluisait et étincelait au soleil.

Tout était donc en ordre, et le général en chef pouvait sans crainte passer en revue chacun des soldats, car sa chemise était blanche, et son havresac contenait le nombre d'objets réglementaire. Un seul détail laissait à désirer : c'était la chaussure, qui s'en allait en lambeaux; le régiment avait, il est vrai, fourni ses mille verstes, et les intendances du pays faisaient la sourde oreille aux constantes réclamations du chef de régiment pour en obtenir la matière première nécessaire à la confection des bottes. Ce chef était un gros général d'un âge avancé, d'un tempérament sanguin, avec des épaules carrées, des sourcils et des favoris grisonnants. Son uniforme neuf et brillant laissait voir toutefois quelques traces inévitables d'un séjour prolongé dans le porte-manteau; ses lourdes épaulettes lui élevaient les épaules jusqu'au ciel; il se promenait devant le front en se dandinant, le corps légèrement incliné en avant, avec l'air satisfait d'un homme qui vient d'accomplir un acte solennel. Il était fier de son régiment, auquel son âme appartenait tout entière; sa démarche trahissait peut-être bien encore d'autres préoccupations, car, en dehors de ses soucis militaires, les intérêts du bien-être général, et le beau sexe en particulier, occupaient une large place dans son cœur.

« Eh bien, mon cher Michel Dmitriévitch, » dit-il en s'adressant à un chef de bataillon qui s'avançait en souriant d'un air également heureux.... « Rude besogne cette nuit.... hein? Pas mal ficelé notre régiment!.... Il n'est pas des derniers.... hein? » Le commandant eut l'air de goûter cette plaisanterie de son chef et se mit à rire.

« Certainement... On ne nous aurait pas renvoyés du Champ de Mars.

— Qu'y a-t-il? » s'écria le général, qui venait d'apercevoir deux cavaliers, un aide de camp et un cosaque, arrivant par la grand'route qui menait à la ville et sur laquelle de distance en distance étaient échelonnés des fantassins en vedette. Le premier, qui était envoyé du quartier général pour expliquer l'ordre du jour de la veille, annonça que la volonté du général en chef était que le régiment se présentât devant lui en tenue de campagne et sans préparatifs d'aucune sorte. Un membre du conseil de guerre (Hofkriegsrath) était arrivé la veille de Vienne pour engager Koutouzow à rejoindre au plus vite l'armée de l'archiduc Ferdinand et de Mack; cette proposition n'était pas du goût du général en chef, qui y faisait une vive opposition, et, comme preuve à l'appui, il tenait à faire constater par l'Autrichien lui-même en quel triste état se trouvaient les troupes russes après leur longue marche.

L'aide de camp, qui ignorait ces détails, se borna à dire que le général en chef serait très mécontent s'il ne trouvait pas le régiment en tenue de campagne. A ces mots, le pauvre général baissa la tête, haussa silencieusement les épaules et se tordit les mains de désespoir :

« Nous voilà bien! Quand je vous le disais, Michel Dmitriévitch.... tenue de campagne, donc en capotes, ajouta-t-il en s'adressant avec humeur au commandant de bataillon.... — Ah! mon Dieu! Messieurs les chefs de bataillon, s'écria-t-il d'une voix habituée au commandement et il avança d'un pas.... Messieurs les sergents-majors!... Son Excellence sera-t-elle bientôt ici? demanda-t-il avec une respectueuse déférence à l'aide de camp.

— Dans une heure, je pense.

— Aurons-nous seulement le temps de changer de tenue?

— Je l'ignore, mon général.... » Et le chef de régiment s'approcha des rangs et donna ses ordres. Les commandants de bataillon se mirent à courir, les sergents-majors à s'agiter, et en une seconde les carrés, jusqu'alors immobiles et silencieux, se rompirent et se dispersèrent. Ce ne fut plus que le bourdonnement confus d'une foule en mouvement : les soldats se précipitaient dans tous les sens, chargeaient leurs havresacs sur leurs épaules et, élevant leurs capotes en l'air par-dessus leur tête, en enfilaient les manches à la hâte.

« Qu'est-ce que cela? Qu'est-ce que c'est que cela? s'écria le général. — Commandant de la troisième compagnie!

— De la troisième compagnie!.... Le général demande le commandant de la troisième compagnie! répétèrent plusieurs voix, et l'aide de camp se précipita à la recherche du retardataire. L'excès de zèle et l'effarement de chacun avaient si bien troublé toutes les têtes, que l'on avait fini par crier : La compagnie demande le général! lorsque ces appels réitérés parvinrent enfin aux oreilles de l'absent, un homme d'un certain âge; il était incapable de courir, mais il franchissait pourtant au petit trot, sur la pointe de ses pieds mal équilibrés, la distance qui le séparait de son chef. On voyait bien vite que le vieux capitaine était inquiet comme un écolier qui prévoit une question à laquelle il ne saura pas répondre. Sur son nez empourpré pointaient des taches dues à l'intempérance; sa bouche tremblait d'émotion, il soufflait et ralentissait le pas à mesure qu'il avançait et que le commandant l'examinait des pieds à la tête :

« Vous flanquez donc des fourreaux à vos soldats ? Qu'est-ce que cela signifie! lui dit-il, en montrant du doigt un soldat de la troisième compagnie, dont la capote de drap tranchait sur le reste par sa couleur. Où vous cachiez-vous donc, on attend le général en chef et vous quittez votre poste, hein? Je vous apprendrai à habiller vos soldats de la sorte le jour d'une revue! »

Le vieux capitaine ne quittait pas des yeux son chef, et, de plus en plus ahuri, pressait ses deux doigts contre la visière de son shako, comme si ce geste devait le sauver.

« Eh bien, vous ne répondez pas? Et celui-là que vous avez déguisé en Hongrois, qui est-il?

— Votre Excellence....

— Eh bien, quoi? vous aurez beau me répéter sur tous les tons : Votre Excellence, et après? Savez-vous ce que cela veut dire : Votre Excellence?

— Votre Excellence, c'est Dologhow, celui qui a été dégradé, balbutia le capitaine.

— Dégradé? Donc il n'est pas maréchal pour se permettre... il est soldat, et un soldat doit être habillé selon l'ordonnance.

— Votre Excellence elle-même l'a autorisé à s'habiller ainsi pendant la marche.

— Autorisé, autorisé, c'est toujours ainsi avec vous, jeunes gens, répliqua le commandant en se calmant un peu.... on vous dit une chose et vous.... eh bien, quoi?.... et s'échauffant de nouveau : Habillez vos hommes convenablement, voilà! »

Et, se retournant vers l'envoyé de Koutouzow, il continua son inspection, satisfait de sa petite scène, et cherchant un prétexte à une nouvelle explosion. Le hausse-col d'un officier lui paraissant suspect, il tança vertement l'officier; puis, l'alignement du premier rang de la troisième compagnie manquant de rectitude, il s'adressa d'une voix agitée à Dologhow, qui était vêtu d'une capote d'un drap gris bleuâtre :

« Où est ton pied? où est ton pied? »

Dologhow retira tout doucement son pied et fixa son regard vif et hardi sur le général.

« Pourquoi cette capote bleue? A bas! Sergent-major, qu'on déshabille cet homme....

— Mon devoir, général, lui répliqua Dologhow en l'interrompant, est de remplir les ordres que je reçois, mais je ne suis point forcé de supporter les....

— Pas un mot dans les rangs, pas un!

— Je ne suis pas forcé, reprit Dologhow à haute voix, de supporter les injures..... »

Et les regards du chef du régiment et ceux du soldat se croisèrent.

Le général se tut en tiraillant avec colère son écharpe :

« Veuillez changer d'habit, » lui dit-il.

Et il se détourna.

II

« On arrive! » cria le fantassin placé en vedette, et le général, rouge d'émotion, courut à son cheval et, en saisissant la bride d'une main tremblante, sauta en selle, tira son épée d'un air radieux et résolu, et ouvrit la bouche toute grande, pour donner le signal.

Le régiment ondula un instant pour retomber dans une immobilité complète :

« Silence dans les rangs! » s'écria le général d'une voix vibrante, dont les inflexions variées offraient un singulier mélange de satisfaction, de sévérité et de déférence...., car les autorités approchaient. Une haute calèche de Vienne à ressorts et à panneaux bleus s'avançait le long d'une large route vicinale, ombragée d'arbres. Des militaires à cheval et une escorte de cosaques l'accompagnaient. L'uniforme blanc du général autrichien, assis à côté de Koutouzow, se détachait vivement sur la teinte sombre des uniformes russes. La calèche s'arrêta, les deux généraux cessèrent de causer, et Koutouzow descendit du marchepied, pesamment et avec effort, sans paraître faire attention à ces deux mille hommes, dont les regards étaient rivés sur lui et sur leur chef. Au commandement donné, le régiment tressaillit comme un seul homme et présenta les armes. La voix du général en chef se fit entendre au milieu d'un silence de mort, puis les cris de : « Vive Votre Excellence! » retentirent en réponse à son salut, et tout rentra de nouveau dans le silence. Koutouzow, qui s'était arrêté pendant que le régiment s'ébranlait, parcourut les rangs avec le général autrichien. A la façon dont le général en chef avait été reçu et salué par son subordonné, à la façon dont celui-ci le suivait la tête inclinée, épiant ses moindres mouvements, et se redressant au moindre mot, il était évident que ses devoirs lui étaient doux au cœur. Grâce à sa sévérité et à ses bons soins, son régiment était en effet en bien meilleur état que ceux qui étaient dernièrement arrivés à Braunau : en fait de malades et de traînards, il ne comptait que 217 hommes, et tout était en excellent ordre, à l'exception cependant de la chaussure.

Koutouzow s'arrêtait de temps en temps pour adresser quelques paroles bienveillantes aux officiers et aux soldats qu'il avait connus pendant la campagne de Turquie. A la vue de leurs bottes, il hochait tristement la tête, et les indiquait à son compagnon d'un air qui témoignait de sa clairvoyance et lui épargnait la peine de faire des reproches directs. Quand ce geste venait à se répéter, le chef du régiment se précipitait en avant, comme pour saisir au vol les observations attendues. Une vingtaine de personnes, composant la suite, marchaient à quelques pas en arrière, l'oreille tendue, tout en causant et en riant entre elles. Un aide de camp, joli garçon, suivait de près le général en chef : c'était le prince Bolkonsky. A ses côtés venait ce gros et grand Nesvitsky, officier supérieur au visage aimable et souriant, et aux yeux pleins de douceur. Nesvitsky réprimait avec peine un fou rire causé par un de ses camarades, un hussard au teint basané, qui, le regard fixé sur le dos du commandant du régiment, répétait chacun de ses gestes avec un sérieux imperturbable.

Koutouzow passait avec lenteur et nonchalance devant ces milliers d'yeux qui semblaient sortir de leurs orbites pour le mieux voir.

Il s'arrêta tout à coup devant la troisième compagnie; sa suite, ne prévoyant pas ce brusque arrêt, se trouva rapprochée de lui.

« Ah! Timokhine! » s'écria-t-il, en reconnaissant le capitaine au nez rouge.

Timokhine, qui semblait s'être allongé jusqu'aux limites du possible, pendant l'algarade de son général au sujet de Dologhow, trouva encore le moyen, à l'apostrophe du général en chef, de se redresser au point que cette tension, si elle s'était prolongée, aurait pu lui devenir fatale. Koutouzow s'en aperçut et se détourna aussitôt pour y mettre un terme, en laissant errer un faible sourire sur sa figure balafrée.

« C'est encore un compagnon d'armes d'Ismaïl, un brave officier!.... En es-tu content?..... »

Et il s'adressa au chef de régiment, qui sans se douter qu'un miroir invisible pour lui (le hussard basané) allait le réfléchir de la tête aux pieds, tressaillit et s'avança en disant :

« Très content, Haute Excellence!

— Chacun a ses faiblesses, et il est, je crois, un disciple de Bacchus, » ajouta Koutouzow en s'éloignant.

Terrifié à l'idée d'en avoir la responsabilité, le malheureux commandant garda le silence. Pendant ce temps le hussard basané, dont les yeux avaient été frappés par la personne du capitaine disciple de Bacchus, au nez rouge et à la taille tendue, l'imita si parfaitement, que Nesvitsky éclata de rire. Koutouzow se retourna, mais notre moqueur savait commander à son visage, et une expression de gravité respectueuse succéda comme par enchantement à ses grimaces.

La troisième compagnie était la dernière. Koutouzow s'arrêta pensif, cherchant évidemment à rappeler ses souvenirs. Le prince André fit un pas, et lui dit tout bas en français :

« Vous m'avez ordonné de vous rappeler Dologhow, celui qui a été dégradé.....

— Où est Dologhow? » demanda-t-il aussitôt.

Revêtu cette fois de la capote grise de soldat, Dologhow ne se fit point attendre; il sortit des rangs et présenta les armes : c'était décidément un soldat de belle mine, bien tourné, aux cheveux blonds, et aux yeux bleus et clairs.

« Une plainte? demanda Koutouzow, en fronçant légèrement les sourcils.

— Non, c'est Dologhow, lui dit le prince André.

— Ah! j'espère que cette leçon t'aura suffisamment corrigé; fais ton possible pour bien servir; l'Empereur est clément et je ne t'oublierai pas non plus, si tu le mérites. »

Les yeux bleus et brillants de Dologhow le regardaient aussi hardiment qu'ils avaient regardé le chef du régiment, et leur expression semblait combler cet abîme de convention qui sépare le simple soldat du général en chef.

« Une seule grâce, Excellence, dit-il de sa voix ferme, calme et vibrante..... Veuillez m'accorder l'occasion d'effacer ma faute et de faire preuve de mon dévouement à l'empereur et à la Russie. »

Koutouzow se détourna et se dirigea vers sa calèche d'un air maussade. Ces phrases banales, toujours les mêmes, l'ennuyaient et le fatiguaient :

« A quoi bon, pensait-il, y répondre par un même refrain ? à quoi bon ces vieilles et éternelles redites? »

Le régiment se fractionna en compagnies, et se mit en marche pour aller près de Braunau occuper ses logements, s'y équiper, s'y chausser et s'y reposer.

« Vous ne m'en voulez pas, n'est-ce pas, Prokhore Ignatovitch?.... » dit le chef de régiment en s'adressant au capitaine, après avoir dépassé à cheval la troisième compagnie.

Son visage exprimait la satisfaction sans bornes que lui causait l'inspection si heureusement terminée :

« Le service de l'Empereur, vous savez?.... Et puis on craint de se couvrir de honte devant le régiment : je suis toujours le premier à offrir des excuses..... et il lui tendit la main.

— De grâce, général, oserai-je penser que..... »

Et tandis que le nez du capitaine s'empourprait de joie, sa bouche, se fendant jusqu'aux oreilles en un large sourire, laissa voir ses dents ébréchées, dont les deux incisives avaient été perdues sans retour à l'assaut d'Ismaïl :

« Dites également à M. Dologhow que je ne l'oublierai pas, qu'il soit tranquille..... Comment se conduit-il, à propos?

— Il est très exact à son devoir, Excellence, mais son caractère.....

— Comment, son caractère?

— Cela lui prend par accès, Excellence; il y a des jours où il est bon, intelligent, instruit, et puis d'autres moments où c'est une bête féroce. N'a-t-il pas failli, tout dernièrement, assommer un juif en Pologne..... vous le savez bien?....

— Oui, oui, repartit le chef de régiment, mais il est à plaindre..... il est malheureux..... il a de hautes protections, ainsi vous ferez bien de.....

— Parfaitement, Excellence, et le sourire du capitaine disait assez qu'il avait compris l'intention de son supérieur.

— Les épaulettes à la première affaire! s'écria le général, en jetant ces paroles à Dologhow, au moment où celui-ci passait. Dologhow se retourna en silence, et sourit d'un air railleur.

— Bien, très bien! continua le chef à haute voix pour se

faire entendre des soldats : je donne de l'eau-de-vie à tout le monde et je remercie chacun de vous.... Dieu soit loué! »

Et il s'approcha d'une autre compagnie.

« C'est un brave homme : après tout, on peut servir sous ses ordres, dit le capitaine en s'adressant à son officier subalterne.

— En un mot, « le roi de cœur »! lui répliqua l'officier subalterne, et il riait en appliquant au général le sobriquet qu'on lui avait donné.

La joyeuse disposition d'humeur des officiers, causée par l'heureuse issue de la revue, avait vite fait son chemin parmi les soldats. Ils marchaient gaiement, tout en causant :

« Qui donc a inventé que Koutouzow était borgne?

— Ah! pour cela, oui, il l'est!

— Ah! pour cela, non, te dis-je : bottes et tournevis, il a tout inspecté!

— Oh! quelle peur j'ai eue quand il a regardé les miennes et....

— Et l'autre, dis donc, l'Autrichien? un morceau de craie.... quoi? un vrai sac de farine! Quelle corvée d'avoir cela à blanchir!

— Voyons, toi qui étais en avant, quand est-ce qu'ils ont dit qu'on se frotterait? Quand? On nous a pourtant bien dit que Bonaparte était ici à Braunau.

— Bonaparte ici? En voilà une farce! Imbécile qui ne sait pas que le Prussien s'est révolté et que l'Autrichien doit lui marcher dessus.... et alors, après qu'il l'aura rossé, il commencera la guerre avec Bonaparte. Va donc conter à d'autres qu'il est ici. Bonaparte à Braunau! On voit bien que t'es bête; ouvre donc tes oreilles, blanc-bec!

— Ah! ces diables de fourriers!.... Voilà la cinquième compagnie qui tourne dans le village, et ils auront fait la soupe que nous ne serons pas encore là!

— Voyons, passe-moi une croûte, que diable?

— Ne t'ai-je pas donné du tabac hier soir.... hein, pas vrai? Eh bien, prends-la, ta croûte.... tiens!

— Si au moins on s'arrêtait.... mais non.... encore cinq verstes à traîner son estomac creux.

— Cela t'irait, dis donc, si les Allemands nous offraient leurs belles calèches : en voiture ce serait chic.... hein?

— Et le peuple d'ici?.... as-tu vu? ce n'est plus le même; le Polonais, c'était encore un sujet de l'Empereur; mais maintenant des Allemands tout le long.... rien que cela.

— En avant les chanteurs ! » s'écria le capitaine, et une vingtaine de soldats sortirent des rangs.

Le tambour qui dirigeait les chants se tourna vers eux, fit un geste et entonna la chanson commençant par ces mots : « Voilà la diane, voilà le soleil » et finissant par ceux-ci : « Et de la gloire nous en aurons avec Kamensky notre père. » Composée en Turquie, cette chanson était chantée aujourd'hui en Autriche; il n'y avait de changé que le nom de Koutouzow, mis récemment à la place de celui de Kamensky. Après avoir crânement enlevé ces dernières paroles, le tambour, un beau soldat, de quarante ans environ, avec des formes nerveuses, examina sévèrement ses camarades en fronçant les sourcils, pendant que ses mains, allant à droite et à gauche, semblaient lancer à terre un objet invisible. S'étant bien assuré que tous le regardaient, il releva doucement ses bras et les tint pendant quelques secondes immobiles au-dessus de sa tête, comme s'il soutenait avec le plus grand soin cet objet précieux et toujours invisible. Tout à coup, le rejetant brusquement, il entonna : « Mon toit, mon cher petit toit » et une vingtaine de voix le répétèrent en chœur. Un autre soldat s'élança en avant et se mit, sans paraître le moins du monde gêné par le poids de son fourniment, à sauter et à danser à reculons devant ses camarades, en remuant ses épaules et en menaçant le vide avec des cuillères qu'il frappait entre elles en guise de castagnettes. Les autres le suivaient en mesure, d'une allure rapide. Un bruit de roues et de chevaux se fit entendre derrière eux : c'était Koutouzow et sa suite qui revenaient en ville. Il fit un signe pour permettre aux soldats de continuer librement leur marche. Au second rang du flanc droit que rasait la haute calèche, la figure de Dologhow, le soldat aux yeux bleus, attirait l'attention : sa démarche cadencée, gracieuse et hardie à la fois, son regard assuré et moqueur, jeté comme un défi à ceux qui le dépassaient, paraissaient les plaindre de ne point faire leur entrée à pied comme lui et sa joyeuse compagnie. Le sous-lieutenant de hussards, Gerkow, le même qui s'était amusé à imiter le général commandant le régiment, modéra l'allure de son cheval pour se rapprocher de Dologhow; bien qu'il eût été, lui aussi, du nombre des viveurs dont ce dernier avait été le chef de file, il s'était pourtant prudemment abstenu jusqu'à ce moment de renouer connaissance avec le disgracié : les quelques mots dits par Koutouzow lui firent changer de tactique, et feignant une véritable joie :

« Comment cela va-t-il, cher ami? lui dit-il.

— Comme tu vois, » répondit froidement Dologhow.

La chanson toujours vive et légère accompagnait d'une façon étrange la désinvolture comique de Gerkow et les réponses glaciales de son ex-camarade.

« Eh bien, t'arranges-tu avec tes chefs?

— Mais oui, pas mal; ce sont de braves gens : tu t'es donc faufilé dans l'état-major?

— J'y suis attaché, je fais le service. »

Ils se turent tous les deux : « Le faucon est bien lancé et lancé de la main droite, » reprenait la chanson, et, en l'écoutant, on se sentait involontairement plein de confiance et de résolution.

Leur conversation aurait certainement changé de ton sans ce joyeux accompagnement :

« Les Autrichiens sont-ils battus? Est-ce vrai? demanda Dologhow.

— On le dit, mais qui diable peut le savoir!

— Tant mieux, répliqua brièvement Dologhow, en suivant la cadence.

— Viens chez nous ce soir, veux-tu? nous aurons un pharaon!

— Vous avez donc beaucoup d'argent?

— Viens toujours!

— Impossible. J'ai fait le vœu de ne jouer ni boire jusqu'à ce que j'aie regagné mon grade.

— Eh bien, alors ce sera à la première affaire.

— Eh bien! alors, on verra!

— Viens tout de même : si tu as besoin de quelque chose, l'état-major t'aidera. »

Dologhow sourit :

« Ne t'occupe pas de moi; je ne demanderai rien, je prendrai ce dont j'aurai besoin.

— Soit, c'était seulement pour....

— C'est ça, moi aussi c'était seulement pour....

— Adieu!

— Adieu!.... »

Et bien haut et bien loin : « Là-bas, là-bas dans la patrie, » continuait la chanson, pendant que Gerkow éperonnait son cheval; le cheval, couvert d'écume et galopant en mesure au son de la musique, dépassa la compagnie et rejoignit bientôt la haute calèche.

III

A peine rentré chez lui, Koutouzow, accompagné du général autrichien, s'était rendu tout droit dans son cabinet de travail : là il se fit donner par son aide de camp, le prince Bolkonsky, des papiers qui se rapportaient à l'état des troupes, et des lettres qui avaient été reçues la veille, de l'archiduc Ferdinand, commandant l'armée d'avant-garde. Une carte était étalée sur la table, devant laquelle s'assirent Koutouzow et son compagnon, un des membres du Hofkriegsrath (conseil supérieur de la guerre). Tout en recevant les papiers de la main de Bolkonsky, et en lui faisant signe de rester auprès de lui, il continua la conversation en français, en donnant à ses phrases, qu'il énonçait avec lenteur, une certaine élégance de tournure et d'inflexion, qui les rendait agréables à l'oreille; il semblait s'écouter lui-même avec un plaisir marqué :

« Voici mon unique réponse, général : si l'affaire en question n'avait dépendu que de moi, la volonté de S. M. l'Empereur François aurait été aussitôt accomplie et je me serais joint à l'archiduc. Veuillez croire que personnellement j'aurais déposé avec joie le commandement de cette armée, ainsi que la lourde responsabilité dont je suis chargé, entre les mains d'un de ces généraux, plus éclairés et plus capables que moi, dont l'Autriche fourmille; mais les circonstances enchaînent souvent nos volontés. »

Le sourire qui accompagnait ces derniers mots justifiait pleinement la visible incrédulité de l'Autrichien. Quant à Koutouzow, assuré de ne pas être contredit en face, et c'était là pour lui le point principal, peu lui importait le reste!

Force fut donc à son interlocuteur de répondre sur le même ton, tandis que le son de sa voix trahissait sa mauvaise humeur et contrastait plaisamment avec les paroles flatteuses, étudiées à l'avance, qu'il laissait échapper avec effort.

« Tout au contraire, Excellence, l'Empereur apprécie hautement ce que vous avez fait pour nos intérêts communs; nous trouvons seulement que la lenteur de votre marche empêche les braves troupes russes et leurs chefs de cueillir des lauriers, comme ils en ont l'habitude. »

Koutouzow s'inclina, ayant toujours son sourire railleur sur les lèvres.

« Ce n'est pas mon opinion ; je suis convaincu, au contraire, en me fondant sur la lettre dont m'a honoré S. A. I. l'archiduc Ferdinand, que l'armée autrichienne, commandée par un général aussi expérimenté que le général Mack, est en ce moment victorieuse et que vous n'avez plus besoin de notre concours. »

L'Autrichien maîtrisa avec peine une explosion de colère. Cette réponse s'accordait peu, en effet, avec les bruits qui couraient sur une défaite de ses compatriotes, et cette défaite, les circonstances la rendaient d'ailleurs probable ; aussi avait-elle l'air d'une mauvaise plaisanterie, et pourtant le général en chef, calme et souriant, avait le droit d'émettre ces suppositions, car la dernière lettre de Mack lui-même parlait d'une prochaine victoire et faisait l'éloge de l'admirable position de son armée au point de vue stratégique.

« Passe-moi la lettre, dit-il au prince André. Veuillez écouter.... »

Et il lut en allemand le passage suivant :

« L'ensemble de nos forces, 70 000 hommes environ, nous permet d'attaquer l'ennemi et de le battre, s'il tentait le passage du Lech. Dans le cas contraire, Ulm étant à nous, nous pouvons ainsi rester maîtres des deux rives du Danube, le traverser au besoin pour lui tomber dessus, couper ses lignes de communication, repasser le fleuve plus bas, et enfin l'empêcher de tourner le gros de ses forces contre nos fidèles alliés. Nous attendrons ainsi vaillamment le moment où l'armée impériale de Russie sera prête à se joindre à nous, pour faire subir à l'ennemi le sort qu'il a mérité. »

En terminant cette longue phraséologie, Koutouzow poussa un soupir et releva les yeux.

« Votre Excellence n'ignore point que le sage doit toujours prévoir le pire, reprit son vis-à-vis, pressé de mettre fin aux railleries pour aborder sérieusement la question ; il jeta malgré lui un coup d'œil sur l'aide de camp.

— Mille excuses, général.... »

Et Koutouzow, l'interrompant, s'adressa au prince André :

« Veux-tu, mon cher, demander à Kozlovsky tous les rapports de nos espions. Voici encore deux lettres du comte Nostitz, une autre de S. A. I. l'archiduc Ferdinand, et de plus ces quelques papiers. Il s'agit de me composer de tout cela, en français et bien proprement, un mémorandum qui résumera toutes les nouvelles reçues dernièrement sur la marche de l'armée autrichienne, pour le présenter à Son Excellence. »

Le prince André baissa la tête en signe d'assentiment. Il avait compris non seulement ce qui lui avait été dit, mais aussi ce qu'on lui avait donné à entendre et, saluant les deux généraux, il sortit lentement.

Il y avait peu de temps que le prince André avait quitté la Russie, et cependant il était bien changé. Cette affectation de nonchalance et d'ennui, qui lui était habituelle, avait complètement disparu de toute sa personne; il semblait ne plus avoir le loisir de songer à l'impression qu'il produisait sur les autres, étant occupé d'intérêts réels autrement graves. Satisfait de lui-même et de son entourage, il n'en était que plus gai et plus bienveillant. Koutouzow, qu'il avait rejoint en Pologne, l'avait accueilli à bras ouverts, en lui promettant de ne pas l'oublier : aussi l'avait-il distingué de ses autres aides de camp, en l'emmenant à Vienne et en lui confiant des missions plus sérieuses. Il avait même adressé à son ancien camarade, le vieux prince Bolkonsky, les lignes suivantes :

« Votre fils deviendra, je le crois et je l'espère, un officier de mérite, par sa fermeté et le soin qu'il met à accomplir strictement ses devoirs. Je suis heureux de l'avoir auprès de moi. »

Parmi les officiers de l'état-major et parmi ceux de l'armée, le prince André s'était fait, comme jadis à Pétersbourg, deux réputations tout à fait différentes. Les uns, la minorité, reconnaissant en lui une personnalité hors ligne et capable de grandes choses, l'exaltaient, l'écoutaient et l'imitaient : aussi ses rapports avec ceux-là étaient-ils naturels et faciles; les autres, la majorité, ne l'aimant pas, le traitaient d'orgueilleux, d'homme froid et désagréable : avec ceux-là il avait su se poser de façon à se faire craindre et respecter. En sortant du cabinet, le prince André s'approcha de son camarade Kozlovsky, l'aide de camp de service, qui était assis près d'une fenêtre, un livre à la main :

« Qu'a dit le prince? demanda ce dernier.

— Il a ordonné de composer un mémorandum explicatif sur notre inaction.

— Pourquoi? »

Le prince André haussa les épaules.

« A-t-on des nouvelles de Mack?

— Non.

— Si la nouvelle de sa défaite était vraie, nous l'aurions déjà reçue.

— Probablement.... »

Et le prince André se dirigea vers la porte de sortie; mais au même moment elle s'ouvrit avec violence pour livrer passage à un nouvel arrivant, qui se précipita dans la chambre. C'était un général autrichien de haute taille, avec un bandeau noir autour de la tête, et l'ordre de Marie-Thérèse au cou. Le prince André s'arrêta.

« Le général en chef Koutouzow? demanda vivement l'inconnu avec un fort accent allemand et, ayant jeté un rapide coup d'œil autour de lui, il marcha droit vers la porte du cabinet.

— Le général en chef est occupé, répondit Kozlovsky, se hâtant de lui barrer le chemin.... Qui annoncerai-je? »

Le général autrichien, étonné de ne pas être connu, regarda avec mépris de haut en bas le petit aide de camp.

« Le général en chef est occupé, » répéta Kozlovsky sans s'émouvoir.

La figure de l'étranger s'assombrit et ses lèvres tremblèrent, pendant qu'il tirait de sa poche un calepin. Ayant à la hâte griffonné quelques lignes, il arracha le feuillet, le lui tendit, s'approcha brusquement de la fenêtre et, se laissant tomber de tout son poids sur un fauteuil, il regarda les deux jeunes gens d'un air maussade, destiné, sans doute, à réprimer leur curiosité. Relevant ensuite la tête, il se redressa avec l'intention évidente de dire quelque chose, puis, faisant un mouvement, il essaya avec une feinte nonchalance de fredonner à mi-voix un refrain qui se perdit en un son inarticulé. La porte du cabinet s'ouvrit, et Koutouzow parut sur le seuil. Le général à la tête bandée, se baissant comme s'il avait à éviter un danger, s'avança au-devant de lui, en faisant quelques enjambées de ses longues jambes maigres.

« Vous voyez le malheureux Mack! » dit-il d'une voix émue.

Koutouzow conserva pendant quelques secondes une complète impassibilité, puis ses traits se détendirent, les plis de son front s'effacèrent; il le salua respectueusement et, le laissant passer devant lui, le suivit et referma la porte. Le bruit qui s'était répandu de la défaite des Autrichiens et de la reddition de l'armée sous les murs d'Ulm, se trouvait donc confirmé.

Une demi-heure plus tard, des aides de camp envoyés dans toutes les directions portaient des ordres qui devaient dans un prochain délai tirer l'armée russe de son inaction et la faire marcher à la rencontre de l'ennemi.

Le prince André était un de ces rares officiers d'état-major pour lesquels tout l'intérêt se concentre sur l'ensemble des opérations militaires. La présence de Mack et les détails de son désastre lui avaient fait comprendre que l'armée russe était dans une situation critique, et que la première moitié de la campagne était perdue. Il se représentait le rôle échu aux troupes russes et celui qu'il allait jouer lui-même, et il ne pouvait s'empêcher de ressentir une émotion joyeuse en songeant que l'orgueilleuse Autriche était humiliée et qu'avant une semaine il prendrait part à un engagement inévitable entre les Français et les Russes, le premier qui aurait eu lieu depuis Souvorow. Cependant il craignait que le génie de Bonaparte ne fût plus fort que tout l'héroïsme de ses adversaires, et, d'un autre côté, il ne pouvait admettre que son héros subît un échec.

Surexcité par le travail de sa pensée, le prince André retourna chez lui pour écrire à son père sa lettre quotidienne. Chemin faisant, il rencontra son compagnon de chambre, Nesvitsky, et le moqueur Gerkow, qui riaient tous deux aux éclats.

« Pourquoi es-tu si sombre? lui demanda Nesvitsky, à la vue de sa figure pâle et de ses yeux animés.

— Il n'y a pas de quoi être gai, » répliqua Bolkonsky.

Au moment où ils s'abordaient ainsi, ils virent paraître au fond du corridor un membre du Hofkriegsrath et le général autrichien Strauch, attaché à l'état-major de Koutouzow avec mission de veiller à la fourniture des vivres destinés à l'armée russe; ces deux personnages étaient arrivés de la veille. La largeur du corridor permettait aux trois jeunes officiers de ne pas se déranger pour les laisser passer, mais Gerkow, repoussant Nesvitsky, s'écria d'une voix haletante :

« Ils viennent.... ils viennent!.... de grâce, faites place! »

Les deux généraux semblaient vouloir éviter toute marque de respect, lorsque Gerkow, sur la figure duquel s'épanouit un large sourire de niaise satisfaction, fit un pas en avant.

« Excellence, dit-il en allemand et en s'adressant à l'Autrichien, j'ai l'honneur de vous offrir mes félicitations.... »

Et il inclina la tête, en jetant gauchement l'un après l'autre ses pieds en arrière, comme un enfant qui apprend à danser. Le membre du Hofkriegsrath prit un air sévère, mais, frappé de la franchise de ce gros et bête sourire, il ne put lui refuser un moment d'attention.

« J'ai l'honneur, reprit Gerkow, de vous offrir mes félicitations; le général Mack est arrivé en bonne santé, sauf un léger coup ici, » ajouta-t-il, en portant d'un air radieux la main à sa tête. Le général fronça les sourcils et se détourna :

« Dieu, quel imbécile! » s'écria-t-il en continuant son chemin.

Nesvitsky enchanté entoura de ses bras le prince André : celui-ci, dont la pâleur avait encore augmenté, le repoussa durement d'un air fâché et se tourna vers Gerkow. Le sentiment d'irritation causé par la vue de Mack, par les nouvelles qu'il avait apportées, par ses propres réflexions sur la situation de l'armée russe, venait enfin de trouver une issue en face de la plaisanterie déplacée de ce dernier.

« S'il vous est agréable, monsieur, — lui dit-il d'une voix tranchante, tandis que son menton tremblait légèrement, — de poser pour le bouffon, je ne puis certainement pas vous en empêcher, mais je vous avertis que, si vous vous permettez de recommencer vos sottes facéties en ma présence, je vous apprendrai comment il faut se conduire. »

Nesvitsky et Gerkow, stupéfaits de cette sortie, ouvrirent de grands yeux et se regardèrent en silence.

« Mais quoi? je l'ai félicité, voilà tout, dit Gerkow.

— Je ne plaisante pas, taisez-vous, s'écria Bolkonsky, et, prenant le bras de Nesvitsky, il s'éloigna de Gerkow, qui ne trouvait rien à répondre.

— Voyons, qu'est-ce qui t'arrive? dit Nesvitsky avec l'intention de le calmer.

— Comment! ce qui m'arrive? tu ne comprends donc pas! Ou bien nous sommes des officiers au service de notre Empereur et de notre patrie, qui se réjouissent des succès et pleurent sur les défaites, ou bien nous sommes des laquais qui n'ont rien à voir dans les affaires de leurs maîtres. Quarante mille hommes massacrés, l'armée de nos alliés détruite.... et vous trouvez là le mot pour rire! s'écria le prince André ému, comme si cette dernière phrase, dite en français, donnait plus de poids à son opinion.... C'est bon pour un garçon de rien comme cet individu, dont vous avez fait votre ami, mais pas pour vous, pas pour vous! Des gamins seuls peuvent s'amuser ainsi!.... »

Ayant remarqué que Gerkow pouvait l'entendre, il attendit pour voir s'il répliquerait, mais le lieutenant tourna sur ses talons et sortit du corridor.

IV

Le régiment de hussards de Pavlograd campait à deux milles de Braunau. L'escadron dans lequel Nicolas Rostow était « junker » était logé dans le village de Saltzeneck, dont la plus belle maison avait été réservée au chef d'escadron, capitaine Denissow, connu dans toute la division de cavalerie sous le nom de « Vaska Denissow ».

Depuis que le « junker » Rostow avait rejoint son régiment en Pologne, il avait toujours partagé le logement du chef d'escadron. Ce jour-là même, le 8 octobre, pendant qu'au quartier général tout était sens dessus dessous, à cause de la défaite de Mack, l'escadron continuait tout doucement sa vie de bivouac. Denissow, qui avait joué et perdu toute la nuit, n'était pas encore rentré au moment où Rostow, en uniforme de junker, revenait à cheval, de bon matin, de la distribution de fourrage; s'arrêtant au perron, il rejeta vivement sa jambe en arrière avec un mouvement plein de jeunesse, et, restant une seconde le pied sur l'étrier, comme s'il se séparait à regret de sa monture, il sauta à terre et appela le planton qui se précipitait déjà pour tenir son cheval :

« Ah! Bonedareneko, promène-le, veux-tu, dit-il en s'adressant au hussard avec cette affabilité familière et gaie habituelle aux bonnes natures lorsqu'elles se sentent heureuses.

— Entendu, Votre Excellence, répondit le Petit-Russien en secouant la tête avec bonne humeur.

— Fais attention, promène-le bien. »

Un autre hussard s'était également élancé vers le cheval, mais Bonedareneko avait aussitôt saisi le bridon; on voyait que le « junker » payait bien et qu'il était avantageux de le servir.

Rostow caressa doucement sa bête et s'arrêta sur le perron pour la regarder.

« Bravo, quel cheval cela fera! » se dit-il en lui-même, et, relevant son sabre, il monta rapidement les quelques marches en faisant sonner ses éperons.

L'Allemand propriétaire de la maison se montra, en camisole de laine et en bonnet de coton, à la porte de l'étable, où il remuait le fumier avec une fourche.

Sa figure s'éclaira d'un bon sourire à la vue de Rostow.

« Bonjour, bonjour, lui dit-il, en rendant son salut au jeune homme avec un plaisir évident.

— Déjà à l'ouvrage, lui dit Rostow, souriant à son tour, hourra pour l'Autriche, hourra pour les Russes, hourra pour l'empereur Alexandre! » ajouta-t-il en répétant les exclamations favorites de l'Allemand.

Celui-ci s'avança en riant, jeta en l'air son bonnet de coton et s'écria :

« Hourra pour toute la terre! »

Rostow répéta son hourra, et cependant il n'y avait aucun motif de se réjouir d'une façon aussi extraordinaire, ni pour l'Allemand qui nettoyait son étable, ni pour Rostow qui était allé chercher du foin avec son peloton. Après qu'ils eurent ainsi donné un libre cours à leurs sentiments patriotiques et fraternels, le vieux bonhomme retourna à son ouvrage, et le jeune junker rentra chez lui.

« Ou est ton maître? demanda-t-il à Lavrouchka, le domestique de Denissow, rusé coquin et connu pour tel de tout le régiment.

— Il n'est pas encore rentré depuis hier au soir; il aura probablement perdu, répondit Lavrouchka, car je le connais bien : quand il gagne, il revient de bonne heure pour s'en vanter; s'il ne revient pas de toute la nuit, c'est qu'il est en déroute, et alors il est d'une humeur de chien. Faut-il vous servir le café?

— Oui, donne-le et promptement. »

Dix minutes plus tard, Lavrouchka apportait le café :

« Il vient, il vient! gare la bombe! »

Rostow aperçut effectivement Denissow qui rentrait. C'était un petit homme, à la figure enluminée, aux yeux noirs et brillants, aux cheveux noirs et à la moustache en désordre. Son dolman était dégrafé, son large pantalon tenait à peine et son shako froissé descendait sur sa nuque. Sombre et soucieux, il s'approchait la tête basse.

« Lavrouchka! s'écria-t-il avec colère et en grasseyant. Voyons, idiot, ôte-moi cela.

— Mais puisque je vous l'ôte!

— Ah! te voilà levé! dit Denissow, en entrant dans la chambre.

— Il y a beau temps.... j'ai déjà été au fourrage et j'ai vu Fräulein Mathilde.

— Ah! Ah! Et moi, mon cher, je me suis enfoncé, comme une triple buse.... Une mauvaise chance du diable! Elle a commencé après ton départ... Hé! du thé! » cria-t-il d'un air renfrogné.

Puis, grimaçant un sourire qui laissa voir ses dents petites et fortes, il passa ses doigts dans ses cheveux en broussailles.

« C'est le diable qui m'a envoyé chez ce Rat (c'était le surnom donné à l'officier).... Figure-toi.... pas une carte, pas une!... »

Et Denissow, laissant tomber le feu de sa pipe, la jeta avec violence sur le plancher, où elle se brisa en mille morceaux. Après avoir réfléchi une demi-seconde en regardant gaiement Rostow de ses yeux noirs et brillants :

« Si au moins il y avait des femmes, passe encore, mais il n'y a rien à faire, excepté boire!.... Quand donc se battra-t-on?.... Hé, qui est là? ajouta-t-il, en entendant derrière la porte un bruit de grosses bottes et d'éperons, accompagné d'une petite toux respectueuse.

— Le maréchal des logis! » annonça Lavrouchka.

Denissow s'assombrit encore plus.

« Ça va mal, dit-il, en jetant à Rostow sa bourse qui contenait quelques pièces d'or.... Compte, je t'en prie, mon ami, ce qui me reste, et cache ma bourse sous mon oreiller. »

Il sortit.

Rostow s'amusa à mettre en piles égales les pièces d'or de différente valeur et à les compter machinalement, pendant que la voix de Denissow se faisait entendre dans la pièce voisine :

« Ah! Télianine, bonjour; je me suis enfoncé hier!

— Chez qui?

— Chez Bykow.

— Chez le Rat, je le sais, » dit une autre voix flûtée.

Et le lieutenant Télianine, petit officier du même escadron, entra au même moment dans la chambre où se trouvait Rostow. Celui-ci, jetant la bourse sous l'oreiller, serra la main moite qui lui était tendue. Télianine avait été renvoyé de la garde peu de temps avant la campagne; sa conduite était maintenant exempte de tout reproche, et cependant il n'était pas aimé. Rostow surtout ne pouvait ni surmonter ni cacher l'antipathie involontaire qu'il lui inspirait.

« Eh bien, jeune cavalier, êtes-vous content de mon petit

Corbeau ? » (c'était le nom du cheval vendu à Rostow). Le lieutenant ne regardait jamais en face la personne à laquelle il parlait, et ses yeux allaient sans cesse d'un objet à un autre....

« Je vous ai vu le monter ce matin.

— Mais il n'a rien de particulier, c'est un bon cheval, répondit Rostow, qui savait fort bien que cette bête payée sept cents roubles n'en valait pas la moitié.... Il boite un peu de la jambe gauche de devant.

— C'est le sabot qui se sera fendu : ce n'est rien, je vous apprendrai à y mettre un rivet.

— Oui, apprenez-le-moi.

— Oh! c'est bien facile, ce n'est pas un secret; quant au cheval, vous m'en remercierez.

— Je vais le faire amener, » dit aussitôt Rostow pour se débarrasser de Télianine.

Et il sortit.

Denissow, assis par terre dans la pièce d'entrée, les jambes croisées, la pipe à la bouche, écoutait le rapport du maréchal des logis. A la vue de Rostow, il fit une grimace, en lui indiquant du doigt par-dessus son épaule, avec une expression de dégoût, la chambre où était Télianine :

« Je n'aime pas ce garçon-là, » dit-il sans s'inquiéter de la présence de son subordonné.

Rostow haussa les épaules comme pour dire :

« Moi non plus, mais qu'y faire? »

Et, ayant donné ses ordres, il retourna auprès de l'officier, qui était nonchalamment occupé à frotter ses petites mains blanches :

« Et dire qu'il existe des figures aussi antipathiques! » pensa Rostow.

« Eh bien, avez-vous fait amener le cheval? demanda Télianine, en se levant et en jetant autour de lui un regard indifférent.

— Oui, à l'instant.

— C'est bien.... je n'étais entré que pour demander à Denissow s'il avait reçu l'ordre du jour d'hier; l'avez-vous reçu, Denissow?

— Non, pas encore; où allez-vous?

— Mais je vais aller montrer à ce jeune homme comment on ferre un cheval. »

Ils entrèrent dans l'écurie, et, sa besogne faite, le lieutenant retourna chez lui.

Denissow, assis à une table sur laquelle on avait posé une bouteille d'eau-de-vie et un saucisson, était en train d'écrire. Sa plume criait et crachait sur le papier. Quand Rostow entra, il le regarda d'un air sombre :

« C'est à elle que j'écris.... »

Et, s'accoudant sur la table sans lâcher sa plume, comme s'il saisissait avec joie l'occasion de dire tout haut ce qu'il voulait mettre par écrit, il lui détailla le contenu de son épître :

« Vois-tu, mon ami, on ne vit pas, on dort quand on n'a pas un amour dans le cœur. Nous sommes les enfants de la poussière, mais, lorsqu'on aime, on devient Dieu, on devient pur comme au premier jour de la création !.... Qui va là? Envoie-le au diable, je n'ai pas le temps ! »

Mais Lavrouchka s'approcha de lui sans se déconcerter :

« Ce n'est personne, c'est le maréchal des logis à qui vous avez dit de venir chercher l'argent. »

Denissow fit un geste d'impatience aussitôt réprimé :

« Mauvaise affaire, grommela-t-il.... Dis donc, Rostow, combien y a-t-il dans ma bourse?

— Sept pièces neuves et trois vieilles.

— Ah ! mauvaise affaire ! Que fais-tu là planté comme une borne? Va chercher le maréchal des logis !

— Denissow, je t'en prie, s'écria Rostow en rougissant, prends de mon argent, tu sais que j'en ai.

— Je n'aime pas à emprunter aux amis. Non, je n'aime pas cela.

— Si tu ne me traites pas en camarade, tu m'offenseras sérieusement; j'en ai, je t'assure, répéta Rostow.

— Mais non, je te le répète.... »

Denissow s'approcha du lit pour retirer sa bourse de dessous l'oreiller :

« Où l'as-tu cachée?

— Sous le dernier oreiller.

— Elle n'y est pas !.... »

Et Denissow jeta les deux oreillers par terre.

« C'est vraiment inouï !

— Tu l'auras fait tomber, attends, dit Rostow, en secouant les oreillers à son tour et en rejetant également de côté la couverture.... Pas de bourse !... Aurais-je donc oublié? Mais non, puisque j'ai même pensé que tu la gardais sous ta tête comme un trésor. Je l'ai bien mise là pourtant; où est-elle donc? ajouta-t-il en se tournant vers Lavrouchka.

— Elle doit être là où vous l'avez laissée, car je ne suis pas entré !

— Et je te dis qu'elle n'y est pas.

— C'est toujours la même histoire.... vous oubliez toujours où vous mettez les choses.... regardez dans vos poches.

— Mais non, te dis-je, puisque j'ai pensé au trésor... je me rappelle très bien que je l'ai mise là. »

Lavrouchka défit entièrement le lit, regarda partout, fureta dans tous les coins, et s'arrêta au beau milieu de la chambre, en étendant les bras avec stupéfaction. Denissow, qui avait suivi tous ses mouvements en silence, se tourna à ce geste vers Rostow :

« Voyons, Rostow, cesse de plaisanter ! »

Rostow, en sentant peser sur lui le regard de son ami, releva les yeux et les baissa aussitôt. Son visage devint pourpre et la respiration lui manqua.

« Il n'y a eu ici que le lieutenant et vous deux, donc elle doit y être ! dit Lavrouchka.

— Eh bien, alors, poupée du diable, remue-toi.... cherche, s'écria Denissow devenu cramoisi, et le menaçant du poing : il faut qu'elle se trouve, sans cela je te cravacherai.... je vous cravacherai tous !.... »

Rostow boutonna sa veste, agrafa son ceinturon et prit sa casquette.

« Trouve-la, te dis-je, continuait Denissow en secouant son domestique et en le poussant violemment contre la muraille.

— Laisse-le, Denissow, je sais qui l'a prise... »

Et Rostow se dirigea vers la porte, les yeux toujours baissés. Denissow, ayant subitement compris son allusion, s'arrêta et lui saisit la main :

« Quelle bêtise ! s'écria-t-il si fortement que les veines de son cou et de son front se tendirent comme des cordes. Tu deviens fou, je crois.... la bourse est ici, j'écorcherai vif ce misérable et elle se retrouvera.

— Je sais qui l'a prise, répéta Rostow d'une voix étranglée.

— Et moi, je te défends.... » s'écria Denissow.

Mais Rostow s'arracha avec colère à son étreinte.

« Tu ne comprends donc pas, lui dit-il, en le regardant droit et ferme dans les yeux, tu ne comprends donc pas ce que tu me dis ? Il n'y avait que moi ici ; donc, si ce n'est pas l'autre, c'est.... et il se précipita hors de la chambre sans achever sa phrase.

— Ah ! que le diable t'emporte, toi et tout le reste ! »

Ce furent les dernières paroles qui arrivèrent aux oreilles de Rostow; peu d'instants après il entrait dans le logement de Télianine.

« Mon maître n'est pas à la maison, lui dit le domestique, il est allé à l'état-major.... Est-il arrivé quelque chose? ajouta-t-il, en remarquant la figure bouleversée du junker.

— Non, rien!

— Vous l'avez manqué de peu. »

Sans rentrer chez lui, Rostow monta à cheval et se rendit à l'état-major, qui était établi à trois verstes de Saltzeneck; il y avait là un petit « traktir » où se réunissaient les officiers. Arrivé devant la porte, il y vit attaché le cheval de Télianine; le jeune officier était attablé dans la chambre du fond devant un plat de saucisses et une bouteille de vin.

« Ah! vous voilà aussi, jeune adolescent, dit-il en souriant et en élevant ses sourcils.

— Oui, » dit Rostow avec effort, et il s'assit à une table voisine, à côté de deux Allemands et d'un officier russe.

Tous gardaient le silence, on n'entendait que le cliquetis des couteaux. Ayant fini de déjeuner, le lieutenant tira de sa poche une longue bourse, en fit glisser les coulants de ses petits doigts blancs et recourbés à la poulaine, y prit une pièce d'or et la tendit au garçon.

« Dépêchez-vous, dit-il.

— Permettez-moi d'examiner cette bourse, » murmura Rostow en s'approchant.

Télianine, dont les yeux, comme d'habitude, ne se fixaient nulle part, la lui passa.

« Elle est jolie, n'est-ce pas? dit-il en pâlissant légèrement... voyez, jeune homme. »

Le regard de Rostow se porta alternativement sur la bourse et sur le lieutenant.

« Tout cela restera à Vienne, si nous y arrivons, car ici, dans ces vilains petits trous, on ne peut guère dépenser son argent, ajouta-t-il avec une gaieté forcée..... Rendez-la-moi, je m'en vais. »

Rostow se taisait.

« Eh bien, et vous, vous allez déjeuner? On mange assez bien ici, mais, voyons, rendez-la-moi donc..... »

Et il étendit la main pour prendre la bourse.

Le junker la lâcha et le lieutenant la glissa doucement dans la poche de son pantalon; il releva ses sourcils avec négligence, et sa bouche s'entr'ouvrit comme pour dire : « Oui, c'est ma bourse; elle rentre dans ma poche, c'est tout simple, et personne n'a rien à y voir.... »

« Eh bien, dit-il, et leurs regards se croisèrent en se lançant des éclairs.

— Venez par ici, et Rostow entraîna Télianine vers la fenêtre.... Cet argent est à Denissow, vous l'avez pris! lui souffla-t-il à l'oreille.

— Quoi? comment.... vous osez? » Mais dans ces paroles entrecoupées on sentait qu'il n'y avait plus qu'un appel désespéré, une demande de pardon; les derniers doutes, dont le poids terrible n'avait cessé d'oppresser le cœur de Rostow, se dissipèrent aussitôt.

Il en ressentit une grande joie et en même temps une immense compassion pour ce malheureux.

« Il y a du monde ici, Dieu sait ce que l'on pourrait supposer, murmura Télianine en prenant sa casquette et en se dirigeant vers une autre chambre qui était vide.

— Il faut nous expliquer : je le savais et je puis le prouver, » répliqua Rostow, décidé à aller jusqu'au bout.

Le visage pâle et terrifié du coupable tressaillit; ses yeux allaient toujours de droite et de gauche, mais sans quitter le plancher et sans oser se porter plus haut. Quelques sons rauques et inarticulés s'échappèrent de sa poitrine.

« Je vous en supplie, comte, ne me perdez pas, voici l'argent, prenez-le... mon père est vieux, ma mère.... »

Et il jeta la bourse sur la table.

Rostow s'en empara et marcha vers la porte sans le regarder; arrivé sur le seuil, il se retourna et revint sur ses pas.

« Mon Dieu, lui dit-il avec angoisse et les yeux humides, comment avez-vous pu faire cela?

— Comte!.... »

Et Télianine s'approcha du junker.

« Ne me touchez pas, s'écria impétueusement Rostow en se reculant; si vous en avez besoin, eh bien, tenez, prenez-la. »

Et, lui jetant la bourse, il disparut en courant.

V

Le soir même, une conversation animée avait lieu, dans le logement de Denissow, entre les officiers de l'escadron.

« Je vous répète que vous devez présenter vos excuses au colonel, disait le capitaine en second, Kirstein; le capitaine Kirstein avait des cheveux grisonnants, d'énormes moustaches, des traits accentués, un visage ridé; redevenu deux fois simple soldat pour affaires d'honneur, il avait toujours su reconquérir son rang.

— Je ne permettrai à personne de dire que je mens, s'écria Rostow, le visage enflammé et tremblant d'émotion... Il m'a dit que j'en avais menti, à quoi je lui ai répondu que c'était lui qui en avait menti.... Cela en restera là!.... On peut me mettre de service tous les jours et me flanquer aux arrêts, mais quant à des excuses, c'est autre chose, car si le colonel juge indigne de lui de me donner satisfaction, alors.....

— Mais voyons, écoutez-moi, dit Kirstein en l'interrompant de sa voix de basse, et il lissait avec calme ses longues moustaches. Vous lui avez dit, en présence de plusieurs officiers, qu'un de leurs camarades avait volé?

— Ce n'est pas ma faute si la conversation a eu lieu devant témoins. J'ai peut-être eu tort, mais je ne suis point un diplomate; c'est pour cela que je suis entré dans les hussards, persuadé qu'ici toutes ces finesses étaient inutiles, et là-dessus il me lance un démenti à la figure. Eh bien... qu'il me donne satisfaction!

— Tout cela est fort bien, personne ne doute de votre courage, mais là n'est pas la question. Demandez plutôt à Denissow s'il est admissible que vous, un « junker », vous puissiez demander satisfaction au chef de votre régiment? »

Denissow mordillait sa moustache d'un air sombre, sans prendre part à la discussion; mais à la question de Kirstein il secoua négativement la tête.

« Vous parlez de cette vilenie au colonel devant des officiers?.... Bogdanitch a eu parfaitement raison de vous rappeler à l'ordre.

— Il ne m'a pas rappelé à l'ordre, il a prétendu que je ne disais pas la verité.

— C'est ça, et vous lui avez répondu des bêtises... vous lui devez donc des excuses.

— Pas le moins du monde.

— Je ne m'attendais pas à cela de vous, reprit gravement le capitaine en second, car vous êtes coupable non seulement envers lui, mais envers tout le régiment. Si au moins vous aviez réfléchi, si vous aviez pris conseil avant d'agir, mais non, vous avez éclaté, et cela devant les officiers. Que restait-il à faire au colonel? à mettre l'accusé en jugement; c'était imprimer une tache à son régiment et le couvrir de honte pour un misérable. Ce serait juste selon vous, mais cela nous déplaît à nous, et Bogdanitch est un brave de vous avoir puni. Vous en êtes outré, mais c'est votre faute, vous l'avez cherché, et maintenant qu'on tâche d'étouffer l'affaire, vous continuez à l'ébruiter... et votre amour-propre vous empêche d'offrir vos excuses à un vieux et honorable militaire comme notre colonel. Peu vous importe, n'est-ce pas? Cela vous est bien égal de déshonorer le régiment! — et la voix de Kirstein trembla légèrement — à vous qui n'y passerez peut-être qu'une année et qui demain pouvez être nommé aide de camp? Mais cela ne nous est pas indifférent à nous, que l'on dise qu'il y a des voleurs dans le régiment de Pavlograd; n'est-ce pas, Denissow? »

Denissow, silencieux et immobile, lançait de temps en temps un coup d'œil à Rostow.

« Nous autres vieux soldats, qui avons grandi avec le régiment et qui espérons y mourir, son honneur nous tient au cœur, et Bogdanitch le sait bien. C'est mal, c'est mal; fâchez-vous si vous voulez, je n'ai jamais mâché la vérité à personne.

— Il a raison, que diable, s'écria Denissow... eh bien, Rostow, eh bien!... »

Rostow, rougissant et pâlissant tour à tour, portait ses regards de l'un à l'autre :

« Non, messieurs, non, ne pensez pas.... ne me croyez pas capable de... l'honneur du régiment m'est aussi cher... et je le prouverai... et l'honneur du drapeau aussi. Eh bien, oui, j'ai eu tort, complètement tort, que vous faut-il encore? »

Et ses yeux se mouillèrent de larmes.

« Très bien, comte, s'écria Kirstein en se levant et en lui tapant sur l'épaule avec sa large main.

— Je te le disais bien, dit Denissow, c'est un brave cœur.

— Oui, c'est bien, très bien, comte, répéta le vieux militaire, en honorant le « junker » de son titre, en reconnaissance de son aveu... Allons, allons, faites vos excuses, Excellence.

— Messieurs, je ferai tout ce que vous voudrez... personne ne m'entendra plus prononcer un mot là-dessus; mais quant à faire mes excuses, cela m'est impossible, je vous le jure : j'aurais l'air d'un petit garçon qui demande pardon. »

Denissow partit d'un éclat de rire.

« Tant pis pour vous! Bogdanitch est rancunier; vous payerez cher votre obstination.

— Je vous le jure, ce n'est pas de l'obstination, je ne puis pas vous expliquer ce que j'éprouve... je ne le puis pas.

— Eh bien, comme il vous plaira! Et où est-il, ce misérable? où s'est-il caché? demanda Kirstein, en se tournant vers Denissow.

— Il fait le malade, on le portera malade dans l'ordre du jour de demain.

— Oui, c'est une maladie : impossible de comprendre cela autrement.

— Maladie ou non, je lui conseille de ne pas me tomber sous la main, je le tuerais, » s'écria Denissow avec fureur.

En ce moment Gerkow entra.

« Toi! dirent les officiers.

— En marche, messieurs! Mack s'est rendu prisonnier avec toute son armée.

— Quel canard!

— Je l'ai vu, vu de mes propres yeux.

— Comment, tu as vu Mack vivant, en chair et en os?

— En marche! en marche! vite une bouteille pour la nouvelle qu'il apporte! Comment es-tu tombé ici?

— On m'a de nouveau renvoyé au régiment à cause de ce diable de Mack. Le général autrichien s'est plaint de ce que je l'avais félicité de l'arrivée de son supérieur. Qu'as-tu donc, Rostow, on dirait que tu sors du bain?

— Ah! mon cher, c'est un tel gâchis ici depuis deux jours! »

L'aide de camp du régiment entra et confirma les paroles de Gerkow.

Le régiment devait se mettre en marche le lendemain :

« En marche, messieurs! Dieu merci, plus d'inaction! »

VI

Koutouzow s'était replié sur Vienne, en détruisant derrière lui les ponts sur l'Inn, à Braunau, et sur la Traun, à Lintz. Pendant la journée du 23 octobre, les troupes passaient la rivière Enns. Les fourgons de bagages, l'artillerie, les colonnes de troupes traversaient la ville en défilant des deux côtés du pont. Il faisait un temps d'automne doux et pluvieux. Le vaste horizon qui se déroulait à la vue, des hauteurs où étaient placées les batteries russes pour la défense du pont, tantôt se dérobait derrière un rideau de pluie fine et légère qui rayait l'atmosphère de lignes obliques, tantôt s'élargissait lorsqu'un rayon de soleil illuminait au loin tous les objets, en leur prêtant l'éclat du vernis. La petite ville avec ses blanches maisonnettes aux toits rouges, sa cathédrale et son pont, des deux côtés duquel se déversait en masses serrées l'armée russe, était située au pied des collines. Au tournant du Danube, à l'embouchure de l'Enns, on apercevait des barques, une île, un château avec son parc, entourés des eaux réunies des deux fleuves, et, sur la rive gauche et rocheuse du Danube, s'étendaient dans le lointain mystérieux des montagnes verdoyantes, aux défilés bleuâtres, couvertes d'une forêt de pins à l'aspect sauvage et impénétrable, derrière laquelle s'élançaient les tours d'un couvent, et bien loin, sur la hauteur, on entrevoyait les patrouilles ennemies. En avant de la batterie, le général commandant l'arrière-garde, accompagné d'un officier de l'état-major, examinait le terrain à l'aide d'une longue-vue; à quelques pas de lui, assis sur l'affût d'un canon, Nesvitsky, envoyé à l'arrière-garde par le général en chef, faisait à ses camarades les honneurs de ses petits pâtés arrosés de véritable Doppel-Kummel [1]. Le cosaque qui le suivait lui présentait le flacon et la cantine, pendant que les officiers l'entouraient gaiement, les uns à genoux, les autres assis à la turque sur l'herbe mouillée.

« Pas bête ce prince autrichien qui s'est construit ici un château! Quel charmant endroit! Eh bien, messieurs, vous ne mangez plus!

— Mille remerciements, prince, répondit l'un d'eux, qui trouvait un plaisir extrême à causer avec un aussi gros bonnet de l'état-major...

— Le site est ravissant : nous avons côtoyé le parc et aperçu deux cerfs, et quel beau château!

— Voyez, prince, dit un autre qui, se faisant scrupule d'avaler encore un petit pâté, détourna son intérêt sur le paysage : voyez, nos fantassins s'y sont déjà introduits; tenez, là-bas derrière le village, sur cette petite prairie, il y en a trois qui

1. Eau-de-vie de Riga. (*Note du traducteur.*)

traînent quelque chose. Ils l'auront bien vite nettoyé, ce château! ajouta-t-il avec un sourire d'approbation.

— Oui, oui, dit Nesvitsky, en introduisant un petit pâté dans sa grande et belle bouche aux lèvres humides. Quant à moi, j'aurais désiré pénétrer là dedans, continua-t-il en indiquant les hautes tours du couvent situé sur la montagne, et ses yeux brillèrent en se fermant à demi.

— Ne serait-ce pas charmant, avouez-le, messieurs?.... Pour effrayer ces nonnettes, j'aurais, ma foi, donné cinq ans de ma vie... des Italiennes, dit-on, et il y en a de jolies.

— D'autant plus qu'elles s'ennuient à mourir, » ajouta un officier plus hardi que les autres.

Pendant ce temps, l'officier de l'état-major indiquait quelque chose au général, qui l'examinait avec sa longue-vue.

« C'est ça, c'est ça! répondit le général d'un ton de mauvaise humeur, en abaissant sa lorgnette et en haussant les épaules.... Ils vont tirer sur les nôtres!.... Comme ils traînent! »

A l'œil nu, on distinguait de l'autre côté une batterie ennemie, de laquelle s'échappait une légère fumée d'un blanc de lait, puis on entendit un bruit sourd et l'on vit nos troupes hâter le pas au passage de la rivière. Nesvitsky se leva en s'éventant, et s'approcha du général, le sourire sur les lèvres.

« Votre Excellence ne voudrait-elle pas manger un morceau?

— Cela ne va pas, dit le général sans répondre à son invitation, les nôtres sont en retard.

— Faut-il y courir, Excellence?

— Oui, allez-y, je vous prie... »

Et le général lui répéta l'ordre qui avait déjà été donné :

« Vous direz aux hussards de passer les derniers, de brûler le pont, comme je l'ai ordonné, et de s'assurer si les matières inflammables sont bien placées.

— Très bien, répondit Nesvitsky; — alors il fit signe au cosaque de lui amener son cheval et de ranger sa cantine, et hissa légèrement son gros corps en selle. — Ma parole, j'irai voir, en passant, les nonnettes, dit-il aux officiers, en lançant son cheval sur le sentier sinueux qui se déroulait au flanc de la montagne.

— Voyons, capitaine, dit le général, en s'adressant à l'artilleur, tirez, le hasard dirigera vos coups.... amusez-vous un peu!

— Les servants à leurs pièces! commanda l'officier, et, un instant après, les artilleurs quittèrent gaiement leurs feux de bivouac pour courir aux canons et les charger.

« N° 1 !.... »

Et le N° 1 s'élança crânement dans l'espace !

Un son métallique et assourdissant retentit : la grenade, en sifflant, vola par-dessus les têtes des nôtres et alla tomber bien en avant de l'ennemi ; un léger nuage de fumée indiqua l'endroit de la chute et de l'explosion. Officiers et soldats s'étaient réveillés à ce bruit, et tous suivirent avec intérêt la marche de nos troupes au bas de la montagne, et celle de l'ennemi qui avançait. Tout se voyait distinctement. Le son répercuté de ce coup solitaire et les rayons brillants du soleil, déchirant son voile de nuages, se fondirent en une seule et même impression d'entrain et de vie.

VII

Deux boulets ennemis avaient passé par-dessus le pont, et sur le pont il y avait foule. Tout au milieu, appuyé contre la balustrade, se tenait le prince Nesvitsky, riant et regardant son cosaque qui tenait les deux chevaux un peu en arrière de lui. A peine faisait-il un pas en avant, que les soldats et les chariots le repoussaient contre le parapet, et il se remettait à sourire.

« Eh ! là-bas, camarade, disait le cosaque à un soldat qui conduisait un fourgon, et refoulait l'infanterie massée autour de ses roues.... Eh ! là-bas, attends donc, laisse passer le général ! »

Mais le soldat du train, sans faire la moindre attention au titre de général, criait contre les hommes qui lui barraient la route :

« Eh ! pays, tire à gauche, gare !.... »

Mais les « pays », épaule contre épaule, leurs baïonnettes s'entre-choquant, continuaient à marcher en masse compacte. En regardant au-dessous de lui, le prince Nesvitsky pouvait apercevoir les petites vagues, rapides et clapotantes de l'Enns, qui, courant l'une sur l'autre, se confondaient, blanches d'écume, en se brisant sous l'arche du pont. En regardant autour de lui, il voyait se succéder des vagues vivantes de soldats semblables à celles d'en bas, des vagues de shakos recouverts de leurs fourreaux, de sacs, de fusils aux longues baïonnettes, de visages aux pommettes saillantes, aux joues creuses, à l'expression insouciante et fatiguée, et de pieds en mouvement foulant les planches boueuses du pont. Parfois, un officier en manteau se frayait un passage à travers ces ondes uniformes, comme un jet de la blanche écume qui courait sur les eaux de l'Enns. Parfois les ondes de l'infanterie entraînaient avec elles un hussard à pied, un domestique militaire, un habitant de la ville, comme de légers morceaux de bois emportés par le courant; parfois encore, un fourgon d'officier ou de compagnie, recouvert de cuir de haut en bas, voguait majestueusement, soutenu par la vague humaine comme une poutre descendant la rivière.

« Voilà!... c'est comme une digue rompue! dit le cosaque, sans pouvoir avancer.

— Dites donc, y en a-t-il encore beaucoup à passer?

— Un million moins un, répondit un loustic de belle humeur, en clignant de l'œil et en le frôlant de sa capote déchirée. Après lui venait un vieux soldat, à l'air sombre, qui disait à son camarade :

« A présent qu'il (l'ennemi) va chauffer le pont, on ne pensera plus à se gratter!.... »

Et les soldats passaient, et à leur suite venait un fourgon avec un domestique militaire qui fouillait sous la bâche en criant :

« Où diable a-t-on fourré le tournevis?... »

Et celui-là aussi passait son chemin. Puis venaient des soldats en gaieté, qui avaient quelques gouttes d'eau-de-vie sur la conscience :

« Comme il lui a bien appliqué sa crosse droit dans les dents, le cher homme! disait en ricanant l'un d'eux qui gesticulait, la capote relevée....

— C'est bien fait pour ce doux jambon! » répondit l'autre en riant.

Et ils passèrent, en sorte que Nesvitsky ne sut jamais qui avait reçu le coup de crosse, ni à qui s'adressait l'épithète de « doux jambon ».

« Qu'est-ce qu'ils ont à se dépêcher? Parce qu'il a tiré un coup à poudre, ils s'imaginent qu'ils vont tous tomber, grommelait un sous-officier....

— Quand le boulet a sifflé à mes oreilles, alors, sais-tu, vieux père, j'en ai perdu la respiration...: Quelle frayeur, vrai Dieu! disait un jeune soldat, dont la grande bouche se fendait jusqu'aux oreilles pour mieux rire, comme s'il se vantait d'avoir eu peur....

Et celui-là passait aussi. Après lui venait un chariot qui ne ressemblait en rien aux précédents. C'était un attelage à l'allemande, à deux chevaux, conduit par un homme du pays et traînant une montagne de choses entassées. Une belle vache pie était attachée derrière ; sur des édredons empilés se tenaient assises une mère allaitant son enfant, une vieille femme et une jeune et belle fille aux joues rouges. Ces émigrants avaient sans doute obtenu un laissez-passer spécial. Les deux jeunes femmes, pendant que la voiture marchait à pas lents, avaient attiré l'attention des soldats, qui ne leur ménageaient pas les quolibets :

« Oh ! cette grande saucisse qui déménage aussi !....

— Vends-moi la petite mère, disait un autre à l'Allemand, qui, la tête inclinée, terrifié et farouche, allongeait le pas.

— S'est-elle attifée ? Quelles diablesses !.... Cela t'irait, Fédotow, d'être logé chez elles ? Nous en avons vu, camarade !

— Où allez-vous ? » demanda un officier d'infanterie qui mangeait une pomme.

Et il regarda en souriant la jeune fille. L'Allemand fit signe qu'il ne comprenait pas :

« La veux-tu ? prends-la, continua l'officier en passant la pomme à la belle fille, qui l'accepta en souriant. Tous, y compris Nesvitsky, suivaient des yeux les femmes qui s'éloignaient. Après elles, recommencèrent le même défilé de soldats, les mêmes conversations, et puis tout s'arrêta de nouveau, à cause d'un cheval du fourgon de la compagnie, qui, comme il arrive souvent à la descente d'un pont, s'était empêtré dans ses traits :

« Eh bien, qu'est-ce qu'on attend ?.... Quel désordre !.... Ne poussez donc pas !.... Au diable l'impatient ! Ce sera bien pis quand il brûlera le pont.... et l'officier qu'on écrase ! » s'écrièrent des soldats dans la foule, en se regardant les uns les autres et en se pressant vers la sortie.

Tout à coup Nesvitsky entendit un bruit tout nouveau pour lui ; quelque chose s'approchait rapidement, quelque chose de grand, qui tomba dans l'eau avec fracas :

« Tiens, jusqu'où ça a volé ! dit gravement un soldat en se retournant au bruit.

— Eh bien, quoi, c'est un encouragement pour nous faire marcher plus vite, » ajouta un autre avec une certaine inquiétude.

Nesvitsky comprit qu'il s'agissait d'une bombe.

« Hé, cosaque, le cheval! dit-il, et faites place, vous autres, faites place! »

Ce ne fut pas sans efforts qu'il atteignit sa monture et qu'il avança en lançant des vociférations à droite et à gauche. Les soldats se serrèrent pour lui faire place, mais ils furent aussitôt refoulés contre lui par les plus éloignés, et sa jambe fut prise comme dans un étau.

« Nesvitsky, Nesvitsky, tu es un animal!.... »

Nesvitsky, se retournant au son d'une voix enrouée, vit à quinze pas derrière lui, séparé par cette houle vivante de l'infanterie en marche, Vaska Denissow, les cheveux ébouriffés, la casquette sur la nuque et le dolman fièrement rejeté sur l'épaule.

« Dis donc à ces diables de nous laisser passer, lui cria Denissow avec colère et en brandissant, de sa petite main aussi rouge que sa figure, son sabre qu'il avait laissé dans le fourreau.

— Ah! ah! Vaska, répondit joyeusement Nesvitsky... que fais-tu là?

— L'escadron ne peut pas passer, continua-t-il en éperonnant son beau cheval noir, un Arabe pur sang, dont les oreilles frémissaient à la piqûre accidentelle des baïonnettes, et qui, blanc d'écume, martelant de ses fers les planches du pont, en aurait franchi le garde-fou si son cavalier l'eût laissé faire. — Mais, que diable.... quels moutons!.... de vrais moutons.... arrière!.... faites place!.... Eh! là-bas du fourgon.... attends.... ou je vous sabre tous!..... »

Alors il tira son sabre, et exécuta un moulinet. Les soldats effrayés se serrèrent, et Denissow put rejoindre Nesvitsky.

« Tu n'es donc pas gris aujourd'hui? lui demanda ce dernier.

— Est-ce qu'on me donne le temps de boire; toute la journée on traîne le régiment de droite et de gauche.... S'il faut se battre, eh bien, qu'on se batte; sans cela, le diable sait ce qu'on fait!

— Tu es d'une élégance! » dit Nesvitsky, en regardant son dolman et la housse de son cheval.

Denissow sourit, tira de sa sabretache un mouchoir d'où s'échappait une odeur parfumée, et le mit sous le nez de son ami.

« Impossible autrement, car on se battra peut-être!.... Rasé, parfumé, les dents brossées!.... »

L'imposante figure de Nesvitsky suivi de son cosaque, et la persévérance de Denissow à tenir son sabre à la main produisirent leur effet.

Ils parvinrent à traverser le pont, et ce fut à leur tour d'arrêter l'infanterie. Nesvitsky, ayant trouvé le colonel, lui transmit l'ordre dont il était porteur et retourna sur ses pas.

La route une fois balayée, Denissow se campa à l'entrée du pont : retenant négligemment son étalon qui frappait du pied avec impatience, il regardait défiler son escadron, les officiers en avant, sur quatre hommes de front. L'escadron s'y développa pour gagner la rive opposée. Les fantassins, arrêtés et massés dans la boue, examinaient les hussards fiers et élégants, de cet air ironique et malveillant particulier aux soldats de différentes armes lorsqu'ils se rencontrent.

« Des enfants bien mis, tout prêts pour la Podnovinsky [1] ! On n'en tire rien !.... Tout pour la montre !

— Eh ! l'infanterie, ne fais pas de poussière ! dit plaisamment un hussard dont le cheval venait d'éclabousser un fantassin.

— Si on t'avait fait marcher deux étapes le sac sur le dos, tes brandebourgs ne seraient pas si neufs !.... Ce n'est pas un homme, c'est un oiseau à cheval !.... »

Et le fantassin s'essuya la figure avec sa manche.

« C'est ça, Likine.... si tu étais à cheval, tu ferais une jolie figure ! disait un caporal à un pauvre petit troupier qui pliait sous le poids de son fourniment.

— Mets-toi un bâton entre les jambes et tu seras à cheval, » repartit le hussard.

VIII

Le reste de l'infanterie traversait en se hâtant ; les fourgons avaient déjà passé, la presse était moindre et le dernier bataillon venait d'arriver sur le pont. Seuls de l'autre côté, les hussards de l'escadron de Denissow ne pouvaient encore apercevoir l'ennemi, qui néanmoins était parfaitement visible des hauteurs opposées, car leur horizon se trouvait limité, à une demi-verste de distance, par une colline. Une petite lande déserte, sur laquelle s'agitaient nos patrouilles de cosaques, s'étendait au premier plan.

Tout à coup, sur la montée de la route, se montrèrent juste

1. Nom d'une promenade de Moscou. (*Note du traducteur.*)

en face, de l'artillerie et des capotes bleues : c'étaient les Français ! Les officiers et les soldats de l'escadron de Denissow, tout en essayant de parler de choses indifférentes et de regarder de côté et d'autre, ne cessaient de penser à ce qui se préparait là-bas sur la montagne, et de regarder involontairement les taches noires qui se dessinaient à l'horizon ; ils savaient que ces taches noires, c'était l'ennemi.

Le temps s'était éclairci dans l'après-midi ; un soleil radieux descendait vers le couchant, au-dessus du Danube et des sombres montagnes qui l'environnent ; l'air était calme, le son des clairons et les cris de l'ennemi le traversaient par intervalles. Les Français avaient cessé leur feu ; sur un espace de trois cents sagènes environ, il n'y avait plus que quelques patrouilles. On éprouvait le sentiment de cette distance indéfinissable, menaçante et insondable, qui sépare deux armées ennemies en présence. Qu'y a-t-il à un pas au delà de cette limite, qui évoque la pensée de l'autre limite, celle qui sépare les morts des vivants ?.... L'inconnu des souffrances, la mort ? Qu'y a-t-il là, au delà de ce champ, de cet arbre, de ce toit éclairés par le soleil ? On l'ignore, et l'on voudrait le savoir.... On a peur de franchir cette ligne, et cependant on voudrait la dépasser, car on comprend que tôt ou tard on y sera obligé, et qu'on saura alors ce qu'il y a là-bas, aussi fatalement que l'on connaîtra ce qui se trouve de l'autre côté de la vie... On se sent exubérant de forces, de santé, de gaieté, d'animation, et ceux qui vous entourent sont aussi en train, et aussi vaillants que vous-même !....

Telles sont les sensations, sinon les pensées de tout homme en face de l'ennemi, et elles ajoutent un éclat particulier, une vivacité et une netteté de perception inexprimables à tout ce qui se déroule pendant ces courts instants.

Une légère fumée s'éleva sur une éminence, et un boulet vola en sifflant au-dessus de l'escadron de hussards. Les officiers, qui s'étaient groupés, retournèrent à leur poste ; les hommes alignèrent leurs chevaux. Le silence se fit dans les rangs ; tous les regards se portèrent de l'ennemi sur le chef d'escadron, dans l'attente du commandement. Un second et un troisième projectile passèrent en l'air : il était évident qu'on tirait sur eux, mais les boulets, dont on entendait distinctement le sifflement régulier, allaient se perdre derrière l'escadron. Les hussards ne se détournaient pas, mais, à ce bruit répété, tous les cavaliers se soulevaient comme un seul homme et retombaient sur leurs étriers. Chaque soldat, sans tourner la tête, regardait de côté son camarade, comme pour saisir au passage l'impression qu'il éprouvait. Depuis Denissow jusqu'au trompette, chaque figure avait un léger tressaillement de lèvres et de menton, qui indiquait un sentiment intérieur de lutte et d'excitation. Le maréchal des logis, avec sa figure renfrognée, examinait ses hommes comme s'il les menaçait d'une punition. Le « junker » Mironow s'inclinait à chaque boulet; Rostow, placé au flanc gauche sur son brillant Corbeau, avait l'air heureux et satisfait d'un écolier assuré de se distinguer dans l'examen qu'il subit devant un nombreux public. Il regardait gaiement, sans crainte, les camarades, comme pour les prendre à témoin de son calme devant le feu de l'ennemi, et cependant sur ses traits se dessinait aussi ce pli involontaire creusé par une impression nouvelle et sérieuse.

« Qui est-ce qui salue là-bas? Eh! junker Mironow, ce n'est pas bien, regardez-moi, » criait Denissow qui, ne pouvant rester en place, faisait le manège devant l'escadron.

Il n'y avait rien de changé dans la petite personne de Denissow, avec son nez en l'air et sa chevelure noire; il tenait de sa petite main musculeuse aux doigts courts la poignée de son sabre nu : c'était sa personne de tous les jours, ou de tous les soirs, après deux bouteilles vidées! Il était seulement plus rouge que d'habitude, et rejetant en arrière sa tête crépue, comme font les oiseaux lorsqu'ils boivent, éperonnant sans pitié son brave Bédouin, il se porta au galop sur le flanc gauche, et donna d'une voix enrouée l'ordre d'examiner les pistolets. Il se retourna alors vers Kirstein, qui venait à lui sur une lourde jument d'allure pacifique.

« Eh quoi! dit ce dernier, sérieux comme toujours, mais dont les yeux brillaient..... Eh quoi! on n'en viendra pas aux mains, tu verras, nous nous retirerons.

— Le diable sait ce qu'ils font, grommela Denissow.... Ah! Rostow, s'écria-t-il, en voyant la joyeuse figure du junker, te voilà à la fête! »

Rostow se sentait complètement heureux. A ce moment, un général se montra sur le pont; Denissow s'élança vers lui :

« Excellence, permettez-nous d'attaquer, je les culbuterai.

— Il s'agit bien d'attaquer, répondit le général, en fronçant le sourcil, comme pour chasser une mouche importune.... Pourquoi êtes-vous ici? Les éclaireurs se replient! Ramenez l'escadron! »

Le premier et le deuxième escadron repassèrent le pont, sortirent du cercle des projectiles et se dirigèrent vers la montagne sans avoir perdu un seul homme. Les derniers cosaques abandonnèrent l'autre rive.

Le colonel Karl Bogdanitch Schoubert s'approcha de l'escadron de Denissow et continua à marcher au pas, presque à côté de Rostow, sans s'occuper de son inférieur, qu'il revoyait pour la première fois depuis leur altercation au sujet de Télianine. Rostow, à son rang, se sentait au pouvoir de cet homme envers lequel il se reconnaissait coupable; il ne quittait pas des yeux son dos athlétique, son cou rouge et sa nuque blonde. Il lui semblait que Bogdanitch affectait de ne pas le voir, que son but était d'éprouver son courage, et il se redressait de toute sa hauteur, en regardant gaiement autour de lui. Il pensait encore que Bogdanitch faisait exprès de ne point s'éloigner, pour faire parade de son sang-froid, ou bien, que pour se venger il lancerait, à cause de lui, l'escadron dans une attaque désespérée, ou bien encore qu'après l'attaque il viendrait à sa rencontre et lui donnerait généreusement, à lui blessé, une poignée de main en signe de réconciliation.

Gerkow, dont les hautes et larges épaules étaient bien connues des hussards de Pavlograd, s'approcha du colonel. Gerkow, qui était envoyé par l'état-major, n'était pas resté au régiment; il se disait à lui-même qu'il n'était pas assez bête pour cela, lorsque, sans rien faire, il pouvait, en se faisant attacher à un état-major quelconque, recevoir des récompenses. Aussi parvint-il à se faire nommer officier d'ordonnance du prince Bagration. Il venait, de la part du commandant de l'arrière-garde, apporter un ordre à son ancien chef.

« Colonel, dit-il d'un air sombre et grave, en s'adressant à l'ennemi de Rostow, — et il lança un coup d'œil à ses camarades, — on vous ordonne de vous arrêter et de brûler le pont.

— Qui? On vous ordonne? demanda le colonel d'un air grognon.

— Ah! ça, je n'en sais rien : qui? on vous ordonne? répondit le cornette, sans se départir de son sérieux.... Le prince m'a simplement envoyé vous dire de ramener les hussards et de brûler le pont. »

Un officier d'état-major se présenta au même moment, porteur du même ordre, et fut suivi de près par le gros Nesvitsky, qui arrivait au galop de son cheval cosaque.

« Comment, colonel, je vous avais dit de brûler le pont!.... Il y a donc eu malentendu... tout le monde là-bas perd la tête, on n'y comprend rien. »

Le colonel, sans se presser, fit faire halte à son régiment et s'adressant à Nesvitsky :

« Vous ne m'avez parlé que des matières inflammables; quant à brûler le pont, vous ne m'en avez rien dit.

— Comment, mon petit père, je ne vous en ai rien dit? repartit Nesvitsky en ôtant sa casquette et en passant sa main dans ses cheveux trempés de sueur..... puisque je vous ai parlé des matières inflammables?

— D'abord, je ne suis pas votre petit père, monsieur l'officier d'état-major, et vous ne m'avez pas dit de brûler le pont. Je connais le service, et j'ai pour habitude d'exécuter ponctuellement les ordres que je reçois; vous avez dit : on brûlera le pont; je ne pouvais donc pas deviner, sans le secours du Saint-Esprit, qui le brûlerait!

— C'est toujours ainsi, dit Nesvitsky avec un geste d'impatience..... — Que fais-tu, toi, ici? continua-t-il en s'adressant à Gerkow.

— Mais je suis aussi venu pour cela!.... Te voilà mouillé comme une éponge; veux-tu que je te presse?

— Vous m'avez dit, monsieur l'officier de l'état-major...... continua le colonel d'un ton offensé.

— Dépêchez-vous, colonel, s'écria l'officier en l'interrompant....; sans cela l'ennemi va nous mitrailler. »

Le colonel les regarda tour à tour en silence et fronça le sourcil.

« Je brûlerai le pont, » dit-il d'un ton solennel, comme pour bien constater qu'il ferait son devoir en dépit de toutes les difficultés qu'on lui suscitait.

Ayant donné, de ses longues jambes maigres, un double coup d'éperon à son cheval, comme si l'animal était coupable, il s'avança pour commander au deuxième escadron de Denissow de retourner au pont.

« C'est bien cela, se dit Rostow, il veut m'éprouver!.... »

Son cœur se serra, le sang lui afflua aux tempes :

« Eh bien, qu'il regarde, il verra si je suis un poltron! »

La contraction, causée par le sifflement des boulets, reparut de nouveau sur les visages animés des hommes de l'escadron. Rostow ne quittait pas des yeux son ennemi le colonel, et cherchait à lire sur sa figure la confirmation de ses soupçons;

mais le colonel ne le regarda pas une seule fois et continua à examiner les rangs avec une sévérité solennelle.

Son commandement se fit entendre.

« Vite, vite! » crièrent quelques voix autour de lui.

Les sabres s'accrochaient aux brides, les éperons s'entre-choquaient, et les hussards quittèrent leurs montures, ne sachant eux-mêmes ce qu'ils allaient faire. Quelques-uns se signaient. Rostow ne regardait plus son chef, il n'en avait plus le temps. Il craignait de rester en arrière, sa main tremblait en jetant la bride de son cheval au soldat chargé de le garder, et il entendait les battements de son cœur. Denissow, penché en arrière, passa devant lui en disant quelques mots. Rostow ne voyait rien que les hussards qui couraient en s'embarrassant dans leurs éperons et en faisant sonner leurs sabres.

« Un brancard! » s'écria une voix derrière lui, sans que Rostow se rendît compte de la demande.

Il courait toujours pour garder l'avance, mais à l'entrée du pont il trébucha et tomba sur les mains dans la boue gluante et tassée. Ses camarades le dépassèrent.

« Des deux côtés, capitaine! » s'écria le colonel, qui était resté à cheval non loin du pont et dont la figure était joyeuse et triomphante.

Rostow se releva en essuyant ses mains au cuir de son pantalon, et, regardant son ennemi, s'élança en avant, pensant que, plus loin il irait, mieux cela vaudrait, mais Bogdanitch le rappela sans le reconnaître :

« Qui court là-bas au milieu du pont? Eh! junker, arrière, s'écria-t-il en colère, et, s'adressant à Denissow qui, par fanfaronnade, s'était avancé à cheval sur le pont :

— Pourquoi vous risquer ainsi, capitaine? Descendez de cheval! »

Denissow, se retournant sur sa selle, murmura :

« Hein! celui-là trouve toujours à redire à tout. »

Pendant ce temps, Nesvitsky, Gerkow et l'officier d'état-major, placés hors de portée du tir de l'ennemi, observaient tantôt ce petit groupe d'hommes en vestes à brandebourgs, d'un vert foncé, en shakos jaunes, en pantalons gros bleu, qui s'agitaient près du pont, et tantôt, de l'autre côté, les capotes bleues qui s'avançaient, suivies de chevaux, qu'on reconnaissait facilement pour les chevaux de l'artillerie.

Brûleront-ils ou ne brûleront-ils pas le pont? Qui arrivera les premiers, eux, ou les Français qui les mitraillent? Chacun, dans cette masse énorme de troupes réunies sur un même point, s'adressait involontairement cette question, en présence des péripéties de cette scène éclairée par le soleil couchant.

« Oh! dit Nesvitsky, ils seront frottés, les hussards! ils sont maintenant à portée des canons!

— Il a pris trop de monde avec lui, dit l'officier d'état-major.

— C'est vrai, reprit Nesvitsky. Deux braves auraient fait l'affaire.

— Oh! Excellence, Excellence, » dit Gerkow, sans quitter des yeux les hussards.

Il avait toujours cet air naïf et railleur qui faisait qu'on se demandait s'il était réellement sérieux.....

« Quelle idée! Envoyer deux braves, mais alors qui nous donnerait le Vladimir, avec la rosette à la boutonnière?... Eh bien qu'on les frotte, mais au moins l'escadron sera présenté et chacun peut espérer une décoration : notre colonel sait ce qu'il fait.

— Voilà la mitraille! » dit l'officier, en désignant du doigt les pièces ennemies qu'on enlevait des avant-trains.

Un panache de fumée s'éleva, puis un second et un troisième presque en même temps, et, au moment où le bruit du premier coup traversait l'espace, le quatrième fut visible.

« Oh! » s'écria Nesvitsky comme frappé par une douleur aiguë.

Et il saisit la main de l'officier :

« Voyez, il en est tombé, il en est tombé un!.....

— Deux, il me semble?

— Si j'étais souverain, je ne ferais jamais la guerre, » dit Nesvitsky en se détournant.

Les canons français se rechargeaient vivement, et de nouveau la fumée se montra sur plusieurs points. L'infanterie en capotes bleues courut vers le pont, que couvrit, en crépitant sur ses planches, une pluie de mitraille. Mais cette fois, Nesvitsky ne voyait plus rien. Une épaisse fumée s'élevait en rideau, les hussards avaient réussi à mettre le feu, et les batteries françaises tiraient, non plus pour les en empêcher, mais parce que les canons étaient chargés et qu'il n'y avait plus sur qui tirer.

Les Français avaient eu le temps d'envoyer trois décharges avant que les hussards fussent retournés à leurs chevaux; deux de ces décharges, mal dirigées, avaient passé par-dess les têtes; mais la dernière, tombée au milieu d'un groupe de soldats, en avait abattu trois.

Rostow, préoccupé de ses rapports avec Bogdanitch, s'était arrêté au milieu du pont, ne sachant plus que faire. Il n'y avait là personne à pourfendre. Pourfendre, voilà comment il s'était toujours figuré une bataille, et comme il ne s'était pas muni de paille enflammée, à l'exemple de ses camarades, il ne pouvait coopérer à l'incendie. Il restait donc là, indécis, quand retentit sur le pont comme une grêle de noix, et près de lui un hussard tomba sur le parapet en gémissant. Rostow courut à lui; on appela les brancardiers, et quelques hommes saisirent le blessé et le soulevèrent.

« Oh! laissez-moi, au nom du Christ! » s'écria le soldat.

Mais on continua à le soulever et à l'emporter. Rostow se détourna, son regard plongea dans le lointain : on aurait dit qu'il cherchait à y découvrir quelque chose; puis il se reporta sur le Danube, sur le ciel, sur le soleil. Comme le ciel lui parut bleu, calme et profond! Comme le soleil descendait brillant et glorieux! Comme les eaux du Danube scintillaient au loin doucement agitées!..... Là-bas dans le fond, ces montagnes bleuâtres aux défilés mystérieux, ce couvent, ces forêts de pins cachées derrière un brouillard transparent..... Là était la paix, là était le bonheur!

« Ah! si j'avais pu y vivre, je n'aurais rien désiré de plus, pensait Rostow..... rien! Je sens en moi tant d'éléments de bonheur, en moi et en ce beau soleil..... tandis qu'ici..... des cris de souffrance..... la peur..... la confusion..... la hâte..... on crie de nouveau, tous reculent et me voilà courant avec eux..... et la voilà, la voilà, la mort, au-dessus de moi!.... Une seconde encore, et peut-être ne verrai-je plus jamais ni ce soleil, ni ces eaux, ni ces montagnes!.... »

Le soleil se voila. On portait d'autres brancards devant Rostow: la crainte de la mort et du brancard, l'amour du soleil et de la vie, tout se confondit en un sentiment de souffrance et d'angoisse :

« Mon Dieu, que Celui qui est là-haut me garde, me pardonne et me protège! » murmura Rostow.

Les hussards reprirent leurs chevaux, les voix devinrent plus assurées, et les brancards disparurent.

« Eh bien, mon cher, tu l'as sentie, la poudre? lui cria à l'oreille Vaska Denissow.

— Tout est fini! mais moi, je suis un poltron, un poltron! pensa Rostow en se remettant en selle.

— Est-ce que c'était de la mitraille? demanda-t-il à Denissow.

— Parbleu, je crois bien, et encore de quel calibre! nous avons fièrement travaillé! Il y faisait chaud; l'attaque, c'est autre chose, mais ici on tirait sur nous comme à la cible.... »

Et Denissow se rapprocha du groupe où se trouvaient Nesvitsky et ses compagnons.

« Je crois qu'on n'aura rien remarqué », se disait Rostow, et c'était vrai, car chacun se rendait compte, par expérience, de la sensation qu'il avait éprouvée à ce premier baptême du feu.

« Ma foi, quel beau rapport il y aura!.... Et l'on me fera peut-être sous-lieutenant! dit Gerkow.

— Annoncez au prince que j'ai mis le feu au pont, dit le colonel d'un air triomphant.

— S'il me questionne sur les pertes?....

— Bah! insignifiantes, répondit-il de sa voix de basse, deux hussards blessés et un tué raide mort, » ajouta-t-il, sans chercher à réprimer un sourire de satisfaction; il scandait même avec bonheur cette heureuse expression de « raide mort ».

Les trente-cinq mille hommes de l'armée de Koutouzow, poursuivis par une armée de cent mille Français, avec Bonaparte à leur tête, ne rencontraient qu'hostilité dans le pays. Ils n'avaient plus confiance dans leurs alliés, ils manquaient d'approvisionnements; et, forcés à l'action en dehors de toutes les conditions prévues d'une guerre, ils se repliaient avec précipitation. Ils descendaient le Danube, s'arrêtant pour faire face à l'ennemi, s'en débarrassant par des engagements d'arrière-garde et ne s'engageant qu'autant qu'il était nécessaire pour opérer leur retraite sans perdre leurs bagages. Quelques rencontres avaient eu lieu à Lambach, à Amstetten, à Melck, et, malgré le courage et la fermeté des Russes, auxquels leurs adversaires rendaient justice, le résultat n'en était pas moins une retraite, une vraie retraite. Les Autrichiens, échappés à la reddition d'Ulm et réunis à Koutouzow à Braunau, s'en étaient de nouveau séparés, l'abandonnant à ses forces épuisées. Défendre Vienne n'était plus possible, car, en dépit du plan de campagne offensive, si savamment élaboré selon les règles de la nouvelle science stratégique, et remis à Koutouzow par le conseil de guerre autrichien, la seule chance qu'il eût de ne pas perdre son armée comme Mack, c'était d'opérer sa jonction avec les troupes qui arrivaient de Russie.

Le 28 octobre, Koutouzow passa sur la rive gauche du Danube et s'y arrêta pour la première fois, mettant le fleuve entre lui et le gros des forces ennemies. Le 30, il attaqua Mortier, qui se trouvait également sur la rive gauche, et le battit. Les premiers trophées de cette affaire furent deux canons, un drapeau et deux généraux, et, pour la première fois depuis une retraite de quinze jours, les Russes s'arrêtèrent, bousculèrent les Français, et restèrent maîtres du champ de bataille. Malgré l'épuisement des troupes, mal vêtues, affaiblies d'un tiers par la perte des traînards, des malades, des morts et des blessés, abandonnés sur le terrain et confiés par une lettre de Koutouzow à l'humanité de l'ennemi, malgré la quantité de blessés que les hôpitaux et les maisons converties en ambulances ne pouvaient contenir, malgré toutes ces circonstances aggravantes, cet arrêt à Krems et cette victoire remportée sur Mortier avaient fortement relevé le moral des troupes.

Les nouvelles les plus favorables, mais aussi les plus fausses, circulaient entre l'armée et l'état-major : on annonçait la prochaine arrivée de nouvelles colonnes russes, une victoire des Autrichiens et enfin la retraite précipitée de Bonaparte.

Le prince André s'était trouvé pendant ce dernier combat à côté du général autrichien Schmidt, qui avait été tué; lui-même avait eu son cheval blessé sous lui et la main égratignée par une balle. Afin de lui témoigner sa bienveillance, le général en chef l'avait envoyé porter la nouvelle de cette victoire à Brünn, où résidait la cour d'Autriche depuis qu'elle s'était enfuie de Vienne, menacée par l'armée française. Dans la nuit du combat, excité mais non fatigué, car, malgré sa frêle apparence, il supportait mieux la fatigue physique qu'un homme plus robuste, il monta à cheval, pour aller présenter le rapport de Doktourow à Koutouzow, et fut aussitôt expédié en courrier, ce qui était l'indice assuré d'une promotion prochaine.

La nuit était sombre et étoilée, la route se dessinait en noir sur la neige tombée la veille pendant la bataille. Le prince André, emporté par sa charrette de poste, passait en revue tous les sentiments qui l'agitaient, l'impression du combat, l'heureux effet que produirait la nouvelle de la victoire, les adieux du commandant en chef et de ses camarades. Il éprouvait la jouissance intime de l'homme qui, après une longue attente, voit enfin luire les premiers rayons du bonheur désiré. Dès qu'il fermait les yeux, la fusillade et le grondement du canon résonnaient à son oreille, se confondant avec le bruit des roues et les incidents de la bataille. Tantôt il voyait fuir les Russes, tantôt il se voyait tué lui-même; alors il se réveillait en sursaut, heureux de sentir se dissiper ce mauvais rêve; puis il s'assoupissait de nouveau en rêvant au sang-froid qu'il avait déployé. Une matinée ensoleillée succéda à cette nuit sombre; la neige fondait, les chevaux galopaient, et de chaque côté du chemin se déroulaient des forêts, des champs et des villages.

A l'un des relais il rejoignit un convoi de blessés : l'officier qui le conduisait, étendu sur la première charrette, criait et injuriait un soldat. Des blessés sales, pâles et enveloppés de linges ensanglantés, entassés dans de grands chariots, étaient secoués sur la route pierreuse; les uns causaient, les autres mangeaient du pain, et les plus malades regardaient, avec un intérêt tranquille et naïf, le courrier qui les dépassait au galop.

Le prince André fit arrêter sa charrette et demanda aux soldats quand ils avaient été blessés :

« Avant-hier sur le Danube, répondit l'un d'eux, et le prince André, tirant sa bourse, leur donna trois pièces d'or.

— Pour tous! dit-il en s'adressant à l'officier qui approchait : Guérissez-vous, mes enfants, il y aura encore de la besogne.

— Quelle nouvelle y a-t-il, monsieur l'aide de camp? demanda l'officier, visiblement satisfait de trouver à qui parler.

— Bonne nouvelle!.... En avant! » cria-t-il au cocher.

Il faisait nuit lorsque le prince André entra à Brünn et se vit entouré de hautes maisons, de magasins éclairés, de lanternes allumées, de beaux équipages roulant sur le pavé, en un mot de toute cette atmosphère animée de grande ville, si attrayante pour un militaire qui arrive du camp. Malgré sa course rapide et sa nuit d'insomnie, il se sentait encore plus excité que la veille. Comme il approchait du palais, ses yeux brillaient d'un éclat fiévreux, et ses pensées se succédaient avec une netteté magique. Tous les détails de la bataille étaient sortis du vague et se condensaient dans sa pensée en un rapport concis, tel qu'il devait le présenter à l'empereur François. Il entendait les questions qu'on lui adresserait et les réponses qu'il y ferait. Il était convaincu qu'on allait l'introduire tout de suite auprès de l'Empereur; mais, à l'entrée principale du palais, un fonctionnaire civil l'arrêta, et, l'ayant reconnu pour un courrier, le conduisit à une autre entrée :

« Dans le corridor à droite, Euer Hochgeboren (Votre Haute Naissance); vous y trouverez l'aide de camp de service, qui vous introduira auprès du ministre. »

L'aide de camp de service pria le prince André de l'attendre, et alla l'annoncer au ministre de la guerre. Il revint bientôt, et, s'inclinant avec une politesse marquée, il fit passer le prince André devant lui; après lui avoir fait traverser le corridor, il l'introduisit dans le cabinet où travaillait le ministre. L'officier autrichien semblait, par son excessive politesse, vouloir élever une barrière qui le mît à l'abri de toute familiarité de la part de l'aide de camp russe. Plus le prince André se rapprochait du haut fonctionnaire, plus s'affaiblissait en lui le sentiment de joyeuse satisfaction qu'il avait éprouvé quelques instants avant, et plus il ressentait vivement comme l'impression d'une offense reçue; et cette impression, malgré lui, se transformait peu à peu en un dédain inconscient. Son esprit attentif lui présenta aussitôt tous les motifs qui lui donnaient le droit de mépriser l'aide de camp et le ministre : « Une victoire gagnée leur paraîtra chose facile, à eux qui n'ont pas senti la poudre, voilà ce qu'il pensait, » et il entra dans le cabinet avec une lenteur affectée. Cette irritation sourde s'augmenta à la vue du dignitaire, qui, tenant penchée sur sa table, entre deux bougies, sa tête chauve et encadrée de cheveux gris, lisait, prenait des notes, et semblait ignorer sa présence.

« Prenez cela, dit-il à son aide de camp, » en lui tendant quelques papiers et sans accorder la moindre attention au prince André.

« Ou bien, se disait le prince, de toutes les affaires qui l'occupent, la marche de l'armée de Koutouzow est ce qui l'intéresse le moins; ou bien il cherche à me le faire accroire. »

Après avoir soigneusement et minutieusement rangé ses papiers, le ministre releva la tête et montra une figure intelligente, pleine de caractère et de fermeté; mais, en s'adressant au prince André, il prit aussitôt cette expression de convention, niaisement souriante et affectée à la fois, habituelle à l'homme qui reçoit journellement un grand nombre de pétitionnaires.

« De la part du général en chef Koutouzow!... De bonnes nouvelles, j'espère?.... Un engagement avec Mortier!.... Une victoire!.... il était temps! »

Le ministre se mit à lire la dépêche qui lui était adressée :

« Ah! mon Dieu, Schmidt, quel malheur! quel malheur! dit-il en allemand, et, après l'avoir parcourue, il la posa sur la table, d'un air soucieux. Ah! quel malheur! Vous dites que l'affaire a été décisive? Pourtant Mortier n'a pas été fait prisonnier!.... »

Puis, après un moment de silence :

« Je suis bien satisfait de vos bonnes nouvelles, quoique ce soit les payer un peu cher, par la mort de Schmidt! Sa Majesté désirera sûrement vous voir, mais pas à présent. Je vous remercie, allez vous reposer et trouvez-vous demain sur le passage de Sa Majesté après la parade; du reste je vous ferai prévenir. Au revoir!.... Sa Majesté désirera sûrement vous voir elle-même, » répéta-t-il en le congédiant.

Lorsque le prince André eut quitté le palais, il lui sembla qu'il avait laissé derrière lui, entre les mains d'un ministre indifférent et de son aide de camp obséquieux, toute l'émotion et tout le bonheur que lui avait causés la victoire. La disposition de son esprit n'était plus la même, et la bataille ne se présentait plus à lui que comme un lointain, bien lointain souvenir.

IX

Le prince André descendit à Brünn chez une de ses connaissances russes, le diplomate Bilibine.

« Ah! cher prince, rien ne pouvait m'être plus agréable, lui dit son hôte en allant à sa rencontre.... Franz, portez les effets du prince dans ma chambre à coucher, ajouta-t-il en s'adressant au domestique qui conduisait Bolkonsky.... Vous êtes le messager d'une victoire, c'est parfait; quant à moi, je suis malade, comme vous le voyez. »

Après avoir fait sa toilette, le prince André rejoignit le diplomate dans un élégant cabinet, où il se mit à table devant le dîner qu'on venait de lui préparer, pendant que son hôte s'asseyait au coin de la cheminée.

Le prince André retrouvait avec plaisir, dans ce milieu, les éléments d'élégance et de confort auxquels il était habitué depuis son enfance, et qui lui avaient si souvent manqué dans ces derniers temps. Il lui était agréable, après la réception autrichienne, de pouvoir parler, non pas en russe, car ils causaient en français, mais avec un Russe, qui partageait, il fallait le supposer, l'aversion très vive qu'inspiraient généralement alors les Autrichiens.

Bilibine avait trente-cinq ans environ; il était garçon, et

appartenait au même cercle de société que le prince André. Après s'être connus à Pétersbourg, ils s'étaient retrouvés et rapprochés, pendant le séjour qu'André avait fait à Vienne à la suite de son général. Ils avaient tous deux les qualités requises pour parcourir, chacun dans sa spécialité, une rapide et brillante carrière. Bilibine, quoique jeune, n'était plus un jeune diplomate, car, depuis l'âge de seize ans, il était dans la carrière. Arrivé à Vienne, après avoir passé par Paris et Copenhague, il y occupait une position importante. Le chancelier et notre ambassadeur en Autriche faisaient cas de sa capacité, et l'appréciaient. Il ne ressemblait en rien à ces diplomates dont les qualités sont négatives, dont toute la science consiste à ne pas se compromettre et à parler français : il était de ceux qui aiment le travail, et, malgré une certaine paresse native, il lui arrivait souvent de passer la nuit à son bureau. L'objet de son travail lui était indifférent : ce qui l'intéressait, ce n'était pas le pourquoi, mais le comment, et il trouvait un plaisir tout particulier à composer, d'une façon ingénieuse, élégante et habile, n'importe quels mémorandums, rapports ou circulaires. Outre les services qu'il rendait la plume à la main, on lui reconnaissait encore le talent de savoir se conduire et de parler à propos dans les hautes sphères.

Bilibine n'aimait la causerie que lorsqu'elle lui offrait l'occasion de dire quelque chose de remarquable et de la parsemer de ces traits brillants et originaux, de ces phrases fines et acérées, qui, préparées à l'avance dans son laboratoire intime, étaient si faciles à retenir, qu'elles restaient gravées même dans les cervelles les plus dures; c'est ainsi que les mots de Bilibine se colportaient dans les salons de Vienne et influaient parfois sur les événements.

Son visage jaune, maigre et fatigué était creusé de plis; chacun de ces plis était si soigneusement lavé, qu'il rappelait l'aspect du bout des doigts lorsqu'ils ont fait un long séjour dans l'eau; le jeu de sa physionomie consistait dans le mouvement perpétuel de ces plis. Tantôt c'était son front qui se ridait, tantôt ses sourcils qui s'élevaient ou s'abaissaient tour à tour, ou bien ses joues qui se fronçaient. Un regard toujours gai et franc partait de ses petits yeux enfoncés.

« Eh bien, racontez-moi vos exploits ! »

Bolkonsky lui narra aussitôt, sans se mettre en avant, les détails de l'affaire et la réception du ministre : « Ils m'ont reçu, moi et ma nouvelle, comme un chien dans un jeu de quilles. »

Bilibine sourit, et ses rides se détendirent.

« Cependant, mon cher, dit-il en regardant ses ongles à distance, et en plissant sa peau sous l'œil gauche, malgré la haute estime que je professe pour les armées russo-orthodoxes, il me semble que cette victoire n'est pas des plus victorieuses. »

Il continuait à parler français, ne prononçant en russe que certains mots qu'il voulait souligner d'une façon dédaigneuse :

« Comment ! vous avez écrasé de tout votre poids le malheureux Mortier, qui n'avait qu'une division, et ce Mortier vous échappe !.... Où est donc votre victoire ?

— Sans nous vanter, vous avouerez pourtant que cela vaut mieux qu'Ulm ?....

— Pourquoi n'avoir pas fait prisonnier un maréchal, un seul maréchal ?

— Parce que les événements n'arrivent pas selon notre volonté et ne se règlent pas d'avance comme une parade ! Nous avions espéré le tourner vers les sept heures du matin, et nous n'y sommes arrivés qu'à cinq heures du soir.

— Pourquoi n'y êtes-vous pas arrivés à sept heures ? Il fallait y arriver.

— Pourquoi n'avez-vous pas soufflé à Bonaparte, par voie diplomatique, qu'il ferait bien d'abandonner Gênes ? reprit le prince André du même ton de raillerie.

— Oh ! je sais bien, repartit Bilibine... vous vous dites qu'il est très facile de faire prisonniers des maréchaux au coin de son feu ; c'est vrai, et pourtant, pourquoi ne l'avez-vous pas fait ? Ne vous étonnez donc pas que, à l'exemple du ministre de la guerre, notre auguste Empereur et le roi Franz ne vous soient pas bien reconnaissants de cette victoire ; et moi-même, infime secrétaire de l'ambassade de Russie, je n'éprouve pas un besoin irrésistible de témoigner mon enthousiasme, en donnant un thaler à mon Franz, avec la permission d'aller se promener avec sa « Liebchen » au Prater... J'oublie qu'il n'y a pas de Prater ici. » Il regarda le prince André et déplissa subitement son front.

« Alors, mon cher, c'est à mon tour de vous demander pourquoi ? Je ne le comprends pas, je l'avoue ; peut-être y a-t-il là-dessous quelques finesses diplomatiques qui dépassent ma faible intelligence ? Le fait est que je n'y comprends rien : Mack perd une armée entière, l'archiduc Ferdinand et l'archiduc Charles s'abstiennent de donner signe de vie et commettent faute sur faute. Koutouzow seul gagne franchement une bataille, rompt le charme français, et le ministre de la guerre ne désire même pas connaître les détails de la victoire.

— C'est là le nœud de la question! Voyez-vous, mon cher, hourra pour le czar, pour la Russie, pour la foi! Tout cela est bel et bon; mais que nous importent, je veux dire qu'importent à la cour d'Autriche toutes vos victoires! Apportez-nous une bonne petite nouvelle du succès d'un archiduc Charles ou d'un archiduc Ferdinand, l'un vaut l'autre, comme vous le savez; mettons, si vous voulez, un succès remporté sur une compagnie des pompiers de Bonaparte, ce serait autre chose, et on l'aurait proclamé à son de trompe; mais ceci ne peut que nous déplaire. Comment! l'archiduc Charles ne fait rien, l'archiduc Ferdinand se couvre de honte, vous abandonnez Vienne sans défense aucune, tout comme si vous nous disiez : Dieu est avec nous! mais que le bon Dieu vous bénisse, vous et votre capitale... Vous faites tuer Schmidt, un général que nous aimons tous, et vous vous félicitez de la victoire? On ne saurait rien inventer de plus irritant que cela! C'est comme un fait exprès, comme un fait exprès! Et puis, que vous remportiez effectivement un brillant succès, que l'archiduc Charles même en ait un de son côté, cela changerait-il quelque chose à la marche générale des affaires? Maintenant il est trop tard : Vienne est occupée par les troupes françaises!

— Comment, occupée? Vienne est occupée?

— Non seulement occupée, mais Bonaparte est à Schœnbrünn, et notre aimable comte Wrbna s'y rend pour prendre ses ordres. »

A cause de sa fatigue, des différentes impressions de son voyage et de sa réception par le ministre, à cause surtout de l'influence du dîner, Bolkonsky commençait à sentir confusément qu'il ne saisissait pas bien toute la gravité de ces nouvelles.

« Le comte Lichtenfeld, que j'ai vu ce matin, continua Billbine, m'a montré une lettre pleine de détails sur une revue des Français à Vienne, sur le prince Murat et tout son tremblement. Vous voyez donc bien que votre victoire n'a rien de bien réjouissant et qu'on ne saurait vous recevoir en sauveur!

— Je vous assure que, pour ma part, j'y suis très indifférent, reprit le prince André, qui commençait à se rendre compte du peu de valeur de l'engagement de Krems, en comparaison d'un événement aussi important que l'occupation d'une capitale :

« Comment? Vienne est occupée? Comment, et la fameuse tête de pont, et le prince Auersperg, qui était chargé de la défense de Vienne?

— Le prince Auersperg est de notre côté, pour notre défense, et s'en acquitte assez mal, et Vienne est de l'autre côté; quant au pont, il n'est pas encore pris et ne le sera pas, je l'espère; il est miné, avec ordre de le faire sauter; sans cela nous serions déjà dans les montagnes de la Bohême et vous auriez passé, vous et votre armée, un vilain quart d'heure entre deux feux.

— Cela ne veut pourtant pas dire, reprit le prince André, que la campagne soit finie?

— Et moi, je crois qu'elle l'est. Nos gros bonnets d'ici le pensent également, sans oser le dire. Il arrivera ce que j'ai prédit dès le début. Ce n'est pas votre échauffourée de Diernstein, ce n'est pas la poudre qui tranchera la question, mais ce sont ceux qui l'ont inventée. »

Bilibine venait de répéter un de ses mots; il reprit au bout d'une seconde, en déplissant son front :

« Toute la question est dans le résultat de l'entrevue de l'empereur Alexandre avec le roi de Prusse à Berlin. Si la Prusse entre dans l'alliance, on force la main à l'Autriche, et il y aura guerre, sinon il n'y a plus qu'à s'entendre sur le lieu de réunion pour poser les préliminaires d'un nouveau Campo-Formio.

— Quel merveilleux génie et quel bonheur il a! s'écria le prince André, en frappant la table de son poing fermé.

— Bonaparte? demanda interrogativement Bilibine, en replissant son front, c'était le signe avant-coureur d'un mot : Buonaparte? continua-t-il en accentuant l' « u » ; mais j'y pense, maintenant qu'il dicte de Schœnbrünn des lois à l'Autriche, il faut lui faire grâce de l' « u » ! Je me décide à cette suppression et je l'appellerai désormais Bonaparte, tout court.

— Voyons, sans plaisanterie, croyez-vous que la campagne soit terminée?

— Voici ce que je crois : l'Autriche, cette fois, a été le dindon de la farce; elle n'y est pas habituée et elle prendra sa revanche. Elle a été le dindon, premièrement : parce que les provinces sont ruinées (l'orthodoxe, vous le savez, est terrible pour le pillage), l'armée détruite, la capitale prise, et tout cela pour les beaux yeux de Sa Majesté de Sardaigne; et secondement, ceci, mon cher, entre nous, je sens d'instinct qu'on nous trompe, je flaire des rapports et des projets de paix avec la France, d'une paix secrète conclue séparément.

— C'est impossible, ce serait trop vilain.

— Qui vivra verra, » repartit Bilibine.

Et le prince André se retira dans la chambre qui lui avait été préparée.

Une fois étendu entre des draps bien blancs, la tête sur des oreillers parfumés et moelleux, le prince André sentit malgré lui que la bataille dont il avait apporté la nouvelle passait de plus en plus à l'état de vague souvenir. Il ne pensait plus qu'à l'alliance prussienne, à la trahison de l'Autriche, au nouveau triomphe de Bonaparte, à la revue et à la réception de l'empereur François, pour le lendemain. Il ferma les yeux, et au même instant le bruit de la canonnade, de la fusillade et des roues éclata dans ses oreilles. Il voyait les soldats descendre un à un le long des montagnes, il entendait le tir des Français, il était là avec Schmidt au premier rang, les balles sifflaient gaiement autour de lui, et son cœur tressaillait et s'emplissait d'une folle exubérance de vie, comme il n'en avait jamais ressentie depuis son enfance. Il se réveilla en sursaut :

« Oui, oui, c'était bien cela ! »

Et il se rendormit heureux, avec un sourire d'enfant, du profond sommeil de la jeunesse.

X

Le lendemain, il se réveilla tard, et, rassemblant ses idées, il se rappela tout d'abord qu'il devait se présenter le jour même à l'empereur François; et toutes les impressions de la veille, l'audience du ministre, la politesse exagérée de l'aide de camp, sa conversation avec Bilibine, traversèrent en foule son cerveau. Ayant endossé, pour se rendre au palais, la grande tenue qu'il n'avait pas portée depuis longtemps, gai et dispos, le bras en écharpe, il entra, en passant, chez son hôte, où se trouvaient déjà quatre jeunes diplomates, entre autres le prince Hippolyte Kouraguine, secrétaire à l'ambassade de Russie, que Bolkonsky connaissait.

Les trois autres, que Bilibine lui nomma, étaient des jeunes gens du monde, élégants, riches, aimant le plaisir, qui formaient ici, comme à Vienne, un cercle à part, dont il était la tête et qu'il appelait « les nôtres ». Ce cercle, composé presque exclusivement de diplomates, avait ses intérêts en dehors de la guerre et de la politique. La vie du grand monde, leurs relations avec quelques femmes et leur service de chancellerie occupaient seuls leurs loisirs. Ces messieurs firent au prince André l'honneur très rare de le recevoir avec empressement, comme un des leurs. Par politesse et comme entrée en matière, ils daignèrent lui adresser quelques questions au sujet de l'armée et de la bataille, pour reprendre ensuite leur conversation vive et légère, pleine de gaies saillies et de critiques sans valeur.

« Et voici le bouquet! dit l'un d'eux qui racontait la déconvenue d'un collègue : le chancelier lui assure à lui-même que sa nomination à Londres est un avancement, qu'il doit la considérer comme telle : vous représentez-vous sa figure à ces mots?

— Et moi, messieurs, je vous dénonce Kouraguine, le terrible Don Juan, qui profite du malheur d'autrui. »

Le prince Hippolyte était étalé dans un fauteuil à la Voltaire, les jambes jetées négligemment par-dessus les bras du fauteuil :

« Voyons, parlez-moi de cela, dit-il en riant.

— Oh! Don Juan! oh! serpent! dirent plusieurs voix.

— Vous ne savez probablement pas, Bolkonsky, reprit Bilibine, que toutes les atrocités commises par l'armée française, j'allais dire par l'armée russe, ne sont rien en comparaison des ravages causés par cet homme parmi nos dames.

— La femme est la compagne de l'homme, » dit le prince Hippolyte, en regardant ses pieds à travers son monocle.

Bilibine et « les nôtres » éclatèrent de rire, et le prince André put constater que cet Hippolyte dont il avait été, il faut l'avouer, presque jaloux, était le plastron de cette société.

« Il faut que je vous fasse les honneurs de Kouraguine, dit Bilibine tout bas; il est charmant dans ses dissertations politiques; vous allez voir avec quelle importance.... »

Et s'approchant d'Hippolyte, le front plissé, il entama sur les événements du jour une discussion qui attira aussitôt l'attention générale.

« Le cabinet de Berlin ne peut pas exprimer un sentiment d'alliance, commença Hippolyte en regardant son auditoire avec assurance, sans exprimer.... comme dans sa dernière note.... vous comprenez.... vous comprenez.... Puis, si S. M. l'empereur ne déroge pas aux principes, notre alliance.... attendez, je n'ai pas fini.... »

Et saisissant la main du prince André :

« Je suppose que l'intervention sera plus forte que la non-intervention et.... on ne pourra pas imputer à fin de non-recevoir notre dépêche du 28 novembre; voilà comment tout cela finira.... »

Et il lâcha la main du prince André.

« Démosthènes, je te reconnais au caillou que tu as caché dans ta bouche d'or [1], » s'écria Bilibine, qui, pour mieux témoigner sa satisfaction, semblait avoir fait descendre sur son front toute sa forêt de cheveux.

Hippolyte, riant plus fort et plus haut que les autres, avait pourtant l'air de souffrir de ce rire forcé qui tordait en tous sens sa figure habituellement apathique.

« Voyons, messieurs, dit Bilibine, Bolkonsky est mon hôte et je tiens, autant qu'il est en mon pouvoir, à le faire jouir de tous les plaisirs de Brünn. Si nous étions à Vienne, ce serait bien plus facile, mais ici, dans ce vilain trou morave, je vous demande votre aide : il faut lui faire les honneurs de Brünn. Chargez-vous du théâtre, je me charge de la société. Quant à vous, Hippolyte, la question du beau sexe vous regarde.

— Il faudra lui montrer la ravissante Amélie, s'écria un « des nôtres », en baisant le bout de ses doigts.

— Oui, il faudra inspirer à ce sanguinaire soldat des sentiments plus humains, ajouta Bilibine.

— Il me sera difficile, messieurs, de profiter de vos aimables dispositions à mon égard, objecta Bolkonsky, en regardant à sa montre, car il est temps que je sorte.

— Où allez-vous donc?

— Je me rends chez l'Empereur.

— Oh! oh! Alors au revoir, Bolkonsky!

— Au revoir, prince; revenez dîner avec nous, nous nous chargerons de vous.

— Ecoutez, lui dit Bilibine, en le reconduisant dans l'antichambre, vous ferez bien, dans votre entrevue avec l'Empereur, de donner des éloges à l'intendance, pour sa manière de distribuer les vivres et de désigner les étapes.

— Quand même je le voudrais, je ne le pourrais pas, répondit Bolkonsky.

1. En français dans le texte. (*Note du traducteur.*)

— Eh bien! parlez pour deux, car il a la passion des audiences sans jamais trouver un mot à dire, comme vous le verrez. »

XI

Le prince André, placé sur le passage de l'Empereur, dans le groupe des officiers autrichiens, eut l'honneur d'attirer son regard et de recevoir un salut de sa longue tête. La cérémonie achevée, l'aide de camp de la veille vint poliment transmettre à Bolkonsky le désir de Sa Majesté de lui donner audience. L'empereur François le reçut debout au milieu de son cabinet, et le prince André fut frappé de son embarras : il rougissait à tout propos et semblait ne savoir comment s'exprimer :

« Dites-moi à quel moment a commencé la bataille? » demanda-t-il avec précipitation.

Le prince André, l'ayant satisfait sur ce point, se vit bientôt obligé de répondre à d'autres demandes tout aussi naïves.

« Comment se porte Koutouzow? Quand a-t-il quitté Krems?.... » etc....

L'Empereur paraissait n'avoir qu'un but : poser un certain nombre de questions; quant aux réponses, elles ne l'intéressaient guère.

« A quelle heure la bataille a-t-elle commencé?

— Je ne saurais préciser à Votre Majesté l'heure à laquelle la bataille s'est engagée sur le front des troupes, car à Diernstein, où je me trouvais, la première attaque a eu lieu à six heures du soir, » reprit vivement Bolkonsky.

Il comptait présenter à l'Empereur une description exacte, qu'il tenait toute prête, de ce qu'il avait vu et appris.

L'Empereur lui coupa la parole, puis lui demanda en souriant :

« Combien de milles?

— D'où et jusqu'où, sire?

— De Diernstein à Krems?

— Trois milles et demi, sire.

— Les Français ont-ils quitté la rive gauche?

— D'après les derniers rapports de nos espions, les derniers Français ont traversé la rivière la même nuit sur des radeaux.

— Y a-t-il assez de fourrages à Krems?

— Pas en quantité suffisante. »

L'Empereur l'interrompit de nouveau :

« A quelle heure a été tué le général Schmidt ?

— A sept heures, je crois.

— A sept heures?... c'est bien triste, bien triste! »

Là-dessus, l'ayant remercié, il le congédia. Le prince André sortit et se vit aussitôt entouré d'un grand nombre de courtisans; il n'y avait plus pour lui que phrases flatteuses et regards bienveillants, jusqu'à l'aide de camp, qui lui fit des reproches de ne pas s'être logé au palais et lui offrit même sa maison. Le ministre de la guerre le félicita pour la décoration de l'ordre de Marie-Thérèse de 3e classe que l'Empereur venait de lui conférer; le chambellan de l'Impératrice l'engagea à passer chez Sa Majesté; l'archiduchesse désirait également le voir. Il ne savait à qui répondre et cherchait à rassembler ses idées, lorsque l'ambassadeur de Russie, lui touchant l'épaule, l'entraîna dans l'embrasure d'une fenêtre pour causer avec lui.

En dépit des prévisions de Bilibine, la nouvelle qu'il avait apportée avait été reçue avec joie, et un *Te Deum* avait été commandé. Koutouzow venait d'être nommé grand-croix de Marie-Thérèse, et toute l'armée recevait des récompenses. Grâce aux invitations qui pleuvaient sur lui de tous côtés, le prince André fut obligé de consacrer toute sa matinée à des visites chez les hauts dignitaires autrichiens. Après les avoir terminées, vers cinq heures du soir, il retournait chez Bilibine, et composait, chemin faisant, la lettre qu'il voulait écrire à son père et dans laquelle il lui décrivait sa course à Brünn, lorsque devant le perron il aperçut une britchka plus d'à moitié remplie d'objets emballés, et Franz, le domestique de Bilibine, y introduisant avec effort une nouvelle malle.

Le prince André, qui s'était arrêté en route chez un libraire pour y prendre quelques livres, s'était attardé.

« Qu'est-ce que cela veut dire?

— Ah! Excellence! s'écria Franz, nous allons plus loin : le scélérat est de nouveau sur nos talons.

— Mais que se passe-t-il donc? demanda le prince André au moment où Bilibine, dont le visage toujours calme trahissait cependant une certaine émotion, venait à sa rencontre.

— Avouez que c'est charmant cette histoire du pont de Thabor!.... Ils l'ont passé sans coup férir! »

Le prince André écoutait sans comprendre.

« Mais d'où venez-vous donc, pour ignorer ce que savent tous les cochers de fiacre?

— Je viens de chez l'archiduc, et je n'y ai rien appris.

— Et vous n'avez pas remarqué que chacun fait ses paquets?

— Je n'ai rien vu! Mais enfin qu'y a-t-il donc? reprit-il avec impatience.

— Ce qu'il y a? Il y a que les Français ont passé le pont défendu par d'Auersperg, qui ne l'a pas fait sauter, que Murat arrive au grand galop sur la route de Brünn et que, sinon aujourd'hui, du moins demain ils seront ici.

— Comment, ici? mais puisque le pont était miné, pourquoi ne l'avoir pas fait sauter?

— C'est à vous que je le demande, car personne, pas même Bonaparte, ne le saura jamais! »

Bolkonsky haussa les épaules :

« Mais si le pont est franchi, l'armée est perdue, elle sera coupée!

— C'est justement là le *hic*... Écoutez : Les Français occupent Vienne, comme je vous l'ai déjà dit, tout va très bien. Le lendemain, c'est-à-dire hier au soir, messieurs les maréchaux Murat, Lannes et Belliard [1] montent à cheval et vont examiner le pont; remarquez bien, trois Gascons! Messieurs, dit l'un d'eux, vous savez que le pont de Thabor est miné et contreminé, qu'il est défendu par cette fameuse tête de pont que vous savez, et quinze mille hommes de troupes qui ont reçu l'ordre de le faire sauter pour nous barrer le passage. Mais comme il serait plus qu'agréable à notre Empereur et maître, Napoléon, de s'en emparer, allons-y tous trois et emparons-nous-en. « Allons, » répondirent les autres. Et les voilà qui partent, qui prennent le pont, le franchissent, et toute l'armée à leur suite passe le Danube, se dirigeant sur nous, sur vous et sur vos communications.

— Trêve de plaisanteries, repartit le prince André, le sujet est grave et triste. »

Et cependant, malgré l'ennui qu'aurait dû lui causer cette fâcheuse nouvelle, il éprouvait une certaine satisfaction. Depuis qu'il avait appris la situation désespérée de l'armée russe, il se croyait destiné à la tirer de ce péril : c'était pour lui le

1. Le traducteur croit devoir relever l'erreur commise par M. Bilibine au sujet du général Belliard, qui n'a jamais été maréchal.

Toulon qui allait le faire sortir de la foule obscure de ses camarades et lui ouvrir le chemin de la gloire. Tout en écoutant Bilibine, il se voyait déjà arrivant au camp, donnant son avis au conseil de guerre, et proposant un plan qui pourrait seul sauver l'armée; naturellement on lui en confiait l'exécution.

« Je ne plaisante pas, continua Bilibine, rien de plus vrai, rien de plus triste ! Ces messieurs arrivent seuls sur le pont et agitent leurs mouchoirs blancs, ils assurent qu'il y a un armistice et qu'eux, maréchaux, vont conférer avec le prince Auersperg; l'officier de garde les laisse entrer dans la tête du pont. Ils lui racontent un tas de gasconnades : que la guerre est finie, que l'empereur François va recevoir Bonaparte, que, quant à eux, ils vont chez le prince Auersperg... et mille autres contes bleus. L'officier envoie chercher Auersperg. Ces messieurs embrassent leurs ennemis, plaisantent avec eux, enfourchent les canons, pendant qu'un bataillon français arrive tout doucement sur le pont et jette à l'eau les sacs de matières inflammables ! Enfin paraît le général-lieutenant, notre cher prince Auersperg von Nautern.

« Cher ennemi, fleur des guerriers, autrichiens, héros des « campagnes de Turquie, trêve à notre inimitié, nous pouvons « nous tendre la main, l'empereur Napoléon brûle du désir de « connaître le prince Auersperg ! »

« En un mot, ces messieurs, qui n'étaient pas Gascons pour rien, lui jettent tant de poudre aux yeux avec leurs belles phrases, et lui, de son côté, se sent tellement honoré de cette intimité soudaine avec des maréchaux de France, si aveuglé par le manteau et les plumes d'autruche de Murat, qu'il n'y voit que du feu, et oublie celui qu'il devait faire sur l'ennemi ! »

Malgré la vivacité de son récit, Bilibine n'oublia pas de s'arrêter pour donner le temps au prince André d'apprécier le mot qu'il venait de lancer.

« Le bataillon français entre dans la tête du pont, encloue les canons, et le pont est à eux ! Mais voilà le plus joli, continua-t-il en laissant au plaisir qu'il trouvait à sa narration le soin de calmer son émotion.... Le sergent posté près du canon, au signal duquel on devait mettre le feu à la mine, voyant accourir les Français, était sur le point de tirer, lorsque Lannes lui arrêta le bras. Le sergent, plus fin que son général, s'approcha d'Auersperg et lui dit ceci ou à peu près :

« Prince, on vous trompe et voilà les Français! »

Murat, craignant de voir l'affaire compromise s'il le laissait continuer, s'adresse de son côté, en vrai Gascon, à d'Auersperg avec une feinte surprise :

« Je ne reconnais pas la discipline autrichienne tant vantée; comment, vous permettez à un de vos subalternes de vous parler ainsi! ».... Quel trait de génie!....

Le prince Auersperg se pique d'honneur et fait mettre le sergent aux arrêts! Avouez que c'est charmant, toute cette histoire du pont de Thabor!

« Ce n'est ni bêtise, ni lâcheté.... c'est trahison peut-être! s'écria le prince André, qui se représentait les capotes grises, les blessés, la fumée de la poudre, la canonnade et la gloire qui l'attendait.

— Nullement, cela met la cour dans de trop mauvais draps; ce n'est ni trahison, ni lâcheté, ni bêtise; c'est comme à Ulm: c'est.... cherchant une pointe.... c'est du Mack, nous sommes Mackés, dit-il en terminant, tout fier d'avoir trouvé un mot, un mot tout neuf, un de ces mots qui seraient répétés partout, et son front se déplissa en signe de satisfaction, pendant qu'il regardait ses ongles, le sourire sur les lèvres.

— Où allez-vous? dit-il au prince André, qui s'était levé.

— Je pars.

— Pour où?

— Pour l'armée!

— Mais vous pensiez rester encore deux jours?

— C'est impossible, je pars à l'instant. »

Et le prince André, ayant donné ses ordres, rentra dans sa chambre.

« Écoutez, mon cher, lui dit Bilibine en l'y rejoignant, pourquoi partez-vous? »

Le prince André l'interrogea du regard, sans lui répondre.

« Mais oui, pourquoi partez-vous? Je sais bien, vous pensez qu'il est de votre devoir de vous rendre à l'armée, maintenant qu'elle est en danger; je vous comprends, c'est de l'héroïsme!

— Pas le moins du monde.

— Oui, vous êtes philosophe, mais soyez-le complètement! Envisagez les choses d'un autre point de vue, et vous verrez que votre devoir est au contraire de vous garder de tout péril. Que ceux qui ne sont bons qu'à cela s'y jettent; on ne vous a pas donné l'ordre de revenir, et ici on ne vous lâchera pas!

Ainsi donc, vous pouvez rester et nous suivre là où nous entraînera notre malheureux sort. On va à Olmütz, dit-on; c'est une fort jolie ville : nous pourrions y arriver dans ma calèche fort agréablement.

— Pour Dieu, cessez vos plaisanteries, Bilibine.

— Je vous parle sérieusement et en ami. Jugez-en : pourquoi partez-vous quand vous pouvez rester ici? De deux choses l'une : ou bien la paix sera conclue avant que vous arriviez à l'armée; ou bien il y aura une débâcle, et vous partagerez la honte de l'armée de Koutouzow.... »

Et Bilibine déplissa son front, convaincu que son dilemme était irréfutable.

« Je ne puis pas en juger, » répondit froidement le prince André.

Et au fond de son cœur il pensait :

« Je pars pour sauver l'armée!

— Mon cher, vous êtes un héros! » lui cria Bilibine.

XII

Après avoir pris congé du ministre de la guerre, Bolkonsky partit dans la nuit avec l'intention de rejoindre l'armée, qu'il ne savait plus où trouver, et avec la crainte de tomber entre les mains des Français.

A Brünn, la cour faisait ses préparatifs de départ, et le gros des bagages était déjà expédié sur Olmütz.

En arrivant aux environs d'Etzelsdorf, le prince André se trouva tout à coup sur le passage de l'armée russe, qui se retirait en grande hâte et en désordre, et dont les nombreux chariots qui encombraient la route empêchèrent sa voiture d'avancer. Après avoir demandé au chef des cosaques un cheval et un homme, le prince André, fatigué et mourant de faim, dépassa les fourgons pour s'élancer à la recherche du général en chef. Les bruits les plus tristes arrivaient à ses oreilles tout le long du chemin, et la confusion qu'il voyait autour de lui ne semblait que trop les confirmer.

« Cette armée russe que l'or de l'Angleterre a transportée des extrémités de l'univers, nous allons lui faire éprouver le même sort (le sort d'Ulm), » avait dit Bonaparte dans son ordre du jour, à l'ouverture de la campagne! Ces paroles, subitement revenues à la mémoire du prince André, éveillaient en lui un sentiment d'admiration pour ce grand génie, joint à une impression d'orgueil blessé que traversait l'espoir d'une prochaine revanche :

« Et s'il ne restait plus qu'à mourir? pensait-il; eh bien, on saura mourir, et pas plus mal qu'un autre, s'il le faut. »

Il regardait avec dédain ces files innombrables de charrettes, de parcs d'artillerie, s'enchevêtrant, se confondant l'un dans l'autre, et plus loin encore et toujours des charrettes, des chariots de toute forme se dépassant, se heurtant et s'interceptant le passage, en trois ou quatre rangs serrés, sur la large route boueuse. Devant, derrière, aussi loin que l'on pouvait percevoir un son, on entendait de tous côtés le bruit des roues, des charrettes, des affûts, le piétinement des chevaux, les cris des conducteurs pressant leurs attelages, les jurons des soldats, des domestiques et des officiers. Sur les bords du chemin on voyait à chaque pas des chevaux morts, dont quelques-uns étaient déjà écorchés, des charrettes à moitié brisées, des soldats de toute arme sortant en foule des villages voisins, et traînant à leur suite des moutons, des poules, du foin et de grands sacs pleins jusqu'au bord; aux descentes et aux montées, les groupes devenaient plus compacts, et leurs cris confus se fondaient en une clameur ininterrompue. Quelques soldats enfoncés dans la boue jusqu'aux genoux soutenaient les roues des avant-trains et des fourgons; les fouets sifflaient dans l'air, les chevaux glissaient, les traits se rompaient et les vociférations semblaient faire éclater les poitrines. Les officiers, surveillant la marche, galopaient en avant et en arrière; leurs figures harassées trahissaient leur impuissance à rétablir l'ordre, et leurs commandements se noyaient dans le brouhaha de cette houle humaine.

« Voilà la chère armée orthodoxe! » se dit Bolkonsky, en se rappelant les paroles de Bilibine et en s'approchant d'un fourgon pour s'enquérir du général en chef.

Une voiture de forme étrange, traînée par un cheval, tenant le milieu entre la charrette, la calèche et le cabriolet, et dont les matériaux hétérogènes accusaient une fabrication de circonstance, frappa ses regards à quelques pas de lui; un soldat la conduisait, et l'on apercevait, sous la capote et le tablier de cuir, une femme tout enveloppée de châles. Au moment de faire sa question, le prince André en fut détourné par les cris désespérés que poussait cette femme. L'officier placé à la tête de la file battait son conducteur parce qu'il essayait de dépasser les autres, et les coups de fouet cinglaient le tablier de la voiture. A la vue du prince André, la femme avança la tête, et, faisant des signes réitérés de la main, elle l'interpella :

« Monsieur l'aide de camp, monsieur l'aide de camp, pitié, de grâce, défendez-moi ! qu'est-ce qui va m'arriver ? Je suis la femme du médecin du 7e chasseurs ; on ne nous laisse pas passer, nous sommes restés en arrière, nous avons perdu les nôtres !

— Arrière, ou je t'aplatirai comme une galette, criait l'officier en colère au soldat, arrière avec ta coquine !

— Monsieur l'aide de camp, défendez-moi, que me veut-on ?

— Laissez passer cette voiture, ne voyez-vous pas qu'il y a une femme dedans ? » dit le prince André, en s'adressant à l'officier.

Celui-ci le regarda sans répondre et, se tournant vers le soldat :

« Ah ! oui, que je te laisserai passer.... Arrière, animal !

— Laissez-le passer, vous dis-je, reprit le prince André.

— Qui es-tu, toi ? » demanda l'officier hors de lui.

Et il appuya sur le « toi ».

« Es-tu le chef ici ? C'est moi qui suis le chef, et pas toi, entends-tu bien ?... Et toi, là-bas, arrière, ou je t'aplatis comme une galette ! continua-t-il en répétant l'expression, qui lui avait plu sans doute.

— Bien arrangé, le petit aide de camp ! » dit une voix dans la foule.

L'officier était arrivé à ce paroxysme de fureur qui enlève aux gens la conscience de leurs actes, et le prince André sentit un moment que son intervention frisait le ridicule, la chose qu'il craignait le plus au monde ; mais, son instinct prenant le dessus, il se laissa à son tour emporter par une colère folle, et il s'approcha de l'officier en levant son fouet et en scandant ces mots :

« Veuillez laisser passer ! »

L'officier fit un geste de mauvaise humeur et se hâta de s'éloigner :

« C'est toujours leur faute à ceux-là de l'état-major, le désordre et tout le bataclan, grommela-t-il ; eh bien, faites comme vous voudrez. »

Le prince André se hâta à son tour et, sans lever les yeux sur la femme du médecin, qui l'appelait son sauveur, repassant dans sa tête les détails de cette scène ridicule, il galopa jusqu'au village, où se trouvait, lui avait-on dit, le général en chef. Arrivé là, il descendit de cheval, dans l'intention de manger un peu, de se reposer un instant et de mettre de l'ordre dans le trouble pénible de ses impressions :

« C'est une troupe de bandits, ce n'est pas une armée, » pensait-il, lorsqu'une voix connue l'appela par son nom.

Il se retourna, et il aperçut à une petite fenêtre Nesvitsky, qui mâchonnait quelque chose et lui faisait de grands gestes.

« Bolkonsky, ne m'entends-tu pas? Viens vite! »

Entré dans la maison, il y trouva Nesvitsky et un autre aide de camp, qui déjeunaient; ils s'empressèrent de lui demander d'un air alarmé s'il apportait quelque nouvelle.

« Où est le général en chef? demanda Bolkonsky.

— Ici, dans cette maison, répondit l'aide de camp.

— Eh bien, est-ce vrai, la paix et la capitulation? demanda Nesvitsky.

— C'est à vous de me le dire, je n'en sais rien, car j'ai eu toutes les peines du monde à vous rejoindre.

— Ah! mon cher, ce qui se passe chez nous est vraiment affreux.... je fais mon *mea culpa*.... nous nous sommes moqués de Mack, et notre situation est pire que la sienne; assieds-toi et déjeune, ajouta Nesvitsky.

— Il vous sera impossible, mon prince, de retrouver à présent votre fourgon et vos effets : quant à votre Pierre, Dieu sait où il est.

— Où est donc le quartier général?

— Nous couchons à Znaïm.

— Quant à moi, dit Nesvitsky, j'ai chargé sur deux chevaux tout ce dont j'ai besoin et l'on m'a fait d'excellents bâts qui résisteraient même aux chemins des montagnes de la Bohême!.... Ça va mal, mon cher.... Eh bien, es-tu malade?.... il me semble que tu frissonnes?

— Je n'ai rien, » répondit le prince André.

Et il se rappela au même instant sa rencontre avec la femme du médecin et l'officier du train.

« Que fait ici le général en chef?

— Je n'y comprends rien, répondit Nesvitsky.

— Et moi, je ne comprends qu'une chose : c'est que tout ça est déplorable, » dit le prince André.

Et il se rendit chez Koutouzow; il remarqua, en passant, sa voiture et les chevaux de sa suite harassés, éreintés, entourés de cosaques et de gens de service, qui causaient à haute voix entre eux. Koutouzow lui-même était dans la chaumière avec Bagration et Weirother (c'était le nom du général autrichien qui remplaçait le défunt Schmidt). Dans le vestibule, le petit Koslovsky, la figure fatiguée par les veilles, assis sur ses talons, dictait des ordres à un secrétaire, qui les griffonnait à la hâte sur un tonneau renversé. Koslovsky jeta un coup d'œil à l'arrivant, sans se donner le temps de le saluer :

« A la ligne.... as-tu écrit?... Le régiment des grenadiers de Kiew, le régiment de....

— Impossible de vous suivre, Votre Haute Noblesse, » répliqua le secrétaire d'un ton de mauvaise humeur.

Au même moment, on entendait à travers la porte la voix animée et mécontente du général en chef, à laquelle répondait une autre voix complètement inconnue. Le bruit de cette conversation, l'inattention de Koslovsky, le manque de respect de l'écrivain à bout de forces, cette étrange installation autour d'un tonneau dans le voisinage du commandant en chef, les rires bruyants des cosaques sous les fenêtres, tous ces détails firent pressentir au prince André qu'il avait dû se passer quelque chose de grave et de malheureux.

Il adressa aussitôt une kyrielle de questions à l'aide de camp.

« A l'instant, mon prince, répondit celui-ci. Bagration est chargé de la disposition des troupes.

— Et la capitulation?

— Il n'y en a pas, on se prépare à une bataille. »

Au moment où le prince André se dirigeait vers la porte de la pièce voisine, Koutouzow, avec son nez aquilin, et sa figure rebondie, parut sur le seuil. Le prince André se trouvait juste en face de lui, mais le général en chef le regardait sans le reconnaître; à l'expression vague de son œil unique on voyait que les soucis et les préoccupations l'absorbaient au point de l'isoler du monde extérieur.

« Est-ce fini? demanda-t-il à Koslovsky.

— A l'instant, Votre Excellence. »

Bagration avait suivi le général en chef : petit de taille, sec, encore jeune, sa figure, d'un type oriental, attirait l'attention par son expression de calme et de fermeté.

« Excellence!... »

Et le prince André tendit une enveloppe à Koutouzow.

« Ah! de Vienne, c'est bien.... »

Il sortit de la chambre avec Bagration et ils s'arrêtèrent tous deux sur le perron.

« Ainsi donc, adieu, prince, dit-il à Bagration. Que le Sauveur te garde, je te bénis pour cette grande entreprise! »

Il s'attendrit, et ses yeux s'humectèrent de larmes; l'attirant à lui de son bras gauche, il fit de la main droite sur son front le signe de la croix, geste qui lui était familier, et lui tendit sa joue à baiser, mais Bagration l'embrassa au cou :

« Que Dieu soit avec toi! »

Et il monta en calèche.

« Viens avec moi, dit-il à Bolkonsky.

— Votre Excellence, j'aurais désiré me rendre utile ici.... Si vous vouliez me permettre de rester sous les ordres du prince Bagration?

— Assieds-toi, reprit Koutouzow en voyant l'indécision de Bolkonsky. J'ai moi-même besoin de bons officiers.

— Si demain la dixième partie de son détachement nous revient, il faudra en remercier Dieu! » ajouta-t-il comme se parlant à lui-même.

Le regard du prince André se fixa involontairement pour une seconde sur l'œil absent et la cicatrice à la tempe de Koutouzow, double souvenir d'une balle turque :

« Oui, se dit-il, il a le droit de parler avec calme de la perte de tant d'hommes.

— C'est pour cela, continua-t-il tout haut, que je vous supplie de m'envoyer là-bas. »

Koutouzow ne répondit rien : plongé dans ses réflexions, il semblait avoir oublié ce qu'il venait de dire. Doucement bercé sur les coussins de sa calèche, il tourna un instant après vers le prince André une figure calme, sur laquelle on aurait vainement cherché la moindre trace d'émotion, et, tout en raillant finement, il se fit raconter par Bolkonsky son entrevue avec l'empereur, les on-dit de la cour sur l'engagement de Krems, et le questionna même au sujet de quelques dames que tous deux connaissaient.

XIII

Le 1er novembre, Koutouzow avait reçu d'un de ses espions un rapport d'après lequel il jugeait son armée dans une position presque sans issue. Les Français, après le passage du pont, disait le rapport, marchaient en forces considérables pour intercepter sa jonction avec les troupes venant de Russie. Si Koutouzow se décidait à rester à Krems, les cent cinquante mille hommes de Napoléon couperaient ses communications, en entourant ses quarante mille soldats fatigués et épuisés, et il se trouverait dans la position de Mack à Ulm; s'il abandonnait la grande voie de ses communications avec la Russie, il devrait se jeter, en défendant sa retraite pas à pas, dans les montagnes inconnues et dépourvues de routes de la Bohême, et perdre par suite tout espoir de se réunir à Bouksevden. Si enfin il se décidait à se replier de Krems sur Olmütz, pour rejoindre ses nouvelles forces, il risquait d'être devancé par les Français, et forcé d'accepter la bataille, pendant sa marche et avec tout son train de bagages derrière lui, contre un ennemi trois fois plus nombreux, qui le cernerait de deux côtés. Il choisit cependant cette dernière alternative.

Les Français s'avançaient à marches forcées vers Znaïm, sur la ligne de retraite de Koutouzow, mais toutefois à 100 verstes devant lui. Se laisser devancer par eux, c'était pour les Russes la honte d'Ulm et la perte complète de l'armée; il n'y avait d'autre chance de la sauver, que d'atteindre ce point avant l'armée française; mais la réussite devenait impossible avec une masse de quarante mille hommes. Le chemin que l'ennemi avait à parcourir de Vienne à Znaïm était meilleur et plus direct que celui de Koutouzow de Krems à Znaïm.

A la réception de cette nouvelle, il avait expédié, à travers les montagnes, Bagration et son avant-garde de quatre mille hommes sur la route de Vienne à Znaïm. Bagration avait ordre d'opérer cette marche sans s'arrêter, de se placer de façon à avoir Vienne devant lui, Znaïm derrière, et si, grâce à sa bonne étoile, il réussissait à arriver le premier, de retenir l'ennemi autant qu'il le pourrait, pendant que Koutouzow, avec tout son train de campagne, s'écoulerait vers Znaïm.

Après avoir réussi à franchir 45 verstes de montagnes sans chemins frayés, par une nuit orageuse, et avec des soldats affamés et mal chaussés, Bagration, ayant perdu en traînards le tiers de ses hommes, déboucha à Hollabrünn sur la route de Vienne à Znaïm, quelques heures avant les Français. Afin de donner à Koutouzow les vingt-quatre heures indispensables pour atteindre son but, ses quatre mille hommes, épuisés de fatigue, devaient arrêter l'ennemi à Hollabrünn et sauver ainsi l'armée, ce qui etait en réalité impossible. Mais la fortune capricieuse rendit l'impossible possible. Le succès de la ruse qui avait livré aux Français, sans coup férir, le pont de Vienne, inspira à Murat la pensée d'en tenter une du même genre avec Koutouzow. Rencontrant le faible détachement de Bagration, il s'imagina avoir devant lui l'armée tout entière. Sûr de l'écraser dès qu'il aurait reçu les renforts qu'il attendait, il lui proposa un armistice de trois jours, pendant lequel chacun d'eux conserverait ses positions respectives. Pour être plus sûr de l'obtenir, il confirma que les préliminaires de la paix étaient en discussion, et que par conséquent il était inutile de verser le sang. Le général autrichien Nostitz, placé aux avant-postes, le crut sur parole et, en se repliant, démasqua Bagration. Un autre parlementaire porta dans le camp russe les mêmes assurances mensongères. Bagration répondit qu'il ne pouvait ni accepter, ni refuser l'armistice, et qu'il devait avant tout en référer au général en chef, auquel il allait envoyer son aide de camp. Cette proposition était le salut de l'armée; aussi Koutouzow dépêcha-t-il immédiatement à l'ennemi l'aide de camp Wintzengerode, chargé non seulement d'accepter l'armistice, mais aussi de poser les conditions d'une capitulation. Il expédia en même temps d'autres ordres en arrière, pour presser la marche de l'armée, que l'ennemi ignorait encore parce qu'elle s'opérait derrière les faibles troupes de Bagration, restées immobiles devant des forces huit fois plus considérables. Les prévisions de Koutouzow se réalisèrent. Ses propositions ne l'engageaient à rien et lui faisaient gagner un temps précieux; car la faute de Murat ne pouvait tarder à être découverte. Aussitôt que Bonaparte, établi à Schœnbrünn, à 25 verstes de Hollabrünn, reçut le rapport de Murat contenant les projets d'armistice et de capitulation, il comprit qu'on l'avait joué et lui écrivit la lettre suivante :

Au prince Murat.

« Schœnbrunn, 25 brumaire (16 novembre), an 1805, huit heures du matin.

« Il m'est impossible de trouver des termes pour vous exprimer mon mécontentement. Vous ne commandez que mon avant-garde, et vous n'avez pas le droit de faire d'armistice sans mon ordre. Vous me faites perdre le fruit d'une campagne. Rompez l'armistice sur-le-champ et marchez à l'ennemi. Vous lui ferez déclarer que le général qui a signé cette capitulation n'avait pas le droit de le faire, qu'il n'y a que l'empereur de Russie qui ait ce droit.

« Toutefois, cependant, que l'empereur de Russie ratifierait ladite convention, je la ratifierai, mais ce n'est qu'une ruse. Marchez, détruisez l'armée russe... vous êtes en position de prendre son bagage et son artillerie.

« L'aide de camp de Russie est un..., les officiers ne sont rien quand ils n'ont pas de pouvoirs; celui-ci n'en avait point... les Autrichiens se sont laissé jouer sur le pont de Vienne, vous vous laissez jouer par un aide de camp de l'Empereur.

« NAPOLÉON. »

L'aide de camp porteur de cette terrible épître galopait ventre à terre. Napoléon, craignant de laisser échapper sa facile proie, arrivait avec toute sa garde pour livrer bataille, tandis que les quatre mille hommes de Bagration allumaient gaiement leurs feux, se séchaient, se chauffaient pour la première fois depuis trois jours et cuisaient leur gruau, sans qu'aucun d'eux pressentît l'ouragan qui allait fondre sur eux.

XIV

L'aide de camp de Napoléon n'avait pas encore rejoint Murat, lorsque le prince André, ayant obtenu de Koutouzow l'autorisation désirée, arriva à Grounth, à quatre heures du soir, auprès de Bagration. On y était dans l'ignorance de la marche générale des affaires : on y causait de la paix sans y ajouter foi; on y parlait de la bataille sans la croire prochaine. Bagration reçut l'aide de camp favori de Koutouzow avec une distinction et une bienveillance toutes particulières; il lui annonça qu'ils étaient à la veille d'en venir aux mains avec l'ennemi, lui laissant le choix, ou d'être attaché à sa personne pendant le combat, ou de surveiller la retraite de l'arrière-garde, ce qui était également fort important.

« Du reste, je ne crois pas à un engagement pour aujourd'hui, » ajouta Bagration, comme s'il voulait tranquilliser le prince André, et intérieurement il se dit :

« Si ce n'est qu'un freluquet de l'état-major, envoyé pour recevoir une décoration, il la recevra aussi bien à l'arrière-garde; mais s'il veut rester auprès de moi, tant mieux, un brave officier n'est jamais de trop! »

Le prince André, sans répondre à sa double proposition, demanda au prince s'il voulait lui permettre d'examiner la situation et la dislocation des troupes, pour pouvoir s'orienter, le cas échéant. L'officier de service du détachement, un bel homme, d'une élégance recherchée, portant un solitaire à l'index, parlant mal mais très volontiers le français, se proposa comme guide.

On ne voyait de tous côtés que des officiers trempés jusqu'aux os, à la recherche de quelque chose, et des soldats traînant après eux des portes, des bancs et des palissades.

« Voyez, prince, nous ne parvenons pas à nous débarrasser de ces gens-là, dit l'officier d'état-major, en les désignant du doigt et en indiquant la tente d'une vivandière : les chefs sont trop faibles, ils leur permettent de se rassembler ici.... je les ai tous chassés ce matin, et la voilà de nouveau pleine. Permettez, prince, une seconde, que je les chasse encore.

— Allons-y, répondit le prince André, j'y prendrai un morceau de pain et de fromage, car je n'ai pas eu le temps de manger.

— Si vous me l'aviez dit, prince, je vous aurais offert de partager mon pain et mon sel. »

Ils quittèrent leurs chevaux et entrèrent dans la tente; quelques officiers, à la figure fatiguée et enluminée, étaient occupés à boire et à manger.

« Pour Dieu, messieurs, leur dit l'officier d'état-major d'un ton de reproche accentué, qui prouvait que ce n'était pas la première fois qu'il le leur répétait, vous savez bien que le prince a défendu de quitter son poste et de se réunir ici; » et s'adressant à un officier d'artillerie de petite taille, maigre et peu soigné, qui s'était levé à leur entrée avec un sourire contraint, et s'était déchaussé pour donner à la vivandière ses bottes à sécher. « Et vous aussi, capitaine Tonschine! N'avez-vous pas honte? En votre qualité d'artilleur, vous devriez donner l'exemple, et vous voilà sans bottes; si on bat la générale, vous serez gentil, nu-pieds. Vous allez me faire le plaisir, messieurs, de retourner à vos postes, tous, » ajouta-t-il d'un ton de commandement.

Le prince André n'avait pu s'empêcher de sourire en regardant Tonschine, qui, debout, silencieux et souriant, levait tour à tour ses pieds déchaussés, et dont les yeux, bons et intelligents, allaient de l'un à l'autre.

« Les soldats disent qu'il est plus commode d'être déchaussé, répondit humblement le capitaine Tonschine, en cherchant à sortir par une plaisanterie de sa fausse position; mais il se troubla en sentant que sa saillie avait été mal reçue.

— Retournez à vos postes, messieurs, » répéta l'officier d'état-major, qui s'efforçait de garder son sérieux.

Le prince André jeta encore un coup d'œil sur l'artilleur, dont la personnalité comique était un type à part; il n'avait rien de militaire, et cependant il produisait la meilleure impression.

Une fois sortis du village, après avoir dépassé et rencontré à chaque pas des soldats et des officiers de toute arme, ils virent à leur gauche les retranchements en terre glaise rouge qu'on était encore en train d'élever. Quelques bataillons en chemise, malgré la bise froide qui soufflait, y travaillaient comme des fourmis. Les ayant examinés, ils poursuivirent leur route et, s'en éloignant au galop, ils gravirent la montagne opposée.

Du haut de cette éminence ils aperçurent les Français.

« Là-bas est notre batterie, celle de cet original déchaussé; allons-y, mon prince, c'est le point le plus élevé, nous verrons mieux.

— Mille grâces, je trouverai mon chemin tout seul, répondit le prince André, pour se débarrasser de son compagnon; ne vous dérangez pas, je vous en supplie..... »

Et ils se séparèrent.

A dix verstes des Français, sur la route de Znaïm, parcourue par le prince André le matin même, régnaient une confusion et un désordre indescriptibles. A Grounth, il avait senti dans l'air une inquiétude et une agitation inusitées; ici, au contraire, en se rapprochant de l'ennemi, il constatait avec joie la bonne tenue et l'air d'assurance des troupes. Les soldats, vêtus de leurs capotes grises, étaient bien alignés devant le sergent-major et le capitaine, qui comptaient leurs hommes en posant le doigt sur la poitrine de chacun d'eux, et en faisant lever le bras au dernier soldat de chaque petit détachement. Quelques-uns apportaient du bois et des broussailles pour se construire des baraques, riaient et causaient entre eux; des groupes s'étaient formés autour des feux; les uns tout habillés, les autres, à moitié nus, séchaient leurs chemises, raccommodaient leurs bottes et leurs capotes, rangés en cercle autour des marmites et des cuisiniers. Dans une des compagnies la soupe était prête, et les soldats impatients suivaient des yeux la vapeur des chaudières, en attendant que le sergent de service eût porté leur soupe à goûter à l'officier, assis sur une poutre devant sa baraque.

Dans une autre compagnie, plus heureuse, car toutes n'avaient pas d'eau-de-vie, les hommes se pressaient autour d'un sergent-major qui avait une figure grêlée et de larges épaules; il leur en versait tour à tour dans le couvercle de leurs bidons, en inclinant son petit tonneau; les soldats la portaient pieusement à leurs lèvres, s'en rinçaient la bouche, essuyaient ensuite leurs lèvres sur leurs manches, et, après avoir recouvert leurs bidons, s'éloignaient gais et dispos. Tous étaient si calmes, qu'on n'aurait pu supposer, à les voir, que l'ennemi fût à deux pas. Ils semblaient plutôt se reposer à une tranquille étape dans leur pays, qu'être à la veille d'un engagement où peut-être la moitié d'entre eux resteraient sur le terrain. Le prince André, après avoir passé devant le régiment de chasseurs, atteignit les rangs serrés des grenadiers de Kiew; tout en conservant leur tournure martiale habituelle, les grenadiers étaient aussi paisiblement occupés que leurs camarades; il aperçut, non loin de la haute baraque du chef du régiment, un peloton de grenadiers devant lequel un homme nu était couché. Deux soldats le tenaient, deux autres frappaient régulièrement sur son dos avec de minces et flexibles baguettes. Le patient criait d'une façon lamentable; un gros major marchait devant le détachement et répétait, sans faire la moindre attention à ses cris :

« Il est honteux pour un soldat de voler, le soldat doit être honnête et brave; s'il a volé son camarade, c'est qu'il n'a pas le sentiment de l'honneur, c'est qu'il est un misérable! Encore! encore!..... »

Et les coups tombaient, et les cris continuaient.

Un jeune officier qui venait de s'éloigner du coupable, et dont la figure trahissait une compassion involontaire, regarda avec étonnement l'aide de camp qui passait.

Le prince André, une fois arrivé aux avant-postes, les parcourut en détail. La ligne des tirailleurs ennemis et la nôtre, séparées par une grande distance sur le flanc gauche et sur le flanc droit, se rapprochaient au milieu, à l'endroit même que les parlementaires avaient traversé le matin. Elles étaient si rapprochées, que les soldats pouvaient distinguer les traits les uns des autres et se parler. Beaucoup de curieux, mêlés aux soldats, examinaient cet ennemi inconnu et étrange pour eux, et, quoiqu'on leur intimât sans cesse l'ordre de s'éloigner, ils semblaient cloués sur place. Nos soldats s'étaient bien vite lassés de ce spectacle : ils ne regardaient plus les Français, et passaient le temps de leur faction à échanger entre eux des lazzis sur les nouveaux arrivants.

Le prince André s'arrêta pour considérer l'ennemi.

« Vois donc, vois donc, — disait un soldat à son camarade en lui en désignant un autre qui s'était avancé sur la ligne et avait engagé une conversation vive et animée avec un grenadier français, — vois donc comme il en dégoise, le Français ne peut pas le rattraper.

— Qu'en dis-tu, toi, Siderow?

— Attends, laisse-moi écouter..... Diable! comme il y va, » répondit Siderow, qui passait pour savoir très bien le français.

Ce soldat qu'ils admiraient tant était Dologhow; son capitaine et lui arrivaient du flanc gauche, où était leur régiment.

« Encore, encore, — disait le capitaine en se penchant en avant, et en cherchant à ne pas perdre une seule de ces paroles qui étaient complètement inintelligibles pour lui : — Parlez, parlez plus vite!.... que veut-il? »

Dologhow, entraîné dans une chaude dispute avec le grenadier, ne lui répondit pas. Ils parlaient de la campagne; le Français, confondant les Autrichiens avec les Russes, soutenait que ces derniers s'étaient rendus et avaient fui à Ulm, tandis que Dologhow cherchait à lui prouver que les Russes avaient battu les Français et ne s'étaient pas rendus :

« Si l'on nous ordonne de vous chasser d'ici, nous vous chasserons, continua-t-il.

— Faites seulement bien attention, répondait le grenadier, qu'on ne vous emmène pas tous avec vos cosaques. »

L'auditoire se mit à rire.

« On vous fera danser comme du temps de Souvorow, reprit Dologhow.

— Qu'est-ce qu'il chante? demanda un Français.

— Bah, de l'histoire ancienne! répondit un autre, comprenant qu'il était question des guerres du temps passé.

— L'Empereur va lui en faire voir à votre Souvara comme aux autres.....

— Bonaparte? répliqua Dologhow, qui fut aussitôt interrompu par le Français irrité.

— Il n'y a pas de Bonaparte, il y a l'Empereur, sacré nom!

— Que le diable emporte votre Empereur!... »

Et Dologhow jurant en russe, à la manière des soldats, jeta son fusil sur son épaule et s'éloigna en disant à son capitaine: « Allons-nous-en, Ivan Loukitch.

— En voilà du français, dirent en riant les soldats; à ton tour, Siderow!... »

Et Siderow, clignant de l'œil et s'adressant aux Français, leur lança coup sur coup une bordée de mots sans suite, sans signification, tels que « cari, mata tafa, safi, muter casca », en tâchant de donner à sa voix des intonations expressives. Un rire homérique éclata parmi les soldats, un rire si franc, si joyeux, qu'il traversa la ligne et se communiqua aux Français; on aurait pu croire qu'il n'y avait plus qu'à décharger les fusils et à rentrer chacun chez soi : mais les fusils restèrent chargés, les meurtrières des maisons et des retranchements conservèrent leur aspect menaçant, et les canons enlevés de leurs avant-trains et braqués sur l'ennemi ne sortirent pas de leur sinistre immobilité.

XV

Après avoir parcouru la ligne des troupes jusqu'au flanc gauche, le prince André monta à la batterie d'où, au dire de l'officier d'état-major, on découvrait tout le terrain. Il descendit de cheval et s'arrêta au bout de la batterie, au quatrième et dernier canon. L'artilleur de garde voulut lui présenter les armes, mais, au signe de l'officier, il reprit sa marche monotone et régulière. Derrière les bouches à feu se trouvaient les avant-trains, et plus loin, les chevaux attachés au piquet et les feux du bivouac des artilleurs. A gauche, non loin du dernier canon, s'élevait une petite hutte formée de branchages entrelacés, de l'intérieur de laquelle partaient les voix animées de plusieurs officiers.

On apercevait en effet de cette batterie la presque totalité des troupes russes et la plus grande partie de celles de l'ennemi. Sur une colline, juste en face, se dessinait à l'horizon le village de Schöngraben ; à droite et à gauche, on distinguait, à trois endroits différents, au milieu de la fumée de leurs feux, les troupes françaises, dont le plus grand nombre était massé dans le village et derrière la montagne. A gauche des maisons, à travers les nuages de fumée, on entrevoyait confusément une masse sombre, qui paraissait être une batterie, mais dont, à l'œil nu, on ne pouvait se rendre compte. Notre flanc droit s'étendait sur une hauteur assez élevée, dominant l'ennemi, et occupée par l'infanterie et par les dragons, qu'on apercevait distinctement sur le bord du plateau. Du centre, où se trouvaient en ce moment la batterie de Tonschine et le prince André, partait un chemin en pente douce, qui remontait directement au ruisseau dont le cours nous séparait de Schöngraben. Sur la gauche, nos troupes occupaient tout l'espace jusqu'aux forêts, dont la lisière était éclairée au loin par les feux qu'y avait allumés notre infanterie. Le développement de la ligne de l'ennemi était plus grand que le nôtre, et il était évident qu'il pouvait nous tourner des deux côtés. Un ravin à pic longeait les derrières de nos positions, et rendait difficile la retraite de la cavalerie et de l'artillerie. Le prince André, appuyé contre un canon, marqua à la hâte, sur une feuille arrachée à son calepin, la position de nos troupes, en y indiquant deux endroits qu'il comptait signaler à l'attention de Bagration, pour lui proposer, d'abord de réunir toute l'artillerie au centre, et en second lieu de faire passer l'infanterie de l'autre côté du ravin. Le prince André, qui avait été, depuis le commencement de la campagne, constamment attaché au général en chef, était habitué à se rendre compte des mouvements des masses et des dispositions générales à prendre. Ayant beaucoup étudié les relations historiques des batailles, il ne saisissait, dans l'engagement qui se préparait, que les traits principaux, et pensait involontairement aux conséquences qu'ils exerceraient sur l'ensemble des opérations. « Si l'ennemi dirige l'attaque sur le flanc droit, se disait-il, les régiments de grenadiers de Kiew et de chasseurs de Podolie devront défendre leurs positions jusqu'au moment d'être renforcés par les réserves du centre, et dans ce cas les dragons peuvent les prendre en travers et les culbuter. Si on attaque le centre, qui est d'ailleurs à couvert de la grande batterie, nous concentrons le flanc gauche sur cette hauteur, et nous nous replions, en nous échelonnant jusqu'au ravin. » Pendant qu'il était absorbé dans ses réflexions, il continuait à entendre, sans prêter toutefois la moindre attention à leurs paroles, les voix des officiers qui étaient dans la hutte. Une d'elles cependant le frappa tout à coup par la sincérité de son accent, et malgré lui il se prit à écouter.

« Non, mon ami, disait cette voix sympathique, qu'il croyait connaître, je dis que, s'il était possible de savoir ce qui nous attend après la mort, personne de nous n'en aurait peur; c'est ainsi, mon ami !

— Qu'on ait peur ou non, reprit une voix plus jeune, cela revient au même, on ne l'évitera pas.

— Oui, mais en attendant on a peur.

— Ah ! vous autres savants, s'écria une troisième voix à l'intonation mâle, vous autres artilleurs, vous n'êtes si sûrs de votre fait que parce que vous traînez toujours à votre suite de l'eau-de-vie et de quoi manger. »

C'était probablement une plaisanterie de fantassin.

« Oui, et pourtant on a peur, reprit la première voix, on a peur de l'inconnu, voilà ! On a beau vous conter que l'âme s'en va au ciel, ne sait-on pas qu'il n'y a pas de ciel, qu'il n'y a qu'une atmosphère?

— Voyons, Tonschine, faites-nous part de votre absinthe, dit la voix mâle.

— C'est donc le même capitaine qui était sans bottes chez la vivandière, se dit le prince André, en reconnaissant avec plaisir l'organe de celui qui philosophait.

— De l'absinthe, pourquoi pas? répondit Tonschine. Quant à comprendre la vie future..., » il n'acheva pas sa phrase, car au même moment un sifflement fendit l'air, et un boulet, traversant l'espace avec une rapidité vertigineuse, s'enfonça avec fracas dans la terre, qu'il fit rejaillir autour de lui à deux pas de la hutte, le sol trembla sous le coup. Tonschine s'élança hors de la hutte, la pipe à la bouche, sa bonne et intelligente figure un peu pâle; il était suivi de l'officier d'infanterie à la grosse voix, qui boutonna son uniforme, chemin faisant, et qui courut à toutes jambes rejoindre sa compagnie.

XVI

Le prince André, arrêté à cheval près de la batterie, parcourait des yeux le vaste horizon pour y découvrir la pièce qui avait lancé le projectile. Il aperçut comme des ondulations dans les masses jusque-là immobiles des Français, et constata la présence de la batterie qu'il avait soupçonnée. Deux cavaliers descendirent au galop la montagne, au pied de laquelle avançait une petite colonne ennemie dans l'intention évidente de renforcer les avant-postes. La fumée du premier coup n'était pas encore dissipée, qu'un second nuage s'éleva, et qu'un second coup partit : la bataille était commencée. Le prince André s'élança à bride abattue dans la direction de Grounth pour y rejoindre le prince Bagration. La canonnade augmentait de violence derrière lui, et l'on y répondait de notre côté. Dans le bas, à l'endroit traversé par les parlementaires, la fusillade s'engageait.

Lemarrois venait de remettre à Murat la lettre fulminante de Napoléon. Murat, honteux de sa déconvenue et désirant se faire pardonner, fit aussitôt marcher ses troupes vers le centre de l'armée russe, pour en tourner en même temps les deux ailes, avec l'espoir d'écraser, avant le soir et avant l'arrivée de l'Empereur, le faible détachement qu'il avait devant lui.

« C'est commencé! se dit le prince André, dont le cœur battit plus vite; mais où trouverai-je mon Toulon? »

En passant au milieu de ces compagnies qui, un quart d'heure avant, mangeaient tranquillement leur soupe, il rencontra partout la même agitation : des soldats saisissaient leurs fusils et s'alignaient en ordre, tandis que leur visage exprimait l'excitation qu'il ressentait lui-même au fond du cœur. Comme lui, ils semblaient dire, avec un mélange de terreur et de joie :

« C'est commencé! »

A peu de distance des retranchements inachevés, il vit venir à lui, dans le crépuscule d'une brumeuse soirée d'automne, plusieurs militaires à cheval. Le premier, qui marchait en avant, revêtu d'une bourka [1], montait un cheval blanc; c'était le prince Bagration, qui, reconnaissant le prince André, le salua d'un signe de tête. Celui-ci s'était arrêté pour l'attendre et le mettre au fait de ce qu'il avait vu.

En l'écoutant, le prince Bagration regardait devant lui, et le prince André se demandait avec une curiosité inquiète, en étudiant les traits fortement accusés de cette figure dont les yeux étaient à moitié fermés, vagues et endormis, quelles pen-

1. Caban en étoffe de laine. (*Note du traducteur.*)

sées, quels sentiments se cachaient derrière ce masque impénétrable?...

« C'est bien, dit-il, en inclinant la tête en signe d'acquiescement et comme si ce qu'il venait d'entendre avait été prévu par lui. Le prince André, encore tout haletant de sa course, parlait avec volubilité, tandis que le prince Bagration accentuait ses mots, à l'orientale, et les laissait tomber lentement de ses lèvres. Il éperonna son cheval, mais sans laisser paraître le moindre signe de précipitation, et se dirigea vers la batterie de Tonschine, accompagné de toute sa suite, composée d'un officier d'état-major, son aide de camp spécial, du prince, de Gerkow, d'une ordonnance, de l'officier de l'état-major de service et d'un fonctionnaire civil, ayant rang d'auditeur, qui par curiosité avait demandé et obtenu la permission d'assister à une bataille. Ce gros et fort pékin, à la figure pleine, secoué par son cheval, assis sur une selle du train des bagages, enveloppé d'un épais manteau de camelot, regardait autour de lui avec un sourire naïf et satisfait, et faisait une étrange figure au milieu des hussards, des cosaques et des aides de camp.

« Et dire qu'il tient à voir une bataille, dit Gerkow à Bolkonsky, en le lui désignant, et il a déjà mal au creux de l'estomac!

— Voyons, épargnez-moi, dit le civil, qui paraissait content de servir de but aux plaisanteries de Gerkow, et cherchait à passer pour plus bête qu'il n'était.

— Très drôle, mon monsieur prince, dit l'officier de service; — il se rappelait qu'en français le titre du prince était toujours précédé d'un autre mot, mais il ne put parvenir à le trouver. Ils approchaient de la batterie de Tonschine, lorsqu'un boulet tomba à quelques pas d'eux.

— Qu'est-ce qui est tombé? demanda l'auditeur.

— C'est une galette française, répondit Gerkow.

— Comment, c'est cela qui tue? reprit le premier. Dieu! que c'est effrayant! » continua-t-il tout radieux.

A peine avait-il achevé, qu'un sifflement terrible, épouvantable, se fit entendre. Un cosaque glissa de son cheval et tomba un peu à la droite de l'auditeur. Gerkow et l'officier de service se penchèrent, en tirant leurs chevaux du côté opposé. L'auditeur, arrêté devant le cosaque, le considérait avec curiosité : le cosaque était mort, tandis que le cheval se débattait encore.

Le prince Bagration regarda par-dessus son épaule. Devinant le motif de cette confusion, il se détourna avec tranquillité, en ayant l'air de dire :

« Ce n'est pas la peine de s'occuper de ces bagatelles. »

Il arrêta son cheval et, en bon cavalier qu'il était, se pencha en avant, et dégagea son épée, accrochée à sa bourka. C'était une épée ancienne, différente de celles qu'on portait habituellement, et dont Souvorow lui avait fait cadeau en Italie. Le prince André, se souvenant alors de ce détail, y vit un heureux présage. Arrivé à la batterie placée sur la hauteur, le prince Bagration demanda au canonnier de garde près des caissons :

« Quelle compagnie?.... »

Et il avait plutôt l'air de lui demander :

« N'auriez-vous pas peur, par hasard? »

Le canonnier le comprit ainsi.

« C'est la compagnie du capitaine Tonschine, Excellence, répondit joyeusement l'artilleur, qui avait les cheveux roux.

— C'est bien, c'est bien, dit Bagration, et il longeait les avant-trains pour arriver au dernier canon, lorsque le coup assourdissant de cette bouche à feu résonna dans l'espace, et, au milieu de la fumée qui l'enveloppait, il vit les servants s'agiter tout autour et la remettre avec effort en place. Le soldat nº 1, de haute taille et de large carrure, qui tenait le refouloir, recula vers la roue; le soldat nº 2 mettait, d'une main tremblante, la charge dans la bouche du canon. Tonschine, petit et trapu, trébuchant sur l'affût, regardait au loin, en abritant ses yeux de sa main, sans voir le général.

— Ajoutez encore deux lignes, et ce sera bien! s'écria-t-il d'une voix flûtée, à laquelle il tâchait de donner une inflexion martiale peu en rapport avec sa personne — Nº 2, feu!... »

Bagration appela Tonschine, qui s'approcha à l'instant de lui, en portant timidement et gauchement les trois doigts à sa visière, plutôt comme un prêtre qui bénit que comme un militaire qui salue. Au lieu de balayer la plaine, comme elles y étaient destinées, les pièces de la batterie envoyaient des bombes incendiaires dans le village de Schöngraben, devant lequel fourmillaient les masses ennemies.

Personne n'avait indiqué à Tonschine où et avec quoi il devait tirer; mais, après avoir pris conseil de son sergent-major, Zakartchenko, qu'il tenait en haute estime, ils avaient décidé d'un commun accord qu'ils devaient chercher à incendier le village :

« C'est bien », dit Bagration, qui écouta le rapport de l'officier et examina à son tour le champ de bataille.

Du bas de la hauteur, où se trouvait le régiment de Kiew,

montait le grondement prolongé et crépitant d'une fusillade; plus loin à droite, derrière les dragons, on apercevait une colonne ennemie qui tournait notre flanc; à gauche, l'horizon était limité par une forêt.

Le prince Bagration ordonna à deux bataillons du centre d'aller renforcer l'aile droite : l'officier d'état-major se permit de faire remarquer au prince que dans ce cas les pièces resteraient à découvert. Le prince le regarda sans rien dire, de ses yeux vagues. La réflexion était juste, il n'y avait rien à y répondre. A ce moment arriva au galop un aide de camp envoyé par le chef du régiment qui se battait sur les bords de la rivière. Il apportait la nouvelle que des masses énormes de Français s'avançaient par la plaine, que le régiment était dispersé et qu'il se repliait pour se joindre aux grenadiers de Kiew. Le prince Bagration fit un signe d'assentiment et d'approbation. Il s'éloigna au pas vers la droite, en envoyant aux dragons l'ordre d'attaquer. Une demi-heure plus tard, le porteur du message revint annoncer que les dragons s'étaient déjà retirés de l'autre côté du ravin pour se mettre à l'abri du terrible feu de l'ennemi, éviter une inutile perte d'hommes et envoyer des tirailleurs sous bois.

« C'est bien », dit de nouveau Bagration en quittant la batterie. On entendait la fusillade dans la forêt; le flanc gauche étant trop éloigné pour que le général en chef pût y arriver à temps, il y dépêcha Gerkow pour dire au général commandant, celui-là même que nous avons vu à Braunau présenter son régiment à Koutouzow, de se retirer au plus vite derrière le ravin, parce que le flanc droit ne serait pas en état de tenir longtemps contre l'ennemi; de sorte que Tonschine fut oublié et resta sans bataillons pour couvrir sa batterie.

Le prince André écoutait avec attention les observations échangées entre le prince Bagration et les différents chefs et les ordres qui s'ensuivaient.

Il fut très surpris de voir qu'en réalité le prince Bagration ne donnait aucun ordre, et cherchait tout bonnement à faire croire que ses intentions personnelles étaient en parfait accord avec ce qui était en réalité le simple effet de la force des circonstances, de la volonté de ses subordonnés, et des caprices du hasard. Et cependant, malgré la tournure que les événements prenaient en dehors de ses prévisions, le prince André s'avouait que sa conduite pleine de tact donnait à sa présence une grande valeur. Rien qu'à le voir, ceux qui l'approchaient avec des figures décomposées, sentaient le calme leur revenir; officiers et soldats le saluaient gaiement et, s'excitant les uns les autres, faisaient montre devant lui de leur courage.

XVII

Le prince Bagration atteignit le point culminant de notre aile droite et redescendit vers la plaine, où continuait le bruit de la fusillade et où l'action se dérobait derrière l'épaisse fumée qui l'enveloppait, lui et sa suite. Ils ne voyaient rien encore distinctement, mais à chaque pas en avant ils sentaient de plus en plus vivement que la vraie bataille était proche. Ils se croisaient avec des blessés; l'un d'eux, sans shako, la tête ensanglantée, soutenu sous les bras par deux soldats, rendait du sang à flots et râlait : la balle lui était sans doute entrée dans la bouche ou dans le gosier. Un autre, sans fusil, avec un air plus effaré que souffrant, marchait résolument et agitait, sous l'impression encore toute fraîche de la douleur, sa main mutilée d'où le sang coulait à flots sur sa capote. Après avoir traversé la grande route, ils descendirent une pente escarpée sur laquelle gisaient quelques hommes; un peu plus loin, des soldats valides montaient vers eux en criant et en gesticulant, malgré la présence du général. A quelques pas de là on distinguait déjà dans la fumée les lignes des capotes grises, et un officier, apercevant Bagration, courut aux hommes qui le suivaient en leur ordonnant de retourner sur leurs pas.

Le général en chef s'approcha des rangs d'où partaient à chaque instant des coups secs qui étouffaient le bourdonnement des voix et les cris des commandements; les figures animées des soldats étaient noires de poudre : les uns enfonçaient la baguette dans le fusil, les autres versaient la poudre dans le bassinet et tiraient les cartouches de leur giberne, les derniers tiraient au hasard, à travers le nuage de fumée épais et immobile dont l'atmosphère était imprégnée; à des intervalles rapprochés, des sons et des sifflements aigus, d'une nature particulière, chatouillaient désagréablement l'oreille : « Qu'est-ce donc? se dit le prince André en approchant de cette cohue.... Ce ne sont pas des tirailleurs, car ils sont en masse; ce n'est pas une attaque, puisqu'ils ne bougent pas, et ils ne forment pas non plus le carré? »

Le chef du régiment, vieux militaire à l'extérieur maigre et débile, dont les grandes paupières recouvraient presque entièrement les yeux, s'approcha du prince Bagration, et le reçut avec un sourire bienveillant, comme on reçoit un hôte qui vous est cher. Il lui expliqua que son régiment, attaqué par la cavalerie française, l'avait repoussée, mais en y perdant plus de la moitié de ses hommes. Il avait militairement qualifié d'attaque ce qui venait de se passer, quand, par le fait, il n'aurait pu lui-même se rendre un compte exact de l'état de ses troupes pendant cette dernière demi-heure, et dire positivement si l'attaque avait été repoussée, ou si son régiment avait été enfoncé. Il n'y avait dans tout cela de certain que la grêle de boulets et de grenades qui décimait ses hommes depuis qu'ils avaient commencé à s'engager au cri de : « Voilà la cavalerie ! » Ce cri avait été le signal de la mêlée, et ils s'étaient mis à tirer, non plus sur la cavalerie, mais bien sur l'infanterie française qui avait paru dans le vallon.

Le prince Bagration approuva de la tête ce rapport, comme s'il contenait tout ce qu'il pouvait désirer et tout ce qu'il avait prévu, et, se tournant vers son aide de camp, il lui ordonna de faire descendre de la montagne les deux bataillons du 6e chasseurs, qu'il venait d'y voir en passant.

En ce moment le prince André fut frappé du changement qui s'était produit sur la figure du général en chef : elle exprimait une décision ferme et satisfaite d'elle-même, celle d'un homme qui prend son dernier élan pour se jeter à l'eau par une chaude journée d'été. Ce regard vague et endormi, ce masque affecté des profondes combinaisons avaient disparu ; ses yeux d'épervier, ronds et résolus, regardaient devant eux sans se fixer sur rien, avec une certaine exaltation dédaigneuse, tandis que ses mouvements conservaient leur lenteur et leur régularité habituelles.

Le chef de régiment le supplia de se retirer, car l'endroit était périlleux : « Au nom du ciel, Excellence, voyez donc ! » et il montrait les balles qui sifflaient et crépitaient autour d'eux. Il y avait dans sa parole ce ton de persuasion et de remontrance qu'emploierait un charpentier qui, en voyant son seigneur manier la hache, lui dirait :

« Nous y sommes habitués nous autres, mais vous, vous vous ferez venir des durillons aux mains. »

Quant à lui, il semblait convaincu que ces balles le respecteraient, et ce fut en vain que l'officier d'état-major joignit ses instances aux siennes. Sans leur répondre, le prince Bagration ordonna de cesser la fusillade et de former les rangs pour faire place aux deux bataillons qui s'avançaient. Pendant qu'il parlait, on aurait cru qu'une main invisible relevait vers la gauche un coin du rideau de fumée qui masquait le bas-fond, et tous les yeux se dirigèrent vers la montagne, qui se découvrait peu à peu à leurs yeux, et sur le versant de laquelle descendait la colonne ennemie. On pouvait déjà reconnaître les bonnets à poil des grenadiers, distinguer les officiers des soldats, et voir les plis du drapeau s'enrouler autour de la hampe.

« Comme ils marchent bien ! » dit une voix dans la suite du prince.

La tête de la colonne avait déjà atteint le bas du ravin, et le choc était imminent de ce côté de la descente.

Les restes du régiment qui avait soutenu l'attaque se reformèrent rapidement et s'éloignèrent sur la droite, tandis que, chassant devant eux les traînards, les deux bataillons du 6e chasseurs s'avançaient d'un pas pesant, régulier et cadencé. Sur le flanc gauche, du côté de Bagration, marchait le commandant de la compagnie; c'était un homme de belle prestance, dont la large figure avait une expression inintelligente et satisfaite, celui-là même qui s'était précipité hors de la hutte de Tonschine. On voyait qu'il n'avait qu'une idée fixe, passer avec désinvolture devant son chef. Se balançant légèrement sur ses pieds musculeux, il se redressait sans le moindre effort et, tenant à la main sa petite épée nue, à lame fine et recourbée, regardant tantôt son chef, tantôt ceux qui le suivaient, sans jamais perdre le pas, il répétait à chaque enjambée, en tournant avec souplesse son corps vigoureux : « Gauche, gauche, gauche !.... » Et la muraille vivante marchait en mesure, et chacune de ces figures, sérieuses et dissemblables, alourdie par le poids de son fusil et de son sac, semblait comme lui n'avoir qu'une seule pensée et répéter avec lui : « Gauche, gauche, gauche ! »

Un gros-major essoufflé perdait le pas en contournant un buisson de la route; un traînard, effrayé de sa négligence, courait pour rejoindre sa compagnie.

Un boulet passa par-dessus la tête du prince Bagration et de sa suite, s'abattit au milieu de la colonne en accompagnant les mots de : gauche, gauche, gauche! de la cadence de son sifflement.

« Serrez les rangs, » s'écria avec crânerie le chef de la compagnie; les soldats se séparaient à l'endroit où était tombé le boulet, et le vieux sous-officier chevronné, resté en arrière auprès des morts, rejoignit son rang, emboita vivement le pas en se retournant d'un air soucieux, et le commandement de : gauche, gauche, gauche! rythmant de nouveau le bruit régulier du pas des soldats, semblait encore sortir de la profondeur de ce silence menaçant.

« Vous l'avez passée en braves, mes enfants, » dit le prince Bagration. Un cri de : « Prêts à servir [1], Excellence! » éclata par détachement. Un soldat renfrogné regarda son général comme pour lui dire : « Nous le savons aussi bien que vous! » Un autre, sans se retourner, dans la crainte d'être distrait, ouvrait la bouche toute grande en criant.

On donna l'ordre de s'arrêter et d'ôter les sacs.

Bagration parcourut les rangs qui venaient de défiler devant lui, descendit de cheval, tendit la bride à son cosaque, lui remit sa bourka et étira ses jambes. La tête de la colonne française, officiers en tête, déboucha en ce moment de derrière la montagne.

« En avant, avec l'aide de Dieu! » s'écria Bagration d'une voix claire et ferme, et, se retournant un instant vers le front de la troupe, il s'avança avec effort sur le terrain inégal, du pas incertain d'un cavalier à pied. Le prince André se sentit entraîné par une force irrésistible et en éprouva un grand bonheur [2].

Les Français étaient à une faible distance, et il pouvait apercevoir distinctement leurs figures, les buffleteries, les épaulettes rouges, et un vieil officier qui, les pieds en dehors et des guêtres aux jambes, gravissait avec peine la montagne.

1. Traduction littérale : « Heureux de nous donner de la peine ». Réponse obligatoire des soldats dans l'armée russe aux remerciements de leurs chefs. (*Note du traducteur.*)

2. Ici eut lieu l'attaque dont M. Thiers parle en ces termes : « Les Russes se conduisirent vaillamment et, chose rare à la guerre, on vit deux masses d'infanterie marcher l'une contre l'autre sans qu'aucune des deux cédât avant d'être abordée. » Napoléon à Sainte-Hélène s'exprime ainsi : « Quelques bataillons russes montrèrent de l'intrépidité. » (*Note de l'auteur.*)

Voici textuellement les paroles de M. Thiers : « et, ce qui est rare à la guerre, les deux masses d'infanterie marchèrent résolument l'une contre l'autre sans qu'aucune des deux cédât avant d'être abordée. » Puis, quelques lignes plus loin : « Les Russes se conduisirent vaillamment. » (*Note du traducteur.*)

Un coup, un second, un troisième partirent, et les lignes ennemies se couvrirent de fumée : la fusillade recommença. Quelques hommes tombèrent de notre côté, entre autres l'officier qui s'était donné tant de mal pour défiler avec avantage devant ses chefs.

Au premier coup de fusil, Bagration avait crié hourra! Un hourra prolongé lui répondit sur toute la ligne, et dépassant leurs chefs, se dépassant l'un l'autre, nos soldats s'élancèrent joyeusement à la poursuite des Français, dont les rangs s'étaient rompus.

XVIII

L'attaque du 6e chasseurs avait assuré la retraite du flanc droit. Au centre, l'incendie allumé à Schöngraben par la batterie oubliée de Tonschine arrêtait le mouvement des Français, qui éteignaient le feu propagé par le vent, et nous donnaient ainsi le temps de nous retirer; la retraite du centre à travers le ravin se faisait avec bruit et précipitation, quoique sans désordre. Mais le flanc gauche, qui avait été attaqué en même temps et cerné par des forces supérieures sous le commandement de Lannes, composé des régiments d'infanterie d'Azow et de Podolie, était débandé. Bagration envoya Gerkow au général commandant le flanc gauche, avec ordre de se replier immédiatement.

Gerkow, les doigts à la hauteur de la visière, s'élança résolument au galop, mais il avait à peine quitté Bagration que son courage le trahit; saisi d'une terreur folle, il lui fut impossible d'aller à l'encontre du danger; sans avancer jusqu'à la fusillade, il se mit à chercher le général et les autres chefs là où ils ne pouvaient se trouver; il en résulta que l'ordre ne fut pas transmis.

Le commandant du flanc gauche était, par ancienneté de grade, le chef du régiment que nous avons vu à Braunau et dans lequel servait Dologhow, tandis que le commandant de l'extrême gauche était le chef du régiment de Pavlograd, dont faisait partie Rostow. Les deux chefs, violemment irrités l'un contre l'autre, ce qui causa un malentendu, perdaient du temps en récriminations injurieuses, pendant qu'au flanc droit on se battait depuis longtemps et que les Français commençaient à opérer leur retraite.

Les régiments de cavalerie et le régiment des chasseurs étaient peu en mesure de prendre part à l'engagement; du soldat au général, personne ne s'y attendait, et l'on s'occupait paisiblement du chauffage dans l'infanterie, et du fourrage dans la cavalerie.

« Votre chef est mon ancien en grade, disait, rouge de colère, l'Allemand qui commandait les hussards, à l'aide de camp du régiment de chasseurs.... Qu'il fasse comme bon lui semble, je ne puis sacrifier mes hommes.... Trompettes, sonnez la retraite! »

L'action cependant devenait chaude; la canonnade et la fusillade grondaient; à droite et au centre, les tirailleurs de Lannes franchissaient la digue du moulin et s'alignaient de notre côté à deux portées de fusil. Le général d'infanterie se hissa lourdement sur son cheval et, se redressant de toute sa hauteur, alla rejoindre le colonel de cavalerie. La politesse apparente de leur salut cachait leur animosité réciproque.

« Je ne puis pourtant pas, colonel, laisser la moitié de mon monde dans le bois. Je vous prie.... et il appuyait sur ce mot.... je vous prie d'occuper les positions et de vous tenir prêt pour l'attaque.

— Et moi, je vous prie de vous mêler de vos affaires; si vous étiez de la cavalerie....

— Je ne suis pas de la cavalerie, colonel, mais je suis un général russe, si vous ne le savez pas....

— Je le sais très bien, Excellence, reprit le premier, en éperonnant son cheval et en devenant pourpre.... Ne vous plairait-il pas de me suivre aux avant-postes? Vous verriez par vous-même que la position ne vaut rien; je n'ai pas envie de faire massacrer mon monde pour votre bon plaisir.

— Vous vous oubliez, colonel, ce n'est pas pour mon bon plaisir, et je ne saurais vous permettre de le dire.... »

Le général accepta la proposition pour ce tournoi de courage : la poitrine en avant et fronçant le sourcil, il se dirigea avec lui vers la ligne des tirailleurs, comme si leur différend ne pouvait se vider que sous les balles. Arrivés là, ils s'arrêtèrent en silence et quelques balles volèrent par-dessus leurs têtes. Il n'y avait rien de nouveau à y voir, car, de l'endroit même qu'ils avaient quitté, l'impossibilité pour la cavalerie de manœuvrer au milieu des ravins et des broussailles était aussi évidente que le mouvement tournant des Français pour envelopper l'aile gauche. Les deux chefs se regardaient comme deux coqs prêts au combat, chacun attendant en vain un signe de faiblesse de son adversaire. Tous deux subirent cette épreuve avec honneur, et ils l'auraient prolongée indéfiniment par amour-propre, aucun ne voulant abandonner la partie le premier, si, au même instant, une fusillade, accompagnée de cris confus, n'avait éclaté à deux pas en arrière.

Les Français étaient tombés sur les soldats occupés à ramasser du bois : il ne pouvait donc plus être question pour les hussards de se replier avec l'infanterie, car ils étaient coupés de leur chemin de retraite sur la gauche par les avant-postes ennemis, et force leur fut d'attaquer, malgré les difficultés du terrain, pour s'ouvrir un passage.

L'escadron de Rostow, qui n'avait eu que le temps de se mettre en selle, se trouvait juste en face de l'ennemi, et, alors, comme sur le pont de l'Enns, il n'y avait rien entre l'ennemi et eux, rien que cette distance pleine de terreur et d'inconnu, cette distance entre les vivants et les morts que chacun sentait instinctivement, en se demandant avec émotion s'il la franchirait sain et sauf!....

Le colonel arriva sur le front, en répondant de mauvaise humeur aux questions des officiers; en homme résolu à faire à sa tête, il leur jeta un ordre. Rien n'avait été dit de bien précis, mais une vague rumeur faisait pressentir une attaque, et l'on entendit tout à la fois le commandement : « Alignez-vous! » et le froissement des sabres tirés du fourreau. Nul ne bougeait : l'indécision des chefs était si apparente, qu'elle ne tarda pas à se communiquer à leurs troupes, infanterie et cavalerie.

« Ah! si cela pouvait venir plus vite, plus vite, » se disait Rostow, en sentant arriver le moment de l'attaque, cette grande et ineffable jouissance dont ses camarades l'avaient si souvent entretenu.

« En avant avec l'aide de Dieu, mes enfants! cria la voix de Denissow.... Au trot, marche! »

Les croupes des chevaux ondulèrent, Corbeau tira sur la bride et partit.

Rostow avait à sa droite les premiers rangs de ses hussards et au fond, devant lui, une ligne sombre dont il ne pouvait se rendre compte à distance, mais qui était l'ennemi. On entendait au loin des coups de fusil.

« Au trot accéléré !.... »

Et Rostow, suivant l'impulsion de son cheval excité, se sentait gagné par la même ardeur. Un arbre solitaire qui lui avait semblé être au milieu de cette ligne mystérieuse était maintenant dépassé :

« Eh bien, la voilà dépassée, et il n'y a rien de terrible, au contraire tout devient plus gai, plus amusant. Oh ! comme je vais les sabrer ! » murmura-t-il avec joie en serrant la poignée de son sabre.

Un formidable hourra retentit derrière lui....

« Qu'il me tombe seulement sous la main ! »

Et, enlevant Corbeau, il le lança à pleine carrière ; l'ennemi était en vue. Tout à coup un immense coup de fouet cingla l'escadron. Rostow leva la main, prêt à sabrer, mais au même moment il vit s'éloigner Nikitenka, le soldat qui galopait devant lui, et il se sentit, comme dans un rêve, emporté avec une rapidité vertigineuse, sans quitter sa place. Un hussard le dépassa au galop et le regarda d'un air sombre.

« Que m'arrive-t-il ? Je n'avance pas ; je suis donc tombé ? suis-je mort ? »

Questions et réponses se croisaient dans sa tête. Il était seul au milieu des champs ; plus de chevaux emportés, plus de hussards, il ne voyait autour de lui que la terre immobile et le chaume de la plaine. Quelque chose de chaud, du sang, coulait autour de lui :

« Non, je ne suis que blessé ; c'est mon cheval qui est tué ! »

Corbeau essaya de se relever, mais il retomba de tout son poids sur son cavalier ; des flots de sang coulaient de sa tête et il se débattait dans de vains efforts. Rostow, cherchant à se remettre sur ses pieds, retomba à son tour, sa sabretache s'accrocha à la selle :

« Où sont les nôtres ? où sont les Français ?.... »

Il n'en savait rien.... Il n'y avait personne.

Étant parvenu à se dégager de dessous son cheval, il se releva. Où donc se trouvait à présent cette ligne qui séparait si nettement les deux armées ?

« Ne m'est-il pas arrivé quelque chose de grave ? Cela se passe-t-il toujours ainsi, et que dois-je faire à présent ?.... »

Il sentit un poids étrange peser sur son bras gauche engourdi. Son poignet semblait ne plus lui appartenir, et pourtant aucune trace de sang ne se voyait sur sa main :

« Ah! voilà enfin des hommes, ils vont m'aider, » pensa-t-il avec joie.

Le premier de ceux qui accouraient vers lui, hâlé, bronzé, avec un nez crochu, vêtu d'une capote gros bleu, portait un shako de forme étrange; l'un d'eux prononça quelques mots dans une langue qui n'était pas du russe. D'autres, habillés de la même façon, conduisaient un hussard de son régiment.

« C'est sans doute un prisonnier... Mais va-t-on me prendre aussi? se dit Rostow, qui n'en croyait pas ses yeux. Sont-ce des Français? »

Il examinait les survenants, et, malgré sa récente bravoure qui les voulait tous exterminer, ce voisinage le glaçait d'effroi.

« Où vont-ils?.... Est-ce à moi qu'ils en veulent?.... Me tueront-ils?.... Pourquoi? Moi que tout le monde aime?.... »

Et il se souvint de l'amour de sa mère, de sa famille, de l'affection que chacun avait pour lui, ce qui rendait cette supposition invraisemblable.

Il restait cloué à sa place, sans se rendre compte de sa situation; le Français au nez crochu, à la figure étrangère, échauffée par la course, et dont il pouvait déjà distinguer la physionomie, arrivait sur lui la baïonnette en avant. Rostow saisit son pistolet, mais, au lieu de le décharger sur son ennemi, il le lui jeta violemment à la tête, et s'enfuit à toutes jambes se cacher dans les buissons.

Les sentiments de lutte et d'excitation qu'il avait si vivement éprouvés sur le pont de l'Enns étaient bien loin de lui : il courait comme un lièvre traqué par les chiens; l'instinct de conserver son existence jeune et heureuse envahissait tout son être, et lui donnait des ailes! Sautant par-dessus les fossés, franchissant les sillons avec l'impétuosité de son enfance, il tournait souvent en arrière sa bonne et douce figure pâlie, tandis que le frisson de la peur aiguillonnait sa course.

« Il vaut mieux ne pas regarder, » pensa-t-il; mais, arrivé aux premières broussailles, il s'arrêta; les Français étaient distancés, et celui qui le poursuivait ralentissait le pas et semblait appeler ses compagnons :

« Impossible!.... Ils ne peuvent pas vouloir me tuer? » se dit Rostow.

Cependant son bras devenait de plus en plus lourd; on aurait dit qu'il traînait un poids de deux pouds, il ne pouvait plus avancer. Le Français le visait, il ferma les yeux et se baissa : une, deux balles passèrent en sifflant à ses oreilles;

rassemblant ses dernières forces et soulevant son poignet gauche avec sa main droite, il s'élança dans les buissons. Là était le salut, là étaient les tirailleurs russes !

XIX

L'infanterie, surprise à l'improviste dans le bois, en sortait au pas de course, en groupes débandés. Un soldat effaré laissa tomber ce mot d'une si terrible signification à la guerre :

« Nous sommes coupés ! »

Et ce mot répandit l'épouvante dans toute la masse.

« Cernés ! coupés ! perdus ! » criaient les fuyards.

Au premier bruit de la fusillade, aux premiers cris, le commandant du régiment devina qu'il venait de se passer quelque chose d'effroyable. Frappé de la pensée que lui, officier exact, militaire exemplaire depuis tant d'années, pouvait être accusé de négligence et d'incurie par ses chefs, oubliant ses airs d'importance, son rival indiscipliné, oubliant surtout le danger qui l'attendait, il empoigna le pommeau de sa selle, éperonna son cheval et partit au galop rejoindre son régiment, sous une pluie de balles qui heureusement ne l'effleurèrent même pas. Il n'avait qu'un désir : savoir ce qui en était, réparer la faute commise, si elle venait à lui être imputée, et rester pur de tout blâme, lui qui comptait vingt-deux ans de services irréprochables.

Ayant heureusement franchi la ligne ennemie, il tomba de l'autre côté du bois au milieu des fuyards qui se précipitaient à travers champs, sans vouloir écouter les commandements. C'était la minute terrible de cette hésitation morale qui décide du sort d'une bataille. Ces troupes affolées obéiraient-elles à la voix jusque-là si respectée de leur chef, ou continueraient-elles à fuir ? Malgré ses rappels désespérés, malgré sa figure décomposée par la fureur, malgré ses gestes menaçants, les soldats couraient, couraient toujours, et tiraient en l'air sans se retourner. Le sort en était jeté : la balance, dans cette minute d'hésitation, avait penché du côté de la peur.

Le général étouffait à force de crier, la fumée l'aveuglait; il s'arrêta de désespoir. Tout semblait perdu, lorsque les Français qui nous poursuivaient s'enfuirent tout à coup sans raison apparente et se rejetèrent dans la forêt, où apparurent les tirailleurs russes. C'était la compagnie de Timokhine, qui, ayant seule conservé ses rangs et s'étant retranchée dans le fossé à la lisière de la forêt, attaquait les Français par derrière; Timokhine, brandissant sa petite épée, s'était élancé sur l'ennemi avec un élan si formidable et une si folle audace, que les Français, saisis à leur tour de terreur, s'enfuirent en jetant leurs fusils. Dologhow, qui courait à côté de lui, en tua un à bout portant, et fut le premier à s'emparer d'un officier, qui se rendit prisonnier. Les fuyards s'arrêtèrent, les bataillons se reformèrent, et l'ennemi, qui avait été sur le point de couper en deux le flanc gauche, fut repoussé. Le chef du régiment se tenait sur le pont avec le major Ekonomow, et assistait au défilé des compagnies qui se repliaient, lorsqu'un soldat, s'approchant de son cheval, saisit son étrier et se serra contre lui; ce soldat, qui tenait dans ses mains une épée d'officier, portait une capote de drap gros bleu et une giberne française en bandoulière; la tête bandée, sans shako et sans havresac, il souriait malgré sa pâleur, et ses yeux bleus regardaient fièrement son chef, qui ne put s'empêcher de lui accorder quelque attention, malgré les ordres qu'il était en train de donner au major Ekonomow.

« Excellence, voici deux trophées ! dit Dologhow en montrant l'épée et la giberne. J'ai fait prisonnier un officier, j'ai arrêté une compagnie.... (Sa respiration courte et haletante dénotait la fatigue, il parlait par saccades) :.... Toute la compagnie peut en témoigner, je vous prie de vous en souvenir, Excellence.

— Bien, bien ! » répondit son chef, sans interrompre sa conversation avec le major.

Et Dologhow, détachant son mouchoir, le tira par la manche, en lui montrant les caillots de sang coagulés dans ses cheveux :

« Blessure de baïonnette, fit-il, j'étais en avant; rappelez-vous-le, Excellence! »

Comme on l'a vu plus haut, on avait oublié la batterie de Tonschine; mais, vers la fin de l'engagement, le prince Bagration, entendant la canonnade continuer au centre, y envoya d'abord l'officier d'état-major de service, puis le prince André, avec ordre à Tonschine de se retirer au plus vite. Les deux bataillons qui devaient défendre la batterie avaient été envoyés, sur un ordre venu on ne sait d'où, prendre part à la bataille, et la batterie continuait à tirer. Les Français, trompés par ce feu énergique, et supposant que le gros des forces était massé de ce côté, essayèrent par deux fois de s'en emparer, et furent repoussés chaque fois par la mitraille que vomissaient ces quatre bouches à feu solitaires et abandonnées sur la hauteur.

Peu de temps après le départ de Bagration, Tonschine était parvenu à rallumer l'incendie de Schöngraben.

« Vois donc comme ça brûle! quelle fumée, quelle fumée!... Ils courent, vois donc! » se disaient les servants, heureux de leur succès.

Toutes les pièces étaient pointées sur le village, et chaque coup était salué de joyeuses exclamations. Le feu, poussé par le vent, se propageait avec rapidité. Les colonnes françaises abandonnèrent Schöngraben, et établirent sur sa droite dix pièces qui répondirent à celles de Tonschine.

La joie enfantine excitée par la vue de l'incendie, et l'heureux résultat de leur tir avaient empêché les artilleurs de remarquer cette batterie. Ils ne s'en aperçurent que lorsque deux projectiles, suivis de plusieurs autres, vinrent tomber au milieu de leurs pièces. Un canonnier eut la jambe enlevée, et deux chevaux furent tués. Leur ardeur n'en fut pas refroidie, mais elle changea de caractère; les chevaux furent remplacés par ceux de l'affût de réserve, les blessés furent emportés et les quatre pièces tournées vers la batterie ennemie. L'officier camarade de Tonschine avait été tué dès le commencement de l'action, et des quarante hommes qui servaient les pièces, dix-sept eurent le même sort dans l'espace d'une heure. Quant aux survivants, ils continuaient gaiement leur besogne.

Le petit officier aux mouvements gauches et enfantins faisait constamment renouveler sa pipe par son domestique, et s'élançait en avant pour examiner les Français, en s'abritant les yeux de sa main.

« Feu! enfants, » disait-il, en saisissant lui-même les roues du canon pour le pointer.

Au milieu de la fumée, assourdi par le bruit continuel du tir, dont chaque coup le faisait tressaillir, Tonschine courait d'une pièce à l'autre, sa pipe à la bouche, soit pour les pointer, soit pour compter les charges, soit pour faire changer les attelages. Jetant de sa petite voix, au milieu de ce bruit infernal, des ordres incessants, sa figure s'animait de plus en plus : elle ne se contractait que lorsqu'un homme tombait blessé ou mort, et il s'en détournait pour crier avec colère après les survivants, toujours lents à relever les morts ou les blessés.

Les soldats, beaux hommes pour la plupart et, comme il arrive souvent dans une compagnie d'artilleurs, de deux têtes plus grands et plus larges d'épaules que leur chef, l'interrogeaient du regard comme des enfants dans une situation difficile, et l'expression de sa figure se reflétait aussitôt sur leurs mâles visages.

Grâce à ce grondement continu, à ce tapage, à cette activité forcée, Tonschine n'éprouvait pas la moindre crainte : il n'admettait même pas la possibilité d'être blessé ou tué. Il lui semblait que depuis le premier coup tiré sur l'ennemi il s'était passé beaucoup de temps, qu'il était là depuis la veille, et que ce petit carré de terrain qu'il occupait lui était familier et connu. Il n'oubliait rien, prenait avec sang-froid ses dispositions, comme aurait pu le faire à sa place le meilleur des officiers, et pourtant il se trouvait dans un état voisin du délire ou de l'ivresse.

Du milieu du bruit assourdissant de la batterie, de la fumée et des boulets ennemis qui tombaient sur la terre, sur un canon, sur un homme, sur un cheval, du milieu de ses soldats qui se hâtaient, le front ruisselant de sueur, il s'élevait dans sa tête un monde à part et fantastique, plein de fiévreuses jouissances. Dans ce rêve éveillé, les canons ennemis étaient pour lui des pipes énormes par lesquelles un fumeur invisible lui lançait de légers nuages de fumée.

« Tiens, le voilà qui fume, se dit Tonschine à demi-voix, à la vue d'un blanc panache que le vent emportait : attrapons la balle et renvoyons-la !

— Qu'ordonnez-vous, Votre Noblesse ? demanda le canonnier placé à côté de lui, qui avait vaguement entendu ces paroles.

— Rien, vas-y ! vas-y, notre Matvéevna, » répondit-il, en s'adressant au grand canon de fonte ancienne qui était le dernier de la rangée et qui pour lui était la Matvéevna.

Les Français lui faisaient l'effet de fourmis courant autour des pièces ; le bel artilleur, un peu ivrogne, qui était le servant nº 1 du deuxième canon, représentait, dans le monde de ses fantaisies, le personnage de « l'oncle », dont Tonschine suivait les moindres gestes avec un plaisir tout particulier, et le son de la fusillade arrivait jusqu'à lui comme la respiration d'un être vivant, dont il percevait avidement tous les soupirs.

« Le voilà qui respire, se disait-il tout bas, et lui-même se croyait un homme puissant, de haute taille, lançant des deux mains des boulets sur l'ennemi.

— Voyons, Matvéevna, fais ton devoir! venait-il de dire, en quittant son canon favori, lorsqu'il entendit au-dessus de sa tête une voix inconnue :

— Capitaine Tonschine, capitaine! »

Il se retourna effrayé : c'était l'officier d'état-major qui l'interpellait :

« Êtes-vous fou? voilà deux fois qu'on vous a donné l'ordre de vous retirer!

— Moi... je n'ai rien... bégaya-t-il, les deux doigts à la visière de sa casquette.

— Je... »

Mais l'aide de camp n'acheva pas. Un boulet, fendant l'air à ses côtés, lui fit faire le plongeon. Il allait recommencer sa phrase, lorsqu'un nouveau boulet l'arrêta tout court. Il tourna bride, et s'éloigna au galop, en lui criant :

« Retirez-vous! »

Les artilleurs se mirent à rire. Un second aide de camp arriva aussitôt porteur du même ordre.

C'était le prince André. La première chose qui frappa ses regards, en arrivant sur le plateau, fut un cheval dont le pied écrasé laissait échapper un flot de sang et qui hennissait de douleur à côté de ses compagnons encore attelés. Quelques morts gisaient au milieu des avant-trains.

Des boulets volaient l'un après l'autre par-dessus sa tête, et il sentait un frisson nerveux courir le long de son épine dorsale; mais la pensée seule qu'il pût avoir peur lui rendait tout son courage. Descendant lentement de son cheval au milieu des pièces, il transmit l'ordre, et sur place. Bien décidé, à part lui, à les faire enlever sous ses yeux, et à les emmener au besoin lui-même sous le feu incessant des Français; il prêta son aide à Tonschine, en enjambant les corps étendus de tous côtés.

« Il vient de nous arriver une autorité tout à l'heure, mais elle s'est sauvée bien vite : ce n'est pas comme Votre Noblesse, » dit un canonnier au prince André.

Ce dernier n'avait échangé aucune parole avec Tonschine, et, occupés tous les deux, ils semblaient ne pas se voir. Après être parvenus à placer les quatre canons intacts sur leurs avant-trains, ils se mirent en route pour descendre, en abandonnant une pièce enclouée et une licorne.

« Au revoir! » dit le prince André.

Et il tendit la main au capitaine.

« Au revoir, mon ami, ma bonne petite âme! »

Et les yeux de Tonschine s'emplirent de larmes, sans qu'il sût pourquoi.

XX

Le vent était tombé; de sombres nuages qui se confondaient à l'horizon avec la fumée de la poudre restaient suspendus sur le champ de bataille; la lueur de deux incendies, d'autant plus visible que le soir était venu, se détachait sur ce fond. La canonnade allait s'affaiblissant, mais la fusillade, derrière et à droite, s'entendait à chaque pas plus forte et plus rapprochée. A peine sorti avec ses canons de la zone du feu ennemi, et descendu dans le ravin, Tonschine rencontra une partie de l'état-major, entre autres l'officier porteur de l'ordre de retraite et Gerkow, qui, bien qu'il eût été envoyé deux fois, n'était jamais parvenu jusqu'à lui. Tous, s'interrompant les uns les autres, lui donnaient des ordres et des contre-ordres sur la route qu'il devait suivre, l'accablant de reproches et de critiques.

Quant à lui, monté sur son misérable cheval, il gardait un morne silence, car il sentait qu'à la première parole qu'il aurait prononcée, ses nerfs, en se détendant, auraient trahi son émotion. Bien qu'il lui eût été enjoint d'abandonner les blessés, plusieurs se traînaient, en suppliant qu'on les plaçât sur les canons. L'élégant officier d'infanterie qui, peu d'heures auparavant, s'était élancé hors de la hutte de Tonschine, était maintenant couché sur l'affût de la Matvéevna, avec une balle dans le ventre. Un junker de hussards, pâle et soutenant sa main mutilée, demandait également une petite place.

« Capitaine, dit-il, au nom du ciel, je suis contusionné, je ne peux plus marcher! »

On voyait qu'il avait dû plus d'une fois faire inutilement la même demande, car sa voix était suppliante et timide :

« Au nom du ciel, ne me refusez pas!

— Placez-le, placez-le! Mets une capote sous lui, mon petit oncle, dit Tonschine, en s'adressant à son artilleur favori... — Où est l'officier blessé?

— On l'a enlevé, il est mort, répondit une voix.

— Alors, asseyez-vous, mon ami, asseyez-vous; étends la capote, Antonow. »

Le junker, qui n'était autre que Rostow, grelottait du frisson de la fièvre; on le plaça sur la Matvéevna, sur ce même canon d'où l'on venait d'enlever le mort. Le sang dont était couvert le manteau tacha le pantalon et les mains du junker.

« Etes-vous blessé, mon ami? lui demanda Tonschine.

— Non, je ne suis que contusionné.

— Pourquoi y a-t-il du sang sur la capote?

— C'est l'officier, Votre Noblesse, » dit l'artilleur, en l'essuyant avec sa manche, comme pour s'excuser de cette tache sur une de ses pièces.

Les canons, poussés par l'infanterie, furent hissés à grand'-peine sur la montagne, et, arrivés enfin au village de Guntersdorf, ils s'y arrêtèrent. Il y faisait tellement sombre, qu'on ne distinguait plus à dix pas les uniformes des soldats. La fusillade cessait peu à peu. Tout à coup elle reprit tout près, sur la droite, et des éclairs brillèrent dans l'obscurité. C'était une dernière tentative des Français, à laquelle nos soldats répondirent des maisons du village, dont ils sortirent aussitôt. Quant à Tonschine et à ses hommes, ne pouvant plus avancer, ils attendaient leur sort, en se regardant en silence. La fusillade cessa bientôt, et d'une rue détournée débouchèrent des soldats qui causaient bruyamment :

« Nous les avons crânement chauffés, camarades, ils ne s'y frotteront plus!

— Es-tu sain et sauf, Pétrow?

— On n'y voit goutte, dit un autre... il fait noir comme dans un four.... Frères, n'y a-t-il rien à boire? »

Les Français avaient été définitivement repoussés, et les canons de Tonschine s'éloignèrent en avant dans la profondeur de l'obscurité, entourés de la clameur confuse de l'infanterie.

On aurait dit un sombre et invisible fleuve s'écoulant dans la même direction, dont le grondement était représenté par le murmure sourd des voix, le bruit des fers des chevaux et le grincement des roues. Du milieu de cette confusion s'élevaient, perçants et distincts, les gémissements et les plaintes des blessés, qui semblaient remplir à eux seuls ces ténèbres et se confondre avec elles en une même et sinistre impression. Quelques pas plus loin, une certaine agitation se manifesta dans cette foule mouvante : un cavalier monté sur un cheval blanc et accompagné d'une suite nombreuse venait de passer en jetant quelques mots :

« Qu'a-t-il dit? Où va-t-on? S'arrête-t-on? A-t-il remercié? »

Tandis que ces questions s'entre-croisaient, cette masse vivante fut tout à coup refoulée dans son élan en avant par la résistance des premiers rangs, qui s'étaient arrêtés : l'ordre venait d'être donné de camper au milieu de cette route boueuse.

Les feux s'allumèrent et les conversations reprirent. Le capitaine Tonschine, après avoir pris ses dispositions, envoya un soldat à la recherche d'une ambulance ou d'un médecin pour le pauvre junker, et s'assit auprès du feu. Rostow se traîna près de lui : le frisson de la fièvre, causée par la souffrance, le froid et l'humidité, secouait tout son corps; un sommeil invincible s'emparait de lui, mais il ne pouvait s'y abandonner, à cause de la douleur et de l'angoisse que lui faisait éprouver son bras; tantôt il fermait les yeux, tantôt il regardait le feu, qui lui paraissait d'un rouge ardent, ou la petite personne trapue de Tonschine, qui, assis à la turque, le regardait avec une compassion sympathique de ses yeux intelligents et bons. Il sentait que de toute son âme il lui aurait porté secours, mais qu'il ne le pouvait pas.

De toutes parts on entendait des pas, des voix, le bruit de l'infanterie qui s'installait, des sabots des chevaux qui piétinaient dans la boue, et du bois que l'on fendait au loin.

Ce n'était plus le fleuve invisible qui grondait, c'était une mer houleuse et frissonnante après la tempête. Rostow voyait et entendait, sans comprendre ce qui se passait autour de lui. Un troupier s'approcha du feu, s'accroupit sur ses talons, avança les mains vers la flamme, et, se retournant avec un regard interrogatif vers Tonschine :

« Vous permettez, Votre Noblesse? J'ai perdu ma compagnie je ne sais où! »

Un officier d'infanterie qui avait la joue bandée s'adressa à Tonschine, pour le prier de faire avancer les canons qui barraient le chemin à un fourgon; après lui arrivèrent deux soldats qui s'injuriaient en se disputant une botte :

« Pas vrai que tu l'as ramassée...

— En v'là une blague! » criait l'un d'eux d'une voix enrouée.

Un autre, le cou entouré de linges sanglants, s'approcha des artilleurs en demandant à boire d'une voix sourde :

« Va-t-il donc falloir mourir comme un chien? »

Tonschine lui fit donner de l'eau. Puis accourut un loustic qui venait chercher du feu pour les fantassins :

« Du feu, du feu bien brûlant!.... Bonne chance, pays, merci pour le feu, nous vous le rendrons avec usure, » criait-il en disparaissant dans la nuit avec son tison enflammé.

Puis quatre soldats passèrent, qui portaient sur un manteau quelque chose de lourd. L'un d'eux trébucha :

« Voilà que ces diables ont laissé du bois sur la route, grommela-t-il....

— Il est mort, pourquoi le porter? dit un autre, voyons, je vous... »

Et les quatre hommes s'enfoncèrent dans l'ombre avec leur fardeau.

« Vous souffrez? dit Tonschine tout bas à Rostow.

— Oui, je souffre.

— Votre Noblesse, le général vous demande, dit un canonnier à Tonschine.

— J'y vais, mon ami. »

Il se leva et s'éloigna du feu en boutonnant son uniforme. Le prince Bagration était occupé à dîner dans une chaumière à quelques pas du foyer des artilleurs, et causait avec plusieurs chefs de troupe qu'il avait invités à partager son repas. Parmi eux se trouvaient le petit vieux colonel aux paupières tombantes, qui nettoyait à belles dents un os de mouton, le général aux vingt-deux ans de service irréprochable, à la figure enluminée par le vin et la bonne chère, l'officier d'état-major à la belle bague, Gerkow, qui ne cessait de regarder les convives d'un air inquiet, et le prince André, pâle, les lèvres serrées, les yeux brillants d'un éclat fiévreux.

Dans un coin de la chambre était déposé un drapeau français. L'auditeur en palpait le tissu en branlant la tête : était-ce par curiosité, ou bien la vue de cette table où son couvert n'était pas mis, était-elle pénible à son estomac affamé?

Dans la chaumière voisine se trouvait un colonel français, fait prisonnier par nos dragons; et nos officiers se pressaient autour de lui pour l'examiner.

Le prince Bagration remerciait les chefs qui avaient eu un commandement, et se faisait rendre compte des détails du l'affaire et des pertes. Le chef du régiment que nous avons déjà vu à Braunau expliquait au prince comme quoi, dès le commencement de l'action, il avait rassemblé les soldats qui ramassaient du bois, et les avait fait passer derrière les deux bataillons avec lesquels il s'était précipité baïonnette en avant sur l'ennemi, qu'il avait culbuté :

« M'étant aperçu, Excellence, que le premier bataillon pliait, je me suis posté sur la route et me suis dit : Laissons passer ceux-ci, nous recevrons les autres avec un feu de bataillon, c'est ce que j'ai fait ! »

Le chef de régiment aurait tant voulu avoir agi ainsi, qu'il avait fini par croire que c'était réellement arrivé.

« Je dois aussi faire observer à Votre Excellence, continua-t-il en se souvenant de sa conversation avec Koutouzow, que le soldat Dologhow s'est emparé sous mes yeux d'un officier français, et qu'il s'est tout particulièrement distingué.

— C'est à ce moment, Excellence, que j'ai pris part à l'attaque du régiment de Pavlograd, ajouta, avec un regard mal assuré, Gerkow, qui de la journée n'avait aperçu un hussard, et qui ne savait que par ouï-dire ce qui s'était passé. Ils ont enfoncé deux carrés, Excellence ! »

Les paroles de Gerkow firent sourire quelques-uns des officiers présents, qui s'attendaient à une de ses plaisanteries habituelles, mais comme aucune plaisanterie ne suivait ce mensonge qui, après tout, était à l'honneur de nos troupes, ils prirent un air sérieux.

« Je vous remercie tous, messieurs; toutes les armes, infanterie, cavalerie, artillerie, se sont comportées héroïquement! Comment se fait-il seulement qu'on ait laissé en arrière deux pièces du centre? » demanda-t-il en cherchant quelqu'un des yeux.

Le prince Bagration ne s'informait pas de ce qu'étaient devenus les canons du flanc gauche, qui avaient été abandonnés dès le commencement de l'engagement :

« Il me semble cependant que je vous avais donné l'ordre de les faire ramener, ajouta-t-il en s'adressant à l'officier d'état-major de service.

— L'un était encloué, répondit l'officier; quant à l'autre, je ne puis comprendre.... J'étais là tout le temps.... j'ai donné des ordres et.... il faisait chaud là-bas, c'est vrai, » ajouta-t-il avec modestie. »

Quelqu'un fit observer qu'on avait envoyé chercher le capitaine Tonschine.

« Mais vous y étiez? dit le prince Bagration s'adressant au prince André.

— Certainement, nous nous sommes manqués de peu, dit l'officier d'état-major en souriant agréablement.

— Je n'ai pas eu le plaisir de vous y voir, » répondit d'un ton rapide et bref le prince André.

Il y eut un moment de silence. Sur le seuil de la porte venait de paraître Tonschine, qui se glissait timidement derrière toutes ces grosses épaulettes; embarrassé comme toujours à leur vue, il trébucha à la hampe du drapeau, et sa maladresse provoqua des rires étouffés.

« Comment se fait-il qu'on ait laissé deux canons sur la hauteur? » demanda Bagration en fronçant le sourcil, plutôt du côté des rieurs où se trouvait Gerkow, que du côté du petit capitaine.

Ce fut seulement alors, au milieu de ce grave aréopage, que celui-ci se rendit compte avec terreur de la faute qu'il avait commise en abandonnant, lui vivant, deux canons. Son trouble, les émotions par lesquelles il avait passé, lui avaient fait complètement oublier cet incident; il restait coi et murmurait :

« Je ne sais pas, Excellence, il n'y avait pas assez d'hommes....

— Vous auriez pu en prendre des bataillons qui vous couvraient. »

Tonschine aurait pu répondre qu'il n'y avait pas de bataillons : c'eût été pourtant la vérité, mais il craignait de compromettre un chef, et restait les yeux fixés sur Bagration, comme un écolier pris en faute.

Le silence se prolongeait, et son juge, désirant évidemment ne pas faire preuve d'une sévérité inutile, ne savait que lui dire. Le prince André regardait Tonschine en dessous, et ses doigts se crispaient nerveusement.

« Excellence, dit-il en rompant le silence de sa voix tranchante, vous m'avez envoyé à la batterie du capitaine, et j'y ai trouvé les deux tiers des hommes et des chevaux morts, deux canons brisés, et pas de bataillons pour les couvrir. »

Le prince Bagration et Tonschine ne le quittaient pas des yeux.

« Et si Votre Excellence me permet de donner mon opinion, c'est surtout à cette batterie et à la fermeté héroïque du capitaine Tonschine et de sa compagnie que nous devons en grande partie le succès de la journée. »

Et sans attendre de réponse il se leva de table. Le prince Bagration regarda Tonschine et, ne voulant pas laisser percer son incrédulité, il inclina la tête en lui disant qu'il pouvait se retirer.

Le prince André le suivit :

« Grand merci, lui dit Tonschine en lui serrant la main, vous m'avez tiré d'un mauvais pas, mon ami. »

Lui jetant un coup d'œil attristé, le prince André s'éloigna sans rien répondre. Il avait un poids sur le cœur.... Tout était si étrange, si différent de ce qu'il avait espéré !

« Qui sont-ils ? que font-ils ? quand cela finira-t-il ? » se demandait Rostow en suivant les ombres qui se succédaient autour de de lui.

Son bras lui faisait de plus en plus mal, le sommeil l'accablait, des taches rouges dansaient devant ses yeux, et toutes les diverses impressions de ces voix, de ces figures, de sa solitude, se confondaient avec la douleur qu'il éprouvait.... Oui, c'étaient bien ces soldats blessés qui l'écrasaient, qui le froissaient, ces autres soldats qui lui retournaient les muscles, qui rôtissaient les chairs de son bras brisé !

Pour se débarrasser d'eux, il ferma les yeux, il s'oublia un instant, et, dans cette courte seconde, il vit défiler devant lui toute une fantasmagorie : sa mère avec sa main blanche, puis Sonia et ses petites épaules maigres, puis les yeux de Natacha qui lui souriaient, puis Denissow, Télianine, Bogdanitch et toute son histoire avec eux, et cette histoire prenait la figure de ce soldat, là-bas, là-bas, celui qui avait une voix aiguë, un nez crochu, qui lui faisait tant de mal et lui tirait le bras.

Il tâchait, mais en vain, de se dérober à la griffe qui torturait son épaule, cette pauvre épaule qui aurait été intacte, s'il ne l'avait pas broyée méchamment.

Il ouvrit les yeux : une étroite bande du voile noir de la nuit s'étendait au-dessus de la lueur des charbons, et dans cette lueur voltigeait la poussière argentée d'une neige fine et légère. Point de médecin, et Tonschine ne revenait pas. Sauf un pauvre petit troupier tout nu, qui de l'autre côté du feu chauffait son corps amaigri, il était tout seul.

« Je ne suis nécessaire à personne ! pensait Rostow, personne ne veut m'aider, ne me plaint, et pourtant, à la maison, jadis j'étais fort, gai, entouré d'affection. Il soupira, et son soupir se perdit dans un gémissement.

— Qu'y a-t-il ?... cela te fait mal ? demanda le petit troupier en secouant sa chemise au-dessus du feu, et il ajouta, sans attendre la réponse : — En a-t-on écharpé de pauvres gens aujourd'hui, c'est effrayant ! »

Rostow ne l'écoutait pas, et suivait des yeux les flocons de neige qui tourbillonnaient dans l'espace; il songeait à l'hiver de Russie, à la maison chaude, bien éclairée, à sa fourrure moelleuse, à son rapide traîneau, et il s'y voyait plein de vie, entouré de tous les siens :

« Pourquoi donc suis-je venu me fourrer ici? » se disait-il.

Les Français ne renouvelèrent pas l'attaque le lendemain, et les restes du détachement de Bagration se réunirent à l'armée de Koutouzow.

CHAPITRE III

I

Le prince Basile ne faisait jamais de plan à l'avance : encore moins pensait-il à faire du mal pour en tirer profit. C'était tout simplement un homme du monde qui avait réussi, et pour qui le succès était devenu une habitude.

Il agissait constamment selon les circonstances, selon ses rapports avec les uns et les autres, et conformait à cette pratique les différentes combinaisons qui étaient le grand intérêt de son existence, et dont il ne se rendait jamais un compte bien exact. Il en avait toujours une dizaine en train : les unes restaient à l'état d'ébauche, les autres réussissaient, les troisièmes tombaient dans l'eau. Jamais il ne se disait, par exemple : « Ce personnage étant maintenant au pouvoir, il faut que je tâche de capter sa confiance et son amitié, afin d'obtenir par son entremise un don pécuniaire, » ou bien : « Voilà Pierre qui est riche, je dois l'attirer chez moi pour lui faire épouser ma fille et lui emprunter les 40 000 roubles dont j'ai besoin. » Mais si le personnage influent se trouvait sur son chemin, son instinct lui soufflait qu'il pouvait en tirer parti : il s'en rapprochait, s'établissait dans son intimité de la façon la plus naturelle du monde, le flattait et savait se rendre agréable. De même, sans y mettre la moindre préméditation, il surveillait Pierre à Moscou. Le jeune homme ayant été, grâce à lui, nommé gentilhomme de la chambre, ce qui équivalait alors au rang de conseiller d'État, il l'avait engagé à retourner avec lui à Pétersbourg et à y loger dans sa maison. Le prince Basile faisait assurément tout ce qu'il fallait pour arriver à marier sa fille avec Pierre, mais il le faisait nonchalamment et sans s'en douter, avec l'assurance évidente que sa conduite était toute simple. Si le prince avait eu l'habitude de mûrir ses plans, il n'aurait pu avoir autant de bonhomie et de naturel qu'il en apportait dans ses relations avec ses supérieurs comme avec ses inférieurs. Quelque chose le poussait toujours vers tout ce qui était plus puissant ou plus fortuné que lui, et il savait choisir, avec un art tout particulier, l'instant favorable pour en tirer parti. A peine Pierre fut-il devenu subitement riche et comte Besoukhow, et par suite tiré de sa solitude et de son insouciance, qu'il se vit tout à coup entouré et se trouva si bien accaparé par des occupations de toutes sortes, qu'il n'avait plus même le temps de penser à loisir. Il lui fallait signer des papiers, courir différents tribunaux dont il n'avait qu'une vague idée, questionner son intendant en chef, visiter ses propriétés près de Moscou, recevoir une foule de gens, qui jusque-là avaient feint d'ignorer son existence, et qui maintenant se seraient offensés s'il ne les avait pas reçus. Hommes de loi, hommes d'affaires, parents éloignés, simples connaissances, tous étaient également bienveillants et aimables pour le jeune héritier. Tous semblaient convaincus des hautes qualités de Pierre. Il s'entendait dire à chaque instant : « grâce à votre inépuisable bonté, » ou « grâce à votre grand cœur », ou bien « vous qui êtes si pur », ou bien « s'il était aussi intelligent que vous », etc., etc., et il commençait à croire sincèrement à sa bonté inépuisable, à son intelligence hors ligne, d'autant plus facilement qu'au fond de son cœur il avait toujours eu la conscience d'être bon et intelligent. Ceux même qui avaient été malveillants et désagréables à son égard étaient devenus tendres et affectueux. L'aînée des princesses, celle qui avait la taille trop longue, les cheveux plaqués comme ceux d'une poupée, et un caractère revêche, était venue lui dire après l'enterrement, en baissant les yeux et en rougissant, qu'elle regrettait leurs malentendus passés, et que, ne se sentant aucun droit à rien, elle lui demandait pourtant l'autorisation, après le coup qui venait de la frapper, de rester quelques semaines encore dans cette maison qu'elle aimait tant, et où elle s'était si longtemps sacrifiée. En voyant fondre en larmes cette fille habituellement impassible, Pierre lui saisit la main avec émotion et lui demanda pardon, ne sachant pas lui-même de quoi il s'agissait. A dater de ce jour, la princesse commença à lui tricoter une écharpe de laine rayée.

« Fais-le pour elle, mon cher, car, après tout, elle a beaucoup souffert du caractère du défunt, » lui disait le prince Basile.

Et il lui fit signer un papier en faveur de la princesse, après avoir décidé, à part lui, que cet os à ronger, autrement dit cette lettre de change de 30 000 roubles, devait être jeté en pâture à cette pauvre princesse pour lui fermer la bouche sur le rôle qu'il avait joué dans l'affaire du fameux portefeuille. Pierre signa la lettre de change, et la princesse devint encore plus affectueuse pour lui. Ses sœurs cadettes suivirent son exemple, surtout la plus jeune, la jolie princesse au grain de beauté, qui ne laissait pas parfois d'embarrasser Pierre par ses sourires et le trouble qu'elle témoignait à sa vue.

Cette affection générale lui semblait si naturelle, qu'il lui paraissait impossible d'en discuter la sincérité. Du reste, il n'avait guère le temps de s'interroger là-dessus, bercé qu'il était par le charme enivrant de ses nouvelles sensations. Il sentait qu'il était le centre autour duquel gravitaient des intérêts importants, et qu'on attendait de lui une activité constante; son inaction aurait été nuisible à beaucoup de monde, et, tout en comprenant le bien qu'il aurait pu faire, il n'en faisait tout juste que ce qu'on lui demandait, en laissant à l'avenir le soin de compléter sa tâche.

Le prince Basile s'était complètement emparé de Pierre et de la direction de ses affaires, et, tout en paraissant à bout de forces, il ne pouvait cependant se décider, après tout, à livrer le possesseur d'une si grande fortune, le fils de son ami, aux caprices du sort et aux intrigues des coquins. Pendant les premiers jours qui suivirent la mort du comte Besoukhow, il le dirigeait en tout, et lui indiquait ce qu'il avait à faire d'un ton fatigué qui semblait dire :

« Vous savez que je suis accablé d'affaires, et que je ne m'occupe de vous que par pure charité; vous comprenez bien d'ailleurs que ce que je vous propose est la seule chose faisable.... »

« Eh bien, mon ami, nous partons demain, lui dit-il un jour, d'un ton péremptoire, en fermant les yeux et en promenant ses doigts sur le bras de Pierre, comme si ce départ avait été discuté et décidé depuis longtemps. Nous partons demain ; je t'offre avec plaisir une place dans ma calèche. Le principal ici est arrangé, et il faut absolument que j'aille à Pétersbourg. Voici ce que j'ai reçu du chancelier, auquel je m'étais adressé pour toi : tu es gentilhomme de la chambre et attaché au corps diplomatique. »

Malgré ce ton d'autorité, Pierre, qui avait depuis si longtemps réfléchi à la carrière qu'il pourrait suivre, essaya en vain de protester, mais il fut aussitôt arrêté par le prince Basile. Le prince parlait, dans les cas extrêmes, d'une voix basse et caverneuse qui excluait toute possibilité d'interruption :

« Mais, mon cher, je l'ai fait pour moi, pour ma conscience, il n'y a pas à m'en remercier; personne ne s'est jamais plaint d'être trop aimé, et puis d'ailleurs tu es libre, et tu peux quitter le service quand tu voudras. Tu en jugeras par toi-même à Pétersbourg. Aujourd'hui il n'est que temps de nous éloigner de ces terribles souvenirs....! »

Et il soupira....

« Quant à ton valet de chambre, mon ami, il pourra suivre dans ta calèche. A propos, j'oubliais de te dire, mon cher, que nous étions en compte avec le défunt : aussi ai-je gardé ce qui a été reçu de la terre de Riazan; tu n'en as pas besoin, nous réglerons plus tard. » Le prince Basile avait en effet reçu et gardé plusieurs milliers de roubles provenant de la redevance de cette terre.

L'atmosphère tendre et affectueuse qui enveloppait Pierre à Moscou le suivit à Pétersbourg. Il lui fut impossible de refuser la place, ou, pour mieux dire, la nomination (car il ne faisait rien) que lui avait procurée le prince Basile. Ses nombreuses connaissances, les invitations qu'il recevait de toutes parts, le retenaient plus fortement peut-être encore qu'à Moscou dans ce rêve éveillé, dans cette agitation constante que lui causait l'impression d'un bonheur attendu et enfin réalisé.

Plusieurs de ses compagnons de folies s'étaient dispersés : la garde était en marche, Dologhow servait comme soldat, Anatole avait rejoint l'armée dans l'intérieur, le prince André faisait la guerre.... Aussi Pierre ne passait-il plus ses nuits à s'amuser comme il aimait tant autrefois à le faire, et il n'avait plus ces conversations et ces relations intimes qui, il y a quelque temps encore, lui plaisaient tant. Tout son temps était pris par des dîners et des bals, en compagnie du prince Basile, de sa forte et puissante femme, et de la belle Hélène.

Anna Pavlovna Schérer n'avait pas été la dernière à prouver à Pierre combien le sentiment de la société était changé à son égard.

Jadis, quand il se trouvait en présence d'Anna Pavlovna, il sentait toujours que ce qu'il disait manquait de tact et de convenance, et que ses appréciations les plus intelligentes devenaient complètement stupides dès qu'il les formulait, tandis que les propos les plus idiots du prince Hippolyte étaient acceptés comme des traits d'esprit. Aujourd'hui, au contraire, tout ce qu'il énonçait était « charmant », et si Anna Pavlovna n'exprimait pas toujours son approbation, il voyait bien que c'était uniquement par égard pour sa modestie.

Au commencement de l'hiver de 1805 à 1806, Pierre reçut le petit billet rose habituel qui contenait une invitation. Le post-scriptum disait :

« Vous trouverez chez moi la belle Hélène qu'on ne se lasse jamais de voir. »

En lisant ce billet, il sentit pour la première fois qu'il existait entre lui et Hélène un certain lien parfaitement visible pour plusieurs personnes. Cette idée l'effraya, parce qu'elle entraînait à sa suite de nouvelles obligations qu'il ne désirait pas contracter, et elle le réjouit en même temps, comme une supposition amusante.

La soirée d'Anna Pavlovna était en tous points semblable à celle de l'été précédent, avec cette différence que la primeur actuelle n'était plus Mortemart, mais un diplomate tout fraîchement débarqué de Berlin, et qui apportait les détails les plus nouveaux sur le séjour de l'empereur Alexandre à Potsdam, où les deux augustes amis s'étaient juré une alliance éternelle pour la défense du bon droit contre l'ennemi du genre humain. Anna Pavlovna reçut Pierre avec la nuance de tristesse exigée par la perte récente qu'il venait de faire, car on semblait s'être donné le mot pour lui persuader qu'il en avait beaucoup de chagrin : c'était cette même nuance de tristesse qu'elle affectait toujours en parlant de l'impératrice Marie Féodorovna. Avec son tact tout particulier, elle organisa aussitôt différents groupes : le principal, composé de généraux et du prince Basile, jouissait du diplomate ; le second s'était réuni autour de la table de thé. Mlle Schérer se trouvait dans l'état d'excitation d'un chef d'armée sur le champ de bataille, dont le cerveau est plein des plus brillantes conceptions, mais à qui le temps manque pour les exécuter. Ayant remarqué que Pierre se dirigeait vers le premier groupe, elle le toucha légèrement du doigt :

« Attendez, lui dit-elle, j'ai des vues sur vous pour ce soir. »

Et, regardant Hélène, elle sourit.

« Ma bonne Hélène, il faut que vous soyez charitable pour ma pauvre tante, qui a une adoration pour vous : allez lui tenir compagnie pour dix minutes, et voici cet aimable comte qui va se sacrifier avec vous. »

Elle retint Pierre, en ayant l'air de lui faire une confidence :

« N'est-ce pas qu'elle est ravissante? lui dit-elle tout bas, en lui désignant la belle Hélène, qui s'avançait majestueusement vers la « tante » ... Quelle tenue pour une aussi jeune fille! quel tact! quel cœur! Heureux celui qui l'obtiendra!... l'homme qui l'épousera, fût-il le plus obscur, est sûr d'arriver au premier rang.... n'est-ce pas votre avis? »

Pierre répondit en s'associant sincèrement aux éloges d'Anna Pavlovna, car, lorsqu'il lui arrivait de songer à Hélène, c'étaient précisément sa beauté et sa tenue pleine de dignité et de réserve qui se présentaient tout d'abord à son imagination.

La « tante », blottie dans son petit coin, y reçut les deux jeunes gens, sans témoigner cependant le moindre empressement pour Hélène; au contraire, elle jeta à sa nièce un regard effrayé, comme pour lui demander ce qu'elle devait en faire. Sans en tenir compte, Anna Pavlovna dit tout haut à Pierre, en regardant Hélène et en s'éloignant :

« J'espère que vous ne trouverez plus qu'on s'ennuie chez moi? »

Hélène sourit, étonnée que cette supposition pût s'adresser à une personne qui avait l'insigne bonheur de l'admirer et de causer avec elle. La « tante », après avoir toussé une ou deux fois pour éclaircir sa voix, exprima en français à Hélène le plaisir qu'elle avait à la voir, et, se tournant du côté de Pierre, elle répéta la même cérémonie. Pendant que cette conversation somnifère se traînait en boitant, Hélène adressa à Pierre un de ses beaux et radieux sourires que, du reste, elle prodiguait à tout le monde. Il y était tellement habitué, qu'il ne le remarqua même pas. La « tante » l'interrogeait sur la collection de tabatières qui avait appartenu au vieux comte Besoukhow, et lui faisait admirer la sienne, ornée du portrait de son mari.

« C'est sans doute de V... » dit Pierre en nommant un célèbre peintre en miniatures.

Alors il se pencha au-dessus de la table pour prendre la tabatière; cela ne l'empêchait pas de prêter l'oreille en même temps aux conversations de l'autre groupe. Il était sur le point de se lever, lorsque la « tante » lui tendit sa tabatière par-dessus la tête d'Hélène. Hélène se pencha en avant, toute souriante. Elle portait, selon la mode du temps, un corsage très échancré dans le dos et sur la poitrine. Son buste, dont la blancheur rappelait à Pierre celle du marbre, était si près de lui, que, malgré sa mauvaise vue, il distinguait involontairement toutes les beautés de ses épaules et de son cou, si près de ses lèvres, qu'il n'aurait eu qu'à se baisser d'une ligne pour les y poser. Il sentait la tiède chaleur de son corps, mêlée à la suave odeur des parfums, et il entendait vaguement craquer son corset au moindre mouvement. Ce n'était pas pourtant le parfait ensemble des beautés de cette statue de marbre qui venait de le frapper ainsi; c'étaient les charmes de ce corps ravissant qu'il devinait sous cette légère gaze. La violence de la sensation qui pénétra tout son être effaça à jamais ses premières impressions, et il lui fut aussi impossible d'y revenir, qu'il est impossible de retrouver ses illusions perdues.

« Vous n'aviez donc pas remarqué combien je suis belle? semblait lui dire Hélène. Vous n'aviez pas remarqué que je suis une femme et une femme que chacun peut obtenir, vous surtout? » disait son regard.

Et Pierre comprit en cet instant que non seulement Hélène pouvait devenir sa femme, mais qu'elle le deviendrait, et cela aussi positivement que s'ils étaient déjà devant le prêtre. Comment et quand? Il l'ignorait. Serait-ce un bonheur? Il ne le savait pas; il pressentait même plutôt que ce serait un malheur, mais il était sûr que cela arriverait.

Pierre baissa les yeux et les releva, en essayant de revoir en elle cette froide beauté qui jusqu'à ce jour l'avait laissé si indifférent; il ne le pouvait plus, il subissait son influence et il ne s'élevait plus entre eux d'autre barrière que sa seule volonté.

« Bon, je vous laisse dans votre petit coin..... Je vois que vous y êtes très bien, » dit Mlle Schérer en passant.

Et Pierre se demanda avec terreur s'il n'avait pas commis quelque inconvenance, et s'il n'avait pas laissé deviner son trouble intérieur. Il se rapprocha du principal groupe.

« On dit que vous embellissez votre maison de Pétersbourg? » lui dit Anna Pavlovna.

C'était vrai en effet : l'architecte lui avait déclaré que des arrangements intérieurs étaient indispensables, et il l'avait laissé faire.

« C'est très bien, mais ne déménagez pas de chez le prince Basile; il est bon d'avoir un ami comme le prince, j'en sais quelque chose, dit Anna Pavlovna, en souriant à ce dernier..... Vous êtes si jeune, vous avez besoin de conseils; vous ne m'en voudrez pas d'user de mon privilège de vieille femme... »

Elle s'arrêta dans l'attente d'un compliment, comme le font habituellement les dames qui parlent de leur âge.

« Si vous vous mariez, ce sera autre chose!.... »

Et elle enveloppa Pierre et Hélène d'un même regard. Ils ne se voyaient pas, mais Pierre la sentait toujours dans une proximité effrayante pour lui, et il murmura une réponse banale.

Rentré chez lui, il ne put s'endormir; il pensait toujours à ce qu'il avait éprouvé. Il venait seulement de comprendre que cette femme qu'il avait connue enfant, et dont il disait distraitement : « Oui, elle est belle, » pouvait lui appartenir.

« Mais elle est bête, je l'ai toujours dit, pensait-il. Il y a donc quelque chose de mauvais, de défendu dans le sentiment qu'elle a provoqué en moi. Ne m'a-t-on pas raconté que son frère Anatole avait eu de l'amour pour elle et elle pour lui, et que c'est à cause de cela qu'il avait été renvoyé? Son autre frère, c'est Hippolyte; son père, c'est le prince Basile; ce n'est pas bien, » pensait-il.

Et cependant, au milieu de toutes ces réflexions vagues sur la valeur morale d'Hélène, il se surprenait souriant et rêvant à elle, à elle devenue sa femme, avec l'espoir qu'elle pourrait l'aimer et que tout ce qu'on avait pu en dire était faux, et tout à coup il la revoyait de nouveau, non pas elle, Hélène, mais ce corps charmant revêtu de blanches draperies.

« Pourquoi donc ne l'avais-je pas vue ainsi auparavant?... » Et, trouvant quelque chose de malhonnête et de répulsif dans ce mariage, il se reprochait sa faiblesse.

Il se rappelait ses mots, ses regards, et les mots et les regards de ceux qui les avaient vus ensemble et les allusions transparentes de Mlle Schérer, et celles du prince Basile, et il se demandait avec épouvante s'il ne s'était pas déjà trop engagé à faire une chose évidemment mauvaise et contre sa conscience...., et, tout en prononçant cet arrêt, au fond de son âme s'élevait la brillante image d'Hélène, entourée de l'auréole de sa beauté féminine.

II

Au mois de septembre de l'année 1805, le prince Basile reçut la mission d'aller inspecter quatre gouvernements; il avait sollicité cette commission pour faire en même temps, sans bourse délier, la tournée de ses terres ruinées, prendre en passant son fils Anatole et se rendre avec lui chez le prince Nicolas Bolkonsky, afin d'essayer de le marier à la fille du vieux richard. Mais, avant de se lancer dans cette nouvelle entreprise, il était nécessaire d'en finir avec l'indécision de Pierre, qui passait chez lui toutes ses journées, et s'y montrait bête, confus et embarrassé (comme le sont les amoureux) en présence d'Hélène, sans faire un pas en avant, un pas décisif.

« Tout cela est bel et bon, mais il faut que cela finisse, » se dit un matin avec un soupir mélancolique le prince Basile, qui commençait à trouver que Pierre, qui lui devait tant, ne se conduisait pas précisément bien en cette circonstance : « C'est la jeunesse, l'étourderie? Que le bon Dieu le bénisse, continuait-il, en constatant avec satisfaction sa propre indulgence ; mais il faut que cela finisse!... C'est après-demain la fête d'Hélène : je réunirai quelques parents, et s'il ne comprend pas ce qu'il lui reste à faire, j'y veillerai : c'est mon devoir de père! »

Six semaines s'étaient écoulées depuis la soirée de Mlle Schérer et la nuit d'insomnie pendant laquelle Pierre avait décidé que son mariage avec Hélène serait sa perte, et qu'il ne lui restait plus qu'à partir pour l'éviter. Cependant il n'avait point quitté la maison du prince Basile, et il sentait avec terreur qu'il se liait davantage tous les jours, et qu'il ne pouvait plus se retrouver auprès d'Hélène avec son indifférence première ; d'un autre côté, il n'avait pas la force de se détacher d'elle et se voyait contraint de l'épouser, en dépit du malheur qui résulterait pour lui de cette union. Peut-être aurait-il pu se retirer encore à temps si le prince Basile, qui jusque-là n'avait jamais ouvert ses salons, ne s'était plu à avoir du monde chez lui tous les soirs, et l'absence de Pierre, du moins à ce qu'on lui assurait, aurait enlevé un élément de plaisir à ces réunions, en trompant l'attente de tous. Dans les courts instants que le prince Basile passait à la maison, il ne manquait jamais l'occasion, en lui offrant à baiser sa joue rasée de frais, de lui dire : « à demain, » ou bien « au revoir, à dîner », ou bien encore « c'est pour toi que je reste », et cependant s'il lui arrivait de rester chez lui pour Pierre, comme il le disait, il ne lui témoignait aucune attention spéciale.

Pierre n'avait pas le courage de tromper ses espérances Tous les jours il se répétait :

« Il faut que je parvienne à la connaître; me suis-je trompé alors, ou vois-je faux à présent?... Elle n'est pas sotte, elle est charmante; elle ne parle pas beaucoup, il est vrai, mais elle ne dit jamais de sottises et ne s'embarrasse jamais! »

Il essayait parfois de l'entraîner dans une discussion, mais elle répondait invariablement, d'une voix douce, par une réflexion qui témoignait du peu d'intérêt qu'elle y prenait, ou par un sourire et un regard qui, aux yeux de Pierre, étaient le signe infaillible de sa supériorité. Elle avait sans doute raison de traiter de billevesées ces dissertations, comparées à son sourire : elle en avait un tout particulier à son adresse, radieux et confiant, tout autre que ce sourire banal qui illuminait ordinairement son beau visage. Pierre savait qu'on attendait de lui un mot, un pas au delà d'une certaine limite, et il savait que tôt ou tard il la franchirait, malgré l'incompréhensible terreur qui s'emparait de lui à cette seule pensée. Que de fois pendant ces six semaines ne s'était-il pas senti entraîné de plus en plus vers cet abîme, et ne s'était-il pas demandé :

« Où est ma fermeté? N'en ai-je donc plus? »

Pendant ces terribles luttes, sa fermeté habituelle semblait, en effet, complètement anéantie. Pierre appartenait à cette catégorie peu nombreuse d'hommes qui ne sont forts que lorsqu'ils sentent que leur conscience n'a rien à leur reprocher, et, à partir du moment où, au-dessus de la tabatière de la « tante », le démon du désir s'était emparé de lui, un sentiment inconscient de culpabilité paralysait son esprit de résolution.

Une petite société d'intimes, de parents et d'amis, au dire de la princesse, soupait chez eux le soir de la fête d'Hélène, et on leur avait donné à entendre que, ce soir-là, devait se décider le sort de celle qu'on fêtait. La princesse Kouraguine, dont l'embonpoint s'était accusé et qui jadis avait été une beauté imposante, occupait le haut bout de la table; à ses côtés étaient assis les hôtes les plus marquants : un vieux général, sa femme et Mlle Schérer; à l'autre bout se trouvaient les invités plus âgés et les personnes de la maison, Pierre et Hélène à côté l'un de l'autre. Le prince Basile ne soupait pas : il se promenait autour de la table, s'approchant de l'un ou de l'autre de ses invités. Il était d'excellente humeur; il disait à chacun un mot aimable, sauf cependant à Hélène et à Pierre, dont il feignait d'ignorer la présence. Les bougies brillaient de tout leur éclat : l'argenterie, les cristaux, les toilettes des dames et les épaulettes d'or et d'argent scintillaient à leurs feux; autour de la table s'agitait la livrée rouge des domestiques. On n'entendait que le cliquetis des couteaux, le bruit des assiettes, des verres, les voix animées de plusieurs conversations. Un vieux chambellan assurait de son amour brûlant une vieille baronne, qui lui répondait par un éclat de rire; un autre racontait la mésaventure d'une certaine Marie Victorovna, et le prince Basile, au milieu de la table, provoquait l'attention en décrivant aux dames, d'un ton railleur, la dernière séance du conseil de l'empire, au cours de laquelle le nouveau général gouverneur de Saint-Pétersbourg avait reçu et avait lu le fameux rescrit que l'empereur Alexandre lui avait adressé de l'armée. Dans ce rescrit, Sa Majesté constatait les nombreuses preuves de fidélité que son peuple lui donnait à tout instant, et assurait que celles de la ville de Pétersbourg lui étaient particulièrement agréables, qu'il était fier d'être à la tête d'une pareille nation et qu'il tâcherait de s'en rendre digne!

Le rescrit débutait par ces mots :

« Sergueï Kousmitch, de tous côtés arrivent jusqu'à moi, » etc., etc.

« Comment, demandait une dame, il n'a pas lu plus loin que « Sergueï Kousmitch »?

— Pas une demi-syllabe de plus.... « Sergueï Kousmitch, de tous côtés.... de tous côtés, Sergueï Kousmitch »..., et le pauvre Viasmitinow ne put aller plus loin, répondit le prince Basile en riant. A plusieurs reprises il essaya de reprendre la phrase, mais, à peine le mot « Sergueï » prononcé, sa voix tremblait; à « Kousmitch » les larmes arrivaient, et après « de tous côtés » les sanglots l'étouffaient au point qu'il ne pouvait continuer. Il tirait vite son mouchoir et recommençait avec un nouvel effort le « Sergueï Kousmitch, de tous côtés », suivi de larmes, si bien qu'un autre s'offrit pour lire à sa place.

— Ne soyez pas méchant, s'écria Anna Pavlovna en le menaçant du doigt, c'est un si brave et si excellent homme que notre bon Viasmitinow. »

Tous riaient gaiement, sauf Pierre et Hélène, qui contenaient, en silence et avec peine, le sourire, rayonnant et embarrassé à la fois, que leurs sentiments intimes amenaient à tout moment sur leurs lèvres.

On avait beau bavarder, rire, plaisanter, on avait beau manger avec appétit du sauté et des glaces, goûter du vin du Rhin, en évitant de les regarder, en un mot paraître indifférent à leur égard, on sentait instinctivement, au coup d'œil rapide qu'on leur jetait, aux éclats de rire, à l'anecdote de « Sergueï

Kousmitch », que tout cela n'était qu'un jeu, et que toute l'attention de la société se concentrait de plus en plus sur eux. Tout en imitant les sanglots de « Kousmitch », le prince Basile examinait sa fille à la dérobée; et il se disait à part lui :

« Ça va bien, ça se décidera aujourd'hui. »

Dans les yeux d'Anna Pavlovna, qui le menaçait du doigt, il lisait ses félicitations sur le prochain mariage. La vieille princesse, enveloppant sa fille d'un regard courroucé, et proposant, avec un soupir mélancolique, du vin à sa voisine, semblait lui dire :

« Oui, il ne nous reste plus rien à faire, ma bonne amie, qu'à boire du vin doux; c'est le tour de cette jeunesse et de son bonheur insolent. »

« Voilà bien le vrai bonheur, pensait le diplomate en contemplant les jeunes amoureux. Qu'elles sont insipides, toutes les folies que je débite, à côté de cela! »

Au milieu des intérêts mesquins et factices qui agitaient tout ce monde, s'était tout à coup fait jour un sentiment naturel, celui de la double attraction de deux jeunes gens beaux et pleins de sève, qui écrasait et dominait tout cet échafaudage de conventions affectées. Non seulement les maîtres, mais les gens eux-mêmes semblaient le comprendre, et s'attardaient à admirer la figure resplendissante d'Hélène et celle de Pierre, toute rouge et toute rayonnante d'émotion.

Pierre était joyeux et confus à la fois de sentir qu'il était le but de tous les regards. Il était dans la situation d'un homme absorbé qui ne perçoit que vaguement ce qui l'entoure, et qui n'entrevoit la réalité que par éclairs :

« Ainsi tout est fini!.... comment cela s'est-il fait si vite?.... car il n'y a plus à reculer, c'est devenu inévitable pour elle, pour moi, pour tous.... Ils en sont si persuadés que je ne puis pas les tromper. »

Voilà ce que se disait Pierre, en glissant un regard sur les éblouissantes épaules qui brillaient à côté de lui.

La honte le saisissait parfois : il lui était pénible d'occuper l'attention générale, de se montrer si naïvement heureux, de jouer le rôle de Pâris ravisseur de la belle Hélène, lui dont la figure était si dépourvue de charmes. Mais cela devait sans doute être ainsi, et il s'en consolait. Il n'avait rien fait pour en arriver là; il avait quitté Moscou avec le prince Basile, et s'était arrêté chez lui..... pourquoi ne l'aurait-il pas fait? Ensuite il avait joué aux cartes avec elle, il lui avait ramassé son sac à ouvrage, il s'était promené avec elle.... Quand donc cela avait-il commencé? et maintenant le voilà presque fiancé!... Elle est là, à côté de lui; il la voit, il la sent, il respire son haleine, il admire sa beauté!.... Tout à coup une voix connue, lui répétant la même question pour la seconde fois, le tira brusquement de sa rêverie :

« Dis-moi donc, quand as-tu reçu la lettre de Bolkonsky? Tu es vraiment ce soir d'une distraction... » dit le prince Basile.

Et Pierre remarqua que tous lui souriaient, à lui et à Hélène :

« Après tout, puisqu'ils le savent, se dit-il, et d'autant mieux que c'est vrai... »

Et son sourire bon enfant lui revint sur les lèvres.

« Quand as-tu reçu sa lettre? Est-ce d'Olmütz qu'il t'écrit?

— Peut-on penser à ces bagatelles, se dit Pierre. Oui, d'Olmütz, » répondit-il avec un soupir.

En sortant de table, il conduisit sa dame dans le salon voisin, à la suite des autres convives. On se sépara, et quelques-uns d'entre eux partirent, sans même prendre congé d'Hélène, pour bien marquer qu'ils ne voulaient pas détourner son attention; ceux qui approchaient d'elle pour la saluer ne restaient auprès d'elle qu'une seconde, en la suppliant de ne pas les reconduire.

Le diplomate était triste et affligé en quittant le salon. Qu'était sa futile carrière à côté du bonheur de ces jeunes gens? Le vieux général, questionné par sa femme sur ses douleurs rhumatismales, grommela une réponse tout haut, et se dit tout bas :

« Quelle vieille sotte! parlez-moi d'Hélène Vassilievna, c'est une autre paire de manches; elle sera encore belle à cinquante ans. »

« Il me semble que je puis vous féliciter, murmura Anna Pavlovna à la princesse mère, en l'embrassant tendrement. Si ce n'était ma migraine, je serais restée. »

La princesse ne répondit rien : elle était envieuse du bonheur de sa fille. Pendant que ces adieux s'échangeaient, Pierre était resté seul avec Hélène dans le petit salon; il s'y était souvent trouvé seul avec elle dans ces derniers temps, sans lui avoir jamais parlé d'amour. Il sentait que le moment était venu, mais il ne pouvait se décider à faire ce dernier pas. Il avait honte : il lui semblait occuper à côté d'elle une place qui ne lui était pas destinée :

« Ce bonheur n'est pas pour toi, lui murmurait une voix intérieure, il est pour ceux qui n'ont pas ce que tu as! »

Mais il fallait rompre le silence. Il lui demanda si elle avait été contente de la soirée. Elle répondit, avec sa simplicité habituelle, que jamais sa fête n'avait été pour elle plus agréable que cette année. Les plus proches parents causaient encore dans le grand salon. Le prince Basile s'approcha nonchalamment de Pierre, et celui-ci ne trouva rien de mieux à faire que de se lever précipitamment et de lui dire qu'il était déjà tard. Un regard sévèrement interrogateur se fixa sur lui, et parut lui dire que sa singulière réponse n'avait pas été comprise; mais le prince Basile, reprenant aussitôt sa figure doucereuse, le força à se rasseoir :

« Eh bien, Hélène? dit-il à sa fille de ce ton d'affectueuse tendresse, naturelle aux parents qui aiment leurs enfants, et que le prince imitait sans la ressentir.... « Sergueï Kousmitch.... de tous côtés ».... chantonna-t-il en tourmentant le bouton de son gilet.

Pierre comprit que cette anecdote n'était pas ce qui intéressait le prince Basile en ce moment, et celui-ci comprit que Pierre l'avait deviné. Il les quitta brusquement, et l'émotion que le jeune homme crut apercevoir sur les traits de ce vieillard le toucha; il se retourna vers Hélène : elle était confuse, embarrassée et semblait lui dire :

« C'est votre faute! »

« C'est inévitable, il le faut, mais je ne le puis », se dit-il en recommençant à causer de choses et d'autres et en lui demandant où était le sel de cette histoire de Sergueï Kousmitch.

Hélène lui répondit qu'elle ne l'avait pas même écoutée.

Dans la pièce voisine, la vieille princesse parlait de Pierre avec une dame âgée :

« Certainement c'est un parti très brillant, mais le bonheur, ma chère?

— Les mariages se font dans les cieux! » répondit la vieille dame.

Le prince Basile, qui rentrait en ce moment, alla s'asseoir dans un coin écarté, ferma les yeux et s'assoupit. Comme sa tête plongeait en avant, il se réveilla.

« Aline, dit-il à sa femme, allez voir ce qu'ils font. »

La princesse passa devant la porte du petit salon avec une indifférence affectée, et y jeta un coup d'œil.

« Ils n'ont pas bougé, » dit-elle à son mari.

Le prince Basile fronça le sourcil, fit une moue de côté, ses joues tremblotèrent, son visage prit une expression de mauvaise humeur vulgaire, il se secoua, et, rejetant sa tête en arrière, il entra à pas décidés dans le petit salon. Son air était si solennel et triomphant, que Pierre se leva effaré.

« Dieu merci, dit-il, ma femme m'a tout raconté. »

Et il serra Pierre et sa fille dans ses bras...

« Hélène, mon cœur, quelle joie! quel bonheur!... »

Sa voix tremblait...

« J'aimais tant ton père.... et elle sera pour toi une femme dévouée! Que Dieu vous bénisse!... »

Des larmes réelles coulaient sur ses joues....

« Princesse! cria-t-il à sa femme, venez donc! »

La princesse arriva tout en pleurs, la vieille dame essuyait aussi ses larmes; on embrassait Pierre, et Pierre baisait la main d'Hélène; quelques secondes plus tard ils se retrouvèrent seuls :

« Tout cela doit être, se dit Pierre, donc il n'y a pas à se demander si c'est bien ou mal; c'est plutôt bien, car me voilà sorti d'incertitude. »

Il tenait la main de sa fiancée, dont la belle gorge se soulevait et s'abaissait tour à tour.

« Hélène, » dit-il tout haut.

Et il s'arrêta....

« Il est pourtant d'usage, pensait-il, de dire quelque chose dans ces cas extraordinaires, mais que dit-on? »

Il ne pouvait se le rappeler; il la regarda, elle se rapprocha de lui, toute rougissante.

« Ah! ôtez-les donc! ôtez-les, » dit-elle en lui indiquant ses lunettes.

Pierre enleva ses lunettes, et ses yeux effrayés et interrogateurs avaient cette expression étrange, familière à ceux qui en portent habituellement. Il se baissait sur sa main, lorsque d'un mouvement rapide et violent elle saisit ses lèvres au passage et y imprima fortement les siennes; ce changement de sa réserve habituelle en un abandon complet frappa Pierre désagréablement.

« C'est trop tard, trop tard, pensa-t-il.... c'est fini, et d'ailleurs je l'aime! »

« Je vous aime! » ajouta-t-il tout haut, forcé de dire quelque chose.

Mais cet aveu résonna si misérablement à son oreille, qu'il en eut honte.

Six semaines après, il était marié et s'établissait, comme on le disait alors, en heureux possesseur de la plus belle des femmes et de plusieurs millions, dans le magnifique hôtel des comtes Besoukhow, entièrement remis à neuf pour la circonstance.

III

Le vieux prince Bolkonsky recevait en décembre 1805 une lettre du prince Basile, qui lui annonçait sa prochaine arrivée et celle de son fils :

« Je suis chargé d'une inspection : cent verstes de détour ne peuvent m'empêcher de venir vous présenter mes devoirs, mon très respecté bienfaiteur, lui écrivait-il; Anatole m'accompagne, il est en route pour l'armée et j'espère que vous voudrez bien lui permettre de vous exprimer de vive voix le profond respect qu'il vous porte, à l'exemple de son père. »

— Tant mieux, il n'y aura pas à mener Marie dans le monde, les soupirants viennent nous chercher ici; » voilà les paroles que laissa imprudemment échapper la petite princesse, en apprenant cette nouvelle. Le prince fronça le sourcil et garda le silence.

Deux semaines après la réception de cette lettre, les gens du prince Basile firent leur apparition : ils précédaient leurs maîtres, qui arrivèrent le lendemain.

Le vieux prince avait toujours eu une triste opinion du caractère du prince Basile, et dans ces derniers temps sa brillante carrière et les hautes dignités auxquelles il avait trouvé moyen de parvenir pendant les règnes des empereurs Paul et Alexandre, n'avaient fait que la fortifier. Il devina son arrière-pensée aux transparentes allusions de sa lettre et aux insinuations de la petite princesse, et sa mauvaise opinion se changea en un sentiment de profond mépris. Il jurait comme un diable en parlant de lui, et, le jour de son arrivée, il était encore plus grognon que d'habitude. Etait-il de méchante humeur parce que le prince Basile arrivait, ou cette visite augmentait-elle sa méchante humeur? Le fait est qu'il était d'une humeur de dogue.

Tikhone avait même conseillé à l'architecte de ne pas entrer chez le prince :

« Ecoutez-le donc marcher, lui avait-il dit, en attirant l'attention de ce commensal sur le bruit des pas du prince. C'est sur ses talons qu'il marche, et nous savons ce que cela veut dire. »

Malgré tout, dès les neuf heures du matin, le prince, vêtu d'une petite pelisse de velours, avec un collet de zibeline et un bonnet pareil, sortit pour faire sa promenade habituelle. Il avait neigé la veille; l'allée qu'il parcourait pour aller aux orangeries était balayée; on voyait encore les traces du travail du jardinier, et une pelle se tenait enfoncée dans le tas de neige molle qui s'élevait en muraille des deux côtés du chemin. Le prince fit, en silence et d'un air sombre, le tour des serres et des dépendances :

« Peut-on passer en traîneau? demanda-t-il au vieil intendant qui l'accompagnait et qui semblait être la copie fidèle de son maître.

— La neige est très profonde, Excellence : aussi ai-je donné l'ordre de la balayer sur la grande route. »

Le prince fit un signe d'approbation, et monta le perron.

« Dieu soit loué! se dit l'intendant, le nuage n'a pas crevé. »

Et il ajouta tout haut :

« Il aurait été difficile de passer, Excellence; aussi, ayant entendu dire qu'un ministre arrivait chez Votre Excellence... »

Le prince se retourna brusquement, et fixa sur lui des yeux pleins de colère :

« Comment, un ministre? Quel ministre? Qui a donné des ordres? s'écria-t-il de sa voix dure et perçante. Pour la princesse ma fille, on ne balaye pas la route, et pour un ministre.... Il ne vient pas de ministre!...

— Excellence, j'avais supposé....

— Tu as supposé, » continua le prince hors de lui.

Et en parlant à mots entrecoupés :

« Tu as supposé.... brigand!... va-nu-pieds!... je t'apprendrai à supposer.... »

Et, levant sa canne, il allait la laisser retomber certainement sur le dos d'Alpatitch, si celui-ci ne s'était instinctivement reculé.

Effrayé de la hardiesse de son mouvement, cependant tout naturel, Alpatitch inclina sa tête chauve devant le prince, qui, malgré cette marque de soumission ou peut-être à cause d'elle, ne releva plus sa canne, tout en continuant à crier :

« Brigand! Qu'on rejette la neige sur la route!.... »

Et il entra violemment chez lui.

La princesse Marie et Mlle Bourrienne attendaient le prince pour dîner; elles le savaient de très mauvaise humeur, mais la sémillante figure de Mlle Bourrienne semblait dire :

« Peu m'importe! je suis toujours la même. »

Quant à la princesse Marie, si elle sentait bien qu'elle aurait dû imiter cette placide indifférence, elle n'en avait pas la force. Elle était pâle, effrayée, et tenait ses yeux baissés :

« Si je fais semblant de ne pas remarquer sa mauvaise humeur, pensait-elle, il dira que je ne lui témoigne aucune sympathie, et si je ne lui en montre pas, il m'accusera d'être ennuyeuse et maussade. »

Le prince jeta un regard sur la figure effarée de sa fille :

« Triple sotte, murmura-t-il entre ses dents, et l'autre n'est donc pas là? l'aurait-on déjà mise au courant?... — Où est la princesse? Elle se cache?

— Elle est un peu indisposée, répondit Mlle Bourrienne avec un sourire aimable, elle ne paraîtra pas; c'est si naturel dans sa situation.

— Hem! hem! cré!... cré!... » fit le prince en se mettant à table.

Son assiette lui paraissant mal essuyée, il la jeta derrière lui; Tikhone la rattrapa au vol et la passa au maître d'hôtel. La petite princesse n'était point souffrante, mais, prévenue de la colère du vieux prince, elle s'était décidée à ne pas sortir de ses appartements.

« J'ai peur pour l'enfant : Dieu sait ce qui peut lui arriver si je m'effraye, » disait-elle à Mlle Bourrienne, qu'elle avait prise en affection, qui passait chez elle ses journées, quelquefois même ses nuits, et devant laquelle elle ne se gênait pas pour juger et critiquer son beau-père, qui lui inspirait une terreur et une antipathie invincibles.

Ce dernier sentiment était réciproque, mais, chez le vieux prince, c'était le dédain qui l'emportait.

« Il nous arrive du monde, mon prince, dit Mlle Bourrienne en dépliant sa serviette du bout de ses doigts roses. Son Excellence le prince Kouraguine avec son fils, à ce que j'ai entendu dire?

— Hem! Cette Excellence est un polisson! C'est moi qui l'ai fait entrer au ministère, dit le prince d'un ton offensé. Quant à son fils, je ne sais pas pourquoi il vient; la princesse Elisabeth Carlovna et la princesse Marie le savent peut-être : moi, je ne le sais pas et n'ai pas besoin de le savoir!... »

Il regarda sa fille, qui rougissait.

« Es-tu malade, toi aussi? Est-ce par crainte du ministre? comme disait tout à l'heure cet idiot d'Alpatitch.

— Non, mon père. »

Mlle Bourrienne n'avait pas eu de chance dans le choix de son sujet de conversation; elle n'en continua pas moins à bavarder, et sur les orangeries, et sur la beauté d'une fleur nouvellement éclose, si bien que le prince s'adoucit un peu après le potage.

Le dîner terminé, il se rendit chez sa belle-fille, qu'il trouva assise à une petite table et bavardant avec Macha, sa femme de chambre. Elle pâlit à la vue de son beau-père. Elle n'était guère en beauté en ce moment, elle était même plutôt laide.

Ses joues s'étaient allongées, elle avait les yeux cernés, et sa lèvre semblait se retrousser encore plus qu'auparavant.

« Ce n'est rien, je m'alourdis, dit-elle en réponse à une question de son beau-père, qui lui demandait de ses nouvelles.

— Besoin de rien?

— Non, merci, mon père.

— C'est bien, c'est bien!... »

Et il sortit. Alpatitch se trouva sur son chemin dans l'antichambre.

« La route est-elle recouverte?

— Oui, Excellence : pardonnez-moi, c'était par bêtise. »

Le prince l'interrompit avec un sourire forcé :

« C'est bon, c'est bon!... »

Et lui tendant la main, que l'autre baisa, il rentra dans son cabinet.

Le prince Basile arriva le soir même. Il trouva sur la grande route des cochers et des gens de la maison, qui, à force de cris et de jurons, firent franchir à son « vasok » (voiture sur patins) et à ses traîneaux la neige qui avait été amoncelée exprès.

On avait préparé pour chacun d'eux une chambre séparée.

Anatole, sans habit, les poings sur les hanches, regardait fixement de ses beaux grands yeux et avec un sourire distrait un coin de la table devant laquelle il était assis. Toute l'existence n'était pour lui qu'une série de plaisirs ininterrompue, y compris même cette visite à un vieillard morose et à une héritière sans beauté. A tout prendre, elle pouvait, à son avis, avoir même un résultat comique. Et pourquoi ne pas l'épouser puisqu'elle est riche? La richesse ne gâte rien! Une fois rasé et parfumé avec ce soin et cette élégance qu'il apportait toujours aux moindres détails de sa toilette, portant haut sa belle tête avec une expression naturellement conquérante, il rentra chez son père, autour duquel s'agitaient deux valets de chambre. Le prince Basile salua son fils gaiement d'un signe de tête, comme pour lui dire :

« Tu es très bien ainsi!

— Voyons, mon père, sans plaisanterie, elle est tout simplement monstrueuse? dit Anatole, en reprenant un sujet qu'il avait plus d'une fois abordé pendant le voyage.

— Pas de folies, je t'en prie, fais ton possible, et c'est là le principal, pour être respectueux et convenable envers le vieux.

— S'il me décoche des choses par trop désagréables, je m'en irai, je vous en avertis; je les déteste, ces vieux!

— N'oublie pas que tout dépend de toi. »

En attendant, on connaissait déjà, du côté des femmes, non seulement l'arrivée du ministre et de son fils, mais les moindres détails sur leurs personnes. La princesse Marie, seule dans sa chambre, faisait d'inutiles efforts pour surmonter son émotion intérieure :

« Pourquoi ont-ils écrit? Pourquoi Lise m'en a-t-elle parlé? C'est impossible, je le sens!... »

Et elle ajoutait, en se regardant dans la glace :

« Comment ferai-je mon entrée dans le salon? Je ne pourrai jamais être moi-même, même s'il me plaît? »

Et la pensée de son père la remplissait de terreur. Macha avait déjà raconté à la petite princesse et à Mlle Bourrienne comment ce beau garçon, au visage vermeil et aux sourcils noirs, s'était élancé sur l'escalier comme un aigle, enjambant trois marches à la fois, tandis que le vieux papa traînait lourdement, clopin-clopant, un pied après l'autre.

« Ils sont arrivés, Marie, le savez-vous? » lui dit sa belle-sœur, en entrant chez elle avec Mlle Bourrienne.

La petite princesse, dont la marche s'alourdissait de plus en plus, s'approcha d'un fauteuil et s'y laissa tomber : elle avait quitté son déshabillé du matin et avait mis une de ses plus jolies toilettes; sa coiffure était soignée, mais l'animation de sa figure ne parvenait pas à cacher le changement de ses traits. Cette mise élégante le faisait au contraire ressortir davantage. Mlle Bourrienne, de son côté, avait fait des frais qui mettaient en relief les charmes de sa jolie personne.

« Eh bien, et vous restez comme vous êtes, chère princesse?

dit-elle. On va venir annoncer que ces messieurs sont au salon, il faudra descendre, et vous ne faites pas un petit bout de toilette? »

La petite princesse sonna aussitôt une femme de chambre et passa gaiement en revue la garde-robe de sa belle-sœur. La princesse Marie s'en voulait à elle-même de son émotion, comme d'un manque de dignité, et en voulait aussi à ses deux compagnes de trouver cela tout simple. Le leur reprocher, c'eût été trahir les sensations qu'elle éprouvait; le refus de se parer aurait amené des plaisanteries et des conseils sans fin. Elle rougit, l'éclat de ses beaux yeux s'éteignit, sa figure se marbra, et, en victime résignée, elle s'abandonna à la direction de sa belle-sœur et de Mlle Bourrienne, qui toutes deux s'occupèrent, à qui mieux mieux, à la rendre jolie. La pauvre fille était si laide, qu'aucune rivalité entre elles n'était possible; aussi déployèrent-elles toute leur science à l'habiller convenablement, avec la foi naïve des femmes dans la puissance de l'ajustement.

« Vraiment, ma bonne amie, cette robe n'est pas jolie, dit Lise en se reculant pour mieux juger de l'ensemble. Faites apporter l'autre, la robe massacat! Il s'agit peut-être du sort de toute ta vie..... Ah non! elle est trop claire, elle ne te va pas. »

Ce n'était pas la robe qui manquait de grâce, mais bien la personne qu'elle habillait. La petite princesse et Mlle Bourrienne ne s'en rendaient pas compte, persuadées qu'un nœud bleu par-ci, une mèche de cheveux relevée par-là, qu'une écharpe abaissée sur la robe brune, remédieraient à tout. Elles ne voyaient pas qu'il était impossible de remédier à l'expression de ce visage effaré; elles avaient beau en changer le cadre, il restait toujours insignifiant et sans attrait. Après deux ou trois essais, la princesse Marie, toujours soumise, se trouva tout à coup coiffée avec les cheveux relevés, ce qui la défigurait encore davantage, et vêtue de l'élégante robe massacat à écharpe bleue; la petite princesse, en ayant fait deux fois le tour pour la bien examiner de tous les côtés et en arranger les plis, s'écria enfin avec désespoir :

« C'est impossible! Non, Marie, décidément cela ne vous va pas! Je vous aime mieux dans votre petite robe grise de tous les jours; non, de grâce, faites cela pour moi!... Katia, dit-elle à la femme de chambre, apportez la robe grise de la princesse. Vous allez voir, dit-elle à Mlle Bourrienne, en souriant d'avance à ses combinaisons artistiques, vous allez voir ce que je vais produire. »

Katia apporta la robe; la princesse Marie restait immobile devant la glace. Mlle Bourrienne remarqua que ses yeux étaient humides, que ses lèvres tremblaient, et qu'elle était prête à fondre en larmes.

« Voyons, chère princesse, encore un petit effort. »

La petite princesse, enlevant la robe à la femme de chambre, s'approcha de sa belle-sœur.

« Allons, Marie, nous allons faire cela bien gentiment, bien simplement. »

Et toutes trois riaient et gazouillaient comme des oiseaux.

« Non, laissez-moi ! »

Et sa voix avait une inflexion si sérieuse, si mélancolique, que le gazouillement de ces oiseaux s'arrêta court. Elles comprirent à l'expression de ces beaux yeux suppliants qu'il était inutile d'insister.

« Au moins changez de coiffure ! Je vous le disais bien, continua la princesse en s'adressant à Mlle Bourrienne, que Marie a une de ces figures auxquelles ce genre de coiffure ne va pas du tout, mais du tout ! Changez-la, de grâce !

— Laissez-moi, laissez-moi, tout cela m'est parfaitement égal. »

Ses compagnes ne pouvaient en effet s'empêcher de le reconnaître. La princesse Marie, parée de la sorte, était, il est vrai, plus laide que jamais, mais elles connaissaient la puissance de ce regard mélancolique, indice chez elle d'une décision ferme et résolue.

« Vous changerez tout cela, n'est-ce pas ? » dit Lise à sa belle-sœur, qui demeura silencieuse.

Et la petite princesse quitta la chambre. Restée seule, Marie ne se regarda pas dans la glace, et, oubliant de mettre une autre coiffure, elle resta complètement immobile. Elle pensait au mari, à cet être fort et puissant, doué d'un attrait incompréhensible, qui devait la transporter dans son monde à lui, complètement différent du sien, et plein de bonheur. Elle pensait à l'enfant, à son enfant semblable à celui de la fille de sa nourrice, qu'elle avait vu la veille. Elle le voyait déjà suspendu à son sein..., son mari était là... il les regardait tendrement, elle et son enfant... « Mais tout cela est impossible ! je suis trop laide ! » pensa-t-elle.

« Le thé est servi, le prince va sortir de chez lui ! » lui cria tout à coup la femme de chambre, à travers la porte.

Elle tressaillit et elle eut peur de ses propres pensées. Avant de descendre, elle entra dans son oratoire, et, fixant ses regards sur l'image noircie du Sauveur, éclairée par la douce lueur de la lampe, elle joignit les mains, et se recueillit quelques instants. Le doute tourmentait son âme : les joies de l'amour, de l'amour terrestre lui seraient-elles données? Dans ses songes sur le mariage, elle entrevoyait toujours le bonheur domestique complété par des enfants; mais son rêve secret, presque inavoué à elle-même, était de goûter de cet amour terrestre, et ce sentiment était d'autant plus fort, qu'elle le cachait aux autres et à elle-même : « Mon Dieu, comment chasser de mon cœur ces insinuations diaboliques? Comment me dérober à ces horribles pensées, pour me soumettre avec calme à ta volonté? » A peine avait-elle adressé à Dieu cette prière qu'elle en trouva la réponse dans son cœur : « Ne désire rien pour toi-même, ne cherche rien, ne te trouble pas et n'envie rien à personne; l'avenir doit te rester inconnu, mais il faut que cet avenir te trouve prête à tout! S'il plaît à Dieu de t'éprouver par les devoirs du mariage, que sa volonté s'accomplisse! » Ces pensées la calmèrent, mais elle garda au fond de son cœur le désir de voir se réaliser son rêve d'amour, elle soupira, se signa et descendit, sans plus penser ni à sa robe, ni à sa coiffure, ni à son entrée, ni à ce qu'elle dirait. Quelle valeur ces misères pouvaient-elles avoir devant les desseins du Tout-Puissant, sans la volonté duquel il ne tombe pas un cheveu de la tête de l'homme!

IV

La princesse Marie trouva déjà au salon le prince Basile et son fils, causant avec la petite princesse et Mlle Bourrienne. Elle s'avança gauchement, en marchant pesamment sur ses talons. Les deux hommes et Mlle Bourrienne se levèrent, et la petite princesse s'écria : « Voilà Marie! »

Son coup d'œil les enveloppa tous distinctement. Elle vit se fondre en un aimable sourire l'expression grave qui avait passé sur le visage du prince Basile à sa vue; elle vit les yeux de sa belle-sœur suivre avec curiosité sur la figure des visiteurs l'impression qu'elle produisait; elle vit Mlle Bourrienne avec ses rubans et son joli visage, qui n'avait jamais été aussi animé, tourné vers *lui*, mais elle ne le vit pas, *lui!* Seulement, elle comprit instinctivement que quelque chose de grand, de lumineux, de beau, s'approchait d'elle à son entrée. Le prince Basile fut le premier à lui baiser la main; ses lèvres effleurèrent le front chauve incliné sur elle [1], et, répondant à ses compliments, elle l'assura qu'elle ne l'avait point oublié. Anatole survint, mais elle ne pouvait le voir : elle sentit sa main emprisonnée dans une autre main ferme et douce, et elle toucha à peine de ses lèvres un front blanc, ombragé de beaux cheveux châtains. Relevant les yeux, elle fut frappée de sa beauté. Il se tenait devant elle, un doigt passé dans la boutonnière de son uniforme, la taille cambrée; il se balançait légèrement sur un pied, et la regardait en silence, sans penser à elle. Anatole n'avait pas la compréhension vive, il n'était pas éloquent, mais en revanche il possédait ce calme si précieux dans le monde et cette assurance que rien ne pouvait ébranler. Un homme timide, qui se serait montré embarrassé de l'inconvenance de son silence à une première entrevue, et qui aurait fait des efforts pour en sortir, aurait empiré la situation, tandis qu'Anatole, qui ne s'en préoccupait guère, continuait à examiner la coiffure de la princesse Marie, sans se presser le moins du monde de sortir de son mutisme :

« Je ne vous empêche pas de causer, avait-il l'air de dire, mais quant à moi, je n'en ai nulle envie! »

La conscience de sa supériorité donnait à ses rapports avec les femmes une certaine nuance de dédain, qui avait le don d'éveiller en elles la curiosité, la crainte, l'amour même. Il paraissait leur dire :

« Je vous connais, croyez-moi! Pourquoi dissimuler?... vous ne demandez pas mieux! »

Peut-être ne le pensait-il pas, c'était même probable, car jamais il ne se donnait la peine de réfléchir, mais il imposait cette conviction, et la princesse Marie l'éprouva si bien, qu'elle s'empara aussitôt du prince Basile, afin de faire comprendre à son fils qu'elle ne se trouvait pas digne d'occuper son attention. La conversation était vive et animée, grâce surtout au babillage de la petite princesse, qui entr'ouvrait à plaisir ses lèvres pour montrer ses dents blanches. Elle avait engagé avec le prince Basile une de ces causeries qui lui étaient habituelles

1. Il est, et il était surtout d'usage pour une femme d'embrasser l'homme qui lui baisait la main. (*Note du traducteur.*)

et qui pouvaient faire supposer qu'entre elle et son interlocuteur il y avait un échange de souvenirs mutuels, d'anecdotes connues d'eux seuls, tandis que ce n'était qu'un léger tissu de phrases brillantes, qui ne supposait aucune intimité antérieure.

Le prince Basile lui donnait la réplique, ainsi qu'Anatole, qu'elle connaissait à peine. Mlle Bourrienne crut aussi de son devoir de faire sa partie dans cet échange de souvenirs, étrangers pour elle, et la princesse Marie se vit entraînée à y prendre gaiement part.

« Nous pourrons au moins jouir de vous complètement, cher prince : ce n'était pas ainsi aux soirées d'Annette, vous vous sauviez toujours... cette chère Annette!

— Vous n'allez pas au moins me parler politique, comme Annette?

— Et notre table de thé?

— Oh oui!

— Pourquoi ne veniez-vous jamais chez Annette? demanda-t-elle à Anatole. Ah! je le sais, allez, votre frère Hippolyte m'a raconté vos exploits! » Et elle ajouta, en le menaçant de son joli doigt : « Je les connais, vos exploits de Paris!

— Et Hippolyte ne t'a pas raconté, demanda le prince Basile à son fils, en saisissant la main de la petite princesse comme pour la retenir, il ne t'a pas raconté comme il séchait sur pied pour cette charmante princesse et comme elle le mettait à la porte.... Oh! c'est la perle des femmes, princesse, » dit-il à la princesse Marie.

Mlle Bourrienne, de son côté, au mot de « Paris », profita de l'occasion pour jeter dans la conversation ses souvenirs personnels.

Elle questionna Anatole sur son séjour à Paris :

« Paris lui avait-il plu?

Anatole, heureux de lui répondre, souriait en la regardant; ayant décidé à l'avance dans son for intérieur qu'il ne s'ennuierait pas à Lissy-Gory :

« Elle n'est pas mal, pas mal du tout, cette demoiselle de compagnie, disait-il à part lui; j'espère que l'autre la prendra avec elle quand elle m'épousera....; la petite est, ma foi, gentille! »

Le vieux prince s'habillait dans son cabinet sans se hâter : grognon et pensif, il réfléchissait à ce qu'il devait faire. L'arrivée de ces visiteurs le contrariait.

« Que me veulent-ils, le prince Basile et son fils? Le père est un hâbleur, un homme de rien, son fils doit être gentil! »

Leur arrivée le contrariait surtout parce qu'elle ramenait sur le tapis une question qu'il s'efforçait toujours d'éloigner, en cherchant à se tromper lui-même. Il s'était bien souvent demandé s'il se déciderait un jour à se séparer de sa fille, mais jamais il ne se posait catégoriquement cette question, sachant bien que, s'il y répondait en toute justice, sa réponse serait contraire non seulement à ses sentiments, mais encore à toutes ses habitudes.. Son existence sans elle, malgré le peu de cas qu'il paraissait en faire, lui semblait impossible :

« Qu'a-t-elle besoin de se marier pour être malheureuse? Voilà Lise, qui certainement n'aurait pu trouver un meilleur mari.... est-elle contente de son sort? Laide et gauche comme elle est, qui l'épousera pour elle? On la prendra pour sa fortune, pour ses alliances! Ne serait-elle pas beaucoup plus heureuse de rester fille? »

Ainsi pensait le vieux prince, en s'habillant, et il se disait que cette terrible alternative était à la veille d'une solution, car l'intention évidente du prince Basile est de faire sa demande, sinon aujourd'hui, à coup sûr demain. Sans doute le nom, la position dans le monde, tout est convenable, mais est-il digne d'elle?.... « C'est ce que nous verrons! c'est ce que nous verrons, » ajouta-t-il tout haut.

Et il se dirigea d'un pas ferme et décidé vers le salon. En entrant, il embrassa d'un seul coup d'œil tous les détails, et le changement de toilette de la petite princesse, et les rubans de Mlle Bourrienne, et la monstrueuse coiffure de sa fille, et son isolement et les sourires de Bourrienne et d'Anatole :

« Elle est attifée comme une sotte, pensa-t-il, et lui, qui n'a pas l'air d'y prendre garde!

— Bonjour, dit-il en s'approchant du prince Basile. Je suis content de te voir.

— L'amitié ne connaît pas les distances, répondit le prince Basile, en parlant comme toujours d'un ton assuré et familier. Voici mon cadet, aimez-le, je vous le recommande!

— Beau garçon, beau garçon, dit le maître de la maison, en examinant Anatole. Viens ici, embrasse-moi là. »

Et il lui présenta sa joue. Anatole l'embrassa, en le regardant curieusement, mais avec une tranquillité parfaite, dans l'attente d'une de ces sorties originales et brusques dont son père lui avait parlé.

Le vieux prince s'assit à sa place habituelle dans le coin du canapé, et, après avoir offert un fauteuil au prince Basile, il l'entreprit sur la politique et les nouvelles du jour; sans cesser de paraître l'écouter avec attention, il ne perdait pas de vue sa fille.

« Ah! c'est ce qu'on écrit de Potsdam. »

Et, répétant les dernières paroles de son interlocuteur, il se leva et s'approcha d'elle :

« Est-ce pour les visiteurs que tu t'es ainsi parée? belle, très belle, ma foi! une nouvelle coiffure à leur intention!.... Eh bien, alors je te défends, devant eux, de jamais te permettre à l'avenir de te pomponner sans mon autorisation.

— C'est moi, mon père, qui suis la coupable, dit la petite princesse en s'interposant.

— Vous avez, madame, tous les droits possibles de vous parer à votre guise, lui répondit-il en lui faisant un profond salut, mais elle n'a pas besoin de se défigurer : elle est assez laide comme cela!... »

Et il se rassit à sa place, sans s'occuper davantage de la princesse Marie, qui était prête à pleurer.

« Je trouve au contraire que cette coiffure va fort bien à la princesse, dit le prince Basile.

— Eh bien, dis donc, mon jeune prince.... comment t'appelle-t-on? Viens ici, causons et faisons connaissance.

— C'est maintenant que la farce va commencer, se dit Anatole en s'asseyant à côté de lui.

— Ainsi donc, mon bon, on vous a élevé à l'étranger? Ce n'est pas comme nous, ton père et moi, auxquels un sacristain a enseigné à lire et à écrire!.... Eh bien, dites-moi, mon ami, vous servez dans la garde à cheval à présent? ajouta-t-il en le regardant fixement de très près.

— Non, j'ai passé dans l'armée, répondit Anatole, qui réprimait avec peine une folle envie de rire.

— Ah! ah! c'est parfait! C'est donc que vous voulez servir l'Empereur et la patrie? On est à la guerre..... un beau garçon comme cela doit servir, doit servir..... au service actif!

— Non, prince, le régiment est déjà en marche, et moi j'y suis attaché.... — A quoi donc suis-je attaché, papa? dit-il en riant à son père.

— Il sert bien, ma foi : il demande à quoi il est attaché! ha! ha! »

Et le vieux prince partit d'un éclat de rire, auquel Anatole fit écho, quand tout à coup le premier s'arrêta tout court et fronça violemment les sourcils :

« Eh bien, va-t'en, » lui dit-il.

Et Anatole alla rejoindre les dames.

« Tu l'as fait élever à l'étranger, n'est-ce pas, prince Basile ?

— J'ai fait ce que j'ai pu, répondit le prince Basile, car l'éducation que l'on donne là-bas est infiniment supérieure.

— Oui, tout est changé aujourd'hui, tout est nouveau !... Beau garçon, beau garçon ! Allons chez moi. »

A peine furent-ils arrivés dans son cabinet, que le prince Basile s'empressa de lui faire part de ses désirs et de ses espérances.

« Crois-tu donc que je la tienne enchaînée, et que je ne puisse pas m'en séparer ? Que se figurent-ils donc ? s'écria-t-il avec colère ; mais demain si elle veut, cela m'est bien égal ! Seulement je veux mieux connaître mon gendre !.... Tu connais mes principes : agis donc franchement. Je lui demanderai demain devant toi si elle veut, et dans ce cas il restera ; il restera ici, je veux l'étudier !.... »

Et le vieux prince termina par son ébrouement habituel, en donnant à sa voix cette même intonation aiguë qu'il avait eue en prenant congé de son fils.

« Je vous parlerai bien franchement, — dit le prince Basile, et il prit le ton matois de l'homme convaincu qu'il est inutile de ruser avec un auditeur trop clairvoyant, — car vous voyez au travers des gens. Anatole n'est pas un génie, mais c'est un honnête et brave garçon, c'est un bon fils.

— Bien, bien, nous verrons ! »

A l'apparition d'Anatole, les trois femmes, qui vivaient solitaires, et privées depuis longtemps de la société des hommes, sentirent, toutes les trois également, que leur existence jusque-là avait été incomplète. La faculté de penser, de sentir, d'observer, se trouva décuplée en une seconde chez toutes les trois, et les ténèbres qui les enveloppaient s'éclairèrent tout à coup d'une lumière inattendue et vivifiante.

La princesse Marie ne pensait plus ni à sa figure ni à sa malencontreuse coiffure, elle s'absorbait dans la contemplation de cet homme si beau et si franc, qui pouvait devenir son mari. Il lui paraissait bon, courageux, énergique, généreux ; au moins en était-elle persuadée ; mille rêveries de bonheur domestique s'élevaient dans son imagination : elle essayait de les chasser et de les cacher au fond de son cœur :

« Ne suis-je pas trop froide? pensait-elle; si je garde cette réserve, c'est parce que je me sens trop vivement attirée vers lui!.... Il ne peut pourtant pas deviner ce que je pense, et croire qu'il m'est désagréable. »

Et la princesse Marie faisait son possible pour être aimable, sans y réussir.

« La pauvre fille! elle est diablement laide! » pensait Anatole.

Mlle Bourrienne avait aussi son petit lot de pensées éveillées en elle par la présence d'Anatole. La jolie jeune fille, qui n'avait ni position dans le monde, ni parents, ni amis, ni patrie, n'avait jamais songé sérieusement à être toute sa vie la lectrice du vieux prince et l'amie de la princesse Marie. Elle attendait depuis longtemps ce prince russe, qui, du premier coup d'œil, saurait apprécier sa supériorité sur ses jeunes compatriotes, laides et mal fagotées, s'éprendrait d'elle et l'enlèverait. Mlle Bourrienne s'était composé toute une petite histoire, qu'elle tenait d'une de ses tantes et que son imagination se complaisait à achever. C'était le roman d'une jeune fille séduite, que sa pauvre mère accablait de reproches, et souvent elle se sentait émue jusqu'aux larmes de ce récit fait à un séducteur imaginaire.... Ce prince russe qui devait l'enlever était là.... Il lui déclarerait son amour.... elle mettrait en avant : « ma pauvre mère, » et il l'épouserait. C'est ainsi que Mlle Bourrienne composait, chapitre par chapitre, son roman, tout en causant des merveilles de Paris. Elle n'avait aucun plan préconçu, mais tout était classé à l'avance dans sa tête, et tous ces éléments épars se groupaient autour d'Anatole, auquel elle voulait plaire à tout prix.

Quant à la petite princesse, comme un vieux cheval de bataille qui, malgré son âge, dresse instinctivement l'oreille au son de la trompette, elle se préparait à faire une charge à fond de coquetterie, sans y mettre la moindre arrière-pensée, et sous la seule impulsion d'une gaieté naïve et étourdie.

Anatole avait l'habitude, lorsqu'il se trouvait dans la société des femmes, de se poser en homme blasé et fatigué de leurs avances; mais, en voyant l'impression qu'il produisait sur celles-ci, il ne put s'empêcher d'éprouver une véritable satisfaction d'amour-propre, d'autant plus qu'il sentait déjà naître dans son cœur, pour la jolie et provocante Mlle Bourrienne, un de ces accès de passion sans frein qui s'emparaient de lui avec une violence irrésistible et l'entraînaient à commettre les actions les plus hardies et les plus brutales.

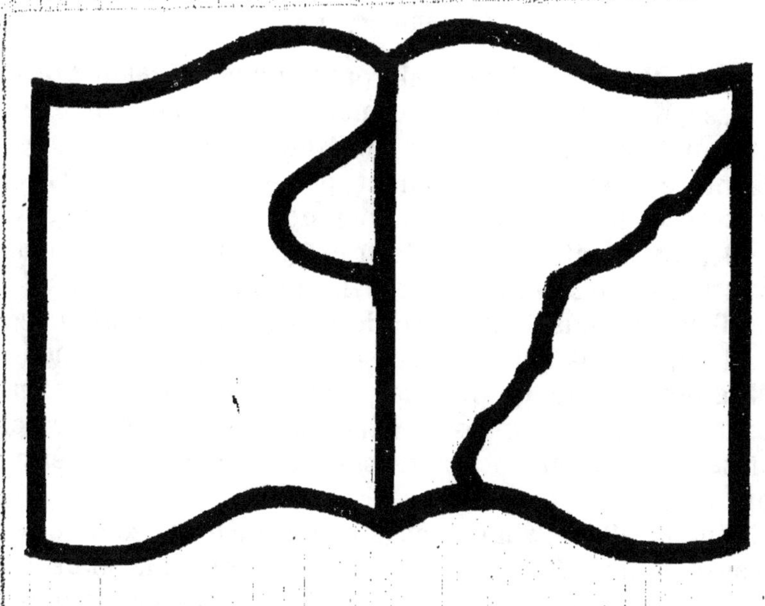

Texte détérioré — reliure défectueuse

NF Z 43-120-11

Après le thé, la société avait passé dans le salon voisin; la princesse Marie fut priée de se mettre au piano. Anatole s'accouda sur l'instrument à côté de Mlle Bourrienne, et ses yeux pétillants et rieurs ne quittaient pas la princesse Marie, qui sentait avec une émotion de joie douloureuse ce regard fixé sur elle. Sa sonate favorite la transportait dans un monde de suaves harmonies intimes, dont la poésie devenait plus forte, plus vibrante, sous l'influence de ce regard. Il était dirigé sur elle, et cependant il ne s'adressait en réalité qu'au petit pied de Mlle Bourrienne, qu'Anatole pressait doucement du sien. Elle regardait aussi la princesse Marie, et dans ses beaux yeux se trahissait également une expression de joie émue et mêlée d'espérance.

« Comme elle m'aime, pensait la princesse, comme je suis heureuse et quel bonheur pour moi d'avoir une amie comme elle, et un mari comme lui!.... Mais sera-t-il jamais mon mari? »

Le soir après le souper, quand on se sépara, Anatole baisa la main de la princesse, qui trouva le courage de le regarder. Il baisa également la main de la jeune Française : ce n'était pas assurément convenable, mais il le fit avec son assurance habituelle. Elle rougit, tout effrayée, et regarda la princesse Marie :

« Quelle délicatesse, pensa cette dernière. Amélie craindrait-elle par hasard ma jalousie? Croit-elle que je ne sais pas apprécier sa tendresse si pure et son dévouement? »

Et, s'approchant de Mlle Bourrienne, elle l'embrassa avec affection. Anatole s'avança galamment vers la petite princesse pour lui baiser la main :

« Non, non! Quand votre père m'écrira que vous vous conduisez bien, je vous donnerai ma main à baiser, pas avant. »

Et, le menaçant du doigt, elle sortit en souriant.

V

Chacun rentra chez soi, et, à part Anatole, qui s'endormit aussitôt, personne ne ferma l'œil de longtemps.

« Sera-t-il vraiment mon mari, cet homme si beau, si bon, surtout si bon! » pensait la princesse Marie.

Et elle éprouvait une terreur qui n'était pas dans sa nature : elle avait peur de se retourner, de bouger; il lui semblait que quelqu'un se tenait là, dans ce coin sombre, derrière le paravent, et ce quelqu'un était le diable, ce quelqu'un était cet homme au front blanc, aux sourcils noirs, aux lèvres vermeilles !

Elle appela sa femme de chambre, et la pria de passer la nuit auprès d'elle.

Mlle Bourrienne arpenta longtemps le jardin d'hiver, attendant vainement aussi quelqu'un, souriant à quelqu'un, et s'émouvant parfois aux paroles de sa « pauvre mère », qui lui reprochait sa chute.

La petite princesse grondait sa femme de chambre : son lit était mal fait : elle ne pouvait s'y coucher d'aucune façon; tout lui était lourd et incommode.... c'était son fardeau qui la gênait. Il la gênait d'autant plus ce soir, que la présence d'Anatole l'avait reportée à une époque où, vive et légère, elle n'avait aucun souci : assise, en camisole et en bonnet de nuit, dans un fauteuil, pour la troisième fois elle faisait refaire son lit et retourner les matelas par sa femme de chambre endormie.

« Je t'avais bien dit qu'il n'y avait que des creux et des bosses; tu comprends bien que je n'aurais pas mieux demandé que de dormir? Ainsi ce n'est pas ma faute, » disait-elle du ton boudeur d'un enfant qui va pleurer.

Le vieux prince ne dormait pas non plus. Tikhone, à travers son sommeil, l'entendait marcher et s'ébrouer; il lui semblait que sa dignité avait été offensée, et cette offense était d'autant plus vive, qu'elle ne se rapportait pas à lui, mais à sa fille, à sa fille qu'il aimait plus que lui-même. Il avait beau se dire qu'il prendrait son temps pour décider quelle serait dans cette affaire la ligne de conduite à suivre, une ligne de conduite selon la justice et l'équité, ses réflexions ne faisaient que l'irriter davantage :

« Elle a tout oublié pour le premier venu, tout, jusqu'à son père.... et la voilà qui court en haut, qui se coiffe et qui fait des grâces, et qui ne ressemble plus à elle-même! Et la voilà enchantée d'abandonner son père, et pourtant elle savait que je le remarquerais! Frr.... frr.... frr.... Est-ce que je ne vois pas que cet imbécile ne regarde que la Bourrienne?.... Il faut que je la chasse! Et pas un brin de fierté pour le comprendre; si elle n'en a pas pour elle, qu'elle en ait pour moi! Il faudra lui montrer que ce bellâtre ne pense qu'à la Bourrienne. Pas de fierté !.... je le lui dirai! »

Dire à sa fille qu'elle se faisait des illusions et qu'Anatole s'occupait de la Française était, il le savait bien, le plus sûr moyen de froisser son amour-propre. Sa cause serait gagnée; en d'autres termes, son désir de garder sa fille serait satisfait. Cette idée le calma, et il appela Tikhone pour se faire déshabiller.

« C'est le diable qui les a envoyés, » se disait-il pendant que Tikhone passait la chemise de nuit sur ce vieux corps parcheminé, dont la poitrine était couverte d'une épaisse toison de poils gris.

« Je ne les ai pas invités, et les voilà qui me dérangent mon existence, et il me reste si peu de temps à vivre.... Au diable! »

Tikhone était habitué à entendre le prince parler tout haut; aussi reçut-il d'un visage impassible le coup d'œil furibond qui émergeait de la chemise.

« Sont-ils couchés? »

Tikhone, comme tous les valets de chambre bien appris, devinait d'instinct la direction des pensées de son maître :

« Ils se sont couchés et ont éteint leurs lumières, Excellence.

— Bien nécessaire, bien nécessaire, » marmotta le vieux.

Et, glissant ses pieds dans ses pantoufles, et endossant sa robe de chambre, il alla s'étendre sur le divan qui lui servait de lit.

Quoique peu de paroles eussent été échangées entre Anatole et Mlle Bourrienne, ils s'étaient parfaitement compris; quant à la partie du roman qui précédait l'apparition de « ma pauvre mère », ils sentaient qu'ils avaient beaucoup de choses à se dire en secret; aussi, dès le lendemain matin, cherchèrent-il les occasions d'un tête-à-tête, et ils se rencontrèrent inopinémen dans le jardin d'hiver, pendant que la princesse Marie descendait, plus morte que vive, pour se rendre chez son père à l'heure habituelle. Il lui semblait que non seulement chacun savait que son sort allait se décider dans la journée, mais qu'elle-même y était toute disposée. Elle lisait cela sur la figure de Tikhone, sur celle du valet de chambre du prince Basile, qu'elle croisa dans le corridor, portant de l'eau chaude à son maître, et qui lui fit un profond salut.

Le vieux prince, ce matin-là, se montra plein de bienveillanc et d'aménité pour sa fille; elle connaissait depuis longtemps cette façon d'agir, qui n'empêchait pas ses mains sèches de se crisper de colère contre elle pour un problème d'arithmétique qu'elle ne saisissait pas assez vite, et qui le poussait à se lever, à s'éloigner d'elle et à répéter à plusieurs reprises les mêmes paroles d'une voix sourde et contenue.

Il entama le sujet qui le préoccupait, sans la tutoyer :

« On m'a fait une proposition qui vous concerne, lui dit-il en souriant d'un sourire forcé ; vous aurez probablement deviné que le prince Basile n'a pas amené ici son élève (c'est ainsi qu'il appelait Anatole, sans trop savoir pourquoi) pour mes beaux yeux ; vous connaissez mes principes : c'est pour cela que je vous parle en ce moment.

— Comment dois-je vous comprendre, mon père ? dit la princesse, pâlissant et rougissant tour à tour.

— Comment comprendre ? s'écria le vieux en s'échauffant. Le prince Basile te trouve à son goût comme belle-fille et il te fait la proposition au nom de son élève : c'est clair ! Comment comprendre ? c'est à toi que je le demande.

— Je ne sais pas, mon père, ce que vous.... murmura la princesse.

— Moi, moi, je n'ai rien à y voir, laissez-moi donc de côté, ce n'est pas moi qui me marie !.... Que voulez-vous ?.... c'est là ce qu'il me serait agréable d'apprendre ? »

La princesse devina que son père ne voyait pas ce mariage d'un bon œil, mais elle se dit aussitôt que c'était le moment ou jamais de décider de son sort. Elle baissa les yeux pour ne pas voir ce regard qui lui ôtait toute faculté de penser et devant lequel elle était habituée à plier :

« Je ne désire qu'une chose : agir selon votre volonté, mais s'il m'était permis d'exprimer mon désir....

— Parfait ! s'écria le prince en l'interrompant : il te prendra avec la dot et il y accrochera Mlle Bourrienne ; c'est elle qui sera sa femme, et toi.... »

Il s'arrêta en voyant l'impression que ses paroles produisaient sur sa fille ; elle baissait la tête, et elle était prête à fondre en larmes.

« Voyons, voyons, je plaisante. Souviens-toi d'une chose, princesse, mes principes reconnaissent à une jeune fille le droit de choisir. Tu es libre, mais n'oublie pas que le bonheur de toute ta vie dépend du parti que tu vas prendre.... je ne parle pas de moi.

— Mais je ne sais, mon père....

— Je n'en parle pas ; quant à lui, il épousera qui on voudra ; mais toi, tu es libre : va dans ta chambre, réfléchis, et apporte-moi ta réponse dans une heure ; tu auras à te prononcer devant lui. Je sais bien, tu vas prier, je ne t'en empêche pas; prie, tu ferais mieux de réfléchir pourtant; va!..... Oui ou non, oui ou non, oui ou non! » criait-il pendant que sa fille s'éloignait chancelante, car son sort était décidé et décidé pour son bonheur.

Mais l'allusion de son père à Mlle Bourrienne était terrible; à la supposer fausse, elle n'y pouvait penser de sang-froid. Elle retournait chez elle par le jardin d'hiver, lorsque la voix si connue de Mlle Bourrienne la tira de son trouble. Elle leva les yeux et vit à deux pas d'elle Anatole qui embrassait la jeune Française, en lui parlant à l'oreille. La figure d'Anatole exprimait les sentiments violents qui l'agitaient, quand il se retourna vers la princesse, oubliant son bras autour de la taille de la jolie fille.

« Qui est là? Que me veut-on? » semblait-il dire.

La princesse Marie s'était arrêtée pétrifiée, les regardant sans comprendre. Mlle Bourrienne poussa un cri et s'enfuit. Anatole salua la princesse avec un sourire fanfaron, et haussant les épaules, il se dirigea vers la porte qui conduisait à son appartement.

Une heure plus tard, Tikhone, qui avait été envoyé prévenir la princesse Marie, lui annonça qu'on l'attendait, et que le prince Basile était là. Il la trouva dans sa chambre, assise sur le canapé, passant doucement la main sur les cheveux de Mlle Bourrienne, qui pleurait à chaudes larmes. Les doux yeux de la princesse Marie, pleins d'une pitié tendre et affectueuse, avaient retrouvé leur calme et leur lumineuse beauté.

« Non, princesse, je suis perdue à jamais dans votre cœur.

— Pourquoi donc? Je vous aime plus que jamais et je tâcherai de faire tout mon possible..., répondit la princesse Marie avec un triste sourire. Remettez-vous, mon amie, je vais aller trouver mon père. »

Le prince Basile, assis les jambes croisées, et tenant une tabatière dans sa main, simulait un profond attendrissement, qu'il paraissait s'efforcer de cacher sous un rire ému. A l'entrée de la princesse Marie, aspirant à la hâte une petite prise, il lui saisit les deux mains :

« Ah! ma bonne, ma bonne, le sort de mon fils est entre vos mains. Décidez, ma bonne, ma chère, ma douce Marie, que j'ai toujours aimée comme ma fille. »

Il se détourna, car une larme venait en effet de poindre dans ses yeux.

« Frr... Frr...! Au nom de son élève et fils, le prince te demande si tu veux, oui ou non, devenir la femme du prince Anatole Kouraguine? Oui ou non, dis-le, s'écria-t-il; je me réserve ensuite le droit de faire connaître mon opinion.... oui, mon opinion, rien que mon opinion, ajouta-t-il en répondant au regard suppliant du prince Basile.... Eh bien! oui ou non?

— Mon désir, mon père, est de ne jamais vous quitter, de ne jamais séparer mon existence de la vôtre. Je ne veux pas me marier, répondit la princesse Marie, en adressant un regard résolu de ses beaux yeux au prince Basile et à son père.

— Folies, bêtises, bêtises, bêtises! » s'écria le vieux prince, en attirant sa fille à lui, et en lui serrant la main avec une telle violence, qu'elle cria de douleur.

Le prince Basile se leva.

« Ma chère Marie, c'est un moment que je n'oublierai jamais; mais dites-moi, ne nous donnerez-vous pas un peu d'espérance? Ne pourra-t-il toucher votre cœur si bon, si généreux? Je ne vous demande qu'un seul mot : peut-être?

— Prince, j'ai dit ce que mon cœur m'a dicté. Je vous remercie de l'honneur que vous m'avez fait, mais je ne serai jamais la femme de votre fils!

— Voilà qui est terminé, mon cher; très content de te voir, très content. Retourne chez toi, princesse.... Très content, très content, » répéta le vieux prince, en embrassant le prince Basile.

« Je suis appelée à un autre bonheur, se disait la princesse Marie, je serai heureuse en me dévouant et en faisant le bonheur d'autrui, et, quoi qu'il m'en coûte, je n'abandonnerai pas la pauvre Amélie. Elle l'aime si passionnément et s'en repent si amèrement. Je ferai tout pour faciliter son mariage avec lui. S'il manque de fortune, je lui en donnerai à elle, et je prierai mon père et André d'y consentir!.... Je me réjouirais tant de la voir sa femme, elle si triste, si seule, si abandonnée!... Comme elle doit l'aimer pour s'être oubliée ainsi! Qui sait? J'aurais peut-être agi de même! »

VI

La famille Rostow se trouvait depuis longtemps sans nouvelles de Nicolas, lorsque dans le courant de l'hiver le comte reçut une lettre sur l'adresse de laquelle il reconnut l'écriture de son fils. Il se précipita aussitôt, en marchant sur la pointe des pieds afin de ne pas être entendu, tout droit dans son cabinet, où il s'enferma pour la lire tout à son aise. Anna Mikhaïlovna, qui avait eu connaissance de l'arrivée de la lettre, car elle n'ignorait jamais rien de ce qui se passait dans la maison, alla, à pas discrets, retrouver le comte dans son cabinet et l'y surprit pleurant et riant tout à la fois.

« Mon bon ami? dit d'un ton interrogatif et mélancolique Anna Mikhaïlovna, toute prête à prendre part à ce qui lui arrivait, et qui, malgré l'heureuse tournure de ses affaires, continuait à demeurer chez les Rostow.

— De Nicolouchka..... une lettre!..... Il a été blessé, ma chère..... blessé, ce cher enfant..... ma petite comtesse!..... fait officier, ma chère..... grâce à Dieu!..... Mais comment le lui dire? » balbutia le comte en sanglotant.

Anna Mikhaïlovna s'assit à ses côtés, essuya les larmes du comte qui tombaient sur la lettre, la parcourut et, après s'être également essuyé les yeux, calma l'agitation du comte, lui assurant que pendant le dîner elle préparerait la comtesse, et que le soir, après le thé, on pourrait lui annoncer la nouvelle.

Elle tint en effet sa promesse, et pendant le repas elle ne cessa de broder sur le thème de la guerre, demanda à deux reprises quand on avait reçu la dernière lettre de Nicolas, quoiqu'elle le sût parfaitement, et fit observer qu'on devait s'attendre, à tout moment, à avoir de ses nouvelles, peut-être même avant que la journée fût passée. Chaque fois qu'elle recommençait ses allusions, la comtesse l'examinait, ainsi que son mari, avec inquiétude, et Anna Mikhaïlovna détournait adroitement la conversation sur des sujets indifférents. Natacha, qui, de toute la famille, saisissait le plus facilement la moindre nuance dans les inflexions de la voix, le plus léger changement dans les traits et les regards, avait aussitôt dressé les oreilles, devinant qu'il y avait là-dessous un secret concernant son frère, entre son père et Anna Mikhaïlovna, et que cette dernière y préparait sa mère. Malgré toute son audace, connaissant la sensibilité de cette mère par rapport à son fils, Natacha n'osa adresser aucune question; son inquiétude l'empêcha de manger, elle ne faisait que se tourner et se retourner sur sa chaise, au grand déplaisir de sa gouvernante. Aussitôt le dîner fini, elle se précipita à la poursuite d'Anna Mikhaïlovna, qu'elle rattrapa dans le salon; elle se suspendit à son cou de toute la force de son élan :

« Tante, bonne tante, qu'y a-t-il?

— Rien, ma petite.

— Chère petite âme de tante, je sais que vous savez quelque chose, et je ne vous lâcherai pas. »

Anna Mikhaïlovna secoua la tête.

« Vous êtes une fine mouche, mon enfant!

— Nicolas a écrit, pas vrai? s'écria Natacha, lisant une réponse affirmative sur la figure de sa tante.

— Chut! sois prudente; tu sais comme ta mère est impressionnable!

— Je le serai, je vous le promets; dites-moi seulement ce qu'il y a? Vous ne voulez pas me le raconter? eh bien, alors j'irai tout de suite le lui dire! »

Anna Mikhaïlovna la mit au courant en peu de mots, en lui réitérant l'injonction de garder le silence.

« Je vous donne ma parole d'honneur, dit Natacha en se signant, que je ne le dirai à personne.... »

Et elle courut aussitôt rejoindre Sonia, à laquelle elle cria de loin, avec une joie exubérante :

« Nicolas est blessé! une lettre!

— Nicolas! » dit Sonia en pâlissant subitement.

A la vue de l'impression produite par ses paroles, Natacha comprit tout à coup ce qui se mêlait de triste à cette joyeuse nouvelle.

Elle se jeta sur Sonia et l'embrassa en pleurant :

« Il n'a été qu'un peu blessé, il a été fait officier et il se porte bien, car c'est lui-même qui écrit!

— Quelles pleurnicheuses vous faites, vous autres femmes! dit Pétia en faisant de grandes enjambées dans la chambre, d'un air décidé. — Eh bien, moi, je suis content, très content, que mon frère se soit distingué! Vous n'êtes que des pleurnicheuses, vous n'y comprenez rien! »

Natacha sourit à travers ses larmes.

« Et tu as lu la lettre? demanda Sonia.

— Non, je ne l'ai pas lue, mais Anna Mikhaïlovna m'a dit que le mauvais moment était passé et qu'il était officier.

— Dieu soit loué, dit Sonia en faisant le signe de la croix, mais elle t'aura peut-être trompée. Allons chez maman. »

Pétia continuait sa promenade en silence.

« Si j'avais été à la place de Nicolouchka, j'en aurais tué

encore davantage, de ces Français; ce sont des misérables; j'en aurais tué tant et tant que j'en aurais fait une montagne, voilà!

— Tais-toi donc, Pétia, tu es un imbécile!

— Ce n'est pas moi qui suis un imbécile, c'est vous qui êtes des sottes! Peut-on pleurer pour des bagatelles?

— Tu te le rappelles? demanda Natacha après un moment de silence.

— Si je me rappelle Nicolas? dit Sonia en souriant.

— Mais non, Sonia... je veux dire... te le rappelles-tu bien... clairement?... te rappelles-tu tout?... disait avec force gestes Natacha, qui tâchait de donner à ses paroles une signification sérieuse. Moi, je me rappelle Nicolas... très bien. Quant à Boris, je ne me souviens plus de lui, mais là, pas du tout.

— Comment! tu ne te souviens pas de Boris? demanda Sonia stupéfaite.

— Ce n'est pas que je l'aie oublié,... je sais bien comment il est! Quand je ferme les yeux, je vois Nicolas, mais Boris.... »

Et elle ferma les yeux.

« Il n'y a plus rien, rien!

— Ah! Natacha, » dit Sonia avec une exaltation sérieuse; elle la regardait sans doute comme indigne d'entendre ce qu'elle allait lui dire, ce qui ne l'empêcha pas d'accentuer malgré elle ses paroles avec une conviction émue : « J'aime ton frère, et quoi qu'il nous arrive, à lui ou à moi, je ne cesserai de l'aimer! »

Natacha la regardait de ses yeux curieux : elle sentait que Sonia venait de dire la vérité, que c'était de l'amour et qu'elle n'avait jamais encore éprouvé rien de pareil; elle voyait, mais sans le comprendre, que cela pouvait exister!

« Lui écriras-tu? »

Sonia réfléchit, car c'était une question qui la préoccupait depuis longtemps. Comment lui écrirait-elle? Et d'abord fallait-il lui écrire? Maintenant qu'il était un officier, et un héros blessé, le moment était venu, croyait-elle, de se rappeler à son souvenir et de lui rappeler ainsi l'engagement qu'il avait pris à son égard :

« Je ne sais pas; s'il m'écrit, je lui écrirai, répondit-elle en rougissant.

— Et ça ne t'embarrassera pas?

— Non.

— Eh bien, moi, j'aurais honte d'écrire à Boris, et je ne lui écrirai pas.

— Et pourquoi en aurais-tu honte?

— Je ne sais pas, mais j'en aurais honte.

— Et moi, je sais pourquoi elle en aurait honte, dit Pétia, offensé de l'apostrophe de sa sœur. C'est parce qu'elle s'est amourachée de ce gros avec des lunettes (c'est ainsi que Pétia désignait son homonyme, le nouveau comte Besoukhow), et maintenant c'est le tour du chanteur (il faisait allusion à l'Italien, au nouveau maître de chant de Natacha).... C'est pour cela qu'elle a honte!

— Es-tu bête, Pétia!

— Pas plus bête que vous, madame, » reprit le gamin de neuf ans du ton d'un vieux brigadier.

Cependant la comtesse s'était émue des réticences d'Anna Mikhaïlovna, et, revenue chez elle, elle ne quittait pas, de ses yeux prêts à fondre en larmes, la miniature de son fils. Anna Mikhaïlovna, tenant la lettre, s'arrêta sur le seuil de la chambre :

« N'entrez pas, disait-elle au vieux comte, qui la suivait.... plus tard.... »

Et elle referma la porte derrière elle.

Le comte appliqua son oreille au trou de la serrure, et n'entendit tout d'abord qu'un échange de propos indifférents, puis Anna Mikhaïlovna qui faisait un long discours, puis un cri, un silence.... et deux voix qui se répondaient alternativement dans un joyeux duo. Anna Mikhaïlovna introduisit le comte. Elle portait sur sa figure l'orgueilleuse satisfaction d'un opérateur qui a mené à bonne fin une amputation dangereuse, et qui désire voir le public apprécier le talent dont il vient de faire preuve.

« C'est fait! » dit-elle au comte, pendant que la comtesse, tenant d'une main le portrait et de l'autre la lettre, les baisait tour à tour. Elle tendit les mains à son mari, embrassa sa tête chauve, par-dessus laquelle elle envoya un nouveau regard à la lettre et au portrait, et le repoussa doucement, pour approcher encore une fois la lettre et le portrait de ses lèvres. Véra, Natacha, Sonia, Pétia entrèrent au même moment, et on leur lut la lettre de Nicolas, dans laquelle il décrivait, en quelques lignes, la campagne, les deux batailles auxquelles il avait pris part, son avancement, et qui finissait par ces mots : « Je baise les mains à maman, et à papa, en demandant leur bénédiction, et j'embrasse Véra, Natacha et Pétia. » Il envoyait aussi ses compliments à M. Schelling, à Mme Shoss, sa vieille bonne, et suppliait sa mère de vouloir bien donner de sa part un baiser à sa chère Sonia, à laquelle il pensait toujours autant, et qu'il aimait toujours. Sonia à ces mots devint pourpre, et ses yeux se remplirent de larmes. Ne pouvant soutenir les regards dirigés sur elle, elle se sauva dans la grande salle, en fit le tour, pirouetta sur ses talons comme une toupie, et, toute rayonnante de plaisir, elle fit le ballon avec sa robe, et s'accroupit sur le plancher. La comtesse pleurait.

« Il n'y a pas de quoi pleurer, maman, dit Véra. Il faut se réjouir au contraire ! »

C'était juste, et cependant le comte, la comtesse, Natacha, tous la regardèrent d'un air de reproche :

« De qui donc tient-elle? » se demanda la comtesse.

La lettre du fils bien-aimé fut lue et relue une centaine de fois, et ceux qui désiraient en entendre le contenu devaient se rendre chez la comtesse, car elle ne s'en dessaisissait pas. Lorsque la comtesse en faisait la lecture aux gouverneurs, aux gouvernantes, à Mitenka, aux connaissances de la maison, c'était chaque fois pour elle une nouvelle jouissance, et chaque fois elle découvrait de nouvelles qualités à son Nicolas chéri. C'était si étrange en effet pour elle de se dire que ce fils qu'elle avait porté dans son sein, il y avait vingt ans, que ce fils à propos duquel elle se disputait avec son mari qui le gâtait, que cet enfant qu'elle croyait entendre bégayer « maman ».... était là-bas, loin d'elle, dans un pays étranger, qu'il s'y conduisait en brave soldat, qu'il y remplissait sans mentor son devoir d'homme de cœur! L'expérience de tous les jours, qui nous montre le chemin parcouru insensiblement par les enfants, depuis le berceau jusqu'à l'âge d'homme, n'avait jamais existé pour elle. Chaque pas de son fils vers la virilité lui paraissait aussi merveilleux que s'il eût été le premier exemple d'un semblable développement.

« Quel style, quelles jolies descriptions! Et quelle âme! Et sur lui-même, rien.... aucun détail! Il parle d'un certain Denissow, et je suis sûre qu'il aura montré plus de courage qu'eux tous. Quel cœur! Je le disais toujours lorsqu'il était petit, toujours! »

Pendant une semaine on ne s'occupa que de faire des brouillons, et d'écrire, et de recopier la lettre que toute la maison envoyait à Nicolouchka. Sous la surveillance de la comtesse et du comte, on préparait l'argent et les effets nécessaires à l'équipement du nouvel officier. Anna Mikhaïlovna, en femme pratique, avait su ménager à son fils une protection dans l'armée, et se faciliter avec lui des moyens de correspondre, en envoyant ses lettres au grand-duc Constantin, commandant de la garde. Les Rostow, de leur côté, supposaient qu'en adressant leurs lettres « à la garde russe, à l'étranger », c'était parfaitement clair et précis, et que, si les lettres arrivaient jusqu'au grand-duc commandant de la garde, il n'y avait aucune raison pour qu'elles n'arrivassent pas également au régiment de Pavlograd, qui devait se trouver dans le voisinage. Il fut pourtant décidé qu'on enverrait le tout à Boris par le courrier du grand-duc, et que Boris serait chargé de le transmettre à leur fils. Père, mère, Sonia et les enfants, tous avaient écrit, et le vieux comte avait joint au paquet six mille roubles pour l'équipement.

VII

Le 12 novembre, l'armée de Koutouzow, campée aux alentours d'Olmütz, se préparait à être passée en revue par les deux empereurs de Russie et d'Autriche. La garde, qui venait d'arriver, bivouaquait à quinze verstes de là, pour paraître le lendemain matin à dix heures sur le champ de manœuvres.

Nicolas Rostow avait reçu ce même jour un billet de Boris. Boris lui annonçait que le régiment d'Ismaïlovsky s'arrêtait à quelques verstes, et qu'il l'attendait pour lui remettre la lettre et l'argent. La nécessité de ce dernier envoi se faisait vivement sentir, car, après la campagne, et pendant le séjour à Olmütz, Nicolas avait été exposé à toutes les tentations imaginables, grâce aux cantines bien fournies des vivandiers, et grâce aussi aux juifs autrichiens, qui pullulaient dans le camp. Ce n'était dans le régiment de Pavlograd que banquets sur banquets pour fêter les récompenses reçues; puis des courses sans fin à la ville, où une certaine Caroline la Hongroise avait ouvert un restaurant, dont le service était fait par des femmes. Rostow avait fêté tout dernièrement son avancement, avait acheté Bédouin, le cheval de Denissow, et se trouvait endetté jusqu'au cou envers ses camarades et le vivandier. Après avoir dîné avec des amis, il se mit en quête de son camarade d'enfance, dans le bivouac de la garde. Il n'avait pas encore eu le temps de s'équiper, et portait toujours sa veste râpée de junker, ornée de la croix de soldat, un pantalon à fond de cuir et le ceinturon avec l'épée d'officier; son cheval était un cheval cosaque acheté d'occasion, et son shako bosselé était posé de côté, d'un air tapageur. En s'approchant du régiment d'Ismaïlovsky, il ne pensait dans sa joie qu'à émerveiller Boris et ses camarades de la garde par son air de hussard aguerri qui n'en est pas à sa première campagne.

La garde avait exécuté une promenade plutôt qu'une marche, en faisant parade de sa belle tenue et de son élégance. Les havresacs étaient transportés dans des charrettes, et, à chacune de leurs courtes étapes, les officiers trouvaient des dîners excellents, préparés par les autorités de l'endroit. Les régiments entraient dans les villes et en sortaient musique en tête, et pendant toute la marche, ce dont la garde était très fière, les soldats, obéissant à l'ordre du grand-duc, marchaient au pas et les officiers suivaient à leur rang. Depuis leur départ, Boris n'avait pas quitté Berg, qui était devenu chef de compagnie, et qui, par son exactitude au service, avait su gagner la confiance de ses chefs, et arranger fort avantageusement ses petites affaires. Boris avait eu soin de faire bon nombre de connaissances, qui pouvaient lui devenir très utiles dans un moment donné, entre autres celle du prince André Bolkonsky, à qui il avait apporté une lettre de Pierre, et il espérait être attaché, par sa protection, à l'état-major du général en chef. Berg et Boris, tous deux tirés à quatre épingles, et complètement reposés de leur dernière étape, jouaient aux échecs sur une table ronde, dans le logement propre et soigné qui leur avait été assigné; le long tuyau de la pipe de Berg se prélassait entre ses jambes, pendant que Boris, de ses blanches mains, mettait les pièces en piles, sans perdre de vue la figure de son partenaire, absorbé comme toujours par son occupation du moment:

« Eh bien, comment en sortirez-vous?

— Nous allons voir! »

La porte s'ouvrit à ce moment.

« Le voilà enfin! s'écria Rostow.... Ah! et Berg est aussi là?

— Petits enfants, allez faire dodo, » ajouta-t-il en fredonnant une chanson de sa vieille bonne, qui avait toujours le don de les faire pouffer de rire, Boris et lui.

« Dieu de Dieu, que tu es changé! »

Boris se leva pour aller à la rencontre de son ami, sans oublier toutefois d'arrêter dans leur chute les différentes pièces du jeu; il allait l'embrasser, lorsque Rostow fit un mouvement de côté. Avec cet instinct naturel à la jeunesse, qui ne songe qu'à s'écarter des sentiers battus, Rostow cherchait constamment à exprimer ses sentiments d'une façon neuve et originale, et à ne se conformer en rien aux habitudes reçues. Il n'avait d'autre désir que de faire quelque chose d'extraordinaire, ne fût-ce que de pincer son ami, et surtout d'éviter l'accolade habituelle. Boris au contraire déposa tout tranquillement et affectueusement sur ses joues les trois baisers de rigueur.

Six mois à peine s'étaient écoulés depuis leur séparation, et en se retrouvant ainsi au moment où ils faisaient leurs premiers pas dans la vie, ils furent frappés de l'énorme changement qui était survenu en eux, et qui résultait évidemment du milieu dans lequel ils s'étaient développés.

« Ah! vous autres, maudits frotteurs de parquets, qui rentrez d'une promenade, coquets et pimpants, tandis que nous, pauvres pécheurs de l'armée.... » disait Rostow, qui, avec sa jeune voix de baryton et ses mouvements accentués, cherchait à se donner la désinvolture d'un militaire de l'armée, par opposition avec l'élégance de la garde, en montrant son pantalon couvert de boue.

L'hôtesse allemande passa en ce moment la tête par la porte.

« Est-elle jolie? dit Rostow, en clignant de l'œil.

— Ne crie donc pas si fort! Tu les effrayes, lui dit Boris. Sais-tu bien que je ne t'attendais pas sitôt, car ce n'est qu'hier soir que j'ai remis mon billet à Bolkonsky, un aide de camp que je connais. Je n'espérais pas qu'il te le ferait parvenir aussi vite.... Eh bien, comment vas-tu? Tu as reçu le baptême du feu? »

Rostow, sans répondre, joua avec la croix de soldat de Saint-George qui était suspendue aux brandebourgs de son uniforme et indiquant son bras en écharpe :

« Comme tu vois!

— Ah! ah! dit Boris en souriant, nous aussi, mon cher, nous avons fait une campagne charmante. Son Altesse Impériale suivait le régiment, et nous avions toutes nos aises. En Pologne, des réceptions, des dîners, des bals à n'en plus finir.... Le césarévitch très bienveillant pour tous les officiers! »

Et ils se racontèrent mutuellement toutes les différentes phases de leur existence : l'un, la vie de bivouac, l'autre les avantages de sa position dans la garde avec de hautes protections.

« Oh! la garde! dit Rostow. Donne-moi du vin. »

Boris fit une grimace, mais, tirant sa bourse de dessous ses oreillers bien blancs, il fit apporter du vin.

« A propos, voici ton argent et la lettre. »

Rostow jeta l'argent sur le canapé, et saisit la lettre en mettant ses deux coudes sur la table pour la lire commodément. La présence de Berg le gênait; se sentant regardé fixement par lui, il se fit aussitôt un écran de sa lettre.

« On ne vous a pas ménagé l'argent! dit Berg, en contemplant le gros sac enfoncé dans le canapé, et nous autres, nous tirons le diable par la queue, avec notre solde.

— Ecoutez, mon cher, la première fois que vous recevrez une lettre de chez vous et que vous aurez mille questions à faire à votre ami, je vous assure que je m'en irai tout de suite pour vous laisser toute liberté : ainsi donc, disparaissez bien vite.... et allez-vous-en au diable! s'écria-t-il en le faisant pivoter et en le regardant amicalement pour adoucir la vivacité par trop franche de ses paroles. Ne m'en veuillez pas, n'est-ce pas, je vous traite en vieille connaissance!

— Mais je vous en prie, comte, je le comprends parfaitement, dit Berg de sa voix enrouée.

— Allez chez les maîtres de la maison : ils vous ont invité, » ajouta Boris.

Berg passa une redingote sans tache, releva ses cheveux par devant à la façon de l'empereur Alexandre, et, convaincu de l'effet irrésistible produit par sa toilette, il sortit avec un sourire de satisfaction sur les lèvres.

« Ah! quel animal je suis! dit Rostow, en lisant sa lettre.

— Pourquoi?

— Un véritable animal de ne pas leur avoir écrit une seconde fois..... ils se sont tellement effrayés! Eh bien, as-tu envoyé Gavrilo chercher du vin? Bravo! nous allons nous en donner! »

Parmi les missives de ses parents il y avait une lettre de recommandation pour le prince Bagration. La vieille comtesse, d'après le conseil d'Anna Mikhaïlovna, l'avait obtenue d'une de ses connaissances, et elle demandait à son fils de la porter au plus tôt à son destinataire, afin d'en tirer profit.

« Quelle folie! j'en ai bien besoin! dit Rostow, en jetant la lettre sur la table:

— Pourquoi l'as-tu jetée?

— C'est une lettre de recommandation, je m'en moque pas mal.

— Comment, tu t'en moques pas mal? mais elle te sera nécessaire.

— Je n'ai besoin de rien; ce n'est pas moi qui irai mendier une place d'aide de camp!

— Pourquoi donc?

— C'est un service de domestique.

— Ah! tu es toujours le même, à ce que je vois, dit Boris.

— Et toi, toujours le même diplomate; mais il ne s'agit pas de cela.... que deviens-tu? dit Rostow.

— Comme tu le vois, jusqu'à présent tout va bien, mais je t'avoue que mon but est d'être attaché comme aide de camp, et de ne pas rester dans les rangs.

— Pourquoi cela?

— Parce qu'une fois qu'on est entré dans la carrière militaire, il faut tâcher de la faire aussi brillante que possible.

— Ah! c'est comme cela! »

Et il attacha des regards fixes sur son ami, en s'efforçant, mais en vain, de pénétrer le fond de sa pensée.

Le vieux Gavrilo entra avec le vin demandé.

« Il faudrait envoyer chercher Alphonse Carlovitch, il boirait avec toi à ma place.

— Si tu veux; comment est-il ce Tudesque? demanda Rostow d'un air méprisant.

— C'est un excellent homme, très honnête et très agréable. »

Rostow examina de nouveau Boris et soupira. Berg une fois revenu, la conversation des trois officiers devint plus vive, autour de la bouteille de vin. Ceux de la garde mettaient Rostow au courant des plaisirs qu'ils rencontraient sur leur marche, des réceptions qu'on leur avait faites en Russie, en Pologne et à l'étranger. Ils citaient les mots et les anecdotes de leur chef le grand-duc, à propos de sa bonté et de la violence de son caractère. Berg, qui, selon son habitude, se taisait toujours lorsque le sujet ne le touchait pas directement, raconta complaisamment comment en Galicie il avait eu l'honneur de causer avec Son Altesse Impériale, comment le grand-duc s'était plaint à lui de l'irrégularité de leur marche, et comment, s'approchant un jour en colère de la compagnie, il en avait appelé le chef « Arnaute »! C'était l'expression favorite du césarévitch, dans ses accès d'emportement.

« Vous ne me croirez pas, comte, mais j'étais si sûr de mon

bon droit, que je n'éprouvai pas la moindre frayeur; sans me vanter, je vous avouerai que je connais aussi bien les ordres du jour et nos règlements, que « Notre Père qui êtes aux cieux. » Aussi n'y a-t-il jamais de fautes de discipline à reprocher à ma compagnie, et je comparus devant lui avec une conscience tranquille.... »

A ces mots, le narrateur se leva pour montrer comment il s'était avancé, en faisant le salut militaire. Il aurait été difficile de voir une figure témoignant à la fois plus de respect et de contentement de soi-même.

« Il écume, poursuivit-il, m'envoie à tous les diables, et m'accable d'« Arnaute » et de « Sibérie »! Je me garde bien de répondre. « Es-tu muet? » s'écrie-t-il. Je continue à me taire.... Eh bien! comte, qu'en dites-vous? Le lendemain, dans l'ordre du jour, pas un mot à propos de cette scène! Voilà ce que c'est que de ne pas perdre la tête! Oui, comte, c'est ainsi, répéta-t-il, en allumant sa pipe et en lançant en l'air des anneaux de fumée.

— Je vous en félicite, » dit Rostow.

Mais Boris, devinant ses intentions moqueuses à l'endroit de Berg, détourna adroitement la conversation en priant son ami de leur dire quand et comment il avait été blessé. Rien ne pouvait être plus agréable à Rostow, qui commença son récit; s'animant de plus en plus, il se mit à raconter l'affaire de Schöngraben, non pas comme elle s'était passée, mais comme il aurait souhaité qu'elle se fût passée c'est-à-dire embellie par sa féconde imagination. Rostow aimait sans doute la vérité, et tenait à s'y confirmer; cependant il s'en éloigna malgré lui, imperceptiblement. Un exposé exact et prosaïque aurait été mal reçu par ses camarades, qui, ayant, comme lui, entendu plus d'une fois décrire des batailles, et s'en étant fait une idée précise, n'auraient ajouté aucune foi à ses paroles, et peut-être même l'auraient accusé de ne pas avoir saisi l'ensemble de ce qui s'était passé sous ses yeux. Comment leur raconter tout simplement qu'il était parti au galop, que, tombé de cheval, il s'était foulé le poignet et enfui à toutes jambes devant un Français? Se borner ainsi à la pure vérité aurait demandé un grand effort de sa part. Lâchant la bride à sa fantaisie, il leur narra comment, au milieu du feu, une folle ardeur s'étant emparée de lui, il avait tout oublié, s'était précipité comme la tempête sur un carré, y sabrant de droite et de gauche, comment enfin il était tombé d'épuisement..., etc., etc.

« Tu ne peux te figurer, ajouta-t-il, l'étrange et terrible fureur qui s'empare de vous pendant la mêlée ! »

Comme il prononçait cette belle péroraison, le prince Bolkonsky entra dans la chambre. Le prince André, qui était flatté de voir les jeunes gens s'adresser à lui, aimait à les protéger. Boris lui avait plu, et il ne demandait pas mieux que de lui rendre service. Envoyé chez le césarévitch par Koutouzow avec des papiers, il était venu en passant. A la vue du hussard d'armée, échauffé par le récit de ses exploits (il ne pouvait souffrir les individus de cette espèce), il fronça le sourcil, sourit affectueusement à Boris et, s'inclinant légèrement, s'assit sur le canapé. Rien ne pouvait lui être plus désagréable que de tomber dans une société déplaisante pour lui. Rostow, devinant sa pensée, rougit jusqu'au blanc des yeux : malgré son indifférence et son dédain pour l'opinion de ces messieurs de l'état-major, il se sentit gêné par le ton cassant et moqueur du prince André; remarquant aussi que Boris semblait avoir honte de lui, il finit par se taire. Ce dernier demanda s'il y avait des nouvelles et si l'on pouvait sans indiscrétion connaître les dispositions futures.

« On va probablement marcher en avant, » dit Bolkonsky, qui tenait à ne pas se compromettre devant des étrangers.

Berg profita de l'occasion pour s'informer, avec sa politesse habituelle, si la ration de fourrage ne serait pas doublée pour les chefs de compagnie de l'armée. Le prince André lui répondit, avec un sourire, qu'il n'était pas juge de questions d'État aussi graves.

« J'ai un mot à vous dire concernant votre affaire, dit-il à Boris, mais nous en causerons plus tard. Venez chez moi après la revue, nous ferons tout ce qu'il sera possible de faire... »

Et s'adressant à Rostow, dont il ne semblait pas remarquer l'air confus et passablement irrité :

« Vous racontiez l'affaire de Schöngraben? Vous étiez là?

— J'étais là! » répondit Rostow d'un ton agressif.

Bolkonsky, trouvant l'occasion toute naturelle de s'amuser de sa mauvaise humeur, lui dit :

« Oui, on invente pas mal d'histoires sur cet engagement!

— Oui, oui, on invente des histoires! dit Rostow en jetant tour à tour sur Boris et sur Bolkonsky un regard devenu furieux; oui, il y a beaucoup d'histoires, mais nos relations, les relations de ceux qui ont été exposés au feu de l'ennemi, celles-là ont du poids, et un poids d'une bien autre valeur que celles de ces élégants de l'état-major, qui reçoivent des récompenses sans rien faire.....

— Selon vous, je suis de ceux-là? » reprit avec sang-froid et en souriant doucement le prince André.

Un singulier mélange d'impatience et de respect pour le calme du maintien de Bolkonsky agitait Rostow.

« Je ne dis pas cela pour vous, je ne vous connais pas, et n'ai pas, je l'avoue, le désir de vous connaître davantage. Je le dis pour tous ceux des états-majors en général.

— Et moi, dit le prince André, en l'interrompant d'une voix mesurée et tranquille, je vois que vous voulez m'offenser, ce qui serait par trop facile si vous vous manquiez de respect à vous-même; mais vous reconnaîtrez sans doute aussi que l'heure et le lieu sont mal choisis pour l'essayer. Nous sommes tous à la veille d'un duel sérieux et important, et ce n'est pas la faute de Droubetzkoï, votre ami d'enfance, si ma figure a le malheur de vous déplaire. Du reste, ajouta-t-il en se levant, vous connaissez mon nom et vous savez où me trouver; n'oubliez pas que je ne me considère pas le moins du monde comme offensé, et, comme je suis plus âgé que vous, je me permets de vous conseiller de ne donner aucune suite à votre mauvaise humeur. Ainsi donc, Boris, à vendredi après la revue, je vous attendrai... »

Et le prince André sortit en les saluant.

Rostow ahuri ne retrouva pas son aplomb. Il s'en voulait mortellement de n'avoir rien trouvé à répondre, et, s'étant fait amener son cheval, il prit congé de Boris assez sèchement.

« Fallait-il aller provoquer cet aide de camp poseur, ou laisser tomber l'affaire dans l'eau? »

Cette question le tourmenta tout le long de la route. Tantôt il se représentait le plaisir qu'il éprouverait à voir la frayeur de ce petit homme orgueilleux, tantôt il se surprenait avec étonnement à désirer, avec une ardeur qu'il n'avait jamais ressentie, l'amitié de cet aide de camp qu'il détestait.

VIII

Le lendemain de l'entrevue de Boris et de Rostow, les troupes autrichiennes et russes, au nombre de 80 000 hommes, y compris celles qui arrivaient de Russie et celles qui avaient fait la campagne, furent passées en revue par l'empereur Alexandre, accompagné du césarévitch, et l'empereur François, suivi d'un archiduc.

Dès l'aube du jour, les troupes, dans leur tenue de parade, s'alignaient sur la plaine devant la forteresse. Une masse mouvante, aux drapeaux flottants, s'arrêtait au commandement des officiers, se divisait et se formait en détachements, se laissant dépasser par un autre flot bariolé d'uniformes différents. Plus loin, c'était la cavalerie, habillée de bleu, de vert, de rouge, avec ses musiciens aux uniformes brodés, qui s'avançait au pas cadencé des chevaux noirs, gris et alezans; puis venait l'artillerie, qui, au bruit d'airain de ses canons reluisants et tressautant sur leurs affûts, se déroulait comme un serpent, entre la cavalerie, et l'infanterie, pour se rendre à la place qui lui était réservée, en répandant sur son passage l'odeur des mèches allumées. Les généraux en grande tenue, chamarrés de décorations, collets relevés, et la taille serrée, les officiers élégants et parés, les soldats aux visages rasés de frais, aux fourniments brillants, les chevaux bien étrillés, à la robe miroitante comme le satin, à la crinière bien peignée, tous comprenaient qu'il allait se passer quelque chose de grave et de solennel. Du général au soldat, chacun se sentait un grain de sable dans cette mer vivante, mais avait conscience en même temps de sa force comme partie de ce grand tout.

Après maints efforts, à dix heures, tout fut prêt. L'armée était placée sur trois rangs : la cavalerie en premier, l'artillerie ensuite et l'infanterie en dernier.

Entre chaque arme différente il y avait un large espace. Chacune de ces trois parties se détachait vivement sur les deux autres. L'armée de Koutouzow, dont le premier rang de droite était occupé par le régiment de Pavlograd, puis les nouveaux régiments de l'armée et de la garde arrivés de Russie, puis l'armée autrichienne, tous, rivalisant de bonne tenue, étaient sur la même ligne et sous le même commandement.

Tout à coup un murmure, semblable à celui du vent bruissant dans le feuillage, parcourut les rangs :

« Ils arrivent! Ils arrivent! » s'écrièrent quelques voix.

Et la dernière inquiétude de l'attente se répandit comme une traînée de poudre.

Un groupe s'était en effet montré dans le lointain. Au même moment, un léger souffle traversant le calme de l'air agita les flammes des lances et les drapeaux, dont les plis s'enroulaient autour des hampes. Il semblait que ce frissonnement témoignât de la joie de l'armée à l'approche des souverains :

« Silence! » cria une voix.

Puis, ainsi que le chant des coqs se répondant aux premières lueurs de l'aurore, le mot fut répété sur différents points, et tout se tut.

On n'entendit plus, dans ce calme profond, que le pas des chevaux qui approchaient : les trompettes du 1er régiment sonnèrent une fanfare, dont les sons entraînants paraissaient sortir de ces milliers de poitrines joyeusement émues à l'arrivée des empereurs. A peine la musique avait-elle cessé, que la voix jeune et douce de l'empereur Alexandre prononça distinctement ces mots :

« Bonjour, mes enfants! »

Et le 1er régiment fit éclater un hourra si retentissant et si prolongé, que chacun de ces hommes tressaillit à la pensée du nombre et de la puissance de la masse dont il faisait partie.

Rostow, placé au premier rang dans l'armée de Koutouzow, la première sur le passage de l'empereur, éprouva, comme tous les autres, ce sentiment général d'oubli de soi-même, d'orgueilleuse conscience de sa force et d'attraction passionnée vers le héros de cette solennité.

Il se disait qu'à une parole de cet homme toute cette masse et lui-même, infime atome, se précipiteraient dans le feu et dans l'eau, tout prêts à commettre des crimes ou des actions héroïques, et il se sentait frémir et presque défaillir à la vue de celui qui personnifiait cette parole.

Les cris de hourra! hourra! retentissaient de tous côtés, et les régiments, l'un après l'autre, sortant de leur immobilité et de leur silence de mort, étaient évoqués à la vie, lorsque l'Empereur passait devant eux, et le recevaient au son des fanfares, en poussant des hourras qui se confondaient avec les hourras précédents en une clameur assourdissante.

Au milieu de ces lignes noires, immobiles, qui semblaient pétrifiées sous leurs larges shakos, des centaines de cavaliers caracolaient dans une élégante symétrie. C'était la suite des deux Empereurs, sur qui était concentrée toute l'attention contenue et émue de ces 80 000 hommes.

Le jeune et bel Empereur, en uniforme de garde à cheval, le tricorne posé de côté, avec son visage agréable, sa voix douce et bien timbrée, attirait surtout les regards.

Rostow, qui était placé non loin des trompettes, suivait de

sa vue perçante l'approche de son souverain, et, lorsqu'il en eut distingué à vingt pas les traits rayonnants de beauté, de jeunesse et de bonheur, il se sentit pris d'un élan irrésistible de tendresse et d'enthousiasme : tout dans l'extérieur du souverain le ravissait.

Arrêté en face du régiment de Pavlograd, le jeune Empereur, s'adressant à l'Empereur d'Autriche, prononça en français quelques paroles et sourit.

Rostow sourit aussi, et sentit que son amour ne faisait que croître; il aurait voulu lui en donner une preuve, et l'impossibilité de le faire le rendait tout malheureux. L'Empereur appela le chef de régiment.

« Mon Dieu! que serait-ce s'il s'adressait à moi! j'en mourrais de joie!

— Messieurs, dit l'Empereur en s'adressant aux officiers (et Rostow crut entendre une voix du ciel), je vous remercie de tout mon cœur. Vous avez mérité les drapeaux de Saint-Georges et vous vous en montrerez dignes!

— Rien que mourir, mourir pour lui! » se disait Rostow.

A ce moment éclatèrent de formidables hourras, auxquels se joignit Rostow, de toute la force de ses poumons, pour mieux témoigner, au risque de se briser la poitrine, du degré de son enthousiasme.

L'Empereur resta quelques instants indécis.

« Comment peut-il être indécis? » se dit Rostow.

Mais cette indécision lui parut aussi majestueuse et aussi pleine de charme que tout ce que faisait l'Empereur, qui, ayant touché du bout de sa botte étroite, comme on les portait alors, sa belle jument bai brun, rassembla les rênes de sa main gantée de blanc, et s'éloigna, suivi du flot de ses aides de camp, pour aller s'arrêter, de plus en plus loin, devant les autres régiments; et l'on ne voyait plus à la fin que le plumet blanc de son tricorne ondulant au-dessus de la foule.

Rostow avait remarqué Bolkonsky parmi les officiers de la suite. Il se rappela la dispute de la veille, et se demanda s'il fallait, oui ou non, le provoquer : « Non certainement, se dit-il... Peut-on penser à cela à présent? Que signifient nos querelles et nos offenses, quand nos cœurs débordent d'amour, de dévouement et d'exaltation? J'aime tout le monde et je pardonne à tous! »

Lorsque l'Empereur eut passé devant tous les régiments, ils défilèrent à leur tour. Rostow, monté sur Bédouin, qu'il avait tout nouvellement acheté à Denissow, passa le dernier de son escadron, seul et bien en vue.

Excellent cavalier, il éperonna vivement son cheval et le mit au grand trot. Abaissant sur son poitrail sa bouche écumante, la queue élégamment arquée, fendant l'air, rasant la terre, jetant haut et avec grâce ses jambes fines, Bédouin semblait sentir, lui aussi, que le regard de l'Empereur était fixé sur lui.

Le cavalier, de son côté, les jambes en arrière, la figure rayonnante et inquiète, le buste correctement redressé, ne faisait qu'un avec son cheval, et ils passèrent tous deux devant l'Empereur, dans toute leur beauté.

« Bravo les hussards de Pavlograd ! dit l'Empereur.

— Mon Dieu, que je serais heureux s'il voulait me dire là tout de suite de me jeter dans le feu ! » pensa Rostow.

La revue terminée, les officiers nouvellement arrivés et ceux de Koutouzow se formèrent en groupes et s'entretinrent des récompenses, des Autrichiens et de leurs uniformes, de Bonaparte et de sa situation critique, surtout lorsque le corps d'Essen les aurait rejoints et que la Prusse se serait franchement alliée à la Russie.

Mais c'était la personne même de l'empereur Alexandre qui faisait le fond de toutes les conversations : on se répétait chacun de ses mots, de ses mouvements, et l'enthousiasme allait toujours croissant.

On ne désirait qu'une chose : marcher à l'ennemi sous son commandement, car avec lui on était sûr de la victoire, et, après la revue, l'assurance de vaincre était plus forte qu'après deux victoires remportées.

IX

Le lendemain de la revue, Boris, ayant mis son plus bel uniforme, se rendit à Olmütz accompagné des vœux de Berg, pour profiter des bonnes dispositions de Bolkonsky. Une petite place bien commode, celle d'aide de camp près d'un personnage haut placé, était tout ce qu'il lui fallait.

« C'est bon pour Rostow, se disait-il, à qui son père envoie six mille roubles à la fois, de faire le dédaigneux et de traiter cela de service de laquais ; mais moi, qui n'ai rien que ma tête, il faut que je me pousse dans la carrière, et que je profite de toutes les occasions favorables.

Le prince André n'était point à Olmütz ce jour-là. Mais l'aspect de la ville, animée par la présence du quartier général, du corps diplomatique, des deux empereurs, avec leur suite, leurs cours et leurs familiers, ne fit qu'augmenter en lui le désir de pénétrer dans ces hautes sphères.

Bien qu'il fût dans la garde, il n'y connaissait personne. Tout ce monde chamarré de cordons et de décorations, aux plumets multicolores, parcourant les rues avec de beaux attelages, aussi bien militaire que civil, lui paraissait à une telle hauteur au-dessus de lui, petit officier, qu'il ne voulait ni ne pouvait assurément soupçonner même son existence. Dans la maison occupée par le général en chef Koutouzow, et où il était allé chercher Bolkonsky, l'accueil qu'il reçut des aides de camp et des domestiques semblait destiné à lui faire comprendre qu'ils avaient par-dessus la tête des flâneurs comme lui. Cependant le lendemain, qui était le 15 du mois, il renouvela sa tentative. Le prince André était chez lui, et l'on fit entrer Boris dans une grande salle; c'était une ancienne salle de bal, où l'on avait entassé cinq lits, des meubles de toute espèce, tables, chaises, plus un piano. Un aide de camp en robe de chambre persane écrivait à côté de la porte d'entrée. Un second, le gros et beau Nesvitsky, étendu sur son lit, les bras passés sous la tête en guise d'oreiller, riait avec un officier assis à ses pieds. Le troisième jouait une valse viennoise. Le quatrième, à moitié couché sur l'instrument, la lui fredonnait. Bolkonsky n'y était pas. Personne ne changea d'attitude à la vue de Boris, sauf l'aide de camp en robe de chambre, qui lui répondit d'un air de mauvaise humeur que Bolkonsky était de service, et qu'il le trouverait dans le salon d'audience, la porte à gauche dans le corridor. Boris le remercia, s'y rendit et y vit effectivement une dizaine d'officiers et de généraux.

Au moment où il entrait, le prince André, avec cette politesse fatiguée qui dissimule l'ennui, mais que le devoir impose, écoutait un général russe décoré, d'un certain âge et rouge de figure, qui, planté sur la pointe des pieds, lui exposait son affaire de cet air craintif habituel au soldat :

« Très bien, ayez l'obligeance d'attendre, » répondit-il au général, avec cet accent français qu'il affectait en parlant russe, lorsqu'il voulait être dédaigneux.

Ayant aperçu Boris, et sans plus s'occuper du pétitionnaire, qui courait après lui en réitérant sa demande et en assurant qu'il n'avait pas fini, le prince André vint à lui et le salua amicalement. A ce changement à vue, Boris comprit ce qu'il avait soupçonné tout d'abord, c'est qu'en dehors de la discipline et de la subordination, telles qu'elles sont écrites dans le code militaire, et telles qu'on les pratiquait au régiment, il y en avait une autre bien plus essentielle, qui forçait ce général à la figure enluminée à attendre patiemment le bon plaisir du capitaine André, du moment que celui-ci préférait causer avec le sous-lieutenant prince Boris Droubetzkoï. Il se promit de se guider à l'avenir d'après ce dernier code et non d'après celui qui était en vigueur. Grâce aux lettres de recommandation dont on l'avait pourvu, il se sentait placé cent fois plus haut que ce général, qui, une fois dans les rangs, pouvait l'écraser, lui simple sous-lieutenant de la garde.

« Je regrette de vous avoir manqué hier, dit le prince André en lui serrant la main. J'ai couru toute la journée avec des Allemands. J'ai été avec Weirother faire une inspection et étudier la dislocation des troupes, et vous savez que, lorsque les Allemands se piquent d'exactitude, on n'en finit plus. »

Boris sourit et fit semblant de comprendre ce qui devait être connu de tout le monde. C'était pourtant la première fois qu'il entendait le nom de Weirother et le mot de « dislocation ».

« Ainsi donc, mon cher, vous voulez devenir aide de camp?

— Oui, répondit Boris en rougissant malgré lui, je désirerais le demander au général en chef; le prince Kouraguine lui en aura sans doute écrit. Je le désirerais surtout parce que je doute que la garde voie le feu, ajouta-t-il enchanté de trouver ce prétexte plausible à sa requête.

— Bien, bien, nous en causerons, dit le prince André; aussitôt mon rapport présenté au sujet de ce monsieur, je serai à vous. »

Pendant son absence, le général, qui comprenait autrement que Boris les avantages de la discipline sous-entendue, jeta un regard furieux sur cet impudent sous-lieutenant qui l'avait empêché de raconter en détail son affaire; ce dernier en fut un peu décontenancé, et attendit avec impatience le retour du prince André, qui l'emmena aussitôt dans la grande salle aux cinq lits.

« Voici, mon cher, mes conclusions : vous présenter au général en chef est parfaitement inutile; il vous dira mille amabilités, vous engagera à dîner chez lui... (Ce ne serait pourtant pas trop mal par rapport à cette autre discipline, se dit Boris en lui-même...) et il ne fera rien de plus, car on formerait bientôt tout un bataillon de nous autres aides de camp et officiers d'ordonnance. Je vous propose autre chose, d'autant mieux que Koutouzow et son état-major n'ont plus la même importance. Dans ce moment, tout est concentré dans la personne de l'Empereur; ainsi donc, nous irons voir le général aide de camp prince Dolgoroukow, un de mes bons amis, un excellent homme, à qui j'ai parlé de vous ; peut-être trouvera-t-il moyen de vous placer auprès de lui, ou bien même plus haut, plus près du soleil. »

Le prince André, toujours prêt à guider un jeune homme et à lui rendre sa carrière plus facile, s'acquittait de ce devoir avec un plaisir tout particulier, et, sous le couvert de cette protection accordée à autrui et qu'il n'aurait jamais acceptée pour lui-même, il gravitait autour de cette sphère qui l'attirait malgré lui, et de laquelle rayonnait le succès.

La soirée était déjà assez avancée, lorsqu'ils franchirent le seuil du palais occupé par les deux empereurs et leurs cours. Leurs Majestés avaient assisté ce même jour à un conseil de guerre, auquel avaient également pris part tous les membres du Hofkriegsrath. On y avait décidé, contre l'avis des vieux militaires, tels que Koutouzow et le prince Schwarzenberg, qu'on reprendrait l'offensive et qu'on livrerait bataille à Bonaparte. Au moment où le prince André se mettait en quête du prince Dolgoroukow, il aperçut encore, sur les différents visages qu'il rencontrait, la trace de cette victoire remportée par le parti des jeunes dans le conseil de guerre. Les voix des temporiseurs qui conseillaient d'attendre avaient été si bien étouffées par leurs adversaires, et leurs arguments renversés par des preuves si infaillibles à l'appui des avantages de l'offensive, que la future bataille et la victoire qui devait en être la conséquence incontestable appartenaient pour ainsi dire déjà au passé plutôt qu'à l'avenir. Les forces considérables de Napoléon (excédant à coup sûr les nôtres) étaient massées sur un seul point. Nos troupes, excitées par la présence des empereurs, ne demandaient qu'à se battre; le point stratégique sur lequel elles auraient à agir était connu dans ses moindres détails du général Weirother, qui devait servir de guide aux deux armées. Par une heureuse coïncidence, l'armée autrichienne ayant manœuvré l'année précédente sur ce terrain, il fut tracé sur les cartes avec une exactitude mathématique; l'inaction de Napoléon faisait naturellement croire qu'il s'était affaibli.

Le prince Dolgoroukow, l'un des plus chauds défenseurs du plan d'attaque, venait de rentrer du conseil, ému, épuisé, mais fier de son triomphe, lorsque le prince André, auquel il serra aimablement la main, lui présenta son protégé. Incapable de contenir plus longtemps les pensées qui l'agitaient en ce moment, et ne faisant guère attention à Boris :

« Eh bien, mon cher, dit-il en français, en s'adressant au prince André, nous l'avons remportée, la victoire! Dieu veuille seulement que celle qui s'ensuivra soit aussi brillante! Et je vous avoue, mon cher, que je reconnais mes torts envers les Autrichiens, et surtout envers Weirother. Quelle minutie! Quelle connaissance des lieux! Quelle prévoyance de toutes les conditions, de toutes les éventualités, des moindres détails! On ne saurait décidément imaginer un ensemble aussi avantageux que celui de notre situation actuelle. La réunion de la scrupuleuse exactitude autrichienne avec la bravoure russe, que faut-il de plus?

— L'attaque est donc décidée?

— Oui, mon cher, et Bonaparte me paraît avoir perdu la tête! L'Empereur a reçu une lettre de lui aujourd'hui... »

Et Dolgoroukow sourit d'une manière significative.

« Oui-da! que lui écrit-il donc?

— Mais que peut-il lui écrire? Traderidera.... etc., rien que pour gagner du temps. Il tombera entre nos mains, soyez-en sûr! Mais le plus amusant, et il sourit avec une bonhomie pleine de malice, c'est qu'on ne savait comment lui adresser la réponse. Ne pouvant l'adresser au consul, il va de soi qu'on ne pouvait l'adresser à l'Empereur; il ne restait plus que le général Bonaparte, c'était au moins mon avis.

— Mais, lui dit Bolkonsky, il me semble qu'entre ne pas le reconnaître Empereur et l'appeler général il y a une différence.

— Certainement, et c'était là la difficulté, continua vivement Dolgoroukow. Aussi Bilibine, qui est fort intelligent, proposa l'adresse suivante : « A l'usurpateur et à l'ennemi du genre humain.

— Rien que cela?

— En tout cas, Bilibine a sérieusement tourné la difficulté, en homme d'esprit qu'il est...

— Comment?

— Au chef du gouvernement français! — C'est bien, n'est-ce pas.

— Très bien, mais ça lui déplaira fort, dit Bolkonsky.

— Oh! sans aucun doute! Mon frère, qui le connaît, ayant plus d'une fois dîné chez cet Empereur à Paris, me racontait qu'il n'avait jamais vu de plus fin et de plus rusé diplomate : l'habileté française jointe à l'astuce italienne! Vous connaissez sans doute toutes les histoires du comte Markow, le seul qui ait su se conduire avec lui. Connaissez-vous celle du mouchoir? elle est ravissante! Et ce bavard de Dolgoroukow, s'adressant tantôt à Boris, tantôt au prince André, leur raconta comment Bonaparte, voulant éprouver notre ambassadeur, avait laissé tomber son mouchoir à ses pieds, et, dans l'attente de le lui voir ramasser, s'était arrêté devant lui; comment Markow, laissant aussitôt tomber le sien tout à côté, le ramassa sans toucher à l'autre.

— Charmant, dit Bolkonsky; mais deux mots, mon prince : je viens en solliciteur pour ce jeune homme.... »

Un aide de camp qui venait chercher Dolgoroukow de la part de l'Empereur ne donna pas au prince André le temps de finir sa phrase.

« Oh! quel ennui, dit le prince Dolgoroukow, en se levant à la hâte et en serrant la main aux deux jeunes gens. Je ferai tout ce qui me sera possible, tout ce qui dépendra de moi, pour vous et ce charmant jeune homme. Mais ce sera pour une autre fois! Vous voyez... » ajouta-t-il en serrant de nouveau la main de Boris avec une familiarité bienveillante et légère.

Boris était tout ému du voisinage de cette personnalité puissante, ému aussi de se trouver en contact avec un des ressorts qui mettaient en mouvement ces énormes masses, dont lui, dans son régiment, ne se sentait qu'une petite, soumise et infime parcelle. Ils traversèrent le corridor à la suite du prince Dolgoroukow, et au moment où celui-ci entrait dans les appartements de l'Empereur, il en sortit un homme en habit civil, de haute taille, à figure intelligente, et dont la mâchoire proéminente, loin d'enlaidir les traits, y ajoutait au contraire beaucoup de vivacité et de mobilité. Il salua en passant Dolgoroukow comme un intime, et jeta un regard fixe et froid sur le prince André, vers lequel il s'avança avec la certitude que l'autre le saluerait et se rangerait pour le laisser passer ; mais le prince André ne fit ni l'un ni l'autre; la figure de l'inconnu exprima l'irritation, et, se détournant, il longea l'autre côté du corridor.

« Qui est-ce ? demanda Boris.

— Un des hommes les plus remarquables et les plus antipathiques, à mon avis. C'est le ministre des affaires étrangères, le prince Adam Czartorisky... Ce sont ces hommes-là, dit le prince André avec un soupir qu'il ne put réprimer, qui décident du sort des nations ! »

Les troupes se mirent en marche le lendemain, et Boris, n'ayant revu ni Bolkonsky ni Dolgoroukow, pendant le temps qui s'écoula jusqu'à la bataille d'Austerlitz, fut laissé dans son régiment.

X

Le 16, à l'aube, l'escadron de Denissow, faisant partie du détachement du prince Bagration, quitta sa dernière étape pour gagner le champ de bataille, à la suite des autres colonnes ; mais, à la distance d'une verste, il reçut l'ordre de s'arrêter. Rostow vit défiler devant lui les cosaques, le 1er et le 2e escadron de hussards, quelques bataillons d'infanterie et de l'artillerie, les généraux prince Bagration, Dolgoroukow et leurs aides de camp. La lutte intérieure qu'il avait soutenue pour vaincre la terreur qui s'emparait de lui au moment de l'engagement, tous ses beaux rêves sur la façon dont il s'y distinguerait à l'avenir, s'évanouissaient en fumée, car son escadron fut laissé dans la réserve, et la journée s'écoula triste et ennuyeuse. A neuf heures du matin, il entendit au loin une fusillade, des cris, des hourras, il vit ramener quelques blessés et enfin, au milieu d'une centaine de cosaques, tout un détachement de cavalerie française ; si l'engagement, comme on le voyait, avait été court, il s'était du moins terminé à notre avantage ; officiers et soldats parlaient d'une brillante victoire, de la prise de Vischau et d'un escadron français fait prisonnier. Le temps était pur, un beau soleil réchauffait l'air après la légère gelée de la nuit, et le radieux éclat d'une belle journée d'automne, en harmonie avec la joie et l'expression du triomphe, se reflétait sur les traits des soldats, des officiers, des généraux et des aides de camp qui se croisaient en tous sens.

Après avoir souffert l'angoisse inévitable qui précède une affaire, pour passer ensuite cette joyeuse journée dans l'inaction, Rostow ressentait une vive impatience.

« Rostow, viens ici, noyons notre chagrin ! lui cria Denissow, qui, assis sur le bord de la route, avait un flacon d'eau-de-vie et quelques victuailles à côté de lui, et était entouré d'officiers qui partageaient ses provisions.

— Encore un qu'on amène ! dit l'un d'eux, en désignant un dragon français qui marchait entre deux cosaques, dont l'un menait par la bride la belle et forte monture du prisonnier.

— Vends-moi le cheval, cria Denissow au cosaque.

— Volontiers, Votre Noblesse. »

Les officiers se levèrent et entourèrent le cosaque et le prisonnier. Ce dernier était un jeune Alsacien, qui parlait français avec un accent allemand des plus prononcés. Il était rouge d'émotion ; ayant entendu parler sa langue, il s'adressait à chacun d'eux alternativement, en leur expliquant qu'il n'avait pas été pris par sa faute, que c'était le caporal qui en était cause, qu'il l'avait envoyé chercher des housses, quoiqu'il l'assurât que les Russes étaient déjà là, et à chaque phrase il ajoutait :

« Qu'on ne fasse pas de mal à mon petit cheval. »

Et il le caressait. Il avait l'air de ne pas se rendre bien compte de ce qu'il disait : tantôt il s'excusait d'avoir été fait prisonnier, tantôt il faisait parade de sa ponctualité à remplir ses devoirs de soldat, comme s'il était encore en présence de ses chefs. C'était pour notre arrière-garde un spécimen exact des armées françaises, que nous connaissions encore si peu.

Les cosaques échangèrent son cheval contre deux pièces d'or, et Rostow, qui pour le moment se trouvait le plus riche des officiers, en devint propriétaire.

« Mais qu'on ne fasse pas de mal à mon petit cheval, » lui répéta l'Alsacien.

Rostow le rassura et lui donna un peu d'argent.

« Allez ! allez ! dit le cosaque, en prenant le prisonnier français par la main pour le faire avancer.

— L'Empereur ! l'Empereur ! cria-t-on tout à coup autour d'eux. Tous s'agitèrent, se dispersèrent, se placèrent à leur poste, et Rostow, voyant venir de loin quelques cavaliers avec des plumets blancs, gagna prestement sa place et se mit en selle. Toute sa mauvaise humeur, tout son ennui, toute pensée personnelle s'effacèrent à l'instant de son esprit, devant le sentiment de joie ineffable qui le pénétrait tout entier, à l'approche de son souverain. C'était pour lui une compensation complète à la déception du matin; exalté, comme un amoureux qui a obtenu le rendez-vous désiré, il n'osait se retourner, et devinait *son* arrivée, non au bruit des chevaux, mais à l'intensité de l'émotion qui s'épanouissait en lui et qui éclairait et illuminait tout ce qui l'entourait. Cependant le « soleil » arrivait plus près, plus près..... Rostow se sentait comme enveloppé des rayons de sa douce et majestueuse lumière..., et il entendit cette voix si bienveillante, si calme, si imposante et si naturelle à la fois, qui résonna au milieu d'un silence de mort :

« Les hussards de Pavlograd? demanda l'Empereur.

— La réserve, Sire! » répondit une voix humaine, après la voix divine qui avait parlé.

L'Empereur s'arrêta devant Rostow. La beauté de sa figure, plus frappante encore dans ce moment que le jour de la revue, brillait d'entrain et de jeunesse, et cet air d'innocente jeunesse, tout rayonnant de la vivacité de l'adolescence, n'enlevait rien à la sereine majesté de ses traits. En parcourant des yeux l'escadron, son regard rencontra l'espace d'une seconde celui de Rostow. Avait-il compris ce qui bouillonnait dans l'âme de ce dernier? Rostow en était convaincu, car il avait senti passer sur lui le doux chatoiement de ses beaux yeux bleus.

Relevant les sourcils, l'Empereur éperonna brusquement son cheval et s'élança au galop en avant.

Le jeune souverain n'avait pu se refuser le plaisir d'assister à l'engagement, malgré tous les avis contraires de ses conseillers, et, s'étant séparé à midi de la troisième colonne qu'il suivait, il allait rejoindre l'avant-garde, lorsqu'au moment où il atteignait les hussards, plusieurs aides de camp lui apportèrent la nouvelle de l'heureuse issue de l'affaire.

Cette bataille, qui ne consistait, par le fait, qu'en la prise d'un escadron français, lui fut représentée comme une grande victoire, si bien que l'Empereur et même l'armée, avant que la fumée se fût dissipée, étaient persuadés que les Français avaient été vaincus, et obligés de battre en retraite. Peu d'instants après le départ de l'Empereur, la division du régiment de Pavlograd reçut l'ordre d'avancer, et Rostow eut encore une fois le bonheur d'apercevoir l'Empereur dans la petite ville de Vischau. Quelques blessés et quelques tués qu'on n'avait pas eu le temps d'enlever y gisaient encore sur la place où la fusillade avait été la plus chaude. L'Empereur, accompagné de sa suite civile et militaire, monté sur un cheval alezan, se penchait de côté, portant d'un geste plein de grâce une lorgnette d'or à ses yeux, et regardait un soldat étendu à ses pieds, sans casque et la tête ensanglantée. L'aspect de ce blessé, horrible à voir, si près de l'Empereur, fut désagréable à Rostow; il s'aperçut de la contraction de son visage et du frissonnement qui parcourait tout son être; il vit son pied presser nerveusement le flanc de sa monture, qui, bien dressée, conservait une immobilité complète. Un aide de camp descendit de cheval pour soulever le blessé, qui poussa un gémissement, et il le posa sur un brancard.

« Doucement, doucement; ne peut-on pas faire cela plus doucement? » dit l'Empereur, avec un accent de compassion qui prouvait que sa souffrance était plus vive que celle du mourant.

Il s'éloigna, et Rostow, qui avait remarqué ses yeux humides de larmes, l'entendit dire en français à Czartorisky :

« Quelle terrible chose que la guerre! »

L'avant-garde établie en avant de Vischau, en vue de l'ennemi, qui ce jour-là cédait le terrain sans la moindre résistance, avait reçu les remerciements de l'Empereur, la promesse de récompenses et une double ration d'eau-de-vie pour les hommes. Les grands feux du bivouac pétillaient encore plus gaiement que la veille, et les chants des soldats remplissaient l'air. Denissow fêtait son avancement au rang de major, et Rostow, légèrement gris à la fin du souper, proposa de porter la santé de Sa Majesté, non pas la santé officielle de l'Empereur comme souverain, mais la santé de l'Empereur comme homme plein de cœur et de charme....

« Buvons à sa santé, s'écria-t-il, et à la prochaine victoire!.... Si nous nous sommes bien battus, si nous n'avons pas reculé à Schöngraben devant les Français, que sera-ce maintenant que nous l'avons, lui, à notre tête? Nous mourrons avec bonheur pour lui, n'est-ce pas, messieurs? Je ne m'exprime peut-être pas bien, mais je le sens et vous aussi! A la santé de l'empereur Alexandre Ier! Hourra!

— Hourra! » répondirent en chœur les officiers.

Et le vieux Kirstein criait avec autant d'enthousiasme que l'officier de vingt ans.

Leurs verres vidés et brisés, Kirstein en remplit d'autres, et, s'avançant en manches de chemise, un verre à la main, vers les soldats groupés autour du feu, il leva le verre au-dessus de sa tête, pendant que la flamme éclairait de ses rouges reflets sa pose triomphale, ses grandes moustaches grises, et sa poitrine blanche, que sa chemise entr'ouverte laissait à découvert.

« Enfants, à la santé de notre Empereur et à la victoire sur l'ennemi ! » s'écria-t-il de sa voix basse et vibrante.

Ses hommes l'entourèrent en lui répondant par de bruyantes acclamations.

En se séparant à la nuit, Denissow frappa sur l'épaule de son favori Rostow :

« Pas moyen de s'amouracher, hein? alors on s'est épris de l'Empereur !

— Denissow, ne plaisante pas là-dessus, c'est un sentiment trop élevé, trop sublime !

— Oui, oui, mon jeune ami, je suis de ton avis, je le partage et je l'approuve !

— Non, tu ne le comprends pas ! »

Et Rostow alla se promener au milieu des feux, qui s'éteignaient peu à peu, en rêvant au bonheur de mourir, sans songer à sa vie, de mourir simplement sous les yeux de l'Empereur; il se sentait en effet transporté d'enthousiasme pour lui, pour la gloire des armes russes et pour le triomphe du lendemain. Du reste, il n'était pas le seul à penser ainsi : les neuf dixièmes des soldats éprouvaient, quoique à un moindre degré, ces sensations enivrantes, pendant les heures mémorables qui précédèrent la journée d'Austerlitz.

XI

L'Empereur séjourna le lendemain à Vischau. Son premier médecin Willier ayant été appelé par lui plusieurs fois, la nouvelle d'une indisposition de l'Empereur s'était répandue dans le quartier général, et dans son entourage intime on disait qu'il n'avait ni appétit ni sommeil. On attribuait cet état à la violente impression qu'avait produite sur son âme sensible la vue des morts et des blessés.

Le 17, de grand matin, un officier français, protégé par le drapeau parlementaire, et demandant une audience de l'Empereur lui-même, fut amené des avant-postes. Cet officier était Savary. L'empereur venait de s'endormir. Savary dut attendre;

à midi, il fut introduit, et une heure après il repartit avec le prince Dolgoroukow.

Il avait, disait-on, mission de proposer à l'empereur Alexandre une entrevue avec Napoléon. A la grande joie de toute l'armée, cette entrevue fut refusée, et le prince Dolgoroukow, le vainqueur de Vischau, fut envoyé avec Savary pour entrer en pourparlers avec Napoléon, dans le cas où, contre toute attente, ces pourparlers auraient la paix pour objet.

Dolgoroukow, de retour le même soir, resta longtemps en tête-à-tête avec l'Empereur.

Le 18 et le 19 novembre, les troupes firent encore deux étapes, pendant que les avant-postes ennemis ne cessaient de se replier, après avoir échangé quelques coups de fusil avec les nôtres. Dans l'après-midi du 19, un mouvement inaccoutumé d'allées et venues eut lieu dans les hautes sphères de l'armée, et se continua jusqu'au lendemain matin, 20 novembre, date de la mémorable bataille d'Austerlitz.

Jusqu'à l'après-midi du 19, l'agitation inusitée, les conversations animées, les courses des aides de camp, n'avaient pas dépassé les limites du quartier général des empereurs, mais elles ne tardèrent pas à gagner l'état-major de Koutouzow, et bientôt après les états-majors des chefs de division. Dans la soirée, les ordres portés par les aides de camp avaient mis en mouvement toutes les parties de l'armée, et pendant la nuit du 19 au 20 cette énorme masse de 80 000 hommes se souleva en bloc, s'ébranla et se mit en marche avec un sourd roulement.

Le mouvement, concentré le matin dans le quartier général des Empereurs, en se répandant de proche en proche, avait atteint et tiré de leur immobilité jusqu'aux derniers ressorts de cette immense machine militaire, comparable au mécanisme si compliqué d'une grande horloge. L'impulsion une fois donnée, nul ne saurait plus l'arrêter : la grande roue motrice, en accélérant rapidement sa rotation, entraîne à sa suite toutes les autres : lancées à fond de train, sans avoir idée du but à atteindre, les roues s'engrènent, les essieux crient, les poids gémissent, les figurines défilent, et les aiguilles, se mouvant lentement, marquent l'heure, résultat final obtenu par la même impulsion donnée à ces milliers d'engrenages, qui semblaient destinés à ne jamais sortir de leur immobilité! C'est ainsi que les désirs, les humiliations, les souffrances, les élans d'orgueil, de terreur, d'enthousiasme, la somme entière des sensations éprouvées par 160 000 Russes et Français eurent comme résultat final, marqué par l'aiguille sur le cadran de l'histoire de l'humanité, la grande bataille d'Austerlitz, la bataille des trois Empereurs!

Le prince André était de service ce jour-là, et n'avait pas quitté le général en chef Koutouzow, qui, arrivé à six heures du soir au quartier général des deux Empereurs, après avoir eu une courte audience de Sa Majesté, se rendit chez le grand maréchal de la cour, comte Tolstoï.

Bolkonsky, ayant remarqué l'air contrarié et mécontent de Koutouzow, en profita pour entrer chez Dolgoroukow, et lui demander les détails sur ce qui se passait; il avait cru s'apercevoir également qu'on en voulait à son chef au quartier général, et qu'on affectait avec lui le ton de ceux qui savent quelque chose que les autres ignorent.

« Bonjour, mon cher, lui dit Dolgoroukow, qui prenait le thé avec Bilibine. La fête est pour demain. Que fait votre vieux, il est de mauvaise humeur?

— Je ne dirai pas qu'il soit de mauvaise humeur, mais il aurait voulu, je crois, qu'on l'eût entendu.

— Comment donc, mais on l'a écouté au conseil de guerre et on l'écoutera toujours lorsqu'il parlera sensément, mais traîner en longueur et toujours attendre, lorsque Bonaparte a visiblement peur de la bataille,... c'est impossible.

— Mais vous l'avez vu, Bonaparte? Quelle impression vous a-t-il faite?

— Oui, je l'ai vu, et je demeure convaincu qu'il redoute terriblement cette bataille, répéta Dolgoroukow, enchanté de la conclusion qu'il avait tirée de sa visite à Napoléon. S'il ne la redoutait pas, pourquoi aurait-il demandé cette entrevue, entamé ces pourparlers? Pourquoi se serait-il replié, lorsque cette retraite est tout l'opposé de sa tactique habituelle? Croyez-moi: il a peur, son heure est venue, je puis vous l'assurer.

— Mais comment est-il? demanda le prince André.

— C'est un homme en redingote grise, très désireux de m'entendre l'appeler Votre Majesté, mais je ne l'ai honoré d'aucun titre, à son grand chagrin. Voilà quel homme c'est, rien de plus! Et malgré le profond respect que je porte au vieux Koutouzow, nous serions dans une jolie situation si nous continuions à attendre l'inconnu, et à lui donner ainsi la chance de s'en aller ou de nous tromper, tandis qu'à présent nous sommes sûrs de le prendre. Il ne faut pas oublier le principe de Souvarow : qu'il vaut mieux attaquer que de se laisser attaquer. L'ardeur des jeunes gens à la guerre, est, croyez-moi, un indicateur plus sûr que toute l'expérience des vieux tacticiens.

— Mais quelle est donc sa position? Je suis allé aujourd'hui aux avant-postes, et il est impossible de découvrir où se trouve le gros de ses forces, reprit le prince André, qui brûlait d'envie d'exposer au prince Dolgoroukow son plan d'attaque particulier.

— Ceci est parfaitement indifférent. Tous les cas sont prévus s'il est à Brünn..., » repartit Dolgoroukow, en se levant pour déployer une carte sur la table et expliquer à sa façon le projet d'attaque de Weirother, qui consistait en un mouvement de flanc.

Le prince André fit des objections pour prouver que son plan valait celui de Weirother, qui n'avait pour lui que la bonne fortune d'avoir été approuvé. Pendant que le prince André faisait ressortir les côtés faibles de ce dernier et les avantages du sien, le prince Dolgoroukow avait cessé de l'écouter et jetait des regards distraits tour à tour sur la carte et sur lui.

« Il y aura un conseil de guerre ce soir chez Koutouzow, et vous pourrez exposer vos objections, dit Dolgoroukow.

— Et je le ferai certainement, reprit le prince André.

— De quoi vous préoccupez-vous, messieurs? dit avec un sourire railleur Bilibine, qui, après les avoir écoutés en silence, se préparait à les plaisanter. Qu'il y ait une victoire ou une défaite demain, l'honneur de l'armée russe sera sauf, car, à l'exception de notre Koutouzow, il n'y a pas un seul Russe parmi les chefs des différentes divisions; voyez plutôt : Herr général Wimpfen, le comte de Langeron, le prince de Lichtenstein, le prince de Hohenlohe et enfin Prsch..., Prsch.... et ainsi de suite, comme tous les noms polonais.

— Taisez-vous, mauvaise langue, dit Dolgoroukow, vous vous trompez : il y a deux Russes, Miloradovitch et Doktourow; il y en a même un troisième, Araktchéiew, mais il n'a pas les nerfs solides.

— Je vais rejoindre mon chef, dit le prince André. Bonne chance, messieurs! »

Et il sortit en leur serrant la main à tous deux.

Pendant le trajet, le prince André ne put s'empêcher de demander à Koutouzow, qui était assis en silence à ses côtés, ce qu'il pensait de la bataille du lendemain. Celui-ci, avec un air profondément sérieux, lui répondit, au bout d'une seconde : « Je pense qu'elle sera perdue, et j'ai prié le comte Tolstoï de transmettre mon opinion à l'Empereur.... Eh bien, que croyez-vous qu'il m'ait répondu? « Eh, mon cher général, je « me mêle du riz et des côtelettes, mêlez-vous des affaires de la « guerre. » Oui, mon cher, voilà ce qu'ils m'ont répondu! »

XII

A dix heures du soir, Weirother porta son plan au logement de Koutouzow, où devait se rassembler le conseil de guerre. Tous les chefs de colonnes avaient été convoqués, et tous, à l'exception du prince Bagration, qui s'était fait excuser, se réunirent à l'heure indiquée.

Weirother, le grand organisateur de la bataille du lendemain, avec sa vivacité et sa hâte fiévreuse, faisait un contraste complet avec Koutouzow, mécontent et endormi, qui présidait malgré lui le conseil de guerre. Weirother se trouvait, à la tête de ce mouvement que rien ne pouvait plus arrêter, dans la situation d'un cheval attelé qui, se précipitant sur une descente, ne sait plus si c'est lui qui entraîne la voiture ou si c'est la voiture qui le pousse. Emporté par une force irrésistible, il ne se donnait plus le temps de réfléchir à la conséquence de cet élan. Il avait été deux fois dans la soirée inspecter les lignes ennemies, deux fois chez les empereurs pour faire son rapport et donner des explications, et de plus dans sa chancellerie, où il avait dicté en allemand un projet de disposition des troupes. Aussi arriva-t-il au conseil de guerre complètement épuisé.

Sa préoccupation était si évidente qu'il en oubliait la déférence qu'il devait au général en chef : il l'interrompait à tout moment par des paroles sans suite, sans même le regarder, sans répondre aux questions qui lui étaient adressées. Avec ses habits couverts de boue, il avait un air piteux, fatigué, égaré, qui cependant n'excluait pas l'orgueil et la jactance.

Koutouzow occupait un ancien château. Dans le grand salon, transformé en cabinet, étaient réunis : Koutouzow, Weirother, tous les membres du conseil de guerre et le prince André, qui, après avoir transmis les excuses du prince Bagration, avait obtenu l'autorisation de rester.

« Le prince Bagration ne venant pas, nous pouvons commencer notre séance, » dit Weirother, en se levant avec empressement pour se rapprocher de la table, sur laquelle était étalée une immense carte topographique des environs de Brünn.

Koutouzow, dont l'uniforme déboutonné laissait prendre l'air à son large cou de taureau, enfoncé dans un fauteuil à la Voltaire, ses petites mains potelées de vieillard symétriquement posées sur les bras du fauteuil, paraissait endormi, mais le son de la voix de Weirother lui fit ouvrir avec effort l'œil qui lui restait.

« Oui, je vous en prie, autrement il sera trop tard... »

Et sa tête retomba sur sa poitrine, et son œil se referma.

Quand la lecture commença, les membres du conseil auraient pu croire qu'il faisait semblant de dormir, mais son ronflement sonore leur prouva bientôt qu'il avait cédé malgré lui à cet invincible besoin de sommeil, inhérent à la nature humaine, en dépit de son désir de témoigner son dédain pour les dispositions qui avaient été arrêtées. En effet, il dormait profondément. Weirother, trop occupé pour perdre une seconde, lui jeta un coup d'œil, prit un papier et commença d'un ton monotone la lecture très compliquée et très difficile à suivre de la dislocation des troupes :

« *Dislocation des troupes pour l'attaque des positions ennemies derrière Kobelnitz et Sokolenitz, du 30 novembre 1805.*

« Vu que le flanc gauche de l'ennemi s'appuie sur des montagnes boisées et que son aile droite s'étend le long des étangs derrière Kobelnitz et Sokolenitz et que notre flanc gauche déborde de beaucoup son flanc droit, il serait avantageux d'attaquer l'aile droite de l'ennemi ; si nous parvenons surtout à nous emparer des villages de Kobelnitz et de Sokolenitz, nous nous trouverions alors dans la possibilité de tomber sur le flanc de l'ennemi et de le poursuivre dans la plaine, entre Schlappanitz et le bois de Turass, en évitant les défilés entre Schlappanitz et Bellovitz, qui couvrent le front de l'ennemi. Il est indispensable dans ce but... La première colonne marche... la seconde colonne marche... la troisième colonne marche, etc. »

Ainsi lisait Weirother, pendant que les généraux essayaient de le suivre, avec un déplaisir manifeste. Le blond général Bouxhevden, de haute taille, debout et le dos appuyé au mur, les yeux fixés sur la flamme d'une des bougies, affectait même de ne pas écouter. A côté de lui, Miloradovitch, avec sa figure haute en couleur, sa moustache retroussée, assis avec un laisser-aller militaire, les coudes en dehors et les mains sur les genoux, en face de Weirother, fixait sur lui, tout en gardant un silence opiniâtre, ses grands yeux brillants, qu'il reportait, à la moindre pause, sur ses collègues, sans qu'il leur fût possible de se rendre compte de la signification de ce regard. Était-il pour ou contre, mécontent ou satisfait des mesures prises? Le plus rapproché de Weirother était le comte de Langeron, qui avait le type d'un Français du midi; un fin sourire n'avait cessé d'animer son visage pendant la lecture, et ses yeux suivaient le jeu de ses doigts fluets qui faisaient tourner une tabatière en or ornée d'une miniature. Au milieu d'une des plus longues périodes il avait relevé la tête, et il était sur le point d'interrompre Weirother avec une politesse presque blessante : mais le général autrichien, sans s'arrêter, fronçant le sourcil, fit un geste impératif de la main comme s'il voulait lui dire : « Après, après, vous me ferez vos observations ; maintenant suivez sur la carte et écoutez. » Langeron, surpris, leva les yeux au ciel, se tourna en cherchant une explication du côté de Miloradovitch; mais, rencontrant son regard sans expression, il pencha tristement la tête et recommença à faire tourner sa tabatière.

« Une leçon de géographie! » murmura-t-il à demi-voix, mais assez haut cependant pour être entendu.

Prsczebichewsky, tenant comme un cornet acoustique la main près de son oreille avec une politesse respectueuse mais digne, avait l'air d'un homme dont l'attention est complètement absorbée. Doktourow, de petite taille, d'un extérieur modeste et d'une volonté à toute épreuve, à demi penché sur la carte, étudiait consciencieusement le terrain qui lui était inconnu. Il avait à plusieurs reprises prié Weirother de répéter les mots qu'il n'avait pas saisis au passage et les noms des différents villages, qu'il inscrivait au fur et à mesure sur son carnet.

La lecture, qui avait duré plus d'une heure, une fois terminée, Langeron, arrêtant le mouvement de rotation de sa tabatière sans s'adresser à personne en particulier, exprima son opinion sur la difficulté d'exécuter ce plan, qui n'était fondé que sur une position supposée de l'ennemi, tandis que cette position ne pouvait être exactement reconnue, vu la fréquence de ses mouvements. Ces objections étaient fondées; mais leur but évident était, cela se voyait, de faire sentir au général autrichien qu'il leur avait lu son projet avec l'assurance d'un régent de collège dictant une leçon à ses écoliers, et qu'il avait affaire, non à des imbéciles, mais à des gens parfaitement capables de lui en remontrer dans l'art militaire. Le son de la voix monotone de Weirother ayant cessé de se faire entendre, Koutouzow ouvrit l'œil, comme le meunier qui se réveille lorsque s'arrête le bruit somnifère des roues de son moulin; après avoir écouté Langeron, il referma l'œil de nouveau et pencha la tête encore plus sur sa poitrine, témoignant ainsi du peu d'intérêt qu'il prenait à cette discussion.

Mettant tous ses efforts à irriter Weirother et à le froisser dans son amour-propre d'auteur, Langeron continuait à démontrer que Bonaparte pouvait tout aussi bien prendre l'initiative de l'attaque que se laisser attaquer, et que dans ce cas il détruisait du coup toutes les combinaisons du plan. Son adversaire ne répondait à ses arguments que par un sourire de profond mépris, qui lui tenait lieu de toute réplique :

« S'il avait pu nous attaquer, il l'aurait déjà fait !

— Vous ne le croyez donc pas fort? dit Langeron.

— S'il a 40,000 hommes, c'est beaucoup, répondit Weirother, avec le dédain d'un docteur auquel une bonne femme indique un remède.

— Dans ce cas, il court à sa perte en attendant notre attaque, » continua Langeron d'un ton ironique.

Il cherchait un appui dans Miloradovitch, mais celui-ci était à cent lieues de la discussion.

« Ma foi, dit-il, demain nous le verrons sur le champ de bataille. »

Sur la figure de Weirother, on lisait clairement qu'il lui paraissait étrange de rencontrer des objections chez les généraux russes, lorsque non seulement lui, mais encore les deux empereurs étaient convaincus de la justesse de son plan.

« Les feux sont éteints dans le camp ennemi, et on y entend un bruit incessant, dit-il. Que veut dire cela, si ce n'est qu'il se retire, et c'est la seule chose que nous ayons à craindre, ou bien encore qu'il change ses positions. Même en supposant qu'il prenne celle de Turass, il nous épargnera beaucoup de peine, et nos dispositions resteront les mêmes dans leurs moindres détails.

— De quelle manière?.... » demanda le prince André, qui cherchait depuis longtemps l'occasion d'exprimer ses doutes.

Mais Koutouzow se réveilla en toussant avec bruit :

« Messieurs, dit-il, nos dispositions pour demain, je dirai même pour aujourd'hui, puisqu'il est une heure du matin, nos dispositions ne sauraient être changées. Vous les connaissez; nous ferons tous notre devoir. Et rien n'est plus important, la veille d'une bataille, — il s'arrêta un moment, — que de faire un bon somme! »

Il fit mine de se lever. Les généraux le saluèrent, et on se sépara.

Le conseil de guerre, devant lequel le prince André n'avait pas eu le loisir d'exprimer sa manière de voir, lui laissa une impression de trouble et d'inquiétude, et il se demandait qui d'eux tous avait raison, de Dolgoroukow et Weirother, ou bien de Koutouzow et Langeron. Koutouzow ne pouvait-il donc dire son opinion franchement à l'Empereur? Cela se passait-il toujours ainsi, et en vient-on à risquer des milliers d'existences et la mienne, pensait-il, grâce à des intérêts de cour tout personnels?.... Oui, on me tuera peut-être demain....? Et tout à coup cette idée de la mort évoqua en lui toute une série de souvenirs lointains et intimes, ses adieux à son père, à sa femme, les premiers temps de son mariage et son amour pour elle! Il se souvint de sa grossesse, il s'attendrit sur elle, sur lui-même, et sortant, tout ému et agité, de la cabane où il logeait avec Nesvitsky, il se mit à marcher.

La nuit était brumeuse, et un mystérieux rayon de lune essayait d'en percer les ténèbres.

« Oui, demain, demain! » se disait-il. Tout sera peut-être fini pour moi, et ces souvenirs n'auront peut-être plus de valeur. Ce sera demain, je le sens, qu'il me sera donné de montrer tout ce que je puis faire.... »

Et il se représentait la bataille, les pertes, la concentration de la lutte sur un point, la confusion des chefs :

« Voilà enfin l'heureux moment, le Toulon si ardemment désiré! »

Il se vit ensuite exposant son opinion claire et précise à Koutouzow, à Weirother, aux empereurs. Tous étaient frappés de la justesse de ses combinaisons, mais personne n'osait prendre sur lui de les exécuter.... Il choisissait un régiment, une division, posait ses conditions pour qu'on ne se mît pas en travers de ses projets, menait sa division sur le point décisif et remportait la victoire!.... Et la mort et l'agonie? lui soufflait une autre voix. Mais le prince André continuait à rêver à ses futurs succès. C'est à lui que l'on confiait le plan de la prochaine bataille. Il n'était, il est vrai, qu'un officier de service auprès de Koutouzow, mais c'était lui qui faisait tout, et la seconde bataille était également gagnée!.... c'était lui qui remplaçait Koutouzow!.... Eh bien, après? reprit l'autre voix, après, si en attendant tu n'es pas blessé, tué ou déçu, qu'arrivera-t-il? — Après, se répondait le prince André, je n'en sais rien et n'en veux rien savoir. Ce n'est pas ma faute si je tiens à obtenir de la gloire, si je tiens à me rendre célèbre, à me faire aimer des hommes, si c'est mon seul but dans la vie! Je ne le dirai à personne, mais qu'y puis-je faire, si je ne tiens qu'à la gloire et à l'amour des hommes? La mort, les blessures, la perte de ma famille, rien de tout cela ne m'effraye, et quelque chers que me soient les êtres que j'aime, mon père, ma sœur, ma femme, quelque étrange que cela puisse paraître, je les donnerais tous pour une minute de gloire, de triomphe, d'amour de la part de ces hommes que je ne connais pas et que je ne connaîtrai jamais, pensait-il.

Prêtant l'oreille au murmure confus qui s'élevait autour de la demeure de Koutouzow, il y distingua les voix de la domesticité occupée à l'emballage, et celle d'un cocher qui raillait sur son nom le vieux cuisinier de Koutouzow, appelé Tite.

« Le diable t'emporte! grommela le vieillard, au milieu des rires de ceux qui l'entouraient.

— Et pourtant, se disait le prince Bolkonsky, je ne tiens qu'à m'élever au-dessus d'eux tous, je ne tiens qu'à cette gloire mystérieuse que je sens planer dans ce brouillard au-dessus de ma tête! »

XIII

Rostow passa cette nuit-là avec son peloton aux avant-postes du détachement de Bagration. Ses hussards étaient en vedette deux par deux; lui-même parcourait leur ligne au pas de son cheval, pour vaincre l'irrésistible sommeil qui s'emparait de lui. Derrière, sur une vaste étendue, brillaient indistinctement à travers le brouillard les feux de nos bivouacs, tandis qu'autour de lui et devant lui s'étendait la nuit profonde. Malgré tous ses efforts pour percer la brume, il ne voyait rien. Il croyait parfois entrevoir une lueur indécise, quelques feux tremblotants, puis tout s'effaçait, et il se disait qu'il avait été le jouet d'une illusion; ses yeux se refermaient, et son imagination lui réprésentait tantôt l'Empereur, tantôt Denissow, tantôt sa famille, et il ouvrait de nouveau les yeux et n'apercevait devant lui que les oreilles et la tête de son cheval, les ombres de ses hussards et la même obscurité impénétrable.

« Pourquoi ne m'arriverait-il pas ce qui est arrivé à tant d'autres? se disait-il. Pourquoi ne me trouverais-je pas sur le passage de l'Empereur, qui me donnerait une commision comme à tout autre officier et, une fois la commission remplie, me rapprocherait de sa personne! Oh! s'il le faisait, comme je veillerais sur lui, comme je lui dirais la vérité, comme je démasquerais les fourbes! »

Et Rostow, pour mieux se représenter son amour et son entier dévouement à l'Empereur, se voyait aux prises avec un traître allemand, qu'il souffletait et tuait sous les yeux de son souverain. Un cri éloigné le fit tressaillir.

« Où suis-je? ah! oui, aux avant-postes! le mot d'ordre et de ralliement : « Timon et Olmütz! » Quel guignon d'être laissé demain dans la réserve! Si du moins on me permettait de prendre part à l'affaire! Ce serait peut-être la seule chance de voir l'Empereur. Je vais être relevé tout à l'heure, et j'irai le demander au général. »

Il se raffermit sur sa selle pour aller inspecter encore une fois ses hussards. La nuit lui parut moins sombre : il distinguait confusément à gauche une pente douce, et vis-à-vis, s'élevant à pic, un noir mamelon, sur le plateau duquel s'étalait une tache blanche dont il ne pouvait se rendre compte. Était-ce une clairière éclairée par la lune, des maisons blanches, ou une couche de neige? Il crut même y apercevoir un certain mouvement :

« Une tache blanche? se dit Rostow, c'est de la neige à coup sûr; une tache! » répéta-t-il, à moitié endormi.

Et il retomba dans ses rêves...

« Natacha! murmura-t-il, elle ne voudra jamais croire que j'ai vu l'Empereur!

— A droite, Votre Noblesse, il y a là des buissons! » lui dit le hussard devant lequel il passait.

Il releva la tête et s'arrêta. Il se sentait vaincu par le sommeil de la jeunesse :

« Oui, mais à quoi vais-je penser? Comment parlerai-je à l'Empereur?... Non, non, ce n'est pas ça... »

Et sa tête s'inclinait de nouveau, lorsque dans son rêve, croyant qu'on tirait sur lui, il s'écria en se réveillant en sursaut :

« Qui va là?... »

Et il entendit au même instant, là où il supposait devoir être l'ennemi, les cris retentissants de milliers de voix ; son cheval et celui du hussard qui marchait à ses côtés dressèrent les oreilles. A l'endroit d'où ces cris partaient brilla et s'éteignit un feu solitaire, puis un autre scintilla, et toute la ligne des troupes ennemies échelonnées sur la montagne s'éclaira subitement d'une traînée de feux, pendant que les clameurs allaient en augmentant. Rostow pouvait reconnaître, par les intonations, que c'était du français, bien qu'il fût impossible de distinguer les mots à cause du brouhaha.

« Qu'est-ce que c'est? Qu'en penses-tu? demanda-t-il à son hussard. C'est pourtant bien chez l'ennemi?... Ne l'entends-tu donc pas? ajouta-t-il, en voyant qu'il ne lui répondait pas.

— Eh! qu'est-ce qui peut le savoir, Votre Noblesse?

— D'après la direction, ce doit bien être chez lui.

— Peut-être chez lui, peut-être pas! il se passe tant de choses la nuit! Hé, voyons, pas de bêtises, » dit-il à son cheval.

Celui de Rostow s'échauffait également et frappait du pied la terre gelée. Les cris augmentaient de force et de violence et se confondaient en une immense clameur, comme seule pouvait la produire une armée de plusieurs milliers d'hommes. Les feux s'allumaient sur toute la ligne. Le sommeil de Rostow avait été chassé par le bruit des acclamations triomphantes :

« Vive l'Empereur! vive l'Empereur! entendait-il distinctement.

— Ils ne sont pas loin, ils doivent être là, derrière le ruisseau, » dit-il à son hussard.

Celui-ci soupira sans répondre et fit entendre une toux de mauvaise humeur.

Le pas d'un cheval approchait, et il vit, surgissant tout à coup devant lui du milieu du brouillard, une figure qui lui parut gigantesque : c'était un sous-officier, qui lui annonça l'arrivée des généraux. Rostow, se dirigeant à leur rencontre, se retourna pour suivre du regard les feux de l'ennemi. Le prince Bagration et le prince Dolgoroukow, accompagnés de leurs aides de camp, étaient venus voir cette fantasmagorie de feux et écouter les clameurs de l'ennemi. Rostow s'approcha de Bagration et, après lui avoir fait son rapport, se joignit à sa suite, prêtant l'oreille à la conversation des deux chefs.

« Croyez-moi, disait Dolgoroukow, ce n'est qu'une ruse de guerre : il s'est retiré, et il a donné l'ordre à l'arrière-garde d'allumer des feux et de faire du bruit afin de nous tromper.

— J'ai peine à le croire, reprit Bagration ; ils occupent ce mamelon depuis hier soir ; s'ils se retiraient, ils l'auraient aussi abandonné. Monsieur l'officier, dit-il à Rostow, les éclaireurs y sont-ils encore?

— Ils y étaient hier au soir, Excellence, mais maintenant je ne pourrais vous le dire. Faut-il y aller voir avec mes hussards? »

Bagration faisait de vains efforts pour distinguer la figure de Rostow.

« Bien, allez-y, » dit-il après un moment de silence.

Rostow lança son cheval en avant, appela le sous-officier et deux hussards, leur donna l'ordre de l'accompagner, et descendit au trot la montagne dans la direction des cris. Il éprouvait un mélange d'inquiétude et de plaisir à se perdre ainsi avec ses trois hussards dans les ténèbres pleines de vapeurs, de de mystères et de dangers. Bagration lui enjoignit, de la hauteur où il était placé, de ne pas franchir le ruisseau, mais Rostow feignit de ne pas l'avoir entendu. Il allait, il allait toujours, prenant les buissons pour des arbres et les ravines pour des hommes. Arrivé au pied de la montagne, il ne voyait plus ni les nôtres ni l'ennemi. En revanche, les cris et les voix étaient plus distincts. A quelques pas devant lui, il crut apercevoir une rivière, mais en approchant il reconnut une grande route, et il s'arrêta indécis sur la direction à prendre : fallait-il la suivre ou la traverser pour continuer à travers champs vers la montagne opposée? Suivre cette route, qui tranchait dans le brouillard, était plus sage, parce qu'on y pouvait voir devant soi.

« Suis-moi, » dit-il.

Et il la franchit pour monter au galop le versant opposé, occupé depuis la veille par un piquet français.

« Votre Noblesse, le voilà! » lui dit un de ses hussards.

Rostow eût à peine le temps de remarquer un point noir dans le brouillard, qu'une lueur parut, un coup partit, et une balle siffla comme à regret bien haut dans la brume et se perdit au loin. Un second éclair brilla, le coup ne partit point. Rostow tourna bride et s'éloigna au galop. Quatre coups partirent sur différents points, et les balles chantèrent sur tous les tons. Rostow retint un moment son cheval, excité comme lui, et le mit au pas :

« Encore, et encore! » se disait-il gaiement.

Mais les fusils se turent. Arrivé au galop auprès de Bagration, il porta deux doigts à sa visière.

Dolgoroukow défendait toujours son opinion :

« Les Français se retiraient et n'avaient allumé leurs feux que pour nous tromper. Ils ont parfaitement pu se retirer et laisser des piquets.

— En tout cas, ils ne sont pas tous partis, Prince, dit Bagration. Nous ne le saurons que demain.

— Le piquet est sur la montagne, Excellence, et toujours là au même endroit, dit Rostow, sans pouvoir réprimer un sourire de satisfaction, causé par sa course et par le sifflement des balles.

— Bien, bien, dit Bagration, je vous remercie, monsieur l'officier.

— Excellence, dit Rostow, permettez-moi de...

— Qu'y a-t-il ?

— Notre escadron sera laissé dans la réserve, ayez la bonté de m'attacher au 1er escadron.

— Comment vous appelez-vous?

— Comte Rostow.

— Ah ! c'est bien, bien ! Je te garde auprès de moi comme ordonnance.

— Vous êtes le fils d'Elie Andréïévitch, dit Dolgoroukow. Mais.... »

Rostow, sans lui répondre, demanda au prince Bagration :

« Puis-je alors espérer, Excellence?...

— J'en donnerai l'ordre.

— Demain, qui sait, oui, demain on m'enverra peut-être porter un message à l'Empereur. Dieu soit loué ! » se dit-il.

Les cris et les feux de l'armée ennemie étaient causés par la lecture de la proclamation de Napoléon, pendant laquelle l'Empereur faisait lui-même à cheval le tour des bivouacs. Les soldats l'ayant aperçu, allumaient des torches de paille et le suivaient en criant : Vive l'Empereur! L'ordre du jour contenant la proclamation de Napoléon venait de paraître ; elle était ainsi conçue :

« Soldats !

« L'armée russe se présente devant vous pour venger l'armée autrichienne d'Ulm. Ce sont ces mêmes bataillons que vous avez battus à Hollabrunn, et que depuis vous avez constamment poursuivis jusqu'ici.

« Les positions que nous occupons sont formidables, et, pendant qu'ils marcheront pour tourner ma droite, ils me présenteront le flanc. Soldats, je dirigerai moi-même vos bataillons. Je me tiendrai loin du feu, si, avec votre bravoure accoutumée, vous portez le désordre et la confusion dans les rangs ennemis; mais, si la victoire était un moment incertaine, vous verriez votre Empereur s'exposer aux premiers coups, car la victoire ne saurait hésiter, dans cette journée surtout où il s'agit de l'honneur de l'infanterie française, qui importe tant à l'honneur de toute la nation.

« Que, sous prétexte d'emmener les blessés, on ne dégarnisse pas les rangs, et que chacun soit bien pénétré de cette pensée, qu'il faut vaincre ces stipendiés de l'Angleterre, qui sont animés d'une si grande haine contre notre nation!

« Cette victoire finira la campagne, et nous pourrons reprendre nos quartiers d'hiver, où nous serons joints par les nouvelles armées qui se forment en France, et alors la paix que je ferai sera digne de mon peuple, de vous et de moi.

« NAPOLÉON. »

XIV

Il était cinq heures du matin, et le jour n'avait pas encore paru. Les troupes du centre, de la réserve et le flanc droit de Bagration se tenaient immobiles; mais, sur le flanc gauche, les colonnes d'infanterie, de cavalerie et d'artillerie, qui avaient ordre de descendre dans les bas-fonds pour attaquer le flanc droit des Français et le rejeter, selon les dispositions prises, dans les montagnes de la Bohême, s'éveillaient et commençaient leurs préparatifs. Il faisait froid et sombre. Les officiers déjeunaient et avalaient leur thé en toute hâte; les soldats grignotaient leurs biscuits, battaient la semelle pour se réchauffer et se groupaient autour des feux, en y jetant tour à tour les débris de chaises, de tables, de roues, de tonneaux, d'abris, en un mot tout ce qu'ils ne pouvaient emporter et dont l'âcre fumée les enveloppait. L'arrivée des guides autrichiens devint le signal de la mise en mouvement : le régiment s'agitait, les soldats quittaient leur feu, serraient leurs pipes dans la tige de leurs bottes, et, mettant leurs sacs dans les charrettes, saisissaient leurs fusils et s'alignaient en bon ordre. Les officiers boutonnnaient leurs uniformes, bouclaient leurs ceinturons, accrochaient leurs havresacs et inspectaient minutieusement les rangs. Les soldats des fourgons et les domestiques militaires attelaient les chariots et y entassaient tous les bagages. Les aides de camp, les commandants de régiment, de bataillon, montaient à cheval, se signaient, donnaient leurs derniers ordres, leurs commissions et leurs instructions aux hommes du train, et les colonnes s'ébranlaient au bruit cadencé de milliers de pieds, sans savoir où elles allaient, et sans même apercevoir, à cause de la fumée et du brouillard intense, le terrain qu'elles abandonnaient et celui sur lequel elles s'engageaient.

Le soldat en marche est tout aussi limité dans ses moyens d'action, aussi entraîné par son régiment, que le marin sur son navire. Pour l'un, ce sera toujours le même pont, le même mât, le même câble; pour l'autre, malgré les énormes distances inconnues et pleines de dangers qu'il lui arrive de franchir, il a également autour de lui les mêmes camarades, le même sergent-major, le chien fidèle de la compagnie et le même chef. Le matelot est rarement curieux de se rendre compte des vastes étendues sur lesquelles navigue son navire; mais, le jour de la bataille, on ne sait comment, on ne sait pourquoi, une seule note solennelle, la même pour tous, fait vibrer les cordes du moi moral du soldat par l'approche de cet inconnu inévitable et décisif, qui éveille en lui une inquiétude inusitée. Ce jour-là, il est excité, il regarde, il écoute, il questionne et cherche à comprendre ce qui se passe en dehors du cercle de ses intérêts habituels.

L'épaisseur du brouillard était telle que le premier rayon de jour était trop faible pour le percer, et l'on ne distinguait rien à dix pas. Les buissons se transformaient en grands arbres, les plaines en descentes et en ravins, et l'on risquait de se trouver inopinément devant l'ennemi. Les colonnes marchèrent longtemps dans ce nuage, descendant et montant, longeant des jardins et des murs dans une localité inconnue, sans le rencontrer. Devant, derrière, de tous côtés, le soldat entendait l'armée russe suivant la même direction, et il se réjouissait de savoir qu'un grand nombre des siens se dirigeaient comme lui vers ce point inconnu.

« As-tu entendu? voilà ceux de Koursk qui viennent de passer, disait-on dans les rangs.

— Ah! c'est effrayant ce qu'il y a de nos troupes! Quand on a allumé les feux hier soir, j'ai regardé.... c'était Moscou, quoi! »

Les soldats marchaient gaiement, comme toujours, quand il s'agit de prendre l'offensive, et cependant les chefs de colonnes ne s'en étaient pas encore approchés et ne leur avaient pas dit un mot (tous ceux que nous avons vus au conseil de de guerre étaient en effet de mauvaise humeur et mécontents de la décision prise : ils se bornaient à exécuter les instructions qu'on leur avait données, sans s'occuper d'encourager le soldat). Une heure environ se passa ainsi : le gros des troupes s'arrêta, et aussitôt on éprouva le sentiment instinctif d'une grande confusion et d'un grand désordre. Il serait difficile d'expliquer comment ce sentiment d'abord confus devient bientôt une certitude absolue : le fait est qu'il gagne insensiblement de proche en proche avec une rapidité irrésistible, comme l'eau se déverse dans un ravin. Si l'armée russe s'était trouvée seule, sans alliés, il se serait écoulé plus de temps pour transformer une appréhension pareille en un fait certain; mais ici on ressentait comme un plaisir extrême et tout naturel à en accuser les Allemands, et chacun fut aussitôt convaincu que cette fatale confusion était due aux mangeurs de saucisses.

« Nous voilà en plan!... Qu'est-ce qui barre donc la route? Est-ce le Français?... Non, car il aurait déjà tiré!... Avec cela qu'on nous a pressés de partir, et nous voilà arrêtés en plein champ! Ces maudits Allemands qui brouillent tout, ces diables qui ont la cervelle à l'envers!... Fallait les flanquer en avant, tandis qu'ils se pressent là, derrière. Et nous voilà à attendre sans manger! Sera-ce long?... — Bon, voilà la cavalerie qui est maintenant en travers de la route, dit un officier. Que le diable emporte ces Allemands, qui ne connaissent pas leur pays!

— Quelle division? demanda un aide de camp en s'approchant des soldats.

— Dix-huitième!

— Que faites-vous donc là? vous auriez dû être en avant depuis longtemps; maintenant, vous ne passerez plus jusqu'au soir.

— Quelles fichues dispositions! Ils ne savent pas eux-mêmes ce qu'ils font! » dit l'officier en s'éloignant.

Puis ce fut un général qui criait avec colère en allemand : « Taffa-lafa!

— Avec ça qu'il est facile de le comprendre, dit un soldat. Je les aurais fusillées, ces canailles !

— Nous devions être sur place à neuf heures, et nous n'avons pas fait la moitié de la route... En voilà des dispositions ! »

On n'entendait que cela de tous côtés, et l'ardeur première des troupes se changeait insensiblement en une violente irritation, causée par la stupidité des instructions qu'avaient données les Allemands.

Cet embarras était le résultat du mouvement opéré par la cavalerie autrichienne vers le flanc gauche. Les généraux en chef, ayant trouvé notre centre trop éloigné du flanc droit, avaient fait rebrousser chemin à toute la cavalerie, l'avaient dirigée vers le flanc gauche, et, par suite de cet ordre, plusieurs milliers de chevaux passaient à travers l'infanterie, qui était ainsi forcée de s'arrêter sur place.

Une altercation avait eu lieu entre le guide autrichien et le général russe. Ce dernier s'époumonnait à exiger que la cavalerie suspendit son mouvement ; l'Autrichien répondait que la faute en était non pas à lui, mais au chef, et pendant ce temps-là les troupes immobiles et silencieuses perdaient peu à peu leur entrain. Après une heure de halte, elles se mirent en marche, et elles descendaient dans les bas-fonds, où le brouillard s'épaississait de plus en plus, tandis qu'il commençait à s'éclaircir sur la hauteur, lorsque devant elles retentit à travers cette brume impénétrable un premier coup, puis un second suivi de quelques autres à intervalles irréguliers, auxquels succéda un feu vif et continu, au-dessus du ruisseau de Goldbach.

Ne comptant pas y rencontrer l'ennemi et arrivés sur lui à l'improviste, ne recevant aucune parole d'encouragement de leurs chefs, et conservant l'impression d'avoir été inutilement retardés, les Russes, complètement enveloppés par ce brouillard épais, tiraient mollement et sans hâte, avançaient, s'arrêtaient, sans recevoir à temps aucun ordre de leurs chefs, ni des aides de camp, qui erraient comme eux dans ces bas-fonds à la recherche de leur division. Ce fut le sort de la première, de la seconde et de la troisième colonne, qui toutes trois avaient opéré leur descente. L'ennemi était-il à dix verstes avec le gros de ses forces, comme on le supposait, ou bien était-il là, caché à tous les yeux ? Personne ne le sut jusqu'à neuf heures du matin. La quatrième colonne, commandée par Koutouzow, occupait le plateau de Pratzen.

Pendant que tout cela se passait, Napoléon, entouré de ses maréchaux, se tenait sur la hauteur de Schlapanitz. Au-dessus de sa tête se déroulait un ciel bleu, et l'immense globe du soleil se balançait, comme un brûlot enflammé, sur la mer laiteuse des vapeurs du brouillard. Ni les troupes françaises, ni Napoléon, entouré de son état-major, ne se trouvaient de l'autre côté du ruisseau et des bas-fonds des villages de Sokolenitz et de Schlapanitz, derrière lesquels nous comptions occuper la position et commencer l'attaque, mais tout au contraire ils étaient en deçà, et à une telle proximité de nous, que Napoléon pouvait distinguer, à l'œil nu, un fantassin d'un cavalier. Vêtu d'une capote grise, la même qui avait fait la campagne d'Italie, monté sur un petit cheval arabe gris, il se tenait un peu en avant de ses maréchaux, examinant en silence les contours des collines qui émergeaient peu à peu du brouillard et sur lesquelles se mouvaient au loin les troupes russes, et prêtant l'oreille à la fusillade engagée au pied des hauteurs. Pas un muscle ne bougeait sur sa figure, encore maigre à cette époque, et ses yeux brillants s'attachaient fixement sur un point. Ses prévisions se trouvaient justifiées. Une grande partie des troupes russes étaient descendues dans le ravin et marchaient vers la ligne des étangs. L'autre partie abandonnait le plateau de Pratzen que Napoléon, qui le considérait comme la clef de la position, avait eu l'intention d'attaquer. Il voyait défiler et briller au milieu du brouillard, comme dans un enfoncement formé par deux montagnes, descendant du village de Pratzen et suivant la même direction vers le vallon, les milliers de baïonnettes des différentes colonnes russes, qui se perdaient l'une après l'autre dans cette mer de brumes. D'après les rapports reçus la veille au soir, d'après le bruit très sensible de roues et de pas entendu pendant la nuit aux avant-postes, d'après le désordre des manœuvres des troupes russes, il comprenait clairement que les alliés le supposaient à une grande distance, que les colonnes de Pratzen composaient le centre de l'armée russe, et que ce centre était suffisamment affaibli pour qu'il pût l'attaquer avec succès,... et cependant il ne donnait pas le signal de l'attaque.

C'était pour lui un jour solennel, — l'anniversaire de son couronnement. S'étant assoupi vers le matin d'un léger sommeil, il s'était levé gai, bien portant, confiant dans son étoile, dans cette heureuse disposition d'esprit où tout paraît possible, où tout réussit; montant à cheval, il alla examiner le terrain;

sa figure calme et froide trahissait dans son immobilité un bonheur conscient et mérité, comme celui qui illumine parfois la figure d'un adolescent amoureux et heureux.

Lorsque le soleil se fut entièrement dégagé et que les gerbes d'éclatante lumière se répandirent sur la plaine, Napoléon, qui semblait n'avoir attendu que ce moment, déganta sa main blanche, d'une forme irréprochable, et fit un geste qui était le signal de commencer l'attaque. Les maréchaux, accompagnés de leurs aides de camp, galopèrent dans différentes directions, et quelques minutes plus tard, le gros des forces de l'armée française se dirigeait rapidement vers le plateau de Pratzen, que les Russes continuaient à abandonner, en se déversant à gauche dans la vallée.

XV

A huit heures du matin, Koutouzow se rendit à cheval à Pratzen, à la tête de la quatrième colonne, celle de Miloradovitch, qui allait remplacer les colonnes de Prsczebichewsky et de Langeron descendues dans les bas-fonds. Il salua les soldats du premier régiment et donna l'ordre de se mettre en marche, montrant par là son intention de commander en personne. Il s'arrêta au village de Pratzen. Le prince André, excité, exalté, mais calme et froid en apparence, comme l'est généralement un homme qui se sent arrivé au but ardemment désiré, faisait partie de la nombreuse suite du général en chef. La journée qui commençait serait, il en était sûr, son Toulon ou son pont d'Arcole. Le pays et la position de nos troupes lui étaient aussi connus qu'ils le pouvaient être à tout officier supérieur de notre armée; quant à son plan stratégique, inexécutable à présent, il l'avait complètement oublié. Suivant en pensée le plan de Weirother, il se demandait, à part lui, quels seraient les coups du hasard et les incidents qui lui permettraient de mettre en évidence sa fermeté et la rapidité de ses conceptions.

A gauche, au pied de la montagne, dans le brouillard, des troupes invisibles échangeaient des coups de fusil. « Là, se disait-il, se concentrera la bataille, là surgiront les obstacles, et c'est là qu'on m'enverra avec une brigade ou une division, et que, le drapeau en main, j'avancerai, en culbutant tout sur mon passage! » si bien qu'en voyant défiler devant lui les bataillons, il ne pouvait s'empêcher de se dire : « Voici peut-être justement le drapeau avec lequel je m'élancerai en avant! »

Sur le sol s'étendait un givre léger, qui fondait peu à peu en rosée, tandis que dans le ravin tout était enveloppé d'un brouillard intense; on n'y voyait absolument rien, surtout à gauche, où étaient descendues nos troupes et d'où partait la fusillade. Le soleil brillait de tout son éclat au-dessus de leurs têtes, dans un ciel bleu foncé. Au loin devant elles, sur l'autre bord de cette mer blanchâtre, se dessinaient les crêtes boisées des collines; c'était là que devait se trouver l'ennemi. A droite, la garde s'engouffrait dans ces vapeurs, ne laissant après elle que l'écho de sa marche; à gauche, derrière le village, des masses de cavalerie s'avançaient pour disparaître à leur tour. Devant et derrière s'écoulait l'infanterie. Le général en chef assistait au défilé des troupes à la sortie du village : il avait l'air épuisé et irrité. L'infanterie s'arrêta tout à coup devant lui, sans en avoir reçu l'ordre, évidemment à cause d'un obstacle qui barrait la route à sa tête de colonne :

« Mais dites donc enfin qu'on se fractionne en bataillons et qu'on tourne le village, dit Koutouzow sèchement au général qui s'avançait. Comment ne comprenez-vous pas qu'il est impossible de se développer ainsi dans les rues d'un village quand on marche à l'ennemi?

— Je comptais précisément, Votre Excellence, me reformer en avant du village. »

Koutouzow sourit aigrement.

« Charmante idée vraiment que de développer votre front en face de l'ennemi!

— L'ennemi est encore loin, Votre Haute Excellence. D'après la disposition...

— Quelle disposition? s'écria-t-il avec colère. Qui vous l'a dit?... Veuillez faire ce que l'on vous ordonne.

— J'obéis, dit l'autre.

— Mon cher, dit Nesvitsky à l'oreille du prince André, le vieux est d'une humeur de chien. »

Un officier autrichien, en uniforme blanc avec un plumet vert, aborda en ce moment Koutouzow et lui demanda, de la part de l'Empereur, si la quatrième colonne était engagée dans l'action.

Koutouzow se détourna sans lui répondre; son regard tombant par hasard sur le prince André, il s'adoucit, comme pour le mettre en dehors de sa mauvaise humeur.

« Allez voir, mon cher, lui dit-il, si la troisième division a dépassé le village. Dites-lui de s'arrêter et d'attendre mes ordres, et demandez-lui, ajouta-t-il en le retenant, si les tirailleurs sont postés et ce qu'ils font... ce qu'ils font? » murmura-t-il, sans rien répondre à l'envoyé autrichien.

Le prince André, ayant dépassé les premiers bataillons, arrêta la troisième division et constata en effet l'absence de tirailleurs en avant des colonnes. Le chef du régiment reçut avec stupéfaction l'ordre envoyé par le général en chef de les poster; il était convaincu que d'autres troupes se déployaient devant lui et que l'ennemi devait être au moins à dix verstes. Il ne voyait en effet devant lui qu'une étendue déserte, qui semblait s'abaisser doucement et que recouvrait un épais brouillard. Le prince André revint aussitôt faire son rapport au général en chef, qu'il trouva au même endroit, toujours à cheval et lourdement affaissé sur sa selle, de tout le poids de son corps. Les troupes étaient arrêtées, et les soldats avaient mis leurs fusils la crosse à terre.

« Bien, bien, » dit-il.

Et se tournant vers l'Autrichien, qui, une montre à la main, l'assurait qu'il était temps de se remettre en marche, puisque toutes les colonnes du flanc gauche avaient opéré leur descente :

« Rien ne presse, Excellence, dit-il en bâillant... Nous avons bien le temps! »

Au même moment, ils entendirent derrière eux les cris des troupes, répondant au salut de certaines voix, qui s'avançaient avec rapidité le long des colonnes en marche. Lorsque les soldats du régiment devant lequel il se tenait crièrent à leur tour, Koutouzow recula de quelques pas et fronça le sourcil. Sur la route de Pratzen arrivait au galop un escadron de cavaliers de diverses couleurs, dont deux se détachaient en avant des autres; l'un, en uniforme noir, avec un plumet blanc, montait un cheval alezan à courte queue; l'autre, en uniforme blanc, était sur un cheval noir. C'étaient les deux empereurs et leur suite. Koutouzow, avec l'affectation d'un subordonné qui est à son poste, commanda aux troupes le silence, et, faisant le salut militaire, s'approcha de l'Empereur. Toute sa personne et ses manières, subitement métamorphosées, avaient pris l'apparence de cette soumission aveugle de l'inférieur, qui ne raisonne pas. Son respect affecté sembla frapper désagréablement l'empereur Alexandre, mais cette impression fugitive s'effaça aussitôt, pour ne laisser aucune trace sur sa jeune figure, rayonnante de bonheur. Son indispostion de quelques jours l'avait maigri, sans rien lui faire perdre de cet ensemble réellement séduisant de majesté et de douceur, qui se lisait sur sa bouche aux lèvres fines et dans ses beaux yeux bleus.

S'il était majestueux à la revue d'Olmütz, ici il paraissait plus gai et plus ardent. La figure colorée par la course rapide qu'il venait de faire, il arrêta son cheval, et, respirant à pleins poumons, il se retourna vers sa suite aussi jeune, aussi animée que lui, composée de la fleur de la jeunesse austro-russe, des régiments d'armée et de la garde. Czartorisky, Novosiltsow, Volkonsky, Strogonow et d'autres en faisaient partie, et causaient en riant entre eux. Revêtus de brillants uniformes, montés sur de beaux chevaux bien dressés, ils se tenaient à quelques pas de l'empereur. Des écuyers tenaient en main, tout prêts pour les deux souverains, des chevaux de rechange aux housses brodées. L'empereur François, encore jeune, avec le teint vif, maigre, élancé, raide en selle sur son bel étalon, jetant des regards anxieux autour de lui, fit signe à un de ses aides de camp d'approcher. « Il va sûrement lui demander l'heure du départ, » se dit le prince André, en suivant les mouvements de son ancienne connaissance. Il se souvenait des questions que Sa Majesté Autrichienne lui avait adressées à Brünn.

La vue de cette brillante jeunesse, pleine de sève et de confiance dans le succès, chassa aussitôt la disposition morose dans laquelle était l'état-major de Koutouzow : telle une fraîche brise des champs, pénétrant par la fenêtre ouverte, disperse au loin les lourdes vapeurs d'une chambre trop chaude.

« Pourquoi ne commencez-vous pas, Michel Larionovitch ?

— J'attendais Votre Majesté, » dit Koutouzow, en s'inclinant respectueusement.

L'Empereur se pencha de son côté comme s'il ne l'avait pas entendu.

« J'attendais Votre Majesté, répéta Koutouzow, — et le prince André remarqua un mouvement de sa lèvre supérieure au moment où il prononça : « j'attendais ».... — Les colonnes ne sont pas toutes réunies, sire. »

Cette réponse déplut à l'Empereur ; il haussa les épaules et regarda Novosiltsow, comme pour se plaindre de Koutouzow.

« Nous ne sommes pourtant pas sur le Champ-de-Mars, Michel Larionovitch, où l'on attend pour commencer la revue que tous les régiments soient rassemblés, continua l'Empereur, en jetant cette fois un coup d'œil à l'empereur François comme pour l'inviter, sinon à prendre part à la conversation, au moins à l'écouter; mais ce dernier ne parut pas s'en préoccuper.

« C'est justement pour cela, sire, que je ne commence pas, dit Koutouzow à haute et intelligible voix, car nous ne sommes pas à une revue, nous ne sommes pas sur le Champ-de-Mars. »

A ces paroles, les officiers de la suite s'entre-regardèrent. « Il a beau être vieux, il ne devrait pas parler ainsi, » disaient clairement leurs figures, qui exprimaient la désapprobation.

L'Empereur fixa son regard attentif et scrutateur sur Koutouzow, dans l'attente de ce qu'il allait sans doute ajouter. Celui-ci, inclinant respectueusement la tête, garda le silence. Ce silence dura une seconde, après laquelle, reprenant l'attitude et le ton d'un inférieur qui demande des ordres :

« Du reste, si tel est le désir de Votre Majesté? » dit-il.

Et appelant à lui le chef de la colonne, Miloradovitch, il lui donna l'ordre d'attaquer.

Les rangs s'ébranlèrent, et deux bataillons de Novgorod et un bataillon du régiment d'Apchéron défilèrent.

Au moment où passait le bataillon d'Apchéron, Miloradovitch s'élança en avant; son manteau était rejeté en arrière et laissait voir son uniforme chamarré de décorations. Le tricorne orné d'un immense panache posé de côté, il salua crânement l'Empereur en arrêtant court son cheval devant lui.

« Avec l'aide de Dieu, général! lui dit celui-ci.

— Ma foi, sire, nous ferons tout ce que nous pourrons, » s'écria-t-il gaiement, tandis que la suite souriait de son étrange accent français.

Miloradovitch fit faire volte-face à son cheval et se retrouva à quelques pas en arrière de l'Empereur. Les soldats, excités par la vue du tsar, marchaient en cadence d'un pas rapide et plein d'entrain.

« Enfants! leur cria tout à coup Miloradovitch, oubliant la présence de son souverain et partageant lui-même l'élan de ses braves, dont il avait été le compagnon sous le commandement de Souvarow... enfants! ce n'est pas le premier village que vous allez enlever à la baïonnette!

— Prêts à servir, » répondirent les soldats.

A leurs cris, le cheval de l'Empereur, le même qu'il montait pendant les revues en Russie, eut comme un frisson d'inquiétude. Ici, sur le champ de bataille d'Austerlitz, surpris du voisinage de l'étalon noir de l'Empereur François, il dressait les oreilles au bruit inusité des décharges, sans en comprendre la signification, et sans se douter de ce que pensait et ressentait son auguste cavalier.

L'Empereur sourit, en désignant à un de ses intimes les bataillons qui s'éloignaient.

XVI

Koutouzow, accompagné de ses aides de camp, suivit au pas les carabiniers.

A une demi-verste de distance, il s'arrêta près d'une maison isolée, une auberge abandonnée sans doute, située à l'embranchement de deux routes qui descendaient toutes deux la montagne et qui étaient toutes deux couvertes de nos troupes.

Le brouillard se dissipait, et on commençait à distinguer les masses confuses de l'armée ennemie sur les hauteurs d'en face. On entendait un feu très vif à gauche dans le vallon. Koutouzow causait avec le général autrichien; le prince André pria ce dernier de lui passer la longue-vue.

« Voyez, voyez, disait l'étranger, voilà les Français! » Et il indiqua, non un point éloigné, mais le pied de la montagne qu'ils avaient devant eux.

Les deux généraux et les aides de camp se passèrent fiévreusement la longue-vue. Une terreur involontaire se peignit sur leurs traits : les Français, qu'on croyait à deux verstes, s'étaient dressés inopinément devant eux!

« C'est l'ennemi!... Mais non!... Mais certainement!... Comment est-ce possible? » dirent plusieurs voix...

Et le prince André voyait à droite monter à la rencontre du régiment d'Apchéron une formidable colonne de Français, à cinq cents pas de l'endroit où ils se tenaient.

« Voilà l'heure! se dit-il.... Il faut arrêter le régiment, Votre Haute Excellence! » A ce moment, une épaisse fumée couvrit tout le paysage, une forte décharge de mousqueterie retentit à leurs oreilles, et une voix haletante de frayeur s'écria à deux pas : « Fini, camarades, fini !... » Et, comme si un ordre émanait de cette voix, des masses énormes de soldats refoulés, se poussant, se bousculant, passèrent en fuyant, au même endroit, où, cinq minutes auparavant, ils avaient défilé devant les empereurs. Essayer d'arrêter cette foule était une folie, car elle entraînait tout sur son passage. Bolkonsky résistait avec peine au torrent et ne comprenait que vaguement ce qui venait d'arriver. Nesvitsky, rouge et hors de lui, criait à Koutouzow qu'il allait être fait prisonnier, s'il ne se portait pas en arrière. Koutouzow, immobile, tira son mouchoir et s'en couvrit la joue d'où le sang coulait. Le prince André se fraya un passage jnsqu'à lui :

« Vous êtes blessé ? lui dit-il avec émotion.

— La plaie n'est pas là, mais ici ! » dit Koutouzow, en pressant son mouchoir sur sa blessure et en désignant les fuyards. « Arrêtez-les ! » s'écria-t-il.

Mais, comprenant aussitôt l'inutilité de cet appel, il piqua des deux, et, prenant sur la droite au milieu d'une nouvelle troupe de fuyards, il se vit entraîné avec elle en arrière.

Leur masse était si serrée qu'il lui était impossible de s'en dégager. Dans cette confusion, les uns criaient, les autres se retournaient et tiraient en l'air. Koutouzow, parvenu enfin à sortir du courant, se dirigea avec sa suite, terriblement diminuée, vers l'endroit d'où partait la fusillade. Le prince André, faisant des efforts surhumains pour le rejoindre, aperçut sur la descente, à travers la fumée, une batterie russe, qui n'avait pas encore cessé son feu et vers laquelle se précipitaient des Français. Un peu au-dessus d'elle se tenait immobile l'infanterie russe. Un général s'en détacha et s'approcha de Koutouzow, dont la suite se réduisait à quatre personnes. Pâles et émues, ces quatre personnes se regardaient en silence.

« Arrêtez ces misérables ! » dit Koutouzow au chef de régiment. Et, comme pour le punir de ces mots, une volée de balles, semblable à une nichée d'oiseaux, passa en sifflant au-dessus du régiment et de sa tête. Les Français attaquaient la batterie, et, ayant aperçu Koutouzow, ils tiraient sur lui. A cette nouvelle décharge, le commandant de régiment porta vivement la main à sa jambe ; quelques soldats tombèrent, et le porte-drapeau laissa échapper le drapeau de ses mains : vacillant un moment, il s'accrocha aux baïonnettes des soldats ; ceux-ci se mirent à tirer sans en avoir reçu l'ordre.

Un soupir désespéré sortit de la poitrine de Koutouzow.

« Bolkonsky, murmura-t-il d'une voix de vieillard affaibli et en lui montrant le bataillon à moitié détruit, que veut donc dire cela? »

A peine avait-il prononcé ces mots, que le prince André, le gosier serré par des larmes de honte et de colère, s'était jeté à bas de son cheval et se précipitait vers le drapeau.

« Enfants, en avant! » cria-t-il d'une voix perçante. « Le moment est venu! » se dit-il, en saisissant la hampe et écoutant avec bonheur le sifflement des balles dirigées contre lui. Quelques soldats tombèrent encore.

« Hourra! » s'écria-t-il, en soulevant avec peine le drapeau.

Et courant en avant, persuadé que tout le bataillon le suivait, il fit encore quelques pas; un soldat, puis un second, puis tous s'élancèrent à sa suite en le dépassant. Un sous-officier s'empara du précieux fardeau, dont le poids faisait trembler le bras du prince André, mais il fut tué au même moment. Le reprenant encore une fois, André continua sa course avec le bataillon. Il voyait devant lui nos artilleurs : les uns se battaient, les autres abandonnaient leurs pièces et couraient à sa rencontre; il voyait les fantassins français s'emparer de nos chevaux et tourner nos canons. Il en était à vingt pas, les balles pleuvaient et fauchaient tout autour de lui, mais ses yeux rivés sur la batterie ne s'en détachaient pas. Là, un artilleur roux, le schako enfoncé, et un Français se disputaient la possession d'un refouloir; l'expression égarée et haineuse de leur figure lui était parfaitement visible; on sentait qu'ils ne se rendaient pas compte de ce qu'ils faisaient.

« Que font-ils? se demanda le prince André. Pourquoi l'artilleur ne fuit-il pas, puisqu'il n'a plus d'arme, et pourquoi le Français ne l'abat-il pas? Il n'aura pas le temps de se sauver, que le Français se souviendra qu'il a son fusil! En effet, un second Français arriva sur les combattants, et le sort de l'artilleur roux, qui venait d'arracher le refouloir des mains de son adversaire, allait se décider. Mais le prince André n'en vit pas la fin. Il reçut sur la tête un coup d'une violence extrême, qu'il crut lui avoir été appliqué par un de ses voisins. La douleur était moins sensible que désagréable, dans ce moment où elle faisait une diversion à sa pensée :

« Mais que m'arrive-t-il? je ne me tiens plus? mes jambes se dérobent sous moi. » Et il tomba sur le dos. Il rouvrit les yeux, dans l'espoir d'apprendre le dénouement de la lutte des deux Français avec l'artilleur, et si les canons étaient sauvés ou emmenés. Mais il ne vit plus rien que bien haut au-dessus de lui un ciel immense, profond, où voguaient mollement de légers nuages grisâtres. « Quel calme, quelle paix! se disait-il; ce n'était pas ainsi quand je courais, quand nous courions en criant; ce n'était pas ainsi, lorsque les deux figures effrayées se disputaient le refouloir; ce n'était pas ainsi que les nuages flottaient dans ce ciel sans fin! Comment ne l'avais-je pas remarquée plus tôt, cette profondeur sans limites? Comme je suis heureux de l'avoir enfin aperçue!... Oui! tout est vide, tout est déception, excepté cela! Et Dieu soit loué pour ce repos, pour ce calme!.... »

XVII

A neuf heures du matin, au flanc droit, que commandait Bagration, l'affaire n'était pas encore engagée. Malgré l'insistance de Dolgoroukow, désireux de n'en point assumer la responsabilité, il lui proposa d'envoyer demander les ordres du général en chef. Vu la distance de dix verstes qui séparait les deux ailes de l'armée, l'envoyé, s'il n'était pas tué, ce qui était peu probable, et s'il parvenait à découvrir le général en chef, ce qui était très difficile, ne pourrait revenir avant le soir; il en était bien convaincu.

Jetant un regard sur sa suite, les yeux endormis et sans expression de Bagration s'arrêtèrent sur la figure émue, presque enfantine de Rostow. Il le choisit.

« Et si je rencontre Sa Majesté avant le général en chef, Excellence? lui dit Rostow.

— Vous pourrez demander les ordres de Sa Majesté, » dit Dolgoroukow, en prévenant la réponse de Bagration.

Après avoir été relevé de sa faction, Rostow avait dormi quelques heures et se sentait plein d'entrain, d'élasticité, de confiance en lui-même et en son étoile, et prêt à tenter l'impossible.

Ses désirs s'étaient accomplis : une grande bataille se livrait; il y prenait part, et de plus, attaché à la personne du plus brave des généraux, il était envoyé en mission auprès de Koutouzow, avec chance de rencontrer l'Empereur. La matinée était claire, son cheval était bon. Son âme s'épanouissait toute joyeuse. Longeant d'abord les lignes immobiles des troupes de Bagration, il arriva sur un terrain occupé par la cavalerie d'Ouvarow; il y remarqua les premiers signes précurseurs de l'attaque; l'ayant dépassé, il entendit distinctement le bruit du canon et les décharges de mousqueterie, qui augmentaient d'intensité à chaque instant.

Ce n'était plus un ou deux coups solitaires qui retentissaient à intervalles réguliers dans l'air frais du matin, mais bien un roulement continu, dans lequel se confondaient les décharges d'artillerie avec la fusillade et qui se répercutait sur le versant des montagnes, en avant de Pratzen.

De légers flocons de fumée, voltigeant, se poursuivant l'un l'autre, s'échappaient des fusils, tandis que des batteries s'élevaient de gros tourbillons de nuages, qui se balançaient et s'étendaient dans l'espace. Les baïonnettes des masses innombrables d'infanterie en mouvement brillaient à travers la fumée et laissaient apercevoir l'artillerie avec ses caissons verts, qui se déroulait au loin comme un étroit ruban.

Rostow s'arrêta pour regarder ce qui se passait : où allaient-ils? pourquoi marchaient-ils en tous sens, devant, derrière? il ne pouvait le comprendre; mais ce spectacle, au lieu de lui inspirer de la crainte et de l'abattement, ne faisait au contraire qu'augmenter son ardeur.

« Je ne sais ce qui en résultera, mais à coup sûr ce sera bien, » se disait-il.

Après avoir dépassé les troupes autrichiennes, il arriva à la ligne d'attaque.... C'était la garde qui donnait.

« Tant mieux! je le verrai de plus près. »

Plusieurs cavaliers venaient à lui en galopant. Il reconnut les uhlans de la garde, dont les rangs avaient été rompus et qui abandonnaient la mêlée. Rostow remarqua du sang sur l'un d'eux.

« Peu m'importe, » se dit-il. A quelques centaines de pas de là, il vit arriver au grand trot sur sa gauche, de façon à lui couper la route, une foule énorme de cavaliers, aux uniformes blancs et scintillants, montés sur des chevaux noirs. Lançant son cheval à toute bride, afin de leur laisser le champ libre, il y serait certainement parvenu, si la cavalerie n'avait pressé son allure; il la voyait gagner du terrain et entendait le bruit des chevaux, et le cliquetis des armes se rapprochait de plus en plus de lui. Au bout d'une minute à peine, il distinguait les visages des chevaliers-gardes qui allaient attaquer l'infanterie française : ils galopaient, tout en retenant leurs montures.

Rostow entendit le commandement : « Marche! Marche! » donné par un officier qui lançait son pur-sang ventre à terre. Craignant d'être écrasé ou entraîné, Rostow longeait leur front au triple galop, dans l'espoir de traverser le terrain qu'il avait en vue, avant leur arrivée.

Il craignait de ne pouvoir éviter le choc du dernier chevalier-garde, dont la haute taille contrastait avec sa frêle apparence. Il aurait été immanquablement foulé aux pieds, et son Bédouin avec lui, s'il n'avait eu l'heureuse inspiration de faire siffler son fouet devant les yeux de la belle et forte monture du chevalier-garde : elle tressaillit et dressa les oreilles; mais, à un vigoureux coup d'éperon de son cavalier, Bédouin releva la queue et, tendant le cou, s'élança encore plus rapide. A peine Rostow les avait-il distancés qu'il entendit crier : « Hourra! » et, se retournant, il vit les premiers rangs s'engouffrer dans un régiment d'infanterie française, aux épaulettes rouges. L'épaisse fumée d'un canon invisible les déroba aussitôt à sa vue.

C'était cette brillante et fameuse charge des chevaliers-gardes tant admirée des Français eux-mêmes! Avec quel serrement de cœur n'entendit-il pas raconter, plus tard, que de toute cette masse de beaux hommes, de toute cette brillante fleur de jeunesse, riche, élégante, montée sur des chevaux de prix, officiers et junkers, qui l'avaient dépassé dans un galop furieux, il ne restait que dix-huit hommes!

« Mon heure viendra, je n'ai rien à leur envier, se disait Rostow en s'éloignant. Peut-être vais-je voir l'Empereur. »

Atteignant enfin notre infanterie de la garde, il se trouva au milieu des boulets, qu'il devina plutôt qu'il ne les entendit, en voyant les figures inquiètes des soldats et l'expression grave et plus contenue des officiers.

Une voix, celle de Boris, lui cria tout à coup :

« Rostow! Qu'en dis-tu? nous voilà aux premières loges! Notre régiment a été rudement engagé! »

Et il souriait de cet heureux sourire de la jeunesse, qui vient de recevoir le baptême du feu. Rostow s'arrêta :

« Eh bien! et quoi?

— Repoussés! » répondit Boris, devenu bavard.

Et là-dessus il lui raconta comment la garde, voyant des troupes devant elle et les ayant prises pour des Autrichiens, le sifflement des boulets leur avait prouvé bientôt qu'ils formaient la première ligne et qu'ils devaient attaquer.

« Où vas-tu? lui demanda Boris.

— Trouver le commandant en chef.

— Le voilà! lui répondit Boris en lui indiquant le grand-duc Constantin à cent pas d'eux, en uniforme de chevalier-garde, la tête dans les épaules, les sourcils froncés, criant et gesticulant contre un officier autrichien, blanc et blême.

— Mais c'est le grand-duc, et je cherche le général en chef ou l'Empereur, dit Rostow en s'éloignant.

— Comte, comte, lui cria Berg, en lui montrant sa main enveloppée d'un mouchoir ensanglanté, je suis blessé au poignet droit, et je suis resté à mon rang! Voyez, comte, je suis obligé de tenir mon épée de la main gauche! Dans ma famille tous les « von Berg » ont été des chevaliers! »

Et Berg continuait à parler que Rostow était déjà loin.

Franchissant un espace désert, pour ne pas se trouver exposé au feu de l'ennemi, il suivit la ligne des réserves, en s'éloignant par là du centre de l'action. Tout à coup devant lui et sur les derrières de nos troupes, dans un endroit où l'on ne pouvait guère supposer la présence des Français, il entendit tout près de lui une vive fusillade.

« Qu'est-ce que cela peut être? se demanda-t-il. L'ennemi sur nos derrières?... C'est impossible, — et une peur folle s'empara de lui à la pensée de l'issue possible de la bataille... — Quoi qu'il en soit, il n'y a pas à l'éviter, il faut que je découvre le général en chef, et, si tout est perdu, il ne me reste qu'à mourir avec eux. »

Le noir pressentiment qui l'avait envahi se confirmait à chaque pas qu'il faisait sur le terrain occupé par les troupes de toute arme derrière le village de Pratzen.

« Que veut dire cela? Sur qui tire-t-on? Qui tire? se demandait Rostow en rencontrant des soldats russes et autrichiens qui fuyaient en courant pêle-mêle.

— Le diable sait ce qui en est! Il a battu tout le monde! Tout est perdu! lui répondirent en russe, en allemand, en tchèque tous ces fuyards, comprenant aussi peu que lui ce qui se passait autour d'eux.

— Qu'ils soient rossés, ces Allemands!

— Que le diable les écorche, ces traîtres! » répondit un autre

— Que le diable emporte ces Russes! » grommelait un Allemand.

Quelques blessés se traînaient le long du chemin. Les jurons, les cris, les gémissements se confondaient en un écho prolongé et sinistre. La fusillade avait cessé, et Rostow apprit plus tard que les fuyards allemands et russes avaient tiré les uns sur les autres.

« Mon Dieu! se disait Rostow, et l'Empereur qui peut, d'un moment à l'autre, voir cette débandade !... Ce ne sont que quelques misérables sans doute! Ça ne se peut pas, ça ne se peut pas; il faut les dépasser au plus vite! »

La pensée d'une complète déroute ne pouvait lui entrer dans l'esprit, malgré la vue des batteries et des troupes françaises sur le plateau de Pratzen, sur le plateau même où on lui avait enjoint d'aller trouver l'Empereur et le général en chef.

XVIII

Aux environs du village de Pratzen, pas un chef n'était visible. Rostow n'y aperçut que des troupes fuyant à la débandade. Sur la grande route, des calèches, des voitures de toute espèce, des soldats russes, autrichiens, de toute arme, blessés et non blessés, défilèrent devant lui. Toute cette foule se pressait, bourdonnait, fourmillait et mêlait ses cris au son sinistre des bombes lancées par les bouches à feu françaises des hauteurs de Pratzen.

« Où est l'Empereur? où est Koutouzow? » demandait-il au hasard sans obtenir de réponse.

Enfin, attrapant un soldat au collet, il le força à l'écouter :

« Hé! l'ami! Il y a longtemps qu'ils sont tous là-bas, qu'ils ont filé en avant, » lui répondit le soldat en riant.

Lâchant ce soldat, évidemment ivre, Rostow arrêta un domestique militaire, qui lui semblait devoir être écuyer d'un personnage haut placé. Le domestique lui raconta que l'Empereur avait passé en voiture sur cette route une heure auparavant à fond de train, et qu'il était dangereusement blessé.

« C'est impossible, ce n'était pas lui, dit Rostow.

— Je l'ai vu de mes propres yeux, répondit le domestique avec un sourire malin. Il y a assez longtemps que je le connais : combien de fois ne l'ai-je pas vu à Pétersbourg. Il était très pâle, dans le fond de sa voiture. Comme il les avait lancés ses quatre chevaux noirs, Ilia Ivanitch! On dirait que je ne le connais pas, ces chevaux, et que l'Empereur peut avoir un autre cocher qu'Ilia Ivanitch !

— Qui cherchez-vous ? lui demanda, quelques pas plus loin, un officier blessé... le général en chef ? Il a été tué par un boulet dans la poitrine, devant notre régiment !

— Il n'a pas été tué, il a été blessé ! dit un autre.

— Qui ? Koutouzow ? demanda Rostow.

— Non, pas Koutouzow.... comment l'appelle-t-on ?.... Enfin qu'importe ! Il n'en est pas resté beaucoup de vivants. Allez de ce côté, vous trouverez tous les chefs réunis au village de Gostieradek. »

Rostow continua son chemin au pas, ne sachant plus que faire, ni à qui s'adresser. L'Empereur blessé ! La bataille perdue !.... Suivant la direction indiquée, il voyait au loin une tour et les clochers d'une église. Pourquoi se dépêcher ? Il n'avait rien à demander à l'Empereur, ni à Koutouzow, fussent-ils même sains et saufs.

« Prenez le chemin à gauche, Votre Noblesse ; si vous allez tout droit, vous vous ferez tuer. »

Rostow réfléchit un instant et suivit la route qu'on venait de lui signaler comme dangereuse.

« Ça m'est bien égal ! l'Empereur étant blessé, qu'ai-je besoin de me ménager ? »

Et il déboucha sur l'espace où il y avait eu le plus de morts et de fuyards. Les Français n'y étaient pas encore, et le peu de Russes qui avaient survécu l'avaient abandonné. Sur ce champ gisaient, comme des gerbes bien garnies, des tas de dix, quinze hommes tués et blessés ; les blessés rampaient pour se réunir par deux et par trois, et poussaient des cris qui frappaient péniblement l'oreille de Rostow ; il lança son cheval au galop pour éviter ce spectacle des souffrances humaines. Il avait peur, non pas pour sa vie, mais peur de perdre ce sang-froid qui lui était si nécessaire et qu'il avait senti faiblir en voyant ces malheureux.

Les Français avaient cessé de tirer sur cette plaine désertée par les vivants ; mais, à la vue de l'aide de camp qui la traversait, leurs bouches à feu lancèrent quelques boulets. Ces sons stridents et lugubres, ces morts dont il était entouré lui causèrent une impression de terreur et de pitié pour lui-même. Il se souvint de la dernière lettre de sa mère et se dit à lui-même : « Qu'aurait-elle éprouvé en me voyant ici sous le feu de ces canons ? »

Dans le village de Gostieradek, qui était hors de la portée des boulets, il retrouva les troupes russes, quittant le champ de bataille en ordre, quoique confondues entre elles. On y parlait de la bataille perdue, comme d'un fait avéré ; mais personne ne put indiquer à Rostow où étaient l'Empereur et Koutouzow. Les uns assuraient que le premier était réellement blessé ; d'autres démentaient ce bruit, en l'expliquant par la fuite du grand-maréchal comte Tolstoï, pâle et terrifié, que l'on avait vu passer dans la voiture de l'Empereur. Ayant appris que quelques grands personnages se trouvaient derrière le hameau à gauche, Rostow s'y dirigea, non plus dans l'espoir de rencontrer celui qu'il cherchait, mais par acquit de conscience. A trois verstes plus loin, il dépassa les dernières troupes russes, et, à côté d'un verger séparé de la route par un fossé, il vit deux cavaliers. Il lui sembla connaître l'un deux, qui portait un plumet blanc; l'autre, sur un magnifique cheval alezan, qu'il crut aussi avoir déjà vu, arrivé au fossé, éperonna sa monture et, lui rendant la bride, le franchit légèrement ; quelques parcelles de terre jaillirent sous les sabots du cheval, et alors, lui faisant faire volte-face, il franchit de nouveau le fossé et s'approcha respectueusement de son compagnon, comme pour l'engager à suivre son exemple. Celui auquel il s'adressait fit un geste négatif de la tête et de la main, et Rostow reconnut aussitôt son Empereur, son Empereur adoré, dont il pleurait la défaite.

« Mais il ne peut pas rester là, tout seul, au milieu de ce champ désert ! » se dit-il. Alexandre tourna la tête, et il put apercevoir ces traits si profondément gravés dans son cœur. L'Empereur était pâle ; ses joues étaient creuses, ses yeux enfoncés ; mais la douceur et la mansuétude, empreintes sur sa figure, n'en étaient que plus frappantes. Rostow était heureux de le voir, heureux de la certitude que sa blessure n'était qu'une invention sans fondement, et il se disait qu'il était de son devoir de lui transmettre sans plus tarder le message du prince Dolgoroukow.

Mais, comme un jeune amoureux ému et tremblant, qui n'ose donner cours à ses rêveries passionnées de la nuit, et cherche avec effroi un faux fuyant, afin de retarder le moment du rendez-vous si ardemment désiré, Rostow, en présence de son désir réalisé, ne savait s'il lui fallait s'approcher de l'Empereur ou si cette tentative ne serait pas inconvenante et déplacée.

« J'aurais peut-être l'air, se disait-il, de profiter avec empressement de ce moment de solitude et d'abattement. Une figure inconnue peut lui être désagréable, et puis, que lui dirai-je, quand un regard de lui suffit pour m'ôter la voix? »

Les paroles qu'il aurait dû prononcer lui expiraient sur les lèvres, d'autant plus qu'il leur avait donné un tout autre cadre, l'heure triomphante d'une victoire, ou le moment où, étendu sur son lit de douleur, l'Empereur le remercierait de ses exploits héroïques, et où, lui mourant, il ferait à son souverain bien-aimé l'aveu de son dévouement, si noblement confirmé par sa mort.

« Et d'ailleurs que lui demanderais-je? il est quatre heures du soir, et la bataille est perdue! Non, non, je ne m'approcherai pas de lui : je ne dois pas interrompre ses pensées. Il vaut mieux mourir mille fois que d'en recevoir un regard courroucé. »

Il s'éloigna donc tristement, le désespoir dans l'âme, en se retournant toujours pour suivre les mouvements de son souverain.

Il vit le capitaine Von Toll s'approcher de l'Empereur et l'aider à franchir à pied le fossé et à s'asseoir ensuite sous un pommier. Toll resta debout à côté de lui, en lui parlant avec chaleur. Ce spectacle remplit Rostow de regrets et d'envie, surtout lorsqu'il vit l'Empereur, portant une main à ses yeux, tendre l'autre à Toll.

« J'aurais pu être à sa place, » se dit-il. Et, ne pouvant retenir les larmes qui coulaient de ses yeux, il continua à s'éloigner, ne sachant à quoi se décider ni de quel côté se diriger. Son désespoir était d'autant plus violent, qu'il s'accusait de faiblesse. Il aurait pu, il aurait dû s'approcher. C'était le moment ou jamais de faire preuve de dévouement, et il n'en avait pas profité. Il tourna bride et revint à l'endroit où il avait aperçu l'Empereur, et où il n'y avait plus personne. Une longue file de charrettes et de fourgons passait lentement, et Rostow apprit d'un des conducteurs que l'état-major de Koutouzow était non loin du village, et qu'ils s'y rendaient. Il les suivit.

A cinq heures du soir, la bataille était perdue sur tous les points. Plus de cent bouches à feu étaient tombées au pouvoir des Français.

Tout le corps d'armée de Prsczebichewsky avait mis bas les armes. Les autres colonnes, ayant perdu la moitié de leurs hommes, se repliaient en troupes débandées.

Le reste des colonnes de Langeron et de Doktourow se pressait confusément autour des étangs et des écluses du village d'Auguest.

Sur ce point seul, à six heures du soir, continuait encore le feu de l'ennemi, qui, ayant placé des batteries à mi-côte de la hauteur de Pratzen, tirait sur nos troupes en retraite.

Doktourow et d'autres à l'arrière-garde, reformant leurs bataillons, se défendaient contre la cavalerie française qui les poursuivait. Le jour tombait. Sur l'étroite chaussée d'Auguest, pendant une longue série de paisibles années, le bon vieux meunier, en bonnet de coton, avait jeté ses lignes dans l'étang, pendant que son petit-fils, ses manches de chemise retroussées, s'amusait à plonger la main dans le grand arrosoir où frétillaient les poissons argentés; sur cette même chaussée, sous l'œil du paysan morave en bonnet de fourrure, en habit gros bleu, d'énormes chariots avaient longtemps passé au pas, amenant au moulin de riches gerbes de froment et remportant de gros sacs d'une farine blanche et légère dont la fine poussière voltigeait en l'air; et maintenant on y voyait une foule égarée, affolée, se pressant, se heurtant, s'écrasant sous les pieds des chevaux, les roues des fourgons, des avant-trains, et foulant aux pieds les mourants, pour aller se faire tuer quelques pas plus loin.

Toutes les dix secondes, un boulet ou une grenade tombait et éclatait au milieu de cette foule compacte, tuant et couvrant de sang tous ceux qu'ils atteignaient. Dologhow, déjà officier, blessé à la main, seul avec ses dix hommes et son chef à cheval, représentait tout ce qui restait du régiment. Entraînés par la masse, ils s'étaient frayé un chemin jusqu'à l'entrée de la chaussée, où ils s'étaient vus arrêtés par le cheval d'un avant-train, qui était tombé et qu'il fallait dégager. Un boulet tua un homme derrière eux, un second en frappa un autre devant, et le sang jaillit sur Dologhow. La foule se rua en avant avec désespoir et s'arrêta de nouveau.

« Le salut est au delà de ces cent pas; rester ici c'est la mort! » voilà ce que tout le monde disait.

Dologhow, qui avait été refoulé au milieu, parvint jusqu'au bord de la digue, et courut sur la faible couche de glace qui recouvrait l'étang.

« Voyons! tourne par ici, cria-t-il au canonnier. Elle tient...! » La glace le supportait effectivement, mais elle craquait et cédait sous ses pas, et il était évident que, sans attendre le poids du canon et de cette foule, elle allait s'enfoncer sous lui. On le regardait, on se pressait sur les bords, sans se décider à l'imiter. Le commandant du régiment, à cheval, leva le bras, ouvrit la bouche pour lui parler, lorsqu'un boulet siffla si bas au-dessus de toutes ces têtes terrifiées, qu'elles s'inclinèrent, et quelque chose tomba. C'était le général qui s'affaissait dans une mare de sang! Personne ne le regarda, personne ne songea à le relever !

« Sur la glace! sur la glace! n'entends-tu pas! Tourne, tourne, » crièrent plusieurs voix; les gens ne savaient pas encore même pourquoi ils criaient ainsi.

Un des derniers avant-trains s'y engagea, et la foule se précipita sur la glace, qui craqua sous l'un des fuyards; son pied s'enfonça dans l'eau; en faisant un effort pour le retirer, il y tomba jusqu'à la ceinture. Les plus proches hésitèrent, l'homme de l'avant-train arrêta son cheval, tandis que derrière continuaient les cris : « En avant! En avant sur la glace; » et des hurlements de terreur retentirent de toutes parts. Les soldats, entourant le canon, tiraient et battaient les chevaux pour les forcer à avancer. Les chevaux partirent, la glace s'effondra d'un seul bloc, et quarante hommes disparurent. Cependant les boulets ne cessaient de siffler et de tomber avec une sinistre régularité, tantôt sur la glace, tantôt dans l'eau, et de décimer cette masse vivante, qui avait envahi la digue, les étangs et leurs rives.

XIX

Pendant ce temps, le prince André gisait toujours au même endroit sur la hauteur de Pratzen, serrant dans ses mains un morceau de la hampe du drapeau, perdant du sang et poussant à son insu des gémissements plaintifs et faibles comme ceux d'un enfant.

Vers le soir, ses gémissements cessèrent : il était sans connaissance. Tout à coup il rouvrit les yeux, ne se rendant pas compte du temps écoulé et se sentant de nouveau vivant et souffrant d'une blessure cuisante à la tête :

« Où est-il donc ce ciel sans fond que j'ai vu ce matin et que je ne connaissais pas auparavant?.... » Ce fut sa première pensée « ..... Et ces souffrances aussi m'étaient inconnues ! Oui, je ne savais rien, rien jusqu'à présent. Mais où suis-je? »

Il écouta et entendit le bruit de plusieurs chevaux et de voix qui s'avançaient de son côté. On parlait français. Il ne tourna pas la tête. Il regardait toujours ce ciel si haut au-dessus de lui, dont l'azur insondable apparaissait à travers de légers nuages.

Ces cavaliers, c'étaient Napoléon et deux aides de camp. Bonaparte avait fait le tour du champ de bataille et donné des ordres pour renforcer les batteries dirigées sur la digue d'Auguest; il examinait maintenant les blessés et les morts abandonnés sur le terrain.

« De beaux hommes ! dit-il à la vue d'un grenadier russe, étendu sur le ventre, la face contre terre, la nuque noircie et les bras déjà raidis par la mort.

— Les munitions des pièces de position sont épuisées, sire ! lui dit un aide de camp, envoyé des batteries qui mitraillaient Auguest.

— Faites avancer celles de la réserve, répondit Napoléon en s'éloignant de quelques pas et en s'arrêtant à côté du prince André, qui serrait toujours la hampe mutilée dont le drapeau avait été pris comme trophée par les Français.

— Voilà une belle mort ! » dit Napoléon.

Le prince André comprit qu'il était question de lui et que c'était Napoléon qui parlait; mais ses paroles bourdonnèrent à son oreille sans qu'il y attachât le moindre intérêt, et il les oublia aussitôt. Sa tête était brûlante; ses forces s'en allaient avec son sang, et il ne voyait devant lui que ce ciel lointain et éternel. Il avait reconnu Napoléon, — son héros; — mais dans ce moment ce héros lui paraissait si petit, si insignifiant en comparaison de ce qui se passait entre son âme et ce ciel sans limites ! Ce qu'on disait, qui s'était arrêté près de lui, tout lui était indifférent, mais il était content de leur halte; il sentait confusément qu'on allait l'aider à rentrer dans cette existence qu'il trouvait si belle, depuis qu'il l'avait comprise autrement. Il rassembla toutes ses forces pour faire un mouvement et pour articuler un son; il remua un pied et poussa un faible gémissement.

« Ah ! il n'est pas mort? dit Napoléon. Qu'on relève ce jeune homme, qu'on le porte à l'ambulance ! »

Et l'Empereur alla à la rencontre du maréchal Lannes qui, souriant, se découvrit devant lui et le félicita de la victoire.

Bientôt le prince André ne se souvint plus de rien; la douleur causée par les efforts de ceux qui le soulevaient, les secousses du brancard et le sondage de sa plaie à l'ambulance lui avaient de nouveau fait perdre connaissance. Il ne revint à lui que le soir, pendant qu'on le transportait à l'hôpital avec plusieurs autres Russes blessés et prisonniers. Pendant ce trajet, il se sentit ranimé et put regarder ce qui se passait autour de lui et même parler.

Les premiers mots qu'il entendit furent ceux de l'officier français chargé d'escorter les blessés :

« Arrêtons-nous ici : l'Empereur va passer; il faut lui procurer le plaisir de voir ces messieurs.

— Bah! il y a tant de prisonniers cette fois..... une grande partie de l'armée russe.... il doit en avoir assez, dit un autre.

— Oui! mais pourtant, reprit le premier en désignant un officier russe blessé, en uniforme de chevalier-garde, celui-là est, dit-on, le commandant de toute la garde de l'empereur Alexandre! »

Bolkonsky reconnut le prince Repnine, qu'il avait rencontré dans le monde à Pétersbourg. A côté de lui se tenait un jeune chevalier-garde de dix-neuf ans, également blessé. »

Bonaparte, arrivant au galop, arrêta court son cheval devant eux :

« Qui est le plus élevé en grade? » demanda-t-il en voyant les blessés.

On lui nomma le colonel prince Repnine.

« Êtes-vous le commandant du régiment des chevaliers-gardes de l'empereur Alexandre ?

— Je ne commandais qu'un escadron.

— Votre régiment a fait son devoir avec honneur!

— L'éloge d'un grand capitaine est la plus belle récompense du soldat, répondit Repnine.

— C'est avec plaisir que je vous le donne, dit Napoléon. Qui est ce jeune homme à côté de vous? »

Repnine nomma le lieutenant Suchtelen.

Napoléon le regarda en souriant :

« Il est venu bien jeune se frotter à nous?

— La jeunesse n'empêche pas le courage, murmura Suchtelen d'une voix émue.

— Belle réponse, jeune homme; vous irez loin! »

Pour compléter ce spectacle de triomphe, le prince André avait été aussi placé sur le premier rang, de façon à frapper forcément le regard de l'Empereur, qui se souvint de l'avoir déjà aperçu sur le champ de bataille.

« Et vous, jeune homme, comment vous sentez-vous, mon brave? »

Le prince André, les yeux fixés sur lui, gardait le silence. Tandis que, cinq minutes auparavant, le blessé avait pu échanger quelques mots avec les soldats qui le transportaient, maintenant, les yeux fixés sur l'Empereur, il gardait le silence!.... Qu'étaient en effet les intérêts, l'orgueil, la joie triomphante de Napoléon? qu'était le héros lui-même, en comparaison de ce beau ciel, plein de justice et de bonté, que son âme avait embrassé et compris...? Tout lui semblait si misérable, si mesquin, si différent de ces pensées solennelles et sévères qu'avaient fait naître en lui l'épuisement de ses forces et l'attente de la mort !

Les yeux fixés sur Napoléon, il pensait à l'insignifiance de la grandeur, à l'insignifiance de vie, dont personne ne comprenait le but, à l'insignifiance encore plus grande de la mort, dont le sens restait caché et impénétrable aux vivants !.

« Qu'on s'occupe de ces messieurs, dit Napoléon sans attendre la réponse du prince André, qu'on les mène au bivouac et que le docteur Larrey examine leurs blessures. Au revoir, prince Repnine! » Et il les quitta, les traits illuminés par le bonheur.

Témoins de la bienveillance de l'Empereur envers les prisonniers, les soldats qui portaient le prince André, et qui lui avaient enlevé la petite image suspendue à son cou par sa sœur, s'empressèrent de la lui rendre; il la trouva subitement posée sur sa poitrine au-dessus de son uniforme, sans savoir par qui et comment elle y avait été remise.

« Quel bonheur ce serait, pensa-t-il en se rappelant le profond sentiment de vénération de sa sœur, quel bonheur ce serait, si tout était aussi simple, aussi clair que Marie semble le croire! Comme il serait bon de savoir où chercher aide et secours dans cette vie, et ce qui nous attend après la mort!.... Je serais si heureux, si calme si je pouvais dire: Seigneur, ayez pitié de moi!... Mais à qui le dirais-je? Ou cette force incommensurable, incompréhensible, à laquelle je ne puis ni m'adresser, ni exprimer ce que je sens, est le grand Tout, ou bien c'est le néant, ou bien c'est ce Dieu qui est renfermé ici dans cette image de Marie! Rien, rien n'est certain, sinon le peu de valeur de ce qui est à la portée de mon intelligence et la majesté de cet inconnu insondable, le seul réel peut-être et le seul grand ! »

Le brancard fut emporté, et, à chaque secousse, il sentait une douleur intense, augmentée par la fièvre et le délire qui s'emparaient de lui. Il revoyait son père, sa sœur, sa femme, ce fils qui allait lui naître, la petite et insignifiante personne de Napoléon, et toutes ces images passaient et repassaient sur l'azur de ce ciel bleu et profond, qui se mêlait à toutes ses fiévreuses hallucinations. Il lui semblait déjà jouir à Lissy-Gory de la vie de famille calme et tranquille, lorsqu'apparaissait tout à coup à ses yeux un petit Napoléon, dont le regard indifférent, heureux du malheur d'autrui, le pénétrait de doute et de souffrance.... et il se tournait vers son ciel idéal, qui seul lui promettait l'apaisement ! Vers le matin, tous ces rêves se mêlèrent et se confondirent dans les ténèbres et le chaos d'un état d'inconscience complète, qui, selon l'avis de Larrey (médecin de Napoléon), devait se terminer par la mort plutôt que par la guérison.

« C'est un sujet nerveux et bilieux, dit Larrey, il n'en réchappera pas ! » Et le prince André fut confié, avec quelques autres blessés qui ne laissaient plus d'espoir, aux soins des habitants du pays.

CHAPITRE IV

I

Au commencement de l'année 1806, Nicolas Rostow et Denissow retournèrent chez eux en congé. Comme ce dernier allait à Voronège, Rostow lui proposa de faire avec lui la route jusqu'à Moscou, et même de s'y arrêter quelques jours chez ses parents. A l'avant-dernier relai, Denissow fêta la rencontre d'un ancien camarade, en vidant avec lui trois bouteilles de vin : aussi, malgré les terribles secousses qui le cahotaient dans le traîneau où il était couché tout de son long, il ne se réveilla pas un instant. Plus ils approchaient, plus l'impatience de Rostow augmentait :

« Plus vite, plus vite! Oh! ces rues interminables, ces magasins, ces vendeurs de kalatch [1], ces lanternes, ces isvostchiki! se disait-il après avoir passé la barrière, où l'on avait inscrit leurs noms et leur arrivée en congé.... — Denissow, nous y sommes! Il dort! — et il se pencha en avant, comme si, par ce mouvement, il pouvait augmenter la vitesse de leur course. — Voilà le carrefour où se tient Zakhar l'isvostchik, et voilà Zakhar lui-même et son cheval!... Ah! voilà la boutique où j'achetais du pain d'épice! Quand donc arriverons-nous? Va donc!

— Où faut-il s'arrêter? demanda le postillon.

— Mais là-bas au bout, à ce grand bâtiment! Comment, ne le vois-tu pas? Tu sais pourtant bien que c'est notre maison! — Denissow! Denissow! Nous arrivons! »

Denissow souleva la tête et toussa sans répondre.

1. Pain blanc particulier à Moscou. (*Note du trad.*)

« Dmitri, dit Rostow en s'adressant au laquais assis près du cocher, est-bien chez nous cette lumière?

— Oh! que oui, c'est dans le cabinet de votre père.

— Ils ne seront pas encore couchés? Hein, qu'en penses-tu?... A propos, n'oublie pas de déballer aussitôt mon nouvel uniforme, — et il passa la main sur sa jeune moustache... — Eh bien donc, en avant! Réveille-toi donc, Vasia...!

Mais Denissow s'était de nouveau endormi.

« Marche! marche! Trois roubles de pourboire! » s'écria Rostow, qui, à quelques pas de chez lui, croyait ne jamais arriver. Le traîneau prit sur la droite et s'arrêta devant le perron. Rostow reconnut la corniche ébréchée, la borne du trottoir, et s'élança hors du traîneau avant qu'il se fût arrêté. Il franchit les marches d'un bond. L'extérieur de la maison était aussi froid, aussi calme que par le passé. Que faisait à ces murs de pierre l'arrivée ou le départ? Personne dans le vestibule! « Mon Dieu! serait-il arrivé quelque chose? » se dit Rostow avec un serrement de cœur; il s'arrêta une minute, puis reprit sa course dans l'escalier aux marches usées, qu'il connaissait si bien. « Et voilà le même bouton de porte déjeté, dont la malpropreté agaçait toujours la comtesse, et voilà l'antichambre! » Elle n'était éclairée dans ce moment que par une chandelle.

Le vieux Michel dormait sur une banquette, et Procope, le laquais, cet athlète d'une force proverbiale qui soulevait l'arrière-train d'une voiture, tressait dans un coin des chaussures en écorce. Il se retourna au bruit de la porte qui s'ouvrait avec fracas, et sa figure endormie et insouciante exprima subitement une joie mêlée de terreur :

« Ah! notre père et les saints archanges! Le jeune comte! s'écria-t-il. C'est-il possible? » Et Procope, tremblant d'émotion, se précipita vers la porte du salon; mais, revenant aussitôt sur ses pas, il se jeta sur l'épaule de son maître et la baisa.

« Ils se portent tous bien? demanda Rostow, en lui retirant sa main.

— Dieu soit loué! Dieu soit loué! Ils viennent seulement de finir de dîner. Laisse-toi donc regarder, Votre Excellence!

— Ainsi donc, tout va bien?

— Dieu merci, Dieu merci! »

Rostow, oubliant Denissow et ne voulant pas se laisser devancer par le domestique, jeta sa pelisse et entra, en courant sur la pointe des pieds, dans la grande salle obscure; les tables de jeux y étaient à la même place, et le lustre était toujours enveloppé dans sa housse. Il n'était pas arrivé au salon qu'un ouragan impétueux s'abattit sur lui d'une porte latérale et le couvrit de baisers. Un second, un troisième l'enveloppèrent à leur tour. Ce ne fut plus qu'embrassements, exclamations et larmes de joie. Il ne savait lequel des trois était son père, Natacha, ou Pétia; tous criaient, parlaient et l'embrassaient en même temps, mais il remarqua l'absence de sa mère.

« Et moi qui ne le savais pas?... Nicolouschka.... mon ami.

— Le voilà! C'est bien lui.... Kolia, mon bijou.... Est-il changé! Et il n'y a pas de lumière! Vite du thé....

— Mais embrasse-moi donc!...

— Ma bonne petite âme!... »

Sonia, Natacha, Pétia, Anna Mikhaïlovna, Véra, le vieux comte, tous le serraient dans leurs bras à tour de rôle, et les domestiques et les filles de chambre, entrant à la suite les uns des autres, poussaient des exclamations.

Pétia se cramponnait à ses jambes et criait :

« Et moi donc, et moi donc! »

Natacha, après l'avoir étouffé de baisers, avait saisi sa veste et sautait comme une chèvre, sans changer de place et en poussant des cris aigus.

On ne voyait que des yeux brillants de larmes de joie et d'affection, et les lèvres se rapprochaient pour échanger de nouveaux baisers.

Sonia, rouge comme le koumatch [1], le tenait par la main et fixait sur lui un regard rayonnant de bonheur. Elle venait d'avoir seize ans : elle était jolie, et l'exaltation du moment doublait encore sa beauté. Toute haletante, elle ne le quittait pas des yeux et souriait. Il lui répondit par un regard plein de reconnaissance; mais on voyait qu'il cherchait, qu'il attendait quelqu'un, sa mère, qui ne s'était pas encore montrée. Tout à coup on entendit derrière la porte des pas si précipités, si rapides, qu'ils ne pouvaient être que ceux de la comtesse.

Tous s'écartèrent, et il s'élança à son cou. Elle tomba dans ses bras en sanglotant; sans avoir la force de relever la tête, elle se serrait contre lui, sa figure appuyée contre les froids brandebourgs de son uniforme. Denissow, qui était entré sans être remarqué, les regardait et s'essuyait les yeux.

1. Cotonnade rouge à l'usage des paysans. (*Note du trad.*)

« Vasili Denissow, l'ami de votre fils, dit-il au comte, qui regardait avec étonnement le nouveau venu.

— Ah! je sais, je sais. Très heureux, dit le comte en l'embrassant. Nicolouchka nous l'avait écrit.... Natacha, Véra, le voilà, c'est Denissow! »

Tous ces visages rayonnants de joie se tournèrent aussitôt vers la personne ébouriffée de Denissow et l'entourèrent.

« Mon cher petit Denissow! » dit Natacha, à laquelle la joie avait troublé la cervelle, et, s'élançant vers lui, elle l'embrassa. Denissow, légèrement embarrassé, rougit et, prenant la main de Natacha, la baisa galamment.

Sa chambre étant préparée, on l'y conduisit, pendant que les Rostow se groupaient autour de Nicolas dans le grand salon. La vieille comtesse n'avait pas lâché la main de son fils, et elle la portait à chaque instant à ses lèvres; frères et sœurs suivaient à l'envi chacun de ses gestes, de ses mots, de ses regards, se disputant à qui serait le plus près de lui, et s'arrachant la tasse de thé, le mouchoir, la pipe, pour les lui présenter.

La première minute du retour de Rostow lui avait fait éprouver une sensation de bonheur si complète, qu'elle lui semblait ne pouvoir plus que s'affaiblir, et, dans son émotion, il en demandait encore et encore.

Le lendemain, il dormit jusqu'à dix heures du matin.

Dans la pièce voisine, imprégnée d'une forte odeur de tabac, traînaient de tous côtés des sabres, des gibernes, des havresacs, des malles ouvertes, des bottes sales, à côté desquelles se dressaient contre le mur d'autres bottes bien cirées, avec leurs éperons. Les domestiques portaient des lavabos, de l'eau chaude pour la barbe, et les habits qu'ils venaient de brosser.

« Eh! Grichka, la pipe! s'écria Denissow d'une voix enrouée. — Rostow, lève-toi donc! » Rostow, se frottant les yeux, souleva de dessus son chaud oreiller sa chevelure emmêlée :

« Est-il tard?

— Mais oui, il est tard, il est dix heures, » répondit la voix de Natacha. Et l'on entendit derrière la porte un frôlement de robes et de jupons, fortement empesés, qui se mêlait aux chuchotements et aux rires des jeunes filles, dont on apercevait par l'entrebâillement les rubans bleus, les yeux noirs et les figures joyeuses. C'étaient Natacha, Sonia et Pétia qui venaient savoir s'il était levé.

« Nicolouchka, lève-toi! répétait Natacha.

— Tout de suite! »

Pétia, ayant aperçu un sabre, s'en saisit aussitôt. Emporté par l'élan guerrier que la vue d'un frère aîné, militaire, provoque toujours chez les petits garçons, et oubliant qu'il n'était pas convenable pour ses sœurs de voir des hommes déshabillés, il ouvrit brusquement la porte :

« Est-ce ton sabre? » se mit-il à crier, pendant que les petites filles se jetaient de côté. Denissow, épouvanté, cacha aussitôt ses pieds velus sous la couverture, en appelant des yeux son camarade à son secours. La porte se referma sur Pétia.

« Nicolas, dit Natacha, viens ici en robe de chambre.

— Est-ce son sabre ou le vôtre? » demanda Pétia en s'adressant à Denissow, dont les longues moustaches noires lui inspiraient du respect.

Rostow se chaussa à la hâte, endossa sa robe de chambre et passa dans l'autre pièce, où il trouva Natacha qui avait mis une de ses bottes à éperons et glissait son pied dans l'autre. Sonia pirouettait et faisait le ballon. Toutes deux, fraîches, gaies et animeés, portaient de nouvelles robes bleues pareilles. Sonia s'enfuit au plus vite, et Natacha, s'emparant de son frère, l'emmena pour causer avec lui plus à son aise. Il s'établit alors entre eux un feu roulant de questions et de réponses, qui avaient pour objet des bagatelles d'un intérêt tout personnel. Natacha riait à chaque mot, non de ce qu'il disait, mais parce que la joie qui remplissait son âme ne pouvait se traduire que par le rire.

« Comme c'est bien! c'est parfait! » répétait-elle.

Et Rostow, sous l'influence de ces chaudes effluves de tendresse, retrouvait insensiblement ce sourire d'enfant, qui, depuis son départ, ne s'était pas épanoui une seule fois sur ses traits.

« Sais-tu que tu es devenu un homme, un véritable homme?... et je suis si fière de t'avoir pour frère! » Elle lui passa les doigts sur la moustache. « Je voudrais bien savoir comment vous êtes, vous autres hommes.... Est-ce que vous nous ressemblez? Non, n'est-ce pas?

— Pourquoi Sonia s'est-elle sauvée? lui demanda son frère.

— Oh! c'est toute une histoire. Comment parleras-tu à Sonia? La tutoieras-tu?

— Mais je ne sais pas, comme cela viendra.

— Eh bien, alors, dis-lui : « vous, » je t'en prie, et tu sauras après pourquoi.

— Mais pourquoi?

— Eh bien, je vais te le dire : Sonia est mon amie, et une si grande amie, que j'ai brûlé mon bras pour elle, — et, relevant sa manche de mousseline, elle laissa voir sur son bras blanc et mince, un peu plus bas que l'épaule, à l'endroit couvert ordinairement par le haut des manches, une tache rouge. — C'est moi qui me suis brûlée pour lui prouver mon amour. J'ai pris une règle rougie au feu et me la suis appliquée là! »

Étendu sur le canapé, garni de coussins, de leur chambre d'étude, regardant les yeux brillants de Natacha, Rostow s'enfonçait de nouveau avec bonheur dans ce monde enfantin, dans ce monde intime de la famille, dont les propos n'avaient de sens et de valeur que pour lui, et lui faisaient éprouver une des plus douces jouissances de sa vie; aussi la brûlure du bras, comme témoignage d'affection, lui parut-elle toute simple : il le comprenait sans s'en étonner.

« Et bien, et après? c'est tout?

— Nous sommes si liées, si liées, que ceci n'est rien.... ce ne sont que des folies.... nous sommes amies pour toujours! Quand elle aime quelqu'un, c'est pour la vie; quant à moi, je ne la comprends pas, j'oublie tout de suite.

— Eh bien, et puis?

— Eh bien, elle t'aime comme elle m'aime! » Natacha rougit. — Tu dois te rappeler, tu sais, avant ton départ.... Eh bien, elle assure que tu oublieras tout cela.... Et elle dit: « Je l'aimerais, moi, toujours; mais lui il faut qu'il soit libre! » N'est-ce pas que c'est beau et que c'est noble, bien noble, n'est-ce pas? »

Et Natacha demandait cela avec un tel sérieux et avec une telle émotion, qu'on voyait bien qu'elle devait s'être attendrie plus d'une fois déjà sur ce sujet. Rostow réfléchit quelques secondes.

« Je ne reprends pas ma parole, dit-il. Eh puis, Sonia est si ravissante, qu'il faudrait être un triple imbécile pour refuser un bonheur pareil.

— Non, non, s'écria Natacha. Nous en avons déjà parlé. Nous étions sûres, vois-tu, que tu répondrais ainsi. Mais cela ne se peut pas, parce que, comprends-le bien, si tu te regardes seulement comme lié par ta parole, il en résulte qu'elle a l'air de l'avoir dit exprès.... Tu l'épouseras alors par point d'honneur, et ce ne sera plus du tout la même chose. »

Rostow ne trouva rien à redire : Sonia l'avait frappé la veille par sa beauté, et ce matin elle lui avait semblé encore plus jolie. Elle avait seize ans, elle l'aimait avec passion, et il en était sûr ! Pourquoi ne pas l'aimer dès lors, même en ajournant toute idée de mariage? « J'ai encore tant de plaisirs et de jouissances inconnues devant moi.! se disait-il. Oui, c'est très bien combiné, il ne faut pas s'engager. »

« C'est parfait, nous en causerons plus tard, dit-il à haute voix.... Mais comme je suis content de te revoir! et toi, es-tu restée fidèle à Boris?

— Ah! quelle folie! s'écria Natacha en riant. Je ne pense, ni à lui, ni à personne, et je n'en veux rien savoir.

— Bravo! mais alors...

— Moi, dit Natacha? — et un sourire éclaira son petit visage. As-tu vu Duport, le fameux danseur? Non! Alors tu ne comprendras pas, regarde! — Natacha, arrondissant les bras et levant le coin de sa robe, s'élança, se retourna, fit un entrechat, puis deux, et, s'élevant sur les pointes, fit ainsi quelques pas. — Je me tiens, tu vois, sur mes pointes! tu le vois? Eh bien, jamais je ne me marierai, je me ferai danseuse. Seulement n'en parle pas! »

Rostow éclata d'un rire si joyeux et si franc, que Denissow le lui envia, et Natacha ne put s'empêcher de le partager.

« Qu'en dis-tu? c'est bien, n'est-ce pas?

— Comment! si c'est bien?.... Tu ne veux donc plus épouser Boris? »

Elle devint pourpre :

« Je ne veux épouser personne, et je le lui dirai à lui-même, lorsque je le verrai.

— Oui dà! dit Rostow.

— Bah! ce sont des folies, continua-t-elle en riant... et ton Denissow, est-il bon?

— Très bon.

— Eh bien, adieu, habille-toi.... Et il n'est pas effrayant, ton Denissow?

— Pourquoi effrayant?.... Vaska est un brave garçon.

— Tu l'appelles Vaska? Comme c'est drôle!.... Et il est vraiment bon?

— Mais oui!

— Adieu, dépêche-toi, et viens prendre le thé.... tous ensemble! »

Natacha quitta la chambre sur la pointe des pieds comme une véritable danseuse, et en souriant comme une petite fille de quinze ans. Rostow se rendit bientôt au salon, où il trouva

Sonia ; il rougit et ne sut comment l'aborder. Ils s'étaient embrassés la veille dans leur première explosion de joie, mais aujourd'hui ils comprenaient que ce n'était plus possible; il sentait peser sur lui le regard interrogateur de sa mère et de ses sœurs, qui cherchaient à pressentir ce qu'il allait faire. Il lui baisa la main et lui dit « vous », tandis que leurs yeux, se rencontrant, semblaient se tutoyer et s'embrasser avec tendresse; ceux de Sonia semblaient implorer son pardon, pour avoir osé lui rappeler sa promesse par l'intermédiaire de Natacha et le remercier de son amour. Lui, de son côté, la remerciait de l'avoir dégagé de sa parole et lui disait qu'il ne cesserait jamais de l'aimer, parce que la voir c'était l'aimer.

« Voilà qui est singulier, dit Véra, profitant d'un moment de silence général : Sonia et Nicolas se disent « vous, » comme des étrangers. » Elle avait dit juste comme toujours, mais comme toujours aussi elle avait parlé mal à propos, et chacun, sans en excepter la vieille comtesse, qui voyait dans cet amour un obstacle à un brillant mariage pour son fils, rougit d'un air embarrassé. Denissow entra au même moment, vêtu d'un nouvel uniforme, pommadé, parfumé, frisé comme un jour de bataille, et son amabilité inusitée avec les dames causa à Rostow une profonde surprise.

II

Revenu de l'armée, Nicolas Rostow fut reçu, par sa famille, en fils chéri, en héros; par sa parenté, en jeune homme distingué et bien élevé; par ses connaissances, comme un charmant lieutenant de hussards, danseur élégant et l'un des plus beaux partis de Moscou.

Les Rostow comptaient tout Moscou au nombre de leurs habitués. Le comte, qui avait renouvelé à la Banque l'engagement de ses terres, était complètement à flot cette année, et Nicolas, devenu propriétaire d'un superbe trotteur, poussait le genre jusqu'à porter un pantalon comme personne n'en avait encore vu dans la ville, et des bottes à la mode, aux pointes relevées, avec de petits éperons en argent. Il passait gaiement son temps, et éprouvait ce sentiment du bien-être retrouvé que l'on ressent si vivement lorsqu'on en a été longtemps privé.

grandi et devenu homme à ses propres yeux, le souvenir de son désespoir, quand il avait manqué son examen de catéchisme, de l'emprunt fait à Gavrilo l'isvostchik, des baisers échangés en secret avec Sonia, tout cela ne lui semblait qu'un enfantillage qui se perdait bien loin derrière lui; tandis que maintenant il était un lieutenant de hussards avec le dolman argenté, la croix de soldat de Saint-George sur la poitrine; il avait un beau trotteur qu'il entraînait pour les courses de société, en compagnie d'amateurs connus, âgés et respectables ; il avait lié connaissance avec une dame qui demeurait sur le boulevard et chez laquelle il passait ses soirées; enfin, il dirigeait la mazourka au bal des Arkharow, parlait guerre avec le feld-maréchal Kamenski, dînait au club anglais, et tutoyait un colonel de quarante ans, ami de Denissow.

Comme il n'avait pas vu l'Empereur depuis longtemps, la passion qu'il éprouvait autrefois pour lui s'était affaiblie, mais il aimait à en parler et à laisser croire que son dévouement avait un motif inexplicable pour le commun des mortels, tout en partageant, au fond de son cœur, l'adoration dont Moscou, qui avait décerné à l'empereur Alexandre le surnom d' « Ange terrestre », entourait son souverain bien-aimé.

Pendant son court séjour dans sa famille, Rostow s'était plutôt éloigné que rapproché de Sonia, malgré sa beauté, ses attraits et l'amour qui éclatait dans toute sa personne. Il passait par cette phase de jeunesse où chaque minute est si remplie, que le jeune homme n'a pas le temps de penser à aimer. Il craignait de s'engager, il était jaloux de cette indépendance qui pouvait seule lui permettre de réaliser tous ses désirs, et il se disait à la vue de Sonia : « J'en trouverai beaucoup comme elle, beaucoup qui me sont encore inconnues ! Il sera toujours temps d'aimer et de m'en occuper plus tard. » Il dédaignait, dans sa virilité, de vivre au milieu des femmes et faisait mine d'aller à contre-cœur au bal et dans le monde; mais les courses, le club anglais, les parties fines, Denissow et les visites *là-bas*, c'était autre chose, et c'était vraiment là ce qui convenait à un jeune et élégant hussard !

Au commencement de mars, le vieux comte Ilia Andréïévitch fut très occupé des préparatifs d'un dîner qu'on donnait au club anglais en l'honneur du prince Bagration.

Le comte se promenait en robe de chambre dans la grande salle, donnant des ordres à Phéoctiste, le célèbre maître d'hôtel du club, et lui recommandait de se pourvoir de primeurs, de

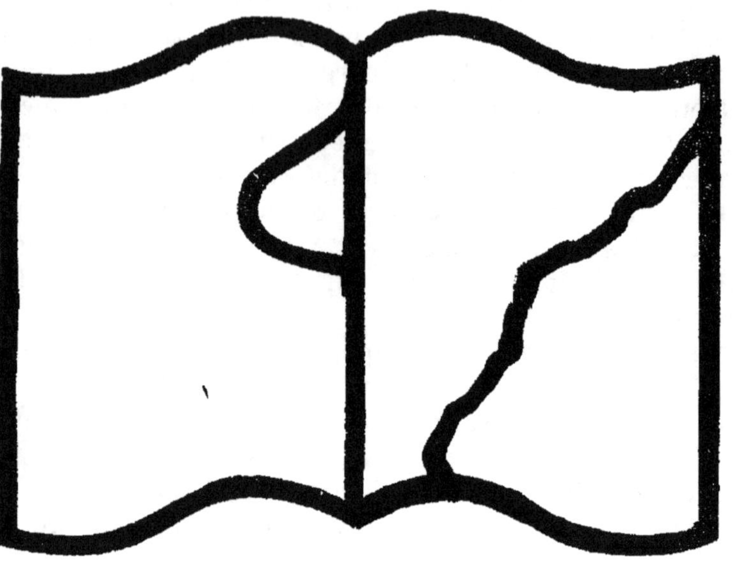

Texte détérioré — reliure défectueuse

NF Z 43-120-11

poisson bien frais, de veau bien blanc, d'asperges, de concom bres, de fraises!... Le comte était membre et directeur du clu depuis sa fondation. Personne mieux que lui ne savait organi ser sur une grande échelle un banquet solennel, d'autan mieux qu'il payait de sa poche le surplus des dépenses pré vues. Le chef et le maître d'hôtel recevaient avec une satisfac tion évidente les instructions du comte, sachant par expérienc ce que leur rapporterait un dîner de plusieurs milliers d roubles.

« Rappelle-toi bien, n'oublie pas les crêtes, les crêtes dan le potage à la tortue.

— Il faudra donc trois plats froids? demanda le cuisinier.

— Il me paraît difficile qu'il y en ait moins, répondit le comt après un moment de silence.

— Il faudra donc acheter les grands sterlets? demanda l maître d'hôtel.

— Certainement! Que faire d'ailleurs, puisqu'on ne cèd pas sur le prix.... Ah! mon Dieu, mon Dieu, et moi qui allai oublier une seconde entrée! Où est ma tête? mon Dieu!

— Où me procurerai-je des fleurs?

— Mitenka! Mitenka! va-t'en au grand galop à ma « datcha s'écria le comte en s'adressant à son intendant. Donne l'ord Maxime, le jardinier, d'employer la corvée, pour m'ame tout ce qu'il y a dans mes orangeries. Il faut que deux cen orangers soient ici vendredi. Qu'on les emballe bien et qu les recouvre de feutre! »

Ses dispositions achevées, il se disposait à aller retrouv « sa petite comtesse » et à se reposer un peu chez elle, lorsqu se souvenant de différentes recommandations qu'il avait o bliées, il fit appeler de nouveau le maître-queux et le maî d'hôtel, et recommença ses explications. La porte s'ouvrit, jeune comte entra d'un pas léger et assuré, en faisant sonn ses éperons. Les bons résultats d'une vie tranquille et he reuse se lisaient sur son teint reposé.

« Ah! mon garçon, la tête me tourne, dit le vieux comt un peu honteux de ses graves occupations; allons, aide-mo il faudra avoir les chanteurs de régiment; il y aura aussi un o chestre.... et les bohémiens? qu'en penses-tu? Vous les aime vous autres militaires?

— Vraiment, cher père, je parie que le prince Bagratio quand il se préparait à la bataille de Schöngraben, était moi affairé que vous aujourd'hui.

— Essayes-en, je te le conseille, » dit le vieux comte avec une feinte colère, et se retournant vers le maître d'hôtel, qui les examinait tour à tour avec une bonhomie intelligente : « Voilà la jeunesse, Phéoctiste ; elle se moque de nous autres vieux.

— C'est vrai, Excellence ; elle ne demande qu'à bien boire et à bien manger ; quant aux apprêts et au service ça lui est bien égal.

— C'est ça, c'est ça, » s'écria le comte, et, empoignant les deux mains de son fils : « Je te tiens, polisson, et tu vas me faire le plaisir de prendre mon traîneau à deux chevaux et d'aller chez Besoukhow lui demander de ma part des fraises et des ananas. Il n'y en a que chez lui. S'il n'y est pas, va les demander aux princesses, puis tu iras au Rasgoulaï. Ipatka, le cocher, connaît le chemin ; tu y trouveras Illiouchka le bohémien, celui qui dansait en casaquin blanc chez le comte Orlow, et tu l'amèneras ici.

— Avec les bohémiennes ? ajouta Nicolas en riant.

— Voyons, voyons ! » dit son père.

Le vieux comte en était là de ses recommandations, lorsque Anna Mikhaïlovna, qui, selon son habitude, était entrée à pas de loup, parut subitement auprès d'eux, avec cet air affairé et mêlé de fausse humilité chrétienne qui lui était habituel. Le comte, surpris en robe de chambre, ce qui du reste lui arrivait tous les jours, se confondit en excuses.

« Ce n'est rien, cher comte, dit-elle, en fermant doucement les yeux. Quant à votre commission, c'est moi qui la ferai. Le jeune Besoukhow vient d'arriver, et nous en obtiendrons tout ce dont vous avez besoin. Il faut que je le voie. Il m'a envoyé une lettre de Boris, qui, Dieu merci, est attaché à l'état-major. »

Le comte, enchanté de son obligeance, lui fit atteler sa petite voiture.

« Vous lui direz de venir ; je l'inscrirai. Est-il avec sa femme ? »

Anna Mikhaïlovna leva les yeux au ciel, et son visage exprima une profonde douleur.

« Ah ! mon ami, il est bien malheureux, et, si ce qu'on dit est vrai, c'est affreux, mais qui pouvait le prévoir ? C'est une âme si belle et si noble que ce jeune Besoukhow ! Ah ! oui, je le plains de tout cœur, et je ferai tout ce qui me sera humainement possible pour le consoler.

— Mais qu'y a-t-il donc ? demandèrent à la fois le père et le fils.

— Vous connaissez, n'est-ce pas? Dologhow, le fils de Marie Ivanovna, dit Anna Mikhaïlovna en soupirant et en parlant à mi-voix et à mots couverts, comme si elle craignait de se compromettre. Eh bien,... c'est « lui » qui l'a protégé, qui l'a invité à venir chez « lui » à Pétersbourg, et maintenant « elle », elle est arrivée ici, avec cette tête à l'envers à sa suite, et le pauvre Pierre est, dit-on, abîmé de douleur. »

Malgré tout son désir de témoigner sa sympathie pour le jeune comte, les intonations et les demi-sourires d'Anna Mikhaïlovna en laissaient percer une plus vive encore peut-être pour cette « tête à l'envers », comme elle appelait Dologhow.

« Tout cela est bel et bon, mais il faut qu'il vienne au club.... cela le distraira. Ce sera un banquet monstre! »

Le lendemain, 3 mars, à deux heures de l'après-midi, deux cent cinquante membres du club anglais et cinquante invités attendaient pour dîner leur hôte illustre, le prince Bagration, le héros de la campagne d'Autriche.

La nouvelle de la bataille d'Austerlitz avait frappé Moscou de stupeur. Jusqu'à ce moment, la victoire avait été si fidèle aux Russes que la nouvelle d'une défaite ne rencontra que des incrédules, et l'on essaya de l'attribuer à des causes extraordinaires. Lorsque dans le courant du mois de décembre le fait fut devenu incontestable, on avait l'air, au club anglais, où se réunissaient toute l'aristocratie de la ville et tous les hauts dignitaires les mieux informés, de s'être donné le mot pour ne faire aucune allusion ni à la guerre ni à la dernière bataille. Les personnages influents, qui donnaient d'habitude le ton aux conversations, tels que le comte Rostopchine, le prince Youry Vladimirovitch Dolgoroukow, Valouïew, le comte Markow, le prince Viazemsky, ne se montraient pas au club, mais se voyaient en petit comité, et les Moscovites, habitués d'ordinaire, comme le comte Rostow, à n'exprimer d'autre opinion que celle d'autrui, étaient restés quelque temps sans guide et sans données précises sur la marche de la guerre. Sentant instinctivement que les nouvelles étaient mauvaises et qu'il était difficile de s'en rendre exactement compte, ils gardaient un silence prudent. Les gros bonnets, semblables au jury qui sort de la salle des délibérations, rentrèrent au club et donnèrent leur avis; tout redevint pour eux d'une clarté inéluctable, et ils découvrirent à l'instant mille et une raisons pour expliquer à leur façon cette catastrophe incroyable, inadmissible : la déroute des Russes. A partir de ce moment, on ne fit plus, dans tous les coins de Moscou, que broder sur le même thème, qui était invariablement la mauvaise fourniture des vivres, la trahison des Autrichiens, du Polonais Prsczebichevsky, du Français Langeron, l'incapacité de Koutouzow, et (bien bas, bien bas) la jeunesse, l'inexpérience et la confiance mal placée de l'Empereur. En revanche, on était unanime pour dire que nos troupes avaient accompli des prodiges de valeur : soldats, officiers, généraux, tous avaient été héroïques. Mais le héros des héros était le prince Bagration, qui s'était couvert de gloire à Schöngraben et à Austerlitz, où seul il avait su conserver sa colonne en bon ordre, tout en se repliant avec elle et en défendant pas à pas sa retraite contre un ennemi deux fois plus nombreux. Son manque de parenté à Moscou, où il était étranger, y avait singulièrement facilité sa promotion au titre de héros. On saluait en lui le simple soldat de fortune, le soldat sans protections, sans intrigues, qui ne songe qu'à se battre pour son pays, et dont le nom se rattachait du reste aux souvenirs de la campagne d'Italie et de Souvarow. La malveillance et la désapprobation que Koutouzow avait accumulées sur sa tête s'accentuaient plus vivement encore par le contraste des honneurs rendus à Bagration, « qu'il aurait fallu inventer s'il n'avait pas existé, » comme avait dit un jour ce mauvais plaisant de Schinchine, en parodiant les paroles de Voltaire. On ne parlait de Koutouzow que pour le blâmer et l'accuser d'être une girouette de cour et un vieux satyre.

Tout Moscou répétait les paroles du prince Dolgoroukow : « A force de forger, on devient forgeron, » en se consolant de la défaite actuelle par le souvenir des victoires passées, et les aphorismes de Rostopchine, qui disait à qui voulait l'entendre que « le soldat français avait besoin d'être excité à la bataille par des phrases ronflantes ; qu'il fallait à l'Allemand une logique serrée pour le convaincre qu'il était plus dangereux de fuir que de marcher à l'ennemi, et que, quant au Russe, on était obligé de le retenir et de le supplier de se modérer. »

Chaque jour, on citait de nouveaux traits de courage accomplis à Austerlitz par nos soldats et par nos officiers : celui-ci avait sauvé un drapeau, celui-là avait tué cinq Français, cet autre avait pris cinq canons. Berg n'était pas oublié, et ceux mêmes qui ne le connaissaient pas racontaient que, blessé à la main droite, il avait pris son épée de la main gauche et avait bravement continué sa marche en avant. Quant à Bolkonsky, personne n'en disait mot; ses plus proches parents regrettaient seuls sa mort prématurée et plaignaient sa jeune femme enceinte et son original de père.

III

Le 3 mars, de nombreuses voix, pareilles à un essaim d'abeilles printanières, bourdonnaient dans les chambres du club anglais. Les membres du club et les invités, les uns en uniforme, les autres en frac, quelques-uns même en habit à la française, allaient et venaient, s'asseyaient, se relevaient et se formaient en groupes animés. Les laquais poudrés, en bas de soie et en culotte courte, se tenaient deux par deux à chaque porte, tout prêts à faire leur service. La majorité de cette réunion était composée d'hommes âgés, d'un extérieur respectable, avec des figures satisfaites, de gros doigts, des gestes et des inflexions de voix assurées. Cette catégorie de membres avait ses places habituelles, réservées à l'avance, et se réunissait en petit comité intime. La minorité se composait d'invités pris au hasard, et surtout de jeunes gens, parmi lesquels se trouvaient Nesvitsky, ancien membre du club, Denissow, Rostow, Dologhow, redevenu officier du régiment de Séménovsky, et plusieurs autres. Cette jeunesse semblait faire profession d'une déférence légèrement dédaigneuse envers la génération des vieux et leur dire : « Nous sommes tout disposés à vous respecter, mais rappelez-vous que l'avenir est à nous. »

Pierre, qui, pour complaire à sa femme, avait laissé pousser ses cheveux, ôté ses lunettes, et s'habillait à la dernière mode, promenait sa tristesse et son ennui d'une salle à l'autre. Là, comme ailleurs, il était entouré de gens qui adoraient en lui le veau d'or, et auxquels, habitué qu'il était à leur encens, il ne répondait qu'avec une distraction méprisante. Par son âge, il appartenait à la jeunesse, mais par sa fortune et ses relations il faisait partie de la société des hommes âgés et influents et passait indifféremment des uns aux autres.

La conversation des vieux les plus marquants, tels que Rostopchine, Valouïew et Narischkine, attirait sur eux l'attention de membres plus ou moins connus du club, qui s'en approchaient pour les écouter religieusement. Rostopchine racontait comment les Russes, refoulés par les fuyards autrichiens, avaient dû se frayer un chemin au milieu d'eux en les chargeant à la baïonnette; Valouïew expliquait à ses voisins, sous le sceau du secret, que l'envoi d'Ouvarow à Mosou n'avait d'autre but que de connaître l'opinion des Moscovites sur la bataille d'Austerlitz, tandis que Narischkine rappelait l'anecdote de Souvorow, se mettant à faire « cocorico » en pleine séance du conseil de guerre autrichien, pour toute réponse à l'ineptie de ses membres. Schinchine, qui cherchait toujours l'occasion de lancer une plaisanterie, ajouta avec tristesse que Koutouzow n'avait même pas su apprendre de Souvorow à faire « cocorico » ; mais le regard sévère des vieux lui fit comprendre qu'il était inconvenant de s'exprimer ainsi ce jour-là sur Koutouzow.

Le comte Rostow allait de la salle à manger au salon et du salon à la salle à manger, d'un air affairé et inquiet, saluant indifféremment, avec sa bonhomie habituelle, les grands et les petits, cherchant parfois du regard ce beau garçon qui était son fils et lui adressant de joyeux clignements d'yeux. Nicolas, debout près de la fenêtre, causait avec Dologhow, dont il avait fait récemment la connaissance et qu'il appréciait beaucoup. Le vieux comte s'approcha pour serrer la main à ce dernier.

« Vous viendrez nous voir, n'est-ce pas ? puisque vos connaissez mon guerrier et que vous êtes deux héros de là-bas!.. Ah! Vassili Ignatieïtch... bonjour, mon vieux!... »

Il n'eut pas le temps d'achever sa phrase, car un laquais, tout essoufflé et tout effaré, annonça :

« Il est arrivé! »

Des coups de sonnette retentirent sur l'escalier, les directeurs s'élancèrent, et les différents membres du club, dispersés dans tous les coins comme des grains de blé sur le van, se réunirent, se massèrent et s'arrêtèrent à la porte du grand salon.

Au même instant, Bagration parut à l'entrée de cette pièce. Il était sans épée et sans tricorne. Selon l'usage du club, il les avait déposés dans le vestibule. Il portait un uniforme neuf, décoré d'ordres étrangers et russes, avec la croix de Saint-George sur la poitrine, et n'avait plus le bonnet fourré et le fouet de cosaque en bandoulière, comme Rostow l'avait vu la veille d'Austerlitz. Il avait fait couper un peu ses cheveux et ses favoris, ce qui le changeait à son désavantage. Son air endimanché, peu en rapport avec ses traits mâles et décidés, donnait à sa physionomie une expression tant soit peu comique. Béklechow et Fédor Pétrovitch Ouvarow, arrivés en même temps que lui, s'arrêtèrent à la porte pour laisser passer l'hôte illustre, qui, confus de leur politesse, s'arrêta un moment, et, après un échange de phrases banales, se décida enfin à passer le premier. Rien qu'à voir la gaucherie de ses mouvements et la façon dont il glissait sur le parquet d'un air embarrassé, on sentait qu'il lui était mille fois plus habituel et plus facile de traverser un champ labouré, sous une pluie de balles, comme il l'avait fait à Schöngraben, à la tête du régiment de Koursk. Les directeurs, qui s'étaient avancés audevant de lui, lui exprimèrent en peu de mots la joie que tous ressentaient à le recevoir, et, sans attendre sa réponse, l'entourèrent à l'envi et s'en emparèrent pour le conduire à la porte du salon, dont la foule, qui s'y était pressée, rendait l'accès presque impossible; chacun en effet essayait d'apercevoir Bagration par-dessus l'épaule de son voisin, comme s'il s'était agi d'une bête curieuse! Le comte Rostow, tout en jouant des coudes et répétant : « Je vous en prie, mon cher, laissez, laissez passer! » fraya le chemin au nouvel arrivant jusqu'au grand divan où il parvint enfin à le faire asseoir. Les gros bonnets du club formèrent aussitôt le cercle autour de lui, pendant que le vieux comte se glissait hors de la chambre, pour revenir un instant après, en compagnie des autres directeurs, offrir à Bagration une ode composée en son honneur et déposée sur un immense plat d'argent.

A la vue de ce plat, Bagration jeta autour de lui des regards inquiets, comme s'il cherchait un secours invisible; mais, se soumettant à ce qu'il ne pouvait éviter et se sentant à la merci de tous ces yeux braqués sur lui, il saisit vivement le plat des deux mains, non sans jeter un coup d'œil de reproche au comte, qui le lui tendait avec un air de profonde déférence. Heureusement, un membre du club lui vint en aide, en lui retirant obligeamment le plat, qu'il semblait ne plus vouloir lâcher, et en recommandant les vers à son attention. « Puisqu'il le faut! » avait-il l'air de dire, en prenant le rouleau de papier, et, le regardant de ses yeux fatigués, il en commença la lecture d'un air sérieux et concentré.

L'auteur des vers lui offrit de les lire lui-même, et le prince Bagration, résigné, pencha la tête et écouta.

Sois la gloire du siècle d'Alexandre,
Sois le bouclier de Titus sur le trône,
A la fois homme de bien et guerrier redoutable,
De la patrie sois le rempart,
Comme tu es César sur le champ de bataille!
C'en est fait, l'heureux Napoléon
Sait aujourd'hui ce qu'est Bagration,
Et n'osera plus se mesurer avec les Achilles russes!...

Il n'avait pas achevé sa période que le maître d'hôtel annonça d'une voix retentissante :

« Le dîner est servi! »

Les portes s'ouvrirent, et l'on entendit dans la salle à manger les sons de l'orchestre qui jouait la fameuse polonaise : *Qu'il éclate le tonnerre des victoires, et que le Russe vaillant se réjouisse!*

Le comte Rostow, impatienté contre le malencontreux auteur, s'avança vers Bagration et lui fit un profond salut. Comme, pour le moment, le dîner était plus intéressant que la poésie, tous se levèrent, et se rendirent, Bagration en tête, dans la salle à manger. L'illustre général occupait la place d'honneur entre Beklechow et Narischkine, ayant tous deux le prénom d'Alexandre, ce qui était une allusion délicate au nom même de l'Empereur. Trois cents personnes s'assirent à cette longue table, selon leur rang et leurs dignités, les plus notables à côté de l'hôte qu'on fêtait.

Un peu avant le dîner, le comte Ilia Andréïévitch lui avait présenté son fils, et il regardait autour de lui avec une orgueilleuse satisfaction, pendant que Bagration, qui avait reconnu Nicolas, lui balbutiait quelques mots inintelligibles.

Denissow, Rostow et Dologhow avaient pris place au milieu de la table, en face de Pierre et de Nesvitsky. Le vieux comte, assis vis-à-vis de Bagration, faisait, avec les autres directeurs, les honneurs du dîner, et ils représentaient en leurs personnes la bienveillante hospitalité de Moscou.

Toute la peine que s'était donnée le comte était couronnée de succès. Bien que les deux dîners, le dîner gras et le dîner maigre, fussent tous deux exquis et admirablement réussis, il ne cessa, jusqu'à la fin du repas, d'éprouver un inquiétude involontaire qui se traduisait, à l'apparition de chaque nouveau plat, par un signe au sommelier ou un mot à l'oreille du laquais placé debout derrière lui. Le gigantesque strelet, dont la vue le fit rougir d'une modeste fierté, venait à peine de faire son entrée, que les bouteilles furent débouchées sur toute la ligne, et le champagne coula à flots dans les verres. Lorsque l'émotion produite par le poisson fut un peu calmée, le comte Ilia Andréïévitch se concerta avec les autres directeurs.

« Il est temps, leur dit-il, de porter la première santé, car il y en aura beaucoup!... »

Et il se leva, le verre à la main. On se tut pour écouter ce qu'il allait dire :

« A la santé de Sa Majesté l'Empereur! » s'écria-t-il, les yeux humides de larmes de joie et d'enthousiasme, et l'orchestre éclata en fanfares. On se leva, on cria hourra! Bagration répondit par un hourra aussi éclatant que celui qu'il avait poussé à Schœngraben, et la voix de Rostow se fit entendre au-dessus des voix des trois cents autres convives. Emu, sur le point de pleurer, il ne cessait de répéter : « A la santé de Sa Majesté l'Empereur! » et, vidant son verre d'un trait, il le jeta sur le parquet. Plusieurs suivirent son exemple et les cris retentirent de plus belle. Lorsqu'enfin le silence se rétablit, les domestiques ramassèrent les cristaux brisés, et chacun se rassit, heureux du bruit qu'il avait fait. Le comte Ilia Andréïévitch, jetant un regard sur la liste posée à côté de son assiette, se releva et porta la santé du héros de notre dernière campagne, le prince Pierre Ivanovitch Bagration! De nouveau ses yeux se remplirent de larmes, et de nouveau un hourra répété par trois cents voix répondit à son toast; mais, au lieu de l'orchestre, ce fut cette fois un chœur de chanteurs qui entonna la cantate composée par Paul Ivanovitch Koutouzow :

Les Russes ne connaissent pas d'obstacles,
De la victoire leur valeur est le gage,
Car nous avons des Bagration,
Et les ennemis sont à nos pieds, etc.

Les chants avaient à peine cessé, qu'on reprit la kyrielle des toasts.

Le vieux comte continuait à s'attendrir; on brisait de plus en plus les assiettes et les verres, et on criait à en perdre la voix. On avait bu à la santé de Beklechow, de Narischkine, d'Ouvarow, de Dolgoroukow, d'Apraxine, de Valouïew, à la santé des directeurs, des membres du club, des invités, et enfin à celle de l'organisateur du dîner, le comte Ilia Andréïévitch, qui, dès les premiers mots de ce toast, vaincu par son émotion, tira son mouchoir, y cacha sa figure et fondit complètement en larmes.

IV

Pierre buvait et mangeait beaucoup, avec son avidité habituelle. Mais, ce jour-là, silencieux, morose et abattu, il regardait d'un air distrait autour de lui et semblait ne rien entendre. Rien qu'à le voir ainsi préoccupé, ses amis devinaient sans peine qu'il était absorbé par quelque question accablante et insoluble.

Cette question, qui tourmentait à la fois son cœur et son esprit, c'étaient les allusions de la princesse Catherine, sa cousine, au sujet de l'intimité de Dologhow avec sa femme. Le matin même, il avait reçu une lettre anonyme écrite sur le ton de grossière raillerie propre à ce genre de lettres, dans laquelle on lui disait que ses lunettes lui étaient bien inutiles, puisque la liaison de sa femme et de Dologhow n'était un mystère que pour lui seul. Il n'avait ajouté foi ni à la lettre ni aux allusions de sa cousine; mais la vue de Dologhow, assis en face de lui, lui causait un invincible malaise. Chaque fois que ses beaux yeux impudents rencontraient ceux de Pierre, ils faisaient naître dans l'âme de ce dernier un sentiment effroyable, monstrueux, et il se détournait brusquement. En se rappelant le passé que l'on prêtait à Hélène et ses relations actuelles avec Dologhow, il comprenait qu'il aurait pu y avoir quelque chose de vrai dans la lettre anonyme, s'il ne s'était pas agi de sa femme. Pierre se rappela involontairement la première visite de Dologhow, et comment, en souvenir de leurs anciennes folies, il lui avait prêté de l'argent, comment il l'avait installé dans sa maison, comment Hélène, sans se départir de son éternel sourire, lui avait exprimé son ennui de cet arrangement, et comment Dologhow, qui ne cessait de lui vanter avec cynisme la beauté de sa femme, ne les avait plus quittés d'une semelle depuis ce jour-là.

« Il est très beau, c'est vrai, se disait Pierre.... et je sais qu'il éprouverait une jouissance toute particulière à déshonorer mon nom, à se jouer de moi, précisément à cause des services que je lui ai rendus; oui, je comprends combien il trouverait piquant de me tromper de la sorte, mais je n'y crois pas, je n'ai pas le droit d'y croire! »

Il avait souvent été frappé de l'expression méchante de la figure de Dologhow, comme le jour où ils avaient jeté à l'eau l'ours et l'officier de police, ou bien lorsqu'il provoquait quelqu'un sans raison, ou qu'il tuait d'un coup de pistolet le cheval d'un isvostchik, et aujourd'hui, lorsque leurs yeux se rencontraient, il retrouvait dans son regard cette même expression. « Oui, c'est un bretteur; tuer un homme est le dernier de ses soucis; il se dit que chacun a peur de lui, et moi tout le premier.... et cela doit lui faire plaisir.... Et au fond c'est vrai... J'ai peur de lui! » Ainsi pensait Pierre, pendant que Rostow s'entretenait gaiement avec ses deux amis, Denissow et Dologhow, dont l'un était un brave hussard et l'autre un franc vaurien. Leur bruyant trio faisait un singulier contraste avec la personne massive, sérieuse et préoccupée de Pierre, pour lequel Rostow d'ailleurs n'avait pas de sympathie: primo, c'était un pékin millionnaire, le mari d'une beauté à la mode, et une poule mouillée, trois crimes irrémissibles à ses yeux de hussard; secundo, Pierre, distrait et pensif, ne lui avait pas rendu son salut, et lorsqu'on avait porté la santé de l'Empereur, abîmé dans ses réflexions, Pierre ne s'était pas levé!

« Eh bien, et vous? lui cria Rostow irrité de plus en plus. N'entendez-vous pas? A la santé de l'Empereur! »

Pierre soupira, se leva avec résignation, vida son verre, et quand tout le monde fut rassis, il s'adressa à Rostow avec son bon sourire :

« Tiens, et moi qui ne vous avais pas reconnu! »

Rostow, qui s'égosillait à crier hourra! n'entendit même pas.

« Eh bien, tu ne renouvelles pas connaissance? dit Dologhow.

— Que le bon Dieu le bénisse, cet imbécile! répondit Rostow.

— Il faut soigner les maris des jolies femmes, » lui dit à demi-voix Denissow.

Pierre devinait qu'ils parlaient de lui, mais il ne pouvait les entendre. Cependant il rougit et se détourna.

« Et maintenant, buvons à la santé des jolies femmes! dit Dologhow d'un air moitié sérieux et moitié souriant.... Pétroucha!.... A la santé des jolies femmes et de leurs amants! »

Pierre, les yeux baissés, buvait sans regarder Dologhow et sans lui répondre. En ce moment, le laquais qui distribuait la cantate en remit un exemplaire à Pierre, comme étant un des principaux membres du club. Il allait le prendre, lorsque Dologhow se pencha et lui arracha la feuille pour la lire. Pierre releva la tête, et, entraîné par un mouvement irrésistible de colère, il lui cria de toute sa force :

« Je vous le défends ! »

A ces mots, et voyant à qui ils s'adressaient, Nesvitsky et son voisin de droite, effrayés, cherchèrent à le calmer, tandis que Dologhow, fixant sur lui ses yeux brillants et froids comme l'acier, lui disait, en accentuant chaque syllabe :

« Je la garde ! »

Pâle, les lèvres tremblantes, Pierre la lui arracha des mains :

« Vous êtes un misérable !.... vous m'en rendrez raison ! »

Il se leva de table et comprit tout à coup que la question de l'innocence de sa femme, cette question qui le torturait depuis vingt-quatre heures, était tranchée sans retour. Il la détestait maintenant et sentait que tout était rompu avec elle à jamais. Malgré les instances de Denissow, Rostow consentit à servir de témoin à Dologhow, et, le dîner terminé, il discuta avec Nesvitsky, le témoin de Besoukhow, les conditions du duel. Pierre retourna chez lui, tandis que Rostow, Dologhow et Denissow restèrent au club très avant dans la nuit à écouter les bohémiennes et les chanteurs de régiment.

« Ainsi, à demain, à Sokolniki, dit Dologhow, en prenant congé de Rostow, sur le perron.

— Et tu es calme ? lui dit Rostow.

— Vois-tu, répondit Dologhow, je te dirai mon secret en deux mots : si, la veille d'un duel, tu te mets à écrire ton testament et des lettres larmoyantes à tes parents, si surtout tu penses à la possibilité d'être tué, tu es un imbécile, un homme fini ! Si, au contraire, tu as la ferme intention de tuer ton adversaire et cela le plus tôt possible, tout va comme sur des roulettes. Ainsi que me le disait un jour notre chasseur d'ours : « Comment ne pas en avoir peur de l'ours ?.... et « pourtant, quand on le voit, on ne craint plus qu'une chose : « c'est qu'il ne vous échappe ! » Eh bien, mon cher, c'est tout juste comme moi. Au revoir, à demain ! »

Le lendemain, à huit heures du matin, Pierre et Nesvitsky, en arrivant au bois de Sokolniki, y trouvèrent Dologhow, Denissow et Rostow. Pierre paraissait complètement indifférent à ce qui allait se passer; on voyait, à sa figure fatiguée, qu'il avait veillé toute la nuit, et ses yeux tremblotaient involontairement à la lumière. Deux questions le préoccupaient exclusivement : la culpabilité de sa femme, qui pour lui ne faisait plus de doute, et l'innocence de Dologhow, auquel il reconnaissait le droit de ne pas ménager l'honneur d'un homme, qui après tout lui était étranger : « Peut-être en aurais-je fait tout autant, se dit Pierre, oui, certainement je l'aurais fait!.... Mais alors ce duel, alors ce duel serait un assassinat?.... Ou bien je le tuerai, ou bien ce sera lui qui me touchera à la tête, au coude, au pied, au genou.... Ne pourrais-je donc me cacher et m'enfuir quelque part? » Et, en même temps, il demandait, avec un calme qui inspirait le respect à ceux qui l'observaient : « Serons-nous bientôt prêts? »

Après avoir enfoncé les sabres dans la neige, indiqué l'endroit jusqu'où chacun devait marcher, et chargé les pistolets, Nesvitsky s'approcha de Pierre :

« Je croirais manquer à mon devoir, comte, dit-il d'une voix timide, et je ne justifierais pas la confiance que vous m'avez témoignée et l'honneur que vous m'avez fait en me choisissant comme second, si dans cette minute solennelle je ne vous disais pas toute la vérité.... Je ne crois pas que le motif de l'affaire soit assez grave pour verser du sang.... Vous avez eu tort, vous vous êtes emporté....

— Ah! oui, c'était bien bête!... dit Pierre.

— Dans ce cas, laissez-moi porter vos excuses, et je suis sûr que nos adversaires les accepteront, dit Nesvitsky, qui, comme tous ceux qui sont mêlés à des affaires d'honneur, ne prenait la rencontre au sérieux qu'au dernier moment. Il est plus honorable, comte, d'avouer ses torts que d'en arriver à l'irréparable. Il n'y a pas eu d'offense grave, ni d'un côté ni de l'autre. Permettez-moi....

— Les paroles sont inutiles! dit Pierre... Ça m'est bien égal.... Dites-moi seulement de quel côté je dois aller et où je dois tirer. » Il prit le pistolet, et, n'en ayant jamais tenu un de sa vie et ne s'inquiétant guère de l'avouer, il questionna ses témoins sur la façon de presser la détente : « Ah! c'est ainsi... c'est vrai, je l'avais oublié.

— Aucune excuse, aucune, décidément! » répondit Dologhow à Rostow, qui de son côté avait essayé une tentative de réconciliation.

L'endroit choisi était une petite clairière, dans un bois de pins, couverte de neige à moitié fondue, et à quatre-vingts pas de la route où ils avaient laissé leurs traîneaux. A partir de l'endroit où se tenaient les témoins jusqu'aux sabres que Nesvitsky et Rostow avaient fichés en terre à dix pas l'un de l'autre, en guise de barrières, ils avaient laissé des traces sur la neige molle et profonde, en comptant les quarante pas qui devaient séparer les adversaires. Il dégelait, et d'humides vapeurs voilaient le paysage au delà de cette distance. Bien que tout fût prêt depuis trois minutes, personne ne donnait encore le signal; tous se taisaient.

V

« Eh bien, qu'on commence! s'écria Dologhow.

— Eh bien! » répéta Pierre en souriant.

La situation devenait terrible. L'affaire, si insignifiante au début, ne pouvait plus maintenant être arrêtée. Elle suivait fatalement sa marche en dehors de toute volonté humaine; elle devait s'accomplir! Denissow s'avança jusqu'à la barrière :

« Les adversaires, dit-il, s'étant refusés à toute réconciliation, on peut commencer. Qu'on prenne les pistolets, et qu'on se porte en avant au mot « trois! »

« Une! deux! trois! » compta Denissow d'une voix sourde, en se reculant. Les combattants s'avancèrent sur le sentier frayé, et chacun d'eux voyait peu à peu émerger du brouillard la figure de son adversaire. Ils avaient le droit de tirer à volonté en marchant. Dologhow s'avançait sans se hâter et sans lever son pistolet : ses yeux bleus brillaient et regardaient fixement Pierre; sa bouche se plissait en un semblant de sourire.

Au mot : « trois! » Pierre marcha rapidement; s'écartant du sentier battu, il s'enfonça dans la neige. Tenant son pistolet le bras tendu en avant, dans la crainte de se blesser lui-même, il cherchait à soutenir sa main droite avec sa main gauche, qu'il avait instinctivement rejetée en arrière, tout en comprenant l'inutilité de cet effort; au bout de quelques pas, il se retrouva sur le chemin, regarda à ses pieds, jeta un coup d'œil sur Dologhow, et tira. Ne s'attendant pas à un choc aussi violent, Pierre tressaillit, s'arrêta et sourit de son impression. La fumée, rendue encore plus épaisse par le brouillard, l'empêcha d'abord de rien distinguer, et il attendait en vain l'autre coup, lorsque des pas précipités se firent entendre, et il entrevit, au milieu de la fumée, Dologhow pressant d'une main son côté gauche, et de l'autre serrant convulsivement son pistolet abaissé. Rostow était accouru à lui.

« Non.... siffla entre ses dents Dologhow, non, ce n'est pas fini! » et, faisant en chancelant quelques pas, il tomba sur la neige à côté du sabre. Sa main gauche était couverte de sang; il l'essuya à son uniforme et s'appuya dessus; son visage pâle et sombre tremblait avec une contraction nerveuse.

« Je vous.... commença-t-il à dire, et il ajouta avec effort : prie!.... » Pierre, retenant avec peine un sanglot, allait s'approcher de lui, lorsqu'il lui cria : « A la barrière! » Pierre comprit et s'arrêta. Ils n'étaient plus qu'à dix pas l'un de l'autre. Dologhow plongea sa tête dans la neige, en remplit sa bouche avec avidité, se redressa sur son séant et chercha à retrouver son équilibre, tout en ne cessant de sucer et de manger cette neige glacée. Ses lèvres frissonnaient, mais ses yeux brillaient de l'éclat de la haine, et, réunissant toutes ses forces dans un dernier effort, il leva son pistolet et visa lentement.

« De côté, couvrez-vous du pistolet, s'écria Nesvitsky.

— Couvrez-vous donc! » s'écria malgré lui Denissow, bien qu'il fût le témoin de Dologhow.

Pierre, avec un doux sourire de pitié et de regret, s'était abandonné sans défense et offrait sa large poitrine au pistolet de Dologhow, qu'il regardait tristement. Les trois témoins fermèrent les yeux. Le coup partit, et Dologhow, s'écriant avec férocité : « Manqué! » retomba la face contre terre.

Pierre se prit la tête dans les mains et, retournant sur ses pas, entra dans la forêt en marchant dans la neige à grandes enjambées.

« C'est bête.... c'est bête! disait-il. Mort? ce n'est pas vrai! »

Nesvitsky le rejoignit et le conduisit chez lui.

Rostow et Denissow emmenèrent Dologhow, qui, grièvement blessé et étendu au fond du traîneau, restait immobile, les yeux fermés, sans répondre à leurs questions; ils étaient à peine rentrés en ville qu'il revint à lui, et, relevant péniblement la tête, il prit la main de Rostow, qui fut frappé du changement complet de l'expression de sa figure, devenue douce et attendrie.

« Comment te sens-tu?

— Mal! mais ce n'est pas là l'important. Mon ami, dit-il

d'une voix entrecoupée, où sommes-nous? A Moscou, n'est-ce pas? Écoute,.... je l'ai tuée, elle.... elle ne le supportera pas, elle ne le supportera pas!

— Mais qui donc? dit Rostow surpris.

— Ma mère, ma pauvre mère, ma mère adorée! »

Et Dologhow éclata en sanglots. Quand il fut un peu calmé, il expliqua à Rostow qu'il vivait avec sa mère, que, si elle le voyait mourant, elle ne survivrait pas à sa douleur, et le supplia d'aller la prévenir, ce que Rostow fit aussitôt, tout en apprenant, à sa grande stupéfaction, que ce mauvais sujet, ce bretteur, demeurait avec une vieille mère et une sœur bossue, et qu'il était pour elles le plus tendre des fils et le meilleur des frères.

VI

Les tête-à-tête de Pierre et de sa femme étaient devenus de plus en plus rares, surtout depuis les dernières semaines. A Moscou, comme à Pétersbourg, leur maison était remplie de monde du matin au soir. La nuit qui suivit le duel, au lieu d'aller retrouver sa femme dans sa chambre à coucher, il la passa, comme il lui arrivait du reste souvent, dans le grand cabinet de son père, celui-là même où le vieux comte était mort.

Se jetant sur le canapé, il essaya de dormir pour oublier tout ce qui venait de lui arriver; mais il s'éleva dans son âme une telle tempête de sensations, de pensées, de souvenirs, que non seulement il lui fut impossible de fermer les yeux, mais même de rester en place. Il se leva et se mit à arpenter sa chambre à pas saccadés, tantôt il pensait aux premiers temps de leur mariage, à ses belles épaules, à son regard langoureux et passionné; tantôt il voyait se dresser à côté d'elle Dologhow, beau, impudent, avec son sourire diabolique, tel qu'il l'avait vu au dîner du club; tantôt il le revoyait pâle, frissonnant, défait et s'affaissant sur la neige.

« Et après tout, se disait-il, j'ai tué son amant... oui, l'amant de ma femme! Comment cela s'est-il fait? — C'est arrivé, parce que tu l'as épousée, lui répondait une voix intérieure. — Mais en quoi suis-je donc coupable? — Tu es coupable de l'avoir épousée sans l'aimer, continuait la voix; tu l'as trompée, car tu t'es aveuglé volontairement. » Et ce moment, cette minute où il lui avait dit avec tant d'effort : « Je vous aime! » se retraça vivement à sa mémoire. « Oui, là était la faute! je sentais bien alors que je n'avais pas le droit de le lui dire. » Il se rappela en rougissant sa lune de miel, un incident surtout, dont le souvenir l'humiliait aujourd'hui ; peu de temps après son mariage, sortant vers midi de leur chambre à coucher, et vêtu d'une élégante robe de chambre, il avait trouvé dans son cabinet son intendant en chef qui, en le saluant respectueusement, avait légèrement souri de le voir dans ce négligé, comme pour lui témoigner la part qu'il prenait à son bonheur.

« Et que de fois n'ai-je pas été fier d'elle, de son tact si fin, fier de notre intérieur où elle recevait toute la ville, fier surtout de sa majestueuse et inaccessible beauté! Je croyais ne pas la comprendre, et je m'étonnais de ne pas l'aimer. Quand j'étudiais son caractère, je me disais que c'était ma faute, si je ne comprenais pas cette impassibilité absolue, cette absence de tout désir, de tout intérêt..... et maintenant je connais le mot terrible de cette énigme... C'est une femme pervertie! »

« Anatole allait lui emprunter de l'argent et baiser ses belles épaules. Elle ne lui donnait pas d'argent, mais elle se laissait embrasser. Si son père excitait en plaisantant sa jalousie, elle lui répondait, de son sourire tranquille, qu'elle n'était pas assez sotte pour être jalouse. « Il n'a qu'à faire ce qu'il veut, » disait-elle de moi. Un jour, lui ayant demandé si elle ne sentait pas quelque symptôme de grossesse, elle me répondit qu'elle n'était pas assez niaise pour désirer des enfants, et que d'ailleurs elle n'en aurait jamais de moi! »

Il se rappelait ensuite la grossièreté de ses idées, la vulgarité des expressions qui lui étaient familières, malgré son éducation aristocratique. « Non, je ne l'ai jamais aimée! se disait-il... Et maintenant, voilà Dologhow affaissé sur la neige, s'efforçant de sourire, mourant peut-être et répondant à mon repentir par une feinte bravade! »

Pierre était un de ces hommes qui, en dépit de la faiblesse de leur caractère, ne cherchent jamais de confident pour leur douleur. Il luttait avec elle en silence.

« Je suis coupable, et je dois supporter, quoi ?.... la honte de mon nom, le malheur de ma vie? Folies que tout cela! Mon nom et mon honneur ne sont que conventions, et mon être en est indépendant!

« On a exécuté Louis XVI parce qu'il était criminel, et ils

avaient raison tout autant que ceux qui, après en avoir fait un saint, mouraient pour lui en martyrs! N'a-t-on pas ensuite exécuté Robespierre parce qu'il était un despote? Qui avait tort? Qui avait raison? Personne. Vis tant que tu seras vivant : demain, qui le sait, tu mourras comme j'aurais pu mourir il y a une heure. Pourquoi tant se tourmenter quand on pense à ce qu'est notre existence en comparaison de l'éternité! »

Et au moment où il se croyait apaisé, il la revoyait, elle et les transports de son amour passager : alors, recommençant à marcher, il brisait tout ce qui lui tombait sous la main : « Pourquoi lui ai-je dit : « Je vous aime? » se demandait-il pour la dixième fois, et il se surprit à sourire en se rappelant le mot de Molière : « Que diable allait-il faire dans cette galère? »

Il était encore nuit lorsqu'il sonna son valet de chambre pour lui donner ses ordres de départ. Ne comprenant plus la possibilité de parler à sa femme, il retournait à Pétersbourg, et comptait lui laisser une lettre pour lui annoncer son intention de vivre séparé d'elle à tout jamais.

Quelques heures après, le valet de chambre, qui lui apporta son café, le trouva étendu sur le canapé, un livre à la main, et dormant profondément.

Réveillé en sursaut, il fut longtemps avant de comprendre pourquoi il était là.

« La comtesse fait demander si Votre Excellence est à la maison? »

Pierre n'avait pas encore répondu, que la comtesse, en déshabillé de satin blanc, brodé d'argent, les deux épaisses nattes de ses cheveux relevées en diadème autour de sa ravissante tête, entra dans la chambre, calme et imposante comme toujours, bien que sur son front de marbre légèrement bombé se dessinât un pli creusé par la colère. Contenant ses impressions jusqu'à la sortie du valet de chambre, et, connaissant d'ailleurs toute l'histoire du duel dont elle venait parler à son mari, elle s'arrêta devant lui, sans pouvoir réprimer un sourire de dédain. Pierre, intimidé, la regarda par-dessus ses lunettes et feignit de reprendre sa lecture, comme un lièvre aux abois rabat ses oreilles et reste immobile en face de ses ennemis.

« Qu'est-ce encore? Qu'avez-vous fait, je vous le demande? dit-elle sévèrement, lorsque la porte se fut refermée sur le valet de chambre.

— Comment, moi? demanda Pierre.

— Que veut dire ce beau courage ! Que veut dire ce duel? Voyons, répondez ! »

Pierre se retourna lourdement sur le divan, ouvrit la bouche et ne trouva rien à dire.

« Eh bien, c'est moi qui vous répondrai.... Vous croyez tout ce qu'on vous raconte, et on vous a raconté que Dologhow était mon amant? continua-t-elle en prononçant en français le mot « amant » avec la netteté cynique qui lui était habituelle, aussi simplement que si elle eût employé toute autre expression... Vous l'avez cru ! et qu'avez-vous prouvé en vous battant? que vous êtes un sot, que vous êtes un imbécile, ce que du reste tout le monde savait ! Qu'en résultera-t-il ! C'est que je serai la risée de tout Moscou, et que chacun racontera qu'étant gris, vous avez provoqué un homme dont vous étiez jaloux sans raison, un homme qui vaut infiniment mieux que vous sous tous les rapports... » Plus elle parlait, plus elle élevait la voix en s'animant.

Pierre immobile murmurait des mots inarticulés sans lever les yeux.

« Et pourquoi avez-vous cru qu'il était mon amant? Parce que sa société me faisait plaisir? Si vous étiez plus intelligent, plus agréable, j'aurais préféré la vôtre !

— Ne me parlez pas.... je vous en supplie, dit Pierre d'une voix rauque.

— Pourquoi ne parlerais-je pas? J'ai le droit de vous parler, car je puis dire hautement qu'une femme qui n'aurait pas d'amant, avec un mari comme vous, serait une rare exception, et je n'en ai pas ! »

Pierre lui lança un regard étrange, dont elle ne comprit pas la signification, et se recoucha sur le divan. Il souffrait physiquement : sa poitrine se serrait, il ne pouvait respirer.... Il savait qu'il aurait pu mettre un terme à cette torture, mais il savait aussi que ce qu'il voulait faire était terrible.

« Il vaut mieux nous séparer, dit-il d'une voix étouffée.

— Nous séparer, parfaitement, à condition que vous me donniez de la fortune, » répondit Hélène.

Pierre sauta sur ses pieds, et perdant la tête, se jeta sur elle.

« Je te tuerai ! » s'écria-t-il. Et saisissant sur la table un morceau de marbre, il fit un pas vers Hélène, en le brandissant avec une force dont lui-même fut épouvanté.

La figure de la comtesse devint effrayante à voir : elle

poussa un cri de bête fauve et se rejeta en arrière. Pierre subissait tout l'attrait, toute l'ivresse de la fureur. Il jeta sur le parquet le marbre, qui se brisa, et s'avançant vers elle les bras tendus :

« Sortez ! » s'écria-t-il d'une voix si formidable, qu'elle répandit la terreur dans toute la maison. Dieu sait ce qu'il aurait fait en ce moment, si Hélène ne s'était enfuie au plus vite.

Une semaine plus tard, Pierre partit pour Pétersbourg, après avoir donné à sa femme un plein pouvoir pour la régie de tous ses biens en Grande-Russie, qui constituaient une bonne moitié de sa fortune.

VII

Deux mois à peine s'étaient écoulés depuis les nouvelles reçues à Lissy-Gory de la bataille d'Austerlitz et de la disparition du prince André, et malgré les lettres adressées à l'ambassade, malgré toutes les recherches, son corps n'avait pas été retrouvé, et son nom ne figurait pas sur la liste des prisonniers. La pensée la plus pénible pour ses proches était de se dire qu'il pouvait bien aussi avoir été ramassé sur le champ de bataille par les habitants du pays, et se trouver malade ou mourant, seul, au milieu d'étrangers, et incapable de donner signe de vie à sa famille. Les journaux, qui avaient été les premiers à renseigner le vieux prince sur la défaite d'Austerlitz, disaient simplement, en termes laconiques et vagues, que les Russes, après de brillants engagements, avaient dû opérer leur retraite et qu'elle s'était effectuée en bon ordre. Le prince tira de ce bulletin officiel la conclusion évidente que les nôtres avaient essuyé une défaite. Huit jours plus tard, une lettre de Koutouzow annonçait au vieux prince le sort mystérieux de son fils :

« Votre fils, lui écrivait-il, est tombé en héros, en avant du régiment, son drapeau à la main, digne de son père et de sa patrie. Nos regrets à tous sont unanimes, et personne ne sait jusqu'à présent s'il faut le compter au nombre des vivants ou des morts. Tout espoir n'est pas cependant perdu, car s'il était mort, son nom aurait figuré dans les listes des officiers trouvés sur le champ de bataille, qui m'ont été transmises par les parlementaires. »

Le vieux prince reçut cette lettre très tard dans la soirée, et le lendemain matin il sortit pour faire sa promenade habituelle; morose et sombre, il n'adressa pas une parole à son homme d'affaires, ni à son jardinier, ni à l'architecte.

Lorsque la princesse Marie entra, elle le trouva occupé à son tour, mais il ne se retourna pas comme il en avait coutume.

« Ah! princesse Marie! » dit-il tout à coup en jetant le repoussoir. La roue, par suite de l'impulsion reçue, continuait à tourner, et le grincement de cette roue, qui allait en s'affaiblissant, se lia plus tard, dans le souvenir de sa fille, avec la scène qui suivit.

Elle s'approcha de lui, et, à la vue de sa physionomie, un sentiment indéfinissable lui comprima le cœur. Ses yeux se troublèrent. Les traits de son père avaient une contraction plutôt de méchanceté que de tristesse et d'abattement; ils trahissaient la lutte violente qui se passait en lui, et lui disaient qu'un terrible malheur allait tomber sur sa tête, le plus terrible de tous, celui qu'elle n'avait pas encore éprouvé, la perte irréparable d'une de ses plus chères affections!

« Mon père! André?.... » et cette pauvre fille, gauche et disgracieuse, prononça ces paroles avec un charme si puissant de sympathie et d'abnégation, que le vieux prince, sous l'influence de ce regard, laissa échapper un sanglot en se détournant.

« J'ai reçu des nouvelles : on ne le trouve nulle part, ni parmi les prisonniers, ni parmi les morts. Koutouzow m'a écrit.... Il a été tué!... » dit-il tout à coup de sa voix perçante, comme pour chasser sa fille par ce cri.

La princesse ne bougea pas, et ne s'évanouit pas. Elle était déjà pâle, mais, à ces mots, son visage sembla se transformer, et ses beaux yeux s'éclairèrent subitement. On aurait dit qu'un sentiment ineffable venu d'en haut, indépendant des douleurs et des joies de ce monde, s'étendait comme un baume sur le coup qui venait de les frapper. Oubliant la crainte qu'elle avait de son père, elle lui saisit la main, l'attira à elle, et baisa sa joue sèche et parcheminée.

« Mon père, lui dit-elle, ne vous détournez pas de moi, pleurons ensemble.

— Ces misérables, ces pleutres! s'écria le prince, en l'écartant. Perdre une armée, perdre des hommes! Et pourquoi?.... Va l'annoncer à Lise! » La princesse Marie se laissa tomber sans force dans un fauteuil et fondit en larmes. Elle revoyait son frère au moment des adieux, lorsqu'il s'était approché d'elle et de sa femme : elle revoyait son expression attendrie et légèrement dédaigneuse, lorsqu'elle lui avait passé l'image au cou. Était-il devenu croyant? S'était-il repenti de son incrédulité? Était-il là-haut dans les demeures célestes de la paix et du bonheur?

« Mon père, dit-elle, comment est-ce arrivé?

— Va, va, il a été tué pendant cette bataille, où l'on a mené à la mort les meilleurs hommes de Russie et sacrifié la gloire russe. Allez, princesse Marie! Allez l'annoncer à Lise! »

La princesse Marie entra chez sa belle-sœur qu'elle trouva travaillant, et dont le regard se leva sur elle avec cette expression de bonheur calme et intime, particulière aux femmes qui sont dans sa situation; ses yeux regardaient sans voir, car elle contemplait au dedans d'elle-même ce doux et mystérieux travail qui s'accomplissait dans son sein.

« Marie, dit-elle, en repoussant son métier, donne-moi ta main. »

Ses yeux riaient, sa petite lèvre se retroussa et se fixa en un sourire d'enfant. La princesse Marie se mit à ses genoux devant elle, et cacha sa tête dans les plis de sa robe.

« Ici, ici.... n'entends-tu pas?.... c'est si étrange! Et sais-tu, Marie, je l'aimerai bien..., » et ses yeux rayonnants de bonheur s'attachaient sur la jeune princesse, qui ne pouvait relever la tête, car elle pleurait.

« Qu'as-tu donc, Marie?

— Rien... J'ai pensé à André, et cela m'a attristée, » répondit-elle en essuyant ses pleurs.

Dans le courant de la matinée, la princesse Marie essaya à plusieurs reprises de préparer sa belle-sœur à la catastrophe, mais chaque fois elle se mettait à pleurer. Ces larmes, dont la petite princesse ne comprenait pas la cause, l'inquiétaient malgré son manque d'esprit d'observation. Elle ne demandait rien, mais se retournait avec inquiétude, comme si elle cherchait quelque chose autour d'elle. Le vieux prince, dont elle avait toujours peur, entra chez elle avant le dîner : il avait l'air méchant et agité. Il sortit sans lui avoir parlé. Elle regarda sa belle-sœur et éclata en sanglots.

« A-t-on reçu des nouvelles d'André? demanda-t-elle.

— Non, tu sais que la chose est impossible, mais mon père s'inquiète, et moi, je m'effraye.

— Il n'y a donc rien?

— Rien, » répondit la princesse, en la regardant franchement. Elle s'était décidée, et avait décidé son père à ne rien lui dire jusqu'après sa délivrance, qui était attendue de jour en jour. Le père et la fille portaient et cachaient ce lourd chagrin, chacun à sa façon. Quoiqu'il eût envoyé un émissaire en Autriche pour chercher les traces d'André, le vieux prince était convaincu que son fils était mort, et il avait déjà commandé pour lui, à Moscou, un monument qui devait être placé dans son jardin. Il n'avait rien changé à son genre de vie, mais ses forces le trahissaient. Il marchait et mangeait moins, dormait peu, et s'affaiblissait visiblement. La princesse Marie espérait : elle priait pour son frère, comme s'il était vivant, et attendait à toute heure l'annonce de son retour.

VIII

« Ma bonne amie, lui dit un matin la petite princesse..., » et sa petite lèvre se retroussa comme d'habitude, mais cette fois avec une tristesse marquée, car depuis le jour où la terrible nouvelle avait été reçue, les sourires, les voix, la démarche même de chacun, tout portait dans la maison l'empreinte de la douleur, et la petite princesse, sans s'en rendre compte, en subissait involontairement l'influence.

« Ma bonne amie, je crains que le « fruschtique [1] » de ce matin, comme dit Phoca le cuisinier, ne m'ait fait du mal?

— Qu'as-tu, ma petite âme? Tu es pâle, tu es très pâle, s'écria la princesse Marie, en accourant tout effrayée auprès d'elle.

— Ne faudrait-il pas envoyer chercher Marie Bogdanovna, Votre Excellence? dit une des filles de chambre qui se trouvait là. Marie Bogdanovna était la sage-femme du chef-lieu de district, et depuis quinze jours on l'avait fait venir à Lissy-Gory.

— Tu as raison, c'est vrai, c'est peut-être ça.... Je vais y aller.... Courage, mon ange!..., et embrassant sa belle-sœur, elle s'apprêta à sortir de la chambre.

1. Le déjeuner. (*Note du trad.*)

— Non, non! s'écria la petite princesse, dont la pâle figure exprima non seulement une souffrance physique, mais encore une terreur d'enfant, à l'idée des douleurs inévitables dont elle avait le pressentiment.

— Non, c'est l'estomac.... dites que c'est l'estomac, Marie, dites, dites.... » Et elle pleurait comme pleurent les enfants capricieux et malades en se tordant les mains avec désespoir et en s'écriant : « Mon Dieu, mon Dieu! »

La princesse Marie courut chercher la sage-femme qu'elle rencontra à mi-chemin.

« Marie Bogdanovna! C'est commencé, je crois, dit-elle, les yeux agrandis par la terreur.

— Eh bien, tant mieux, princesse, répondit la sage-femme sans hâter le pas, et en se frottant les mains de l'air assuré d'une personne qui connaît sa valeur.... Il est inutile que vous sachiez ça, vous autres demoiselles.

— Et le docteur qui n'est pas encore arrivé de Moscou! dit la princesse, car, selon le désir du prince André et de sa femme, on y avait envoyé chercher un accoucheur.

— Cela ne fait rien, princesse, ne vous tourmentez pas, tout ira bien, même sans le docteur. »

Cinq minutes après, la princesse Marie entendit de sa chambre porter un objet très lourd. Elle regarda. C'était un divan en cuir du cabinet du prince André, que les gens transportaient dans la chambre à coucher, et elle remarqua que leur figure était empreinte d'un sentiment inusité de gravité et de douceur. La princesse Marie prêtait l'oreille à tous les bruits de la maison, ouvrait sa porte, regardait, inquiète, ce qui se passait dans le corridor. Quelques femmes allaient et venaient en silence et se détournaient à sa vue. N'osant pas les questionner, elle rentrait dans sa chambre, et tantôt se jetant dans son fauteuil, elle prenait son livre de prières, tantôt s'agenouillant devant les images, elle s'apercevait, avec surprise et chagrin, que la prière était impuissante à calmer son agitation. La porte s'ouvrit tout à coup, et sa vieille bonne, coiffée d'un large mouchoir, se montra sur le seuil. Prascovia Savischna ne venait chez elle que rarement : tel était l'ordre du vieux prince.

« C'est moi, Machinka, et j'ai apporté, mon ange, les bougies de leur mariage pour les allumer devant les saints, dit-elle en soupirant.

— Ah! ma bonne, comme je suis contente.

— Le Seigneur est miséricordieux, ma petite colombe!... » Et la vieille bonne alluma les bougies à la lampe des images, et s'assit à la porte, en tirant de sa poche un bas, qu'elle se mit à tricoter. La princesse Marie prit un livre et feignit de lire, mais à chaque pas, à chaque bruit, elle tournait ses yeux effrayés et interrogateurs sur sa bonne, qui la calmait aussitôt du regard. Ce sentiment qu'éprouvait la princesse Marie était d'ailleurs partagé par tous les habitants de cette vaste maison. D'après une ancienne superstition, plus les douleurs de l'accouchement sont ignorées, moins l'accouchée est censée souffrir : aussi tous feignaient-ils de n'en rien savoir; personne n'en soufflait mot, mais en dehors de la tenue grave et respectueuse, habituelle aux gens du vieux prince, il se trahissait chez eux une inquiétude attendrie et l'intuition de ce qui allait se passer, dans ce moment, de grand et d'incompréhensible.

Aucun éclat de rire ne retentissait dans l'aile habitée par les filles et les femmes de service. Les domestiques et les laquais se tenaient silencieusement sur le qui-vive dans l'antichambre. Dans les dépendances, personne ne dormait, et des feux et de la lumière y étaient entretenus. Le vieux prince marchait dans son cabinet, en appuyant sur ses talons, et envoyait à tout instant le vieux Tikhone demander à Marie Bogdanovna ce qui en était, lui répétant chaque fois :

« Tu diras : « Le prince demande »... et reviens me dire....

— Dites au prince, répondit avec emphase Marie Bogdanovna, que le travail est commencé.

— Bien, dit le prince, en fermant sa porte, » et Tikhone n'entendit plus le moindre bruit dans le cabinet.

Un instant après il y rentra, en se donnant à lui-même pour excuse les bougies à remplacer, et il vit le prince étendu sur le canapé. A la vue de son visage défait, il secoua la tête, et s'approchant de son vieux maître, il le baisa à l'épaule, et sortit, en oubliant les bougies et son excuse. Le plus solennel des mystères qui soient en ce monde continuait à s'accomplir. La soirée se passa ainsi, la nuit vint, et ce sentiment d'attente émue, au lieu de s'apaiser, s'accroissait de minute en minute.

Il faisait une de ces nuits du mois de mars où l'hiver semble reprendre son empire, et déchaîne avec une fureur désespérée ses derniers ouragans et ses dernières bourrasques de neige. On avait envoyé un relai de chevaux sur la grand'route pour le docteur allemand, et des hommes munis de lanternes, postés au tournant, devaient le conduire à travers les ornières et les trous du chemin de Lissy-Gory.

La princesse Marie ne lisait plus depuis longtemps son livre de prières, et elle regardait fixement sa bonne, dont la petite figure ratatinée, avec sa mèche de cheveux gris échappée de dessous le mouchoir et sa peau ridée sous le menton, lui était si familière dans ses moindres détails. Tout en tricotant, la vieille Savischna racontait à voix basse, pour la centième fois, comment la princesse-mère était accouchée de la princesse Marie à Kichinew, sans sage-femme, et n'ayant pour tous soins que ceux d'une paysanne moldave :

« Dieu est grand, le « docteur » est inutile!.... »

Un violent coup de vent ébranla le châssis de la fenêtre, fit sauter la targette mal assujettie, et un courant d'air humide et glacé passa au travers des rideaux d'étoffe, et éteignit la bougie. La princesse Marie tressaillit. La vieille bonne, posant son tricot sur la table, s'approcha de la fenêtre et se pencha en dehors, pour essayer de ramener le battant.

« Princesse, ma petite mère, on arrive sur la route avec des lanternes! dit-elle en refermant la fenêtre,.... ce doit être le « doctoure ».

— Ah! Dieu merci! s'écria la princesse, il faut aller le recevoir : il ne comprend pas le russe. »

Jetant un châle sur ses épaules, elle quitta la chambre, et vit en passant par l'antichambre que le voiture était déjà arrêtée devant le perron. Elle s'avança sur le palier de l'escalier. Sur un des piliers de la balustrade on avait placé une chandelle que le vent faisait couler. Un peu plus bas, sur le second palier, le valet de chambre, Philippe, l'air tout effrayé, en tenant une autre à la main. Encore plus bas, au tournant même de l'escalier, on entendait comme le pas lourd de bottes fourrées, et le timbre d'une voix bien connue frappa l'oreille de la princesse Marie :

« Dieu merci! disait cette voix, et mon père?

— Le prince est couché, répondit le maître d'hôtel, Demiane.

— C'est André! se dit la princesse Marie... et les pas se rapprochèrent... C'est impossible, ce serait trop extraordinaire!.. »

Au même moment, le prince André, couvert d'une pelisse dont le collet était blanc de neige, se montra sur le palier inférieur... C'était bien lui, mais pâle, amaigri, changé, avec une expression, inaccoutumée chez lui, de douceur attendrie et inquiète. Il gravit les dernières marches, et embrassa sa sœur, que l'émotion étouffait.

« Vous n'avez donc pas reçu ma lettre? lui demanda-t-il en l'embrassant de nouveau, pendant que l'accoucheur, avec lequel il s'était rencontré à la dernière station, montait l'escalier.

— Marie! quelle étrange coïncidence! » Et, ôtant sa pelisse et ses bottes fourrées, il passa chez sa femme.

IX

La petite princesse, la tête couverte d'un bonnet blanc, était étendue sur des oreillers. Les douleurs venaient de cesser. Ses longs cheveux noirs s'enroulaient autour de ses joues enflammées et moites; sa jolie petite bouche vermeille entr'ouverte souriait. Le prince André entra et s'arrêta au pied du divan sur lequel elle était étendue. Ses yeux brillants, pareils à ceux d'un enfant inquiet et agité, se fixèrent sur lui sans changer d'expression : « Je vous aime tous, semblaient-ils dire, je ne vous ai fait aucun mal... pourquoi donc faut-il que je souffre? venez à mon secours. » Elle voyait son mari sans se rendre compte de son apparition. Il la baisa au front.

« Ma petite âme, lui dit-il, — il n'avait jamais employé cette expression envers elle, — Dieu est bon! »

Elle le regarda d'un air étonné, et ses yeux continuaient à lui dire : « J'attendais du secours de toi, et tu ne m'aides pas, toi non plus! » Les douleurs reprirent et Marie Bogdanovna engagea le prince André à quitter la chambre.

Il céda la place au médecin. La princesse Marie se trouva sur son passage; ils se mirent à causer à voix basse, en s'interrompant à chaque instant dans une attente fiévreuse.

« Allez, mon ami, » lui dit-elle, et il alla s'asseoir dans la pièce voisine de celle où était sa femme. Une fille de chambre en sortit, et se troubla à la vue du prince André, qui, la figure cachée dans ses mains, restait immobile. Les gémissements et les cris plaintifs qu'arrachaient à la princesse ces douleurs toutes physiques, s'entendaient à travers la porte; il se leva et fit un effort pour l'ouvrir, quelqu'un la retenait de l'autre côté:

« On ne peut pas, on ne peut pas! » dit une voix effrayée.

Il essaya de marcher. La chambre devint silencieuse, il se passa quelques secondes, tout à coup un cri formidable retentit :

« Ce n'est pas elle, elle n'en aurait pas eu la force! » se dit le prince André, et il courut à la porte; le cri cessa, il entendit le vagissement d'un enfant.

« Pourquoi a-t-on apporté ici un enfant? s'écria-t-il dans le premier moment. Que fait là cet enfant? Ou bien, est-ce cet enfant qui est né? »

Quand il comprit tout à coup ce que ce cri renfermait de bonheur, les larmes l'étouffèrent et, se reposant sur l'appui de la fenêtre, il se mit à sangloter. La porte s'ouvrit. Le docteur, sans habit, les manches de chemise retroussées, sortit pâle et tremblant. Le prince André se retourna, mais le docteur, le regardant d'un air égaré, passa sans mot dire. Une femme se précipita hors de la chambre, et s'arrêta, interdite, à la vue du prince André. Il entra chez sa femme. Elle était morte, et couchée dans la même position où il l'avait vue quelques instants auparavant : son jeune et ravissant visage avait conservé la même expression, malgré la fixité des yeux et la pâleur des joues : « Je vous aime tous, je n'ai fait de mal à personne, et qu'avez-vous fait de moi? » semblait dire cette tête charmante que la vie avait abandonnée. Dans un coin de la chambre, quelque chose de petit et de rouge vagissait dans les bras tremblants de la sage-femme.

Deux heures après, le prince André entra à pas lents dans le cabinet de son père, qui savait tout. En ouvrant la porte, il le trouva devant lui. Le vieux prince étreignit en silence, de ses bras secs, pareils à des tenailles de fer, le cou de son fils, et fondit en larmes.

Trois jours plus tard, on enterrait la petite princesse, et le prince André monta les degrés du catafalque pour lui dire un dernier adieu. Les yeux de la morte étaient fermés, mais son petit visage n'avait pas changé et elle semblait toujours dire : « Qu'avez-vous fait de moi? » Le prince André ne pleurait pas, mais il sentit son cœur se déchirer à la pensée qu'il était coupable de torts, désormais irréparables et inoubliables. Le vieux prince baisa à son tour une des frêles mains de cire, qui étaient croisées l'une sur l'autre, et l'on aurait cru que la pauvre petite figure lui répétait aussi : « Qu'avez-vous fait de moi »? Il se détourna brusquement après l'avoir regardée.

Cinq jours plus tard, le nouveau-né fut baptisé : la sage-femme retenait les langes avec son menton, pendant que le prêtre oignait d'huile sainte, avec les barbes d'une plume, la paume des mains et la plante des pieds du petit prince Nicolas Andréïévitch.

Le grand-père, après l'avoir porté, en sa qualité de parrain, autour du vieux baptistère, s'était empressé de le remettre entre les mains de la marraine, la princesse Marie. Le père, tout ému, et redoutant que le prêtre ne laissât tomber l'enfant dans l'eau, attendait avec anxiété dans la pièce voisine la fin du sacrement ; aussi le regarda-t-il d'un air satisfait, lorsque la vieille bonne le lui apporta, et il lui répondit par un signe de tête amical à la bonne nouvelle qu'elle lui donna que le morceau de cire, sur lequel on avait mis quelques petits cheveux coupés sur la tête du nouveau-né, avait surnagé [1].

X

Grâce au vieux comte, il ne fut pas question de la part que Rostow avait prise au duel de Dologhow et de Besoukhow, et au lieu d'être dégradé, comme il s'y attendait, il fut nommé aide de camp du général gouverneur de Moscou, ce qui l'empêcha d'aller passer l'été à la campagne avec sa famille, et l'obligea de rester en ville. Dologhow se lia plus intimement avec lui. La vieille Marie Ivanovna aimait passionnément son fils, et disait souvent à Rostow qu'elle l'avait pris en affection à cause de son amitié pour son Fédia :

« Oui, comte, son âme est trop noble et trop pure pour notre monde si corrompu. Personne n'apprécie la bonté à sa juste valeur, car malheureusement, chacun y voit un reproche à son adresse.... Est-ce juste, est-ce honorable, je vous le demande,

1. En coupant les cheveux du nouveau-né, le prêtre accomplit un des rites du baptême, et un usage superstitieux les fait déposer sur un morceau de cire qu'on jette dans l'eau lustrale. Si la cire flotte à la surface, c'est un bon présage; si elle va au fond, c'est mauvais signe. (*Note du trad.*)

de la part de Besoukhow?.. Et mon enfant qui jusqu'à présent encore n'en dit jamais de mal? C'est sur mon garçon que sont retombées leurs folies de Pétersbourg!... Besoukhow n'en a pas souffert. Mon fils vient d'avoir de l'avancement, c'est vrai, mais aussi où trouverez-vous, je vous le demande, un brave comme lui?.... Quant à ce duel,... y a-t-il l'ombre d'honneur chez ces gens-là?... On sait qu'il est fils unique, et on le provoque, et on tire tout droit sur lui?.... Enfin, heureusement que Dieu l'a sauvé!.... Et la raison de tout cela?... Qui donc, de nos jours, n'a pas une intrigue, et qu'y faire si Besoukhow est un mari jaloux? Sans doute il aurait pu le montrer plus tôt, mais voilà un an que cela dure, et il le provoque avec l'idée que Fédia s'y refuserait, parce qu'il lui doit de l'argent! Quelle vilenie, quelle lâcheté? Je vous aime, vous, de tout mon cœur, parce que vous avez compris mon Fédia, et il y a si peu de personnes qui lui rendent justice, malgré sa belle âme. »

Dologhow, de son côté laissait échapper des phrases qu'on n'aurait jamais attendues de lui :

« On me croit méchant, disait-il à Rostow, mais cela m'est bien égal! Je ne tiens à reconnaître que ceux que j'aime, et pour ceux-là je donnerais ma vie: quant aux autres, je les foulerai aux pieds, si je les trouve sur mon chemin; j'adore ma mère, j'ai deux ou trois amis, toi surtout. Quant aux autres, ils n'attirent mon attention qu'autant qu'ils peuvent m'être utiles ou nuisibles, et presque tous sont nuisibles, à commencer par les femmes.... Oui, mon ami, j'ai connu des hommes à l'âme noble, élevée, tendre, mais les femmes! Comtesse ou cuisinière, elles se vendent toutes, sans exception. Cette pureté céleste, ce dévouement que je cherche dans la femme, je ne l'ai jamais trouvé. Ah! si j'avais rencontré la femme rêvée, j'aurais tout sacrifié pour elle, mais les autres!... il fit un geste de mépris. Et te l'avouerai-je, je ne tiens à l'existence que parce que j'espère rencontrer un jour cet être idéal, qui m'élèvera, m'épurera et me régénérera.... mais tu ne comprends pas ça, toi?

— Au contraire, je te comprends parfaitement, » répliqua Rostow, qui était de plus en plus sous le charme de son nouvel ami.

La famille Rostow revint en automne de la campagne. Denissow reparut également bientôt après, et s'installa chez eux. Ces premiers mois de l'hiver de 1806 à 1807 furent, pour

Rostow et sa famille, pleins de gaieté et d'entrain. Nicolas amenait dans la maison de ses parents beaucoup de jeunes gens qui y étaient attirés par Véra, belle personne de vingt ans, par Sonia, dont les seize ans avaient tout le charme d'une fleur à peine éclose, et par Natacha, chez qui l'espièglerie de l'enfant s'unissait aux séductions de la jeune fille. Chacun d'eux subissait plus ou moins l'influence de ces visages souriants, débordants de bonheur, et ouverts à toutes les impressions. Témoins de leur babillage décousu et joyeux, pétillant d'imprévu, débordant de vie, d'espérances naissantes, mêlés à cette agitation entraînante d'où partaient, comme des fusées, leurs essais de chant et de piano, abandonnés, repris, selon le caprice du moment, ils se sentaient à leur tour pénétrés et envahis par cette atmosphère toute chargée d'amour, qui, comme ces jeunes filles, les disposait à un bonheur confusément entrevu.

Tels étaient les effluves magnétiques qui émanaient naturellement de toute cette jeunesse, lorsque Dologhow fut présenté dans la maison de Rostow. Il plut à tous, sauf à Natacha, qui avait été sur le point de se brouiller avec son frère à cause de lui, car elle soutenait qu'il était méchant, et que dans le duel avec Dologhow, Pierre avait eu raison, que Dologhow était coupable, et de plus désagréable et affecté.

« Il n'y a rien à comprendre! s'écriait Natacha avec une obstination volontaire, il est méchant, il n'a pas de cœur! Quant à ton Denissow, je l'aime! C'est un mauvais sujet, c'est possible, et pourtant je l'aime!.... C'est pour te dire que je comprends! Tout est calculé chez l'autre, et c'est ce que je n'aime pas!

— Oh! Denissow, c'est autre chose, répondit Rostow en ayant l'air de donner à entendre que celui-là ne pouvait être comparé à Dologhow. — Son âme si belle!.... Il faut le voir avec sa mère.... quel cœur!

— Je ne puis pas en juger, mais ce qu'il y a de sûr, c'est que je ne suis pas à mon aise avec lui!.... Et il est amoureux de Sonia, sais-tu?

— Quelle folie!

— J'en suis sûre, tu verras! »

Natacha avait raison. Dologhow, qui n'aimait pas la société des dames, venait souvent néanmoins, et l'on eut bientôt découvert, sans qu'il en fût dit un mot, qu'il était attiré par Sonia. Celle-ci ne l'aurait jamais avoué, bien qu'elle l'eût deviné et qu'elle devînt rouge comme une cerise, chaque fois qu'il paraissait; il venait dîner presque tous les jours, et ne manquait jamais, ni un spectacle, ni les bals de demoiselles de Ioghel, lorsque les Rostow s'y trouvaient. Il témoignait à Sonia une attention marquée, et l'expression de ses yeux était telle que, non seulement Sonia n'en pouvait supporter le regard, mais que la vieille comtesse et Natacha rougissaient quand elles venaient à le surprendre.

Il était évident que cet homme étrange et énergique pliait et se soumettait à l'influence irrésistible exercée sur lui par cette brune et gracieuse fillette, qui cependant était éprise d'un autre que lui.

Rostow remarqua ces rapports entre elle et Dologhow, mais sans bien s'en rendre compte : « Ils sont tous amoureux de l'une d'elles », se disait-il, et, ne se sentant plus aussi à son aise dans ce milieu, il s'absenta très souvent de la maison paternelle.

On recommença, pendant ces mois d'automne, à causer de la guerre avec Napoléon, avec plus d'ardeur encore que par le passé. Il fut question d'un recrutement de dix sur mille, auquel s'ajoutaient neuf sur mille pour la milice. On lançait de tous côtés des anathèmes sur Bonaparte, et Moscou était plein de bruits de guerre. Quant à la famille Rostow, toute la part qu'elle prenait à ces préparatifs belliqueux se concentrait sur Nicolas, qui attendait l'expiration du congé de Denissow, pour retourner avec lui au régiment, après les fêtes. Ce départ prochain ne l'empêchait pas de s'amuser : il l'y excitait au contraire, et il passait la plus grande partie de son temps en dîners, en soirées et en bals.

XI

Le troisième jour de Noël, les Rostow donnèrent un dîner d'adieux quasi officiel en l'honneur de Denissow et de Nicolas, qui partaient après les Rois. Parmi les vingt convives se trouvait Dologhow.

Les courants électriques et passionnés, qui régnaient dans la maison, n'avaient jamais été aussi sensibles que pendant ces derniers jours : « Saisis au vol les fugitifs éclairs de bonheur, semblait dire à la jeunesse cette mystérieuse influence : Aime, sois aimé! c'est là le seul but où l'on doit tendre, car cela seul est vrai dans le monde! »

Malgré les deux paires de chevaux que Nicolas avait mises sur les dents, il n'avait fait que la moitié de ses courses, et ne rentra qu'une seconde avant le repas. Il subit et ressentit aussitôt la contrainte qui alourdissait ce jour-là l'atmosphère orageuse d'amour dont il était entouré; un étrange embarras se trahissait entre quelques-unes des personnes présentes, et, surtout entre Sonia et Dologhow. Il comprit qu'il avait dû se passer quelque chose, et avec la délicatesse de son cœur, sa conduite envers eux fut tendre et pleine de tact. Ce soir-là il y avait bal chez Ioghel, le maître de danse, qui réunissait fréquemment, les jours de fête, ses élèves des deux sexes.

« Nicolas, iras-tu au bal chez Ioghel? Va, je t'en prie, il te le demande instamment, et Vasili Dmitritch a promis d'y aller.

— Où n'irais-je pas pour obéir à la comtesse? dit Denissow, qui, moitié riant, moitié sérieux, s'était déclaré le chevalier de Natacha. Je suis même prêt à danser le pas du châle.

— Oui, si j'en ai le temps! J'ai promis aux Arkharow de passer la soirée chez eux.

— Et toi?.... » dit-il en s'adressant à Dologhow. Il s'aperçut aussitôt de l'indiscrétion de sa demande, au « oui » sec et froid qu'il reçut de ce dernier, et au regard farouche qu'il jeta sur Sonia.

« Il y a quelque chose entre eux », se dit Nicolas, et le départ de Dologhow après le dîner le confirma dans cette supposition. Il appela à lui Natacha pour la questionner :

« Je te cherchais justement, s'écria-t-elle, en courant après lui, je te l'avais bien dit, tu ne voulais jamais me croire? ajouta-t-elle d'un air triomphant.... il s'est déclaré! »

Quoique Sonia ne le préoccupât que peu à cette époque, il éprouva cependant, à cette confidence, un certain déchirement de cœur. Dologhow était un parti convenable, brillant même sous quelques rapports pour l'orpheline sans dot. La vieille comtesse et le monde devaient certainement regarder un refus comme impossible. Aussi le premier sentiment de Nicolas fut-il un sentiment d'irritation, et il s'apprêtait à l'exhaler en railleries sur les promesses oubliées et sur le consentement de Sonia, lorsqu'avant même qu'il eût eu le temps de formuler sa pensée, Natacha continua :

« Et figure-toi qu'elle l'a refusé, absolument refusé! Elle a dit qu'elle en aimait un autre. »

« Oui, ma Sonia ne pouvait agir autrement! » se dit Nicolas.

« Maman a eu beau la supplier, elle a refusé, et je sais qu'elle ne reviendra pas sur sa décision.

— Maman l'a suppliée? demanda Nicolas d'un ton de reproche.

— Oui, et ne te fâche pas, Nicolas. Je sais bien, quoique je ne sache pas comment, que tu ne l'épouseras pas.... J'en suis sûre.

— Allons donc, tu ne peux pas le savoir.... mais il faut que je lui parle. Quelle ravissante créature que cette Sonia! ajouta-t-il en souriant.

— Je crois bien qu'elle est ravissante? Je vais te l'envoyer.... » Et elle se sauva, après avoir embrassé son frère.

Quelques secondes plus tard, Sonia entra, effrayée et confuse, comme une coupable. Nicolas s'approcha d'elle, et lui baisa la main; depuis le retour de la campagne ils ne s'étaient pas encore trouvés en tête à tête.

« Sophie, lui dit-il d'abord avec timidité, mais en reprenant peu à peu de l'assurance, vous venez de refuser un parti brillant, un parti avantageux.... C'est un homme de bien, il a des sentiments élevés.... il est mon ami....

— Mais c'est fini, je l'ai déjà refusé, dit Sonia en l'interrompant.

— Si vous le refusez à cause de moi, je crains que....

— Ne me dites pas cela Nicolas, reprit-elle en l'interrompant de nouveau, et elle l'implorait du regard.

— C'est mon devoir. Peut-être est-ce de la suffisance de ma part, mais je préfère vous le dire, car dans ce cas je vous dois la vérité. Je vous aime, je le crois, plus que tout....

— C'est assez pour moi, dit-elle en rougissant.

— Mais j'ai été bien souvent amoureux et je m'amouracherai encore, et pourtant je n'ai pour personne, comme pour vous, ce sentiment de confiance, d'amitié, et d'amour. Je suis jeune : maman, vous le savez, ne désire pas ce mariage. Ainsi je ne puis rien vous promettre, et je vous supplie de bien peser la proposition de Dologhow, ajouta-t-il en prononçant avec effort le nom de son ami.

— Ne me parlez pas ainsi. Je ne désire rien. Je vous aime comme un frère, je vous aimerai toujours, et cela me suffit.

— Vous êtes un ange, je ne suis pas digne de vous, j'ai peur de vous tromper.... » et Nicolas lui baisa encore une fois la main.

XII

« Les plus jolis bals de Moscou sont ceux de Ioghel », disaient les mères, en regardant leurs filles danser les nouveaux pas qu'elles venaient d'apprendre; jeunes filles et jeunes garçons étaient du même avis, dansaient jusqu'à extinction de forces, et s'y amusaient comme des rois, et pourtant quelquefois, ils y étaient venus par pure condescendance. Les deux jolies princesses Gortchakow y avaient même, dans le courant de l'hiver, trouvé des promis, ce qui en avait encore augmenté la renommée. Leur grand charme était l'absence de maître et de maîtresse de maison. On n'y voyait que le bon Ioghel, voltigeant, léger comme le duvet, saluant, selon toutes les règles de son art, ses invités, auxquels il donnait des leçons au cachet, et tous, y compris les fillettes de treize à quatorze ans, qui y montraient leur première robe longue, n'avaient qu'une pensée, danser et s'amuser à qui mieux mieux. Toutes, sauf de rares exceptions, étaient ou paraissaient jolies; leurs yeux pétillaient, et leurs sourires rayonnaient à l'envi. Les meilleures élèves, parmi lesquelles Natacha se distinguait par sa grâce, y dansaient parfois le pas du châle; mais ce jour-là, la préférence était aux « anglaises », « aux écossaises » et à la mazurka, qui commençait à être à la mode. La salle choisie par Ioghel était une des grandes salles de l'hôtel Besoukhow, et, au dire de chacun, la soirée était admirablement réussie. Les jolies figures se comptaient par douzaines, et les demoiselles Rostow, heureuses et radieuses encore plus que de coutume, étaient les reines du bal. Sonia, fière de la déclaration de Dologhow, fière de son refus et de son explication avec Nicolas, valsait de joie autour de sa chambre, et, dans le bonheur exubérant qui la transfigurait et l'illuminait, donnait à peine le temps à sa femme de chambre de natter ses beaux cheveux.

Natacha, non moins fière, et fière surtout de la robe longue qu'elle mettait pour la première fois à un vrai bal, portait, comme Sonia, de la mousseline blanche avec des rubans roses.

A peine entrée dans la salle, elle fut prise d'une telle exaltation, que tout danseur sur qui son regard s'arrêtait une seconde, lui inspirait aussitôt la passion la plus violente.

« Sonia, Sonia, quel bonheur, comme c'est joli ! »

Nicolas et Denissow passaient en revue les danseuses, d'un air protecteur et affectueux :

« Elle est charmante, dit Denissow en grasseyant.

— Qui, qui cela ?

— La comtesse Natacha, répondit Denissow.... Et comme elle danse,.... quelle grâce !

— Mais de qui parles-tu ?

— Mais, de ta sœur ! » répondit Denissow impatienté.

Rostow sourit.

« Mon cher comte, vous êtes un de mes meilleurs élèves, il faut que vous dansiez, lui dit le petit Ioghel. Voyez comme il y a de jolies demoiselles ! et il adressa la même demande à Denissow, dont il avait été aussi le professeur.

— Non, mon cher, je « *ferrai tapisserrie* ». Vous avez donc oublié combien j'ai peu profité de vos leçons ?...

— Mais bien au contraire ! s'empressa de lui dire Ioghel, en manière de consolation. Vous ne faisiez pas grande attention, c'est vrai, mais vous aviez des dispositions, vous en aviez ! »

Les premiers accords de la mazurka se firent entendre, et Nicolas engagea Sonia. Denissow, assis à côté des mamans et appuyé sur son sabre, ne cessait de suivre des yeux la jeunesse dansante, et battant du pied la mesure, et il les faisait se pâmer de rire, en leur contant gaiement toutes sortes d'histoires. Ioghel formait le premier couple avec Natacha, son orgueil et sa plus brillante élève. Assemblant gracieusement ses petits pieds chaussés d'escarpins, il s'élança en glissant sur le parquet et en entraînant à sa suite Natacha, qui, malgré sa timidité, exécutait ses pas avec le plus grand soin. Denissow ne la quittait pas du regard, et sa figure disait clairement que s'il ne dansait pas, c'est qu'il n'en avait pas envie, mais qu'au besoin il aurait pu s'en acquitter à son honneur. Au milieu de la figure, il arrêta Rostow qui passait devant lui :

« Ce n'est pas ça du tout, dit-il ; est-ce que ça ressemble à la mazurka ? Et pourtant, elle danse bien ! »

Denissow s'était acquis en Pologne une brillante réputation de danseur de mazurka. Aussi Nicolas, courant à Natacha :

« Va, lui dit-il, choisir Denissow, en voilà un qui danse à merveille ! »

Quand vint son tour, elle se leva, traversa toute seule la salle de ses petits pieds légers, jusqu'à l'endroit où était Denissow, et remarqua que chacun l'observait, en se demandant ce qu'elle allait faire. Nicolas vit qu'ils se disputaient, et que Denissow refusait avec un joyeux sourire :

« Je vous en prie, Vassili Dmitritch, venez, je vous en prie.

— Mais non, comtesse, vrai, ne m'y forcez point.

— Voyons, Vasia, dit Nicolas, en arrivant au secours de sa sœur.

— Ne dirait-on pas qu'il fait des mamours à son minet?

— Je chanterai pour vous toute une soirée, dit Natacha.

— Ah! magicienne, vous faites de moi tout ce que vous voulez, » répliqua Denissow, en décrochant son ceinturon. Franchissant la barricade de chaises, saisissant d'une main ferme celle de sa partenaire, redressant crânement la tête, et rejetant un pied en arrière, il se mit en position et attendit la mesure. Soit qu'il fût à cheval, ou qu'il dansât la mazurka, la petitesse de sa taille passait inaperçue, et il y déployait tous ses avantages. A la première note, jetant un regard triomphant et satisfait à sa dame, il frappa du talon, et bondissant avec l'élasticité d'une balle, il s'élança dans le cercle, en l'entraînant avec lui. Il en parcourut d'abord la moitié sur un pied, presque sans toucher terre, et en allant tout droit aux chaises, qu'il semblait ne pas apercevoir; puis tout à coup, faisant résonner ses éperons, glissant sur ses pieds, arrêté une seconde sur ses talons et choquant de nouveau ses éperons sans bouger de place, tournant rapidement sur lui-même et donnant son coup de talon du pied gauche, il repartait pour l'autre bout de la salle. Natacha devinait chacun de ses mouvements sans s'en rendre compte, et les suivait en s'y abandonnant sans résistance. Tantôt, la tenant de la main droite ou de la main gauche, il pirouettait avec elle; tantôt, tombant sur un genou, il la faisait tourner autour de lui, puis, se relevant, il s'élançait avec une telle rapidité, qu'il semblait devoir l'entraîner au travers des murailles, et pliait tout à coup le genou, pour recommencer de plus belle ses gracieuses évolutions. Ramenant ensuite sa dame à sa place, et l'ayant de nouveau fait pirouetter avec une élégante désinvolture, en faisant sonner ses éperons, il termina par un profond salut, tandis que Natacha oubliait, dans son trouble, de lui faire la révérence traditionnelle. Ses yeux souriants le regardaient avec stupeur, et semblaient ne pas le reconnaître : « Que lui arrive-t-il donc? » se dit-elle.

Quoique Ioghel n'acceptât pas la mazurka comme une danse classique, tous étaient enthousiasmés de la façon dont Denissow l'avait dansée; on venait le choisir à chaque instant, et les vieilles gens, le suivant du coin de l'œil, parlaient de la Pologne et du bon vieux temps. Denissow, échauffé par la mazurka, s'essuya le front, et s'assit à côté de Natacha, qu'il ne quitta plus de toute la soirée.

XIII

Deux jours après, Rostow, qui n'avait plus revu Dologhow, ni chez ses parents, ni chez lui, reçut de lui ces quelques mots :

« N'ayant plus l'intention de me présenter chez vous, par des motifs qui te sont sans doute connus, et partant bientôt pour l'armée, je réunis ce soir mes amis pour leur dire adieu. Tu nous trouveras à l'hôtel d'Angleterre. »

En quittant le théâtre, où il était allé avec Denissow et les siens, Rostow s'y rendit vers dix heures et on l'introduisit aussitôt dans le plus bel appartement, que Dologhow avait loué pour cette circonstance.

Une vingtaine de personnes entouraient une table, à laquelle il était assis et qui était éclairée par deux bougies. Une pile d'or et d'assignats s'étalait devant lui : il taillait une banque. Nicolas ne l'avait pas rencontré depuis le refus de Sonia, et éprouvait un certain embarras à le revoir.

Dès que Rostow entra, Dologhow lui jeta un regard froid et tranchant, comme s'il eût été sûr d'avance qu'il allait venir :

« Il y a longtemps que je ne t'ai vu, merci d'être venu! Laissez-moi finir de tailler ma banque, nous allons avoir Illiouchka avec son chœur.

— Je suis pourtant allé chez toi, lui dit Rostow, en rougissant légèrement.

— Choisis une carte si tu veux, » ajouta Dologhow sans lui répondre.

Une singulière conversation, qu'ils avaient eue un certain jour ensemble, revint dans ce moment à la mémoire de

Nicolas : « Il n'y a qu'un imbécile pour se confier à la chance, » lui avait dit son ami.

« Aurais-tu par hasard peur de jouer avec moi? » lui demanda en souriant Dologhow, qui avait deviné sa pensée.

Rostow comprit, à ce sourire, que Dologhow se trouvait, comme au dîner du club, dans une de ces dispositions d'esprit où, éprouvant le besoin de sortir du train-train monotone de la vie, il se laissait volontiers entraîner à commettre une méchante action.

Nicolas balbutia quelques mots et cherchait, sans y parvenir, une plaisanterie à lui répondre, lorsque l'autre, le regardant en face, articula lentement, nettement, et de façon à être entendu de tous :

« Te rappelles-tu ce que nous disions un jour à propos du jeu : « Il n'y a qu'un imbécile pour se confier à la chance; il faut jouer à coup sûr.... » et pourtant je veux l'essayer!.... Et faisant craquer son jeu de cartes, il dit au même moment : « La banque, Messieurs! »

Écartant l'argent qu'il avait devant lui, il se prépara à tailler. Rostow s'assit à ses côtés sans jouer.

« Ne joue pas, cela vaut mieux, lui dit Dologhow.... Et Nicolas, chose étrange, sentit la nécessité de prendre une carte, en plaçant dessus une somme insignifiante.

— Je n'ai pas d'argent, dit-il.

— Sur parole! » lui répondit Dologhow.

Rostow perdit les cinq roubles qu'il venait de mettre; il remit encore et perdit de nouveau. Dologhow passa dix fois.

« Messieurs, dit-il, veuillez placer l'argent sur les cartes; sans cela, je ne me reconnaîtrai plus dans les comptes. »

Un des joueurs émit l'opinion qu'on pouvait avoir confiance en lui.

« Sans doute, mais j'ai peur de m'embrouiller.... de grâce, mettez votre argent sur les cartes.... Quant à toi, ne te gêne pas, ajouta-t-il en s'adressant à Rostow, nous ferons nos comptes plus tard. »

Le jeu continua, et le domestique ne cessait de verser du champagne à flots.

Rostow avait déjà perdu 800 roubles. Il allait faire son reste sur une carte, lorsque le verre de champagne qu'on lui offrait arrêta son mouvement, et il ne fit que sa mise habituelle de vingt roubles :

« Mais laisse donc, lui dit Dologhow, qui cependant n'avait

pas l'air de l'observer, tu te referas plus vite!.... C'est étrange, je fais gagner les autres, et toi, je te fais toujours perdre.... c'est peut-être parce que tu me crains? »

Rostow obéit. Ramassant par terre un sept de cœur dont le coin était écorné, et dont plus tard il ne se souvint que trop, il écrivit bien lisiblement dessus le chiffre 800, avala son verre de champagne, et tout en souriant à Dologhow et en suivant avec anxiété le mouvement de ses doigts, il attendit l'apparition d'un sept! La perte ou le gain, que pouvait lui amener cette carte, avait pour lui une grande importance, car, le dimanche précédent, son père, en lui remettant 2,000 roubles, lui avait confié qu'il se trouvait dans des embarras d'argent, et l'avait prié de bien économiser cette somme jusqu'au mois de mai. Nicolas lui avait assuré qu'elle lui suffirait et au delà, et il ne lui restait plus déjà que 1,200 roubles. Aussi, s'il venait à perdre sur ce sept de cœur, non seulement il aurait 1,600 roubles à payer, mais il se verrait obligé de manquer à sa parole! « Qu'il me donne au plus vite cette carte, se disait-il, et je prends ma casquette, et je file à la maison souper avec Denissow, Natacha et Sonia, et je jure de ne plus toucher une carte de ma vie! » Tous les détails de sa vie de famille, ses plaisanteries avec Pétia, ses conversations avec Sonia, ses duos avec Natacha, la partie de piquet avec son père ou sa mère, tous ces plaisirs intimes se représentèrent à lui avec la netteté et le charme d'un bonheur perdu et inappréciable. Il ne pouvait admettre qu'un hasard aveugle, en faisant tomber à droite ou à gauche ce sept de cœur, pût le priver de ces joies reconquises, et le précipiter dans un abîme de malheur indéfini et inconnu. Cela ne pouvait être, et il suivait, avec une anxiété fiévreuse, le mouvement des mains rouges, velues, à larges articulations, de Dologhow, qui s'arrêtèrent, et déposèrent le paquet de cartes, pour prendre un verre et une pipe.

« Tu n'as donc pas peur de jouer avec moi? lui dit Dologhow en se renversant sur le dossier de sa chaise, comme pour raconter à ses amis quelque chose de gai :

— Oui, Messieurs, on m'a assuré qu'on avait fait courir à Moscou le bruit que je trichais au jeu... S'il en est ainsi, je vous conseille d'être sur vos gardes!

— Voyons, taille donc! lui dit Rostow.

— Oh! ces vieilles commères de Moscou! » ajouta-t-il, en reprenant le talon.

A ce moment Rostow, réprimant avec peine une exclamation, se prit la tête à deux mains. Le sept de cœur, qui lui était si nécessaire, était la première carte de la taille, et il avait perdu plus qu'il ne pouvait payer !

« Écoute, lui dit Dologhow, ne va pas t'enfoncer !... » et il continua à tailler.

XIV

Une heure et demie plus tard, tout l'intérêt de la partie était concentré sur Rostow. Au lieu des premiers 1 600 roubles qu'il avait perdus, il avait devant lui, inscrite à son débit, une longue colonne de chiffres, dont le total pouvait, à ce qu'il croyait, s'élever à 15 000 roubles, mais qui en réalité dépassait 20 000. Dologhow ne racontait plus d'histoires : il suivait chaque mouvement de Rostow, et supputait le chiffre de son gain, résolu à continuer le jeu, jusqu'à ce qu'il eût atteint le chiffre de 43 000 roubles. Il s'était fixé ce chiffre dans son idée, parce qu'il formait le total de son âge et de celui de Sonia. Rostow, les coudes sur la table et la tête dans ses mains, assis devant ce tapis vert barbouillé de craie et de taches de vin, et sur lequel s'amoncelaient des montagnes de cartes, suivait aussi, la mort dans le cœur, le mouvement de ces doigts qui le tenaient en son pouvoir :

« Six cents roubles, as, neuf... impossible de se refaire ?.... Et comme on doit être gai, là-bas, à la maison !.... Valet sur le cinq... Pourquoi donc fait-il cela avec moi ? » Parfois il augmentait sa mise, mais Dologhow refusait et lui indiquait un chiffre. Rostow se soumettait, et priait Dieu, comme il l'avait prié sur le champ de bataille, sur le pont d'Amstetten. Tantôt, il tentait le sort, en relevant au hasard une carte dans le tas tombé sur le tapis, en se disant qu'elle ferait tourner la chance ; tantôt, il comptait les brandebourgs de son uniforme et plaçait sur une seule carte la somme représentant le nombre de leurs points ; tantôt, il regardait d'un air effaré les autres joueurs, comme pour leur demander secours, et reportant son regard sur le visage de marbre de son adversaire, il essayait de pénétrer ce qui se passait en lui :

« Il sait pourtant quelle est l'importance de cette perte pour moi, et il est mon ami, et je l'aimais !.... Mais ce n'est pas sa faute, puisque la chance est pour lui, et je ne suis pas coupable non plus!.... Quel mal ai-je fait?.... Ai-je tué ou offensé quelqu'un?.... Pourquoi donc cet effroyable malheur? Il n'y a qu'un moment que je me suis approché de cette table, avec le désir de gagner cent roubles, d'acheter à maman un coffret pour sa fête et de m'en retourner bien vite.... J'étais heureux, libre!.... Quand donc a commencé pour moi ce fatal revirement?.... Je suis le même cependant, je suis à la même place!.... Non, c'est impossible!..... cela ne peut durer! »

Il était rouge, tout en nage, et faisait peine à voir, surtout à cause de ses efforts surhumains pour conserver du calme.

La colonne des pertes s'élevait à la somme fatale de 43 000 roubles, et Rostow avait déjà apprêté sa carte pour un paroli de 3 000 roubles qu'il venait de gagner, lorsque Dologhow, ramassant son jeu. le mit de côté, fit rapidement l'addition avec la craie et en inscrivit le total en chiffres bien alignés :

« Allons souper, il en est temps! Voilà les bohémiens » dit-il, et une dizaine d'hommes et de femmes, au teint cuivré, entrèrent dans la chambre, en apportant avec eux le froid du dehors. Nicolas comprit que tout était perdu.

« Quoi, c'est tout? et moi qui t'avais préparé une jolie petite carte, » dit-il à Dologhow, en feignant l'indifférence, et comme si l'action seule du jeu l'intéressait.

« Maintenant tout est fini, pensait-il, tout! Maintenant une balle dans la tête... c'est tout ce qui me reste à faire! »

« Voyons, encore une petite carte, reprit-il.

— Volontiers, fit Dologhow, en finissant d'additionner le total de 43 021 roubles. Va pour 21 roubles! Rostow, qui avait marqué 6 000 sur une carte, les effaça pour écrire 21.

— Cela m'est égal, dit-il, ce qui m'intéresse, c'est de savoir si tu me donneras ce dix. »

Dologhow taillait sérieusement. Oh! comme Rostow le haïssait en ce moment!... Le dix fut pour lui!

« Vous me devez 43 000 roubles, comte, dit Dologhow, en se levant et en s'étirant... On se fatigue à la fin de rester assis.

— Moi aussi, je suis fatigué, répliqua Rostow.

— Quand pourrai-je recevoir l'argent, comte? » reprit l'autre, comme pour lui faire sentir que la plaisanterie était déplacée.

Nicolas rougit jusqu'au blanc des yeux, et l'emmenant à l'écart :

« Je ne puis te payer tout, il faut que tu acceptes une lettre de change.

— Ecoute, lui dit Dologhow avec un sourire glacial, tu connais le proverbe : « Heureux en amour, malheureux au jeu. » Ta cousine t'aime, je le sais.

« Oh! c'est épouvantable de se sentir entre les mains de cet homme! » se dit Nicolas. Il pensait au coup qu'il allait porter à son père, à sa mère; il comprenait quel bonheur c'eût été pour lui de n'avoir pas à faire ce terrible aveu; il sentait que Dologhow le comprenait aussi, qu'il pouvait lui épargner cette honte, ce chagrin, et que cependant il jouait avec lui comme le chat avec la souris.

« Ta cousine...., reprit Dologhow.

— Ma cousine n'a rien à voir ici, dit Rostow en l'interrompant avec colère, il est inutile de prononcer son nom!

— Alors, quand puis-je recevoir?

— Demain! » répondit Rostow, et il quitta la chambre.

XV

Rien de plus facile que de dire d'un ton convenable : « A demain! » mais ce qui était épouvantable, c'était de rentrer, de revoir ses sœurs, son père, sa mère, de leur dire tout, et de demander l'argent, pour ne pas manquer à la parole donnée.

Personne ne dormait encore. La jeunesse avait soupé en revenant du théâtre, et s'était groupée autour du piano. Lorsque Nicolas entra dans la salle, il se sentit pénétré par ces effluves d'amour pleines de poésie qui régnaient dans leur maison, et qui semblaient, après la déclaration de Dologhow et le bal de Ioghel, s'être concentrées, comme avant l'orage, sur la tête de Sonia et de Natacha. Vêtues de bleu toutes les deux, et telles qu'elles avaient paru au théâtre, jolies, gentilles, et s'en rendant bien compte, elles riaient et causaient auprès du piano. Vera et Schinchine jouaient aux échecs dans le salon. La comtesse, en attendant le retour de son mari et de son fils, faisait « une patience » que suivait avec attention une vieille dame, noble et pauvre, qu'ils avaient recueillie. Denissow, les yeux brillants, les cheveux ébouriffés, assis au piano, un pied rejeté en arrière, tapait les touches de ses gros doigts, et plaquait des accords, en roulant les yeux et en cherchant, de sa petite voix enrouée, mais juste, un accompagnement au quatrain qu'il venait de composer en l'honneur de la Magicienne :

« Magicienne, où prends-tu l'invincible pouvoir
« D'éveiller dans mon cœur les notes endormies ?
« Oh, dis-le-moi, d'où vient la flamme qui, ce soir,
« Évoque dans mon cœur l'essaim des mélodies? »

La passion faisait vibrer sa voix, et il fixait ses yeux noirs sur Natacha émue, mais heureuse :

« Charmant, parfait! » criait-elle, encore un couplet! »

« Rien n'est changé ici, » se dit Nicolas.

« Ah! le voilà! s'écria Natacha.

— Papa est-il à la maison? demanda-t-il.

— Comme je suis contente de te voir! reprit-elle sans lui répondre. Nous nous amusons tant.... Vassili Dmitritch reste encore un jour pour me faire plaisir.

— Non, papa n'est pas encore rentré, dit Sonia.

— Nicolas, viens ici, mon ami, » lui cria sa mère, de l'autre bout de chambre.

Nicolas alla lui baiser la main, et s'assit en silence auprès d'elle, suivant du regard ses doigts, qui disposaient des cartes sur la table, pour faire « une patience »...., et le bruit des rires et des voix arrivait de la salle jusqu'à eux.

« Bien, bien, s'écriait Denissow, il n'y a plus à vous en défendre : chantez-moi la barcarolle, je vous en supplie! »

La comtesse regarda son fils, qui continuait à se taire.

« Qu'as-tu? lui demanda-t-elle.

— Rien, répondit-il, comme s'il était fatigué d'une question qu'on lui aurait adressée plusieurs fois... mon père viendra-t-il bientôt?

— Je le crois! »

« Rien n'est changé ici... Ils ne savent rien! Où me cacher! » pensait-il, et il rentra dans la salle où Sonia, assise au piano, venait de commencer le prélude de la barcarolle. Natacha allait chanter, et Denissow fixait sur elle des regards enflammés.

Nicolas se mit à marcher en long et en large :

« Voilà une belle idée de la faire chanter!... Que peut-elle chanter? que trouvent-ils donc là de si gai? »

Sonia plaqua un accord.

« Mon Dieu, mon Dieu! se disait-il, je suis un homme perdu.... déshonoré... oui, il ne me reste plus qu'à me loger une balle dans la tête... pourquoi donc chanter? S'en aller?... Bah, ils n'ont qu'à continuer, après tout ça m'est bien égal!... » et Nicolas, sombre et morose, marchait toujours, en évitant le regard des jeunes filles.

« Nicolas, qu'avez-vous? » semblait lui demander Sonia, qui avait tout d'abord remarqué sa tristesse.

Natacha, avec son flair habituel, en était également frappée, mais elle était si loin de toute idée de chagrin, de douleur et de repentir, sa gaieté était si exubérante que, comme il arrive souvent à la jeunesse, elle ne tarda pas à ne plus s'en préoccuper : « Je m'amuse trop, pensa-t-elle, pour gâter mon plaisir par sympathie pour une douleur qui n'est pas la mienne... et puis je me trompe sans doute, il est probablement aussi gai que moi ».

« Voyons, Sonia, » dit-elle, en s'élançant vivement au milieu de la salle, où l'acoustique lui semblait devoir être meilleure. Relevant la tête et laissant pendre ses bras le long de son corps, comme font les danseuses, elle semblait dire, en réponse au regard passionné de Denissow : « Voilà comme je suis! »

« De quoi donc peut-elle se réjouir? pensait Nicolas.... Comment cela ne l'ennuie-t-il pas? »

Natacha lança sa première note, sa poitrine se gonfla, et ses yeux prirent une expression profonde. Elle ne pensait à rien, ni à personne, en ce moment; sa bouche entr'ouverte en un sourire laissa échapper des sons, ces sons que le premier gosier venu peut lancer à toute heure avec les mêmes inflexions, et qui nous laisseront froids et indifférents mille fois, pour nous faire frissonner et pleurer d'émotion à la mille et unième.

Natacha avait sérieusement étudié son chant pendant l'hiver, à cause surtout de Denissow, que sa voix ravissait au septième ciel. Elle ne chantait plus en enfant, et l'on ne sentait plus les efforts maladroits de l'écolière. Bien que d'une rare étendue, sa voix n'était pas suffisamment travaillée, au dire des connaisseurs. Et cependant, les connaisseurs, malgré leurs critiques, s'abandonnaient à leur insu à la jouissance que leur causait cette voix, encore inhabile à prendre sa respiration à temps et à se jouer des difficultés; et longtemps après qu'elle s'était tue, ils ne demandaient qu'à l'entendre encore et encore. On sentait si bien s'épanouir en elle cette suave virginité dont rien jusqu'à ce moment n'avait effleuré le velouté et l'inconsciente puissance, qu'on aurait cru, en y changeant la moindre chose, en altérer le charme.

« Qu'est-ce donc? pensa Nicolas, tout surpris de l'entendre chanter ainsi, et en écarquillant les yeux.... que lui est-il arrivé? Comme elle chante! » Oubliant tout, il attendait avec une fiévreuse impatience la note qui allait suivre, et pendant un moment il n'y eut plus pour lui au monde que la mesure à trois temps du : « *Oh mio crudele affetto* ! ».... « Quelle absurde existence que la nôtre, pensait-il. Le malheur, l'argent, Dologhow, la haine, l'honneur... tout cela n'est rien!.... voilà le vrai!... Natacha, ma petite colombe!.... voyons si elle va atteindre le « si »?.... Elle l'a atteint; Dieu merci! »... Pour renforcer le « si », il l'accompagna en tierce : « Quel bonheur! je l'ai donné aussi! » s'écria-t-il, et la vibration de cette tierce éveilla dans son âme tout ce qu'il y avait de meilleur et de plus pur. Qu'étaient à côté de cette sensation surhumaine et divine, et sa perte au jeu, et sa parole donnée?.... Folies! On pouvait tuer, voler et pourtant être encore heureux.

XVI

Il y avait longtemps que la musique n'avait fait éprouver à Rostow de pareilles jouissances. A peine Natacha eut-elle fini sa barcarolle que le sentiment de la réalité lui revint, et il gagna sa chambre sans mot dire. Un quart d'heure après, le vieux comte revenait du club, gai et content; son fils se rendit chez lui.

« Eh bien, t'es-tu amusé? » lui demanda-t-il, en souriant d'orgueil à sa vue. Nicolas essaya en vain de dire oui.... il étouffait. Son père allumait sa pipe, sans remarquer son trouble.

« Allons, c'est inévitable! » pensa-t-il, et prenant un ton dégagé, qui lui fit honte à lui-même, et comme s'il ne s'agissait que de demander une voiture à son père pour aller faire un tour de promenade :

« Papa, lui dit-il, je suis venu pour affaires, je l'avais presque oublié : j'ai besoin d'argent!

— Vraiment, lui répondit le vieux comte qui était très bien

disposé ce soir-là.... Je savais bien que ce ne serait pas assez! T'en faut-il beaucoup?

— Oui, beaucoup, répliqua-t-il, en affectant un laisser aller niais et indifférent. Oui, j'ai un peu perdu, pas mal, beaucoup même, 43 000 roubles!

— Comment? Avec qui?... mais c'est une plaisanterie! s'écria le comte, dont la nuque se couvrit d'une rougeur apoplectique.

— Je me suis engagé à payer demain!

— Oh! fit le père avec un geste de désespoir, et en se laissant tomber sans force sur le canapé.

— Qu'y faire! continua Nicolas, d'un ton assuré et hardi. Cela arrive à tout le monde.... » et pendant qu'il parlait ainsi, il se traitait au fond de son cœur de misérable, de lâche : sa conscience lui disait que toute sa vie ne suffirait pas à expier sa faute, et pendant qu'il assurait à son père, d'un ton grossier, que « cela arrivait à tout le monde » , il avait envie de se jeter à ses genoux, de lui baiser la main et d'implorer son pardon.

A ces mots, le vieux comte baissa les yeux et s'agita d'un air embarrassé :

« Oui, oui, dit-il..... seulement je crains.... il me sera difficile de trouver..... A qui n'est-ce pas arrivé? à qui n'est-ce pas arrivé?... » et jetant un coup d'œil à son fils, il se dirigea vers la porte.... Nicolas, qui s'attendait à des reproches, ne put y tenir plus longtemps :

« Papa! papa! pardonnez-moi, » s'écria-t-il en éclatant en sanglots, alors saisissant la main de son père et pleurant comme un enfant, il la porta vivement à ses lèvres.

Pendant que le fils avait cette explication avec son père, un entretien non moins grave avait lieu entre la mère et la fille :

« Maman!... Maman! il me l'a faite!

— Que veux-tu dire?

— Il m'a fait sa déclaration, maman! »

La comtesse n'en croyait pas ses oreilles.... Comment! Denissow avait fait une déclaration à cette fillette de Natacha, qui, il y a quelques jours à peine, jouait à la poupée et prenait encore des leçons!

« Voyons, Natacha, pas de bêtises! lui dit avec douceur la comtesse, qui espérait lui faire avouer que ce n'était qu'une plaisanterie.

— Comment, des bêtises!... Mais c'est très sérieux, dit Natacha piquée au vif. Je viens vous demander ce que je dois faire, et vous me dites que ce sont des bêtises ! »

La comtesse haussa les épaules.

« S'il est vrai que M. Denissow t'ait fait une déclaration, tu lui diras de ma part que c'est un imbécile.

— Mais non, ce n'est pas un imbécile.

— Eh bien, alors que veux-tu? Vous avez toutes la tête tournée. Si tu en es éprise, épouse-le, et que Dieu te bénisse!

— Mais non, maman, je ne suis pas éprise de lui! Je vous jure qu'il me semble que je ne le suis pas.

— Eh! bien alors, va le lui dire toi-même.

— Ah! maman, vous vous fâchez? Ne vous fâchez pas, chère petite maman!... Voyons, est-ce ma faute?

— Non, mais que veux-tu, mon cœur! Veux-tu que j'aille le lui dire?

— Non, je le lui dirai moi-même, seulement enseignez-moi comment?... Vous riez? mais si vous l'aviez vu, quand il m'a fait sa déclaration.... Je sais bien qu'il n'en avait pas l'intention.... Ça lui a échappé!

— Soit, mais il faut alors que tu lui répondes par un refus.

— Ah! non, il ne faut pas le refuser.... il me fait tant de peine!... il est si bon!

— Eh bien, alors accepte-le, car il est vraiment grand temps de te marier, ajouta la comtesse, moitié riant et moitié fâchée.

— Pour cela non, maman, mais je t'assure qu'il me fait de la peine.... Comment lui dire cela?

— Aussi bien tu ne lui diras rien, c'est moi qui vais lui parler, dit la comtesse, qui commençait à trouver malséant qu'on pût considérer cette petite Natacha comme une grande personne.

— Non, pour rien au monde, je le dirai moi-même, vous n'avez qu'à écouter à la porte... » et Natacha rentra en courant dans la salle, où Denissow, assis au piano et la figure dans ses mains, était encore à la même place. Au bruit de ses pas, il releva la tête :

« Natalie, lui dit-il en s'approchant d'elle vivement, mon sort est entre vos mains.... décidez!

— Vassili Dmitritch, vous me faites tant de peine!.... vous êtes si bon!... mais cela ne se peut pas.... cela ne se peut pas.... mais je vous jure que je vous aimerai toujours! »

Denissow s'inclina sur la main de Natacha, et il ne put réprimer quelques sanglots étouffés, en la sentant poser un baiser sur ses cheveux noirs, crépus et ébouriffés. A ce moment, le frôlement de la robe de la comtesse se fit entendre :

« Vassili Dmitritch, merci pour l'honneur que vous nous faites, lui dit la comtesse d'un air ému, qui cependant lui parut sévère..., mais ma fille est si jeune!... et j'aurais pensé que vous vous seriez adressé à moi avant de lui en parler.

— Comtesse! » lui dit Denissow, en baissant les yeux de l'air d'un coupable, et en essayant vainement de trouver quelques mots à lui répondre.

Natacha, le voyant si abattu, se mit à pleurer convulsivement.

« Comtesse, j'ai eu tort, reprit Denissow d'une voix brisée par l'émotion, mais j'adore votre fille et j'aime tant votre famille que pour vous tous je donnerais deux fois ma vie!... » mais remarquant le visage sérieux de la comtesse :... « Eh bien, adieu, » lui dit-il, et lui baisant la main sans regarder Natacha, il quitta la salle d'un pas résolu.

Nicolas passa la journée du lendemain chez Denissow, qui brûlait du désir de quitter Moscou au plus tôt. Ses camarades donnèrent une soirée d'adieux avec accompagnement de bohémiens et de bohémiennes, et depuis il ne put jamais se souvenir comment on l'avait emballé dans son traîneau, et comment il avait franchi les trois premiers relais.

Après son départ, Rostow, auquel le vieux comte n'avait pu fournir encore la grosse somme en question, resta quinze jours de plus à Moscou sans sortir de chez lui, passant presque tout son temps dans l'appartement des jeunes filles, à couvrir de vers et de musique les pages de leurs albums.

Sonia, plus tendre, plus affectueuse que jamais, semblait vouloir lui prouver par là que cette perte au jeu était un exploit véritable, et qu'elle ne pouvait que l'en aimer davantage, tandis que de son côté Nicolas se regardait désormais comme indigne d'elle.

Ayant enfin envoyé les 43,000 roubles à Dologhow qui lui donna un reçu en règle, il partit à la fin de novembre, sans prendre congé d'aucune de ses connaissances, et alla rejoindre son régiment, qui se trouvait déjà en Pologne.

CHAPITRE V

I

Après son explication avec sa femme, Pierre s'était mis en route pour Pétersbourg. Arrivé au relai de Torjok, il n'y trouva pas de chevaux, ou peut-être le maître de poste ne voulut-il pas lui en donner; obligé d'attendre, il s'étendit, sans se déshabiller et sans quitter ses grosses bottes fourrées, sur le grand divan placé devant une table ronde, et se mit à réfléchir.

« Faut-il apporter les malles et préparer un lit? Votre Excellence veut-elle du thé?... »

Pierre ne répondit pas : il n'avait rien vu, ni rien entendu, plongé dans les réflexions qui l'absorbaient depuis quelques heures; peu lui importait, en face des graves questions qui s'agitaient dans son esprit, d'arriver plus ou moins tard à Pétersbourg et de se reposer ici ou ailleurs.

Le maître de poste, sa femme, le domestique, la marchande d'objets brodés d'or et d'argent [1] entraient tour à tour pour lui offrir leurs services. Pierre, sans changer de position, les regardait par-dessus ses lunettes, ne se rendant pas compte de ce qu'ils lui voulaient. Comment ces gens-là pouvaient-ils vivre tranquilles, sans avoir résolu les douloureux problèmes qui n'avaient cessé de le tourmenter depuis ce duel, suivi pour lui d'une si terrible nuit d'insomnie? Dans l'isolement de son voyage, il ne pouvait s'empêcher d'y revenir constamment, sans parvenir à les résoudre. C'était comme si le principal

1. Genre d'industrie spéciale à la ville de Torjok. (*Note du trad.*)

engrenage de son existence s'était tordu et tournait toujours sans accrocher le cran et sans pouvoir s'arrêter.

Le maître de poste rentra pour lui dire humblement que, si Son Excellence voulait bien attendre deux petites heures, il pourrait lui donner des chevaux de courrier. Il mentait évidemment et n'avait d'autre but que de rançonner le voyageur : « Ce qu'il fait est-il bien ou mal? se dit Pierre. Pour moi qui en profite, c'est bien ; mais pour le voyageur qui viendra après moi, ce sera mal. Quant à lui, il ne peut faire autrement, car il n'a pas de quoi se mettre sous la dent... Il m'a assuré que l'officier l'avait battu pour cela?... Si l'officier l'a battu, c'est qu'il était pressé et que cela le retardait... Et moi j'ai tiré sur Dologhow, parce que je me croyais offensé... et Louis XVI a été exécuté parce qu'on le regardait comme criminel... et, un an plus tard, on a exécuté ceux qui l'avaient condamné... Qu'est-ce qui est mal? qu'est-ce qui est bien?... Que faut-il aimer? Que faut-il haïr?... Pourquoi vivre! Qu'est-ce que la vie? Qu'est-ce que la mort?... Quelle est cette force inconnue qui dirige le tout?... » Il ne trouvait pas de réponse à ces questions, sauf une seule qui n'en était pas une : « la mort! car alors ou tu sauras tout, ou tu cesseras de questionner... » Mais c'était effrayant de mourir.

La marchande de cuirs de Torjok lui vantait d'une voix perçante sa marchandise, surtout des pantoufles en peau de chèvre. « J'ai des centaines de roubles dont je ne sais que faire et cette femme en pelisse déchirée me regarde timidement!... Que ferait-elle de cet argent?... Lui donnerait-il un cheveu de plus de bonheur ou de paix?... Quelque chose au monde peut-il lui épargner, à elle comme à moi, les atteintes du mal ou de la mort?... La mort, qui met un terme à tout, qui peut venir aujourd'hui ou demain, rend tout indifférent en comparaison de l'éternité!... » et de nouveau il pressait l'engrenage de ses pensées, qui continuait à tourner toujours à vide au même endroit.

Son domestique lui apporta un livre à moitié coupé, un roman par lettres de Mme de Souza; il se mit à lire le récit des malheurs et de la lutte vertueuse d'une certaine Amélie de Mansfeld. « Et pourquoi a-t-elle lutté contre son séducteur, se demanda-t-il, puisqu'elle l'aimait? Il est impossible que Dieu ait fait naître dans son âme des désirs contraires à sa volonté. Mon ex-femme n'a pas lutté et peut-être avait-elle raison!.... On n'a rien découvert, on n'a rien inventé, et nous savons seulement que nous ne savons rien. C'est là le dernier mot de la sagesse humaine. »

Tout, en lui et au dehors de lui, lui paraissait confus, incertain et répugnant, mais cette impression même de répugnance lui causait une jouissance irritante.

« Puis-je prier Votre Excellence de céder un peu de place à la personne qui me suit, » dit le maître de poste, en entrant dans la chambre avec un autre voyageur, forcé, comme Pierre, de s'arrêter faute de chevaux. C'était un vieillard de petite taille, ridé, jaune, avec des sourcils gris qui retombaient sur ses yeux brillants, d'une couleur indécise.

Pierre retira ses jambes de dessus la table et se leva pour se coucher sur le lit que l'on venait de lui préparer; il regardait à la dérobée le nouveau venu; celui-ci se laissa déshabiller, d'un air fatigué, par son domestique et resta en petite veste fourrée couverte de nankin, et avec des bottes de feutre à ses pieds maigres et osseux. Il s'assit sur le canapé et appuya contre le dossier sa tête un peu forte : il avait le front large, les cheveux coupés très court. Le regard sérieux, intelligent et pénétrant, qu'il jeta alors sur Pierre, frappa ce dernier. Il allait lui adresser une question insignifiante, lorsqu'il remarqua que le voyageur avait déjà fermé les yeux, en croisant l'une sur l'autre ses vieilles mains sèches : il portait à l'un de ses doigts un anneau de plomb avec une tête de mort et semblait, ou dormir, ou réfléchir profondément. Son domestique était, comme lui, vieux, ridé et jaune, sans moustaches et sans barbe, et l'on devinait, rien qu'à voir sa peau lisse et parcheminée, que le rasoir n'y avait jamais passé. Il déballa prestement le panier aux provisions, prépara la table de thé, et apporta le samovar. Lorsque tout fut prêt, le voyageur ouvrit les yeux, se rapprocha de la table, versa deux verres de thé, et en donna un au petit vieillard sans barbe. Pierre, embarrassé, sentit qu'il allait être inévitablement obligé de lier conversation avec lui.

Le vieux domestique rapporta son verre renversé sur la soucoupe avec le morceau de sucre à moitié grignoté, et demanda à son maître s'il n'avait besoin de rien.

« Passe-moi le livre, » dit-il, et l'ayant reçu, il se plongea dans sa lecture.

Pierre crut s'apercevoir que c'était un ouvrage religieux, et continua à l'examiner, lorsqu'il le vit cesser de lire et reprendre sa première position. Il le considérait toujours, mais le vieux, se retournant de son côté, fixa sur lui un regard ferme et sévère, qui le troubla tout en l'attirant d'une façon irrésistible.

II

« J'ai l'honneur, si je ne me trompe, de parler au comte Besoukhow? » dit l'inconnu à haute voix et sans se hâter.

Pierre le regarda d'un air interrogateur par-dessus ses lunettes.

« J'ai entendu parler de vous, continua son interlocuteur, du malheur qui vous est arrivé!... » En soulignant le mot « malheur », il semblait dire : « Vous avez beau donner à la chose le nom que vous voudrez, c'est « un malheur »... « Je le regrette infiniment pour vous, monsieur. »

Pierre rougit, posa ses pieds à terre et se pencha, intimidé et souriant, vers le vieillard.

« Des raisons plus graves que la curiosité m'obligent à vous le rappeler, » continua-t-il après un moment de silence, sans détourner ses yeux de Besoukhow, et il se recula un peu sur le canapé, l'invitant par ce mouvement à venir prendre place près de lui.

Bien que Pierre ne fût pas disposé à la causerie, il s'y résigna et alla s'asseoir à ses côtés.

« Vous êtes malheureux, monsieur; vous êtes jeune, je suis vieux, et j'aurais voulu vous venir en aide dans la mesure de mes forces.

— Ah! oui, dit Pierre avec un sourire contraint : je vous suis bien reconnaissant.... Venez-vous de loin, monsieur?

— Si, pour une raison ou pour une autre, ma conversation vous était désagréable, dites-le-moi.... » Et tout à coup sa voix devint tendre et paternelle.

« Oh! non, bien au contraire, je suis très heureux de faire votre connaissance.... » Et les yeux de Pierre, attirés par la bague, y aperçurent la tête de mort, signe habituel de la franc-maçonnerie.

« Permettez-moi de vous demander si vous êtes franc-maçon?

— Oui, monsieur, j'appartiens à cet ordre... En mon nom et au sien, je vous tends une main fraternelle.

— Je crains, dit Pierre, en hésitant entre la sympathie que lui inspirait ce vieillard et les plaisanteries dont les francs-maçons étaient ordinairement l'objet, je crains de ne point vous comprendre; je crains que ma manière de voir sur la Création en général ne soit en complet désaccord avec la vôtre.

— Je connais votre manière de voir... Vous croyez, et la majorité des hommes le pense comme vous, qu'elle est le produit du travail de votre intelligence? Non, monsieur... Elle est le fruit de l'orgueil, de la paresse et de l'ignorance!.... Vous nourrissez une triste erreur, et c'est pour la combattre que j'ai engagé cette conversation.

— Pourquoi ne supposerais-je pas que l'erreur est de votre côté?

— Je n'oserais pas dire que je connais la vérité, répliqua le franc-maçon, qui étonnait Pierre de plus en plus par la précision et la fermeté de ses paroles. Personne ne parvient seul jusqu'à la vérité; c'est seulement pierre par pierre, avec le concours des milliers de générations qui se sont succédé depuis Adam jusqu'à nous, que s'élève l'édifice destiné à devenir un jour le temple digne du Grand Dieu.

— Je dois vous avouer que je ne crois point en Dieu, » dit Pierre avec effort, mais il sentait l'obligation de ne rien cacher de sa pensée.

Le franc-maçon le regarda d'un œil profond et avec le sourire d'un bon riche, dont les millions vont rendre heureux le pauvre qui lui confie sa misère :

« Mais vous ne le connaissez pas, monsieur, vous ne pouvez pas le connaître, et vous êtes malheureux, parce que vous ne le connaissez pas.

— Oui, oui, je le sais bien, je suis malheureux, mais qu'y puis-je faire?

— Vous ne le connaissez pas.... Il est ici, il est en moi, il est dans mes paroles, poursuivit le franc-maçon d'une voix sévère, il est en toi jusque dans cette négation blasphématoire que tu viens de prononcer! »

Il se tut et soupira, en s'efforçant de reprendre son calme.

« S'il n'existait pas, reprit-il à demi-voix, nous n'en causerions pas. De qui as-tu parlé? Qui as-tu renié? s'écria-t-il tout à coup avec une exaltation fiévreuse et une puissance dominatrice. Qui donc l'aurait inventé, s'il n'existait pas? D'où t'est venue, à toi et au monde entier, l'idée d'un être incompréhensible, tout-puissant, et éternel dans tous ses attributs?.... Il existe! reprit-il après un long silence, que Pierre se garda d'interrompre. Mais le comprendre est impossible !.... » et il feuilletait d'une main nerveuse et agitée les pages de son livre. « Si tu doutais de l'existence d'un homme, je t'aurais mené à cet homme, je te l'aurais montré ; mais comment puis-je, moi humble mortel, prouver sa toute-puissance, son éternité, sa miséricorde infinie à celui qui est aveugle, ou qui ferme les yeux exprès pour ne pas le voir, le comprendre, et qui ignore volontairement la corruption et l'indignité de sa propre personne? Qui es-tu, toi? Tu te crois sans doute un sage, pour avoir prononcé ce blasphème, ajouta-t-il avec un sourire de mépris, et tu es aussi insensé, aussi ignorant qu'un enfant qui joue avec le mouvement artistement combiné d'une montre. Il n'en comprend pas le but et ne croit pas à celui qui l'a fait. Le connaître est difficile. Nous y travaillons depuis des siècles, depuis Adam jusqu'à nos jours, et toujours l'infini nous en sépare!.... Là éclatent notre faiblesse et sa grandeur! »

Pierre l'écoutait avec émotion sans l'interrompre; ses yeux brillaient, et il croyait de tout son cœur aux paroles de cet étranger. Se sentait-il vaincu par ses arguments, ou bien subissait-il, comme les enfants, l'influence de sa voix émue, de sa conviction, de sa sincérité, de ce calme, de cette fermeté, de cette conscience de sa destinée, qui perçait dans tout son être et qui le frappait, surtout par contraste avec son atonie morale et son manque absolu d'espoir? De toute son âme, il désirait avoir la foi et il éprouvait un sentiment presque béat de calme, de régénération et de retour à la vie.

« Ce n'est pas l'esprit qui comprend Dieu, c'est la vie qui le fait comprendre! »

Pierre, craignant de trouver dans le raisonnement de son interlocuteur un côté faible ou obscur qui aurait ébranlé sa confiance naissante, l'interrompit en lui disant :

« Pourquoi donc l'intelligence humaine ne peut-elle pas s'élever jusqu'à cette connaissance dont vous parlez?

— La sagesse suprême et la vérité, répondit le franc-maçon avec son sourire doux et paternel, peuvent se comparer à une rosée céleste, dont nous voudrions nous pénétrer. Puis-je alors, moi vase impur, me pénétrer de cette rosée et me faire juge de son essence? Une purification intérieure peut seule me rendre apte à la recevoir dans une certaine mesure.

— Oui, oui, c'est cela, dit Pierre avec une joyeuse expansion.

— La sagesse suprême a d'autres bases que l'intelligence et les sciences humaines, telles que l'histoire, la physique et la chimie, qui s'écroulent au moindre souffle. La sagesse suprême est Une; elle n'a qu'une science, la science universelle, la science qui explique la Création et la place que l'homme y occupe. Pour la comprendre, il faut se purifier et régénérer son *moi;* il faut donc, avant de savoir, croire et se perfectionner. La lumière divine, qui brille au fond de nos âmes, s'appelle la conscience. Que ta vue spirituelle se reporte sur ton être intérieur, et demande-toi si tu es content de toi-même, et à quel résultat tu es arrivé, n'ayant pour guide que ton intelligence! Vous êtes jeune, vous êtes riche, vous êtes intelligent, qu'avez-vous fait de tous ces dons, dont vous avez été comblé? Êtes-vous content de vous-même et de votre existence?

— Non, je l'ai en horreur!

— Si tu l'as en horreur, change-la, purifie-toi, et, à mesure que tu te transformeras. tu apprendras à connaître la sagesse! Comment l'avez-vous passée cette existence? En orgies, en débauches, en dépravations, recevant tout de la société et ne lui donnant rien. Comment avez-vous employé la fortune que vous avez reçue? Qu'avez-vous fait pour votre prochain? Avez-vous pensé à vos dizaines de milliers de serfs? Leur êtes-vous venu en aide moralement ou physiquement? Non, n'est-ce pas? Vous avez profité de leur labeur pour mener une existence corrompue! Voilà ce que vous avez fait. Avez-vous cherché à vous employer utilement pour votre prochain? Non. Vous avez passé votre vie dans l'oisiveté. Puis, vous vous êtes marié : vous avez accepté la responsabilité de servir de guide à une jeune femme. Qu'avez-vous fait alors? Au lieu de l'aider à trouver le chemin de la vérité, vous l'avez jetée dans l'abîme du mensonge et du malheur. Un homme vous a offensé, vous l'avez tué, et vous dites que vous ne connaissez pas Dieu, et que vous avez votre existence en horreur! Comment en serait-il autrement? »

Après ces paroles, le franc-maçon, que la véhémence de son discours avait visiblement fatigué, s'appuya contre le dossier du canapé et ferma les yeux, presque inanimé. Ses lèvres remuaient sans laisser échapper aucun son. Pierre l'examinait, son cœur débordait, mais il n'osait rompre le silence.

Le franc-maçon eut une petite toux de vieillard, il appela son domestique.

« Les chevaux? demanda-t-il.

— On vient d'en amener. Vous ne vous reposerez pas un peu?

— Non, fais atteler. »

« Partira-t-il vraiment sans m'avoir initié à sa pensée et sans m'avoir mis dans la bonne voie? se disait Pierre, qui s'était levé et marchait dans la chambre, la tête baissée. Oui, j'ai mené une vie méprisable, mais je ne l'aimais pas, je n'en voulais pas!... Et cet homme connaît la vérité et il peut me l'enseigner! »

Le voyageur, ayant achevé d'arranger ses paquets, se tourna vers lui et lui dit d'un ton indifférent et poli :

« De quel côté vous dirigez-vous, monsieur?

— Je vais à Pétersbourg, répondit Pierre avec une certaine hésitation, et je vous remercie! Je suis tout à fait de votre avis : ne pensez pas que je sois aussi mauvais. J'aurais sincèrement désiré être tel que vous auriez voulu me voir, mais je n'ai jamais été secouru par personne!... Je me reconnais coupable!... Aidez-moi, enseignez-moi, et peut-être qu'un jour... » Un sanglot lui coupa la parole.

Le franc-maçon garda longtemps le silence; il réfléchissait :

« Dieu seul peut vous venir en aide, mais le secours que notre ordre est en mesure de vous donner vous sera accordé. Puisque vous allez à Pétersbourg, remettez ceci au comte Villarsky (il tira un portefeuille, et, sur une grande feuille pliée en quatre, il écrivit quelques mots). Maintenant, encore un conseil : consacrez les premiers temps de votre séjour à l'isolement et à l'étude de vous-même. Ne reprenez pas votre ancienne existence. Bon voyage, monsieur, ajouta-t-il en voyant entrer son domestique, et bonne chance! »

Le voyageur s'appelait Ossip Alexéiévitch Basdéiew, comme Pierre le vit dans le livre du maître de poste. Basdéiew était un franc-maçon et un martiniste très connu du temps de Novikow. Longtemps après son départ, Pierre continua à marcher sans penser à se coucher, sans penser même à partir, se reportant à son passé corrompu, et se représentant, avec cette exaltation de l'homme qui veut se régénérer, cet avenir de vertu irréprochable, qui lui paraissait si facile à réaliser. Il lui semblait qu'il ne s'était perverti que parce qu'il avait oublié, à son insu, tout ce qu'il y avait de douceur dans le bien. Ses doutes s'étaient dissipés : il croyait fermement à l'union fraternelle de tous les hommes, n'ayant d'autre but que s'entr'aider sur le chemin de la vertu. C'est ainsi qu'il comprenait l'ordre et les principes de la franc-maçonnerie.

III

Arrivé chez lui, Pierre ne fit part à personne de son retour. Il s'enferma et passa ses journées à lire Thomas A Kempis, qui lui avait été remis, il ne savait par qui, et il n'y voyait qu'une chose, la possibilité, jusque-là inconnue pour lui, d'atteindre à la perfection, et de croire à cet amour fraternel et actif entre les hommes, que lui avait dépeint Basdéiew. Une semaine après son arrivée, le jeune comte polonais Villarsky, qu'il ne connaissait que fort peu, entra chez lui un soir, avec cet air solennel et officiel qu'avait eu le témoin de Dologhow. Il referma la porte, et s'étant bien assuré qu'il n'y avait personne dans la chambre :

« Je suis venu chez vous, lui dit-il, pour vous faire une proposition. Une personne, très haut placée dans notre confrérie, a fait des démarches pour que vous y soyez admis avant le terme et m'a proposé d'être votre parrain. Accomplir la volonté de cette personne est pour moi un devoir sacré. Désirez-vous entrer, sous ma garantie, dans la confrérie des francs-maçons? »

Le ton froid et sévère de cet homme, qu'il n'avait vu qu'au bal, coquetant, avec un aimable sourire sur les lèvres, dans la société des femmes les plus brillantes, frappa Pierre

« Oui, je le désire, » répondit-il.

Villarsky inclina la tête :

« Encore une question, comte, à laquelle je vous prie de répondre, non comme un membre futur de notre société, mais en galant homme et en toute sincérité : avez-vous renié vos opinions passées? Croyez-vous en Dieu? »

Pierre réfléchit :

« Oui, répondit-il, je crois en Dieu!

— Dans ce cas.... »

Pierre l'interrompit encore :

« Oui, je crois en Dieu!

— Partons alors, ma voiture est à vos ordres. »

Villarsky se tut pendant le trajet. A une question de Pierre, qui lui demandait ce qu'il avait à faire et à répondre, il se borna à lui dire que des frères, plus dignes que lui, l'éprouveraient, et qu'il n'avait qu'à dire la vérité.

Entrés sous la porte cochère d'une grande maison où se trouvait la loge, ils montèrent un escalier obscur et arrivèrent à une antichambre éclairée ; ils s'y débarrassèrent de leurs pelisses pour passer dans une pièce voisine. Un homme, étrangement habillé, parut sur le seuil de la porte. Villarsky s'avança, lui dit quelques mots à l'oreille, en français, et, ouvrant ensuite une petite armoire qui contenait des habillements que Pierre voyait pour la première fois, il en tira un mouchoir, lui banda les yeux, et, comme il le lui nouait derrière la tête, quelques cheveux se trouvèrent pris dans le nœud. L'attirant à lui, il l'embrassa, le prit par la main et l'emmena. Le gros Pierre, mal à l'aise sous ce bandeau qui le tiraillait, les bras ballants, souriant d'un air timide, suivit Villarsky d'un pas mal assuré.

« Quoi qu'il vous arrive, dit ce dernier en s'arrêtant, supportez-le avec courage, si vous êtes décidé à être des nôtres. (Pierre fit un signe affirmatif.) Quand vous entendrez frapper à la porte, vous ôterez votre bandeau. Courage et espoir !.... » et il sortit en lui serrant la main.

Resté seul, Pierre se redressa et porta involontairement la main au bandeau pour l'enlever, mais il l'abaissa aussitôt. Les cinq minutes qui s'écoulèrent lui parurent une heure; ses jambes se dérobaient sous lui, ses mains s'engourdissaient; il se sentait fatigué et éprouvait les sensations les plus diverses : il avait peur de ce qui l'attendait et peur de manquer de courage; sa curiosité était éveillée, mais ce qui le rassurait, c'était la certitude d'entrer enfin dans la voie de la régénération et de faire le premier pas dans cette existence active et vertueuse, à laquelle il n'avait cessé de rêver depuis sa rencontre avec le voyageur. Des coups violents se firent entendre. Pierre ôta son bandeau et regarda. La chambre était obscure; une petite lampe, répandant une faible lumière, qui sortait d'un objet blanc placé sur une table couverte de noir, à côté d'un livre ouvert, brûlait dans un coin. Ce livre était l'Évangile, cet objet blanc était un crâne avec ses dents et ses cavités. Tout en lisant le premier verset de l'évangile de saint Jean : « Au commencement était le Verbe et le Verbe était en Dieu, » il fit le tour de la table et aperçut un cercueil plein d'ossements : il n'en fut pas surpris, il s'attendait à des choses extraordinaires. Le crâne, le cercueil, l'Évangile ne suffisant pas à son imagination excitée, il en demandait davantage et regardait autour de lui, en répétant ces mots : « Dieu, mort, amitié fraternelle.... » paroles vagues, qui symbolisaient pour lui une vie toute nouvelle. La porte s'ouvrit, et un homme de petite taille entra; la brusque transition de la lumière aux demi-ténèbres de cette chambre le fit s'arrêter un instant, et il avança avec prudence vers la table, sur laquelle il posa ses mains gantées.

Ce petit homme portait un tablier de cuir blanc, qui descendait de sa poitrine jusque sur ses pieds, et sur lequel s'étalaient, autour de son cou, une sorte de collier et une haute fraise entourant sa figure allongée par le bas.

« Pourquoi êtes-vous venu ici? demanda le nouveau venu, en se tournant du côté de Pierre. Pourquoi vous, incrédule à la vérité, aveugle à la lumière, pourquoi êtes-vous venu ici, et que voulez-vous de nous? Est-ce la sagesse, la vertu et le progrès que vous cherchez? »

Au moment où la porte s'était ouverte, Pierre avait éprouvé la même terreur religieuse qu'il ressentait dans son enfance pendant la confession, lorsqu'il se trouvait tête-à-tête avec un homme qui, dans les conditions habituelles de la vie, lui aurait été complètement étranger, et qui devenait son proche, de par le sentiment de la fraternité humaine. Pierre, ému, s'approcha du second Expert (ainsi s'appelait dans l'ordre maçonnique le frère chargé de préparer le récipiendaire qui demandait l'initiation), et il reconnut un de ses amis, nommé Smolianinow. Cela lui fut désagréable; il aurait préféré ne voir dans le nouveau venu qu'un frère, qu'un instructeur bienveillant et inconnu. Il fut si longtemps sans répondre que l'Expert renouvela sa question.

« Oui; je.... je.... veux me régénérer.

— C'est bien, » dit Smolianinow, et il continua : « Avez-vous une idée des moyens qui sont à notre disposition pour vous aider à atteindre votre but?

— Je... j'espère... être guidé... secouru..., répondit Pierre d'une voix tremblante qui l'empêchait de s'exprimer nettement.

— Comment comprenez-vous la franc-maçonnerie?

— Je pense que la franc-maçonnerie est la fraternité et l'égalité parmi les hommes avec un but vertueux.

— C'est bien, dit l'Expert satisfait de sa réponse. Avez-vous cherché le moyen d'y arriver par la religion?

— Non, l'ayant jugée contraire à la vérité, dit-il si bas que l'Expert eut peine à entendre sa réponse et la lui fit répéter; j'étais un athée, reprit-il.

— Vous cherchez la vérité pour vous soumettre aux lois de la vie; par conséquent, vous cherchez la sagesse et la vertu?

— Oui. »

L'Expert croisa ses mains gantées sur sa poitrine et poursuivit :

« Mon devoir est de vous initier au but principal de notre ordre; s'il est conforme à celui que vous désirez atteindre, vous en deviendrez un membre utile. La base sur laquelle il repose et de laquelle aucune force humaine ne peut le renverser, c'est la conservation et la transmission à la postérité de mystères importants qui sont parvenus jusqu'à nous à travers les siècles les plus reculés, à partir même du premier homme, et d'où dépend le sort de l'humanité; mais personne ne peut les connaître et en profiter, avant de s'être préparé, par une longue et constante purification, à en pénétrer le sens. Notre second but est de soutenir nos frères, de les aider à améliorer leur cœur, à se purifier, à s'instruire avec les moyens découverts par les sages et légués par la tradition et à se préparer à se rendre dignes de cette initiation. En épurant et en corrigeant nos frères, nous nous employons à épurer et à corriger l'humanité tout entière, en les lui offrant comme exemples d'honnêteté et de vertu, et en employant toutes nos forces à lutter contre le mal qui règne dans le monde. Réfléchissez à ce que je viens de vous dire!... » et il quitta la chambre.

« Lutter contre le mal qui règne dans le monde!... » se dit Pierre, et il vit se dérouler à ses yeux cette sphère d'action si nouvelle pour lui. Il se voyait exhortant des hommes égarés, comme il l'était lui-même deux semaines auparavant, des hommes corrompus et malheureux, qu'il aidait en parole et en action, des oppresseurs auxquels il arrachait leurs victimes. Des trois buts énumérés par l'Expert, le dernier — la régénération du genre humain — était celui qui le séduisait le plus; les mystères importants ne faisaient qu'éveiller sa curiosité et ne lui paraissaient pas essentiels. Le second, la purification de soi-même, l'intéressait peu, car il éprouvait déjà la jouissance intime de se sentir complètement corrigé de ses vices passés et tout prêt pour le bien.

Une demi-heure après, l'Expert rentra pour initier le récipiendaire aux sept vertus dont les sept marches du temple de Salomon sont le symbole, et que chaque franc-maçon devait s'appliquer à développer en soi. Les sept vertus étaient : 1° la discrétion, ne pas trahir les secrets de l'ordre; 2° l'obéissance aux supérieurs de l'ordre; 3c les bonnes mœurs; 4o l'amour de l'humanité; 5o le courage; 6o la générosité; 7o l'amour de la mort.

« Pour vous conformer au septième article, pensez souvent à la mort, afin que pour vous elle perde ses terreurs, elle cesse d'être l'ennemie, et qu'elle devienne au contraire l'amie qui délivre de cette vie de misères l'âme accablée par les travaux de la vertu, pour la conduire dans le lieu des récompenses et de la paix. »

« Oui, ce doit être ainsi, se dit Pierre, quand il fut de nouveau laissé à ses réflexions solitaires; mais je suis si faible, que j'aime encore mon existence, dont je saisis peu à peu et à présent seulement le véritable but. » Quant aux cinq autres vertus, qu'il comptait sur ses doigts, il les sentait en lui : le courage, la générosité, les bonnes mœurs, l'amour de l'humanité, et surtout l'obéissance, qui ne lui paraissait pas une vertu, mais un allègement et un bonheur, car rien ne pouvait lui être plus doux que de se décharger de sa volonté et de se soumettre à celle des guides qui connaissaient la vérité.

L'Expert reparut pour la troisième fois, et lui demanda si sa décision était inébranlable et s'il se soumettrait à tout ce qui serait exigé de lui :

« Je suis prêt à tout, répondit Pierre.

— Je dois encore vous déclarer que notre ordre ne se borne pas aux paroles pour répandre ses vérités, mais qu'il emploie d'autres moyens, plus forts peut-être que la parole, sur celui qui cherche la sagesse et la vertu. Le décor de cette « chambre des réflexions » doit, si votre cœur est sincère, vous en dire plus que des discours, et vous aurez maintes fois l'occasion, en avançant plus loin, de voir de semblables symboles. Notre ordre, comme les sociétés de l'antiquité, répand son enseignement au moyen d'hiéroglyphes, qui sont la désignation d'une chose abstraite et qui contiennent en eux les propriétés mêmes de l'objet qu'ils symbolisent. »

Pierre savait parfaitement ce qu'était un hiéroglyphe, mais pressentant l'approche des épreuves, il écoutait en silence.

« Si vous êtes définitivement décidé, je vais procéder à l'initiation : en témoignage de votre générosité, vous allez me remettre tout ce que vous avez de précieux.

— Mais je n'ai rien sur moi, dit Pierre, qui croyait qu'on lui demandait tout ce qu'il possédait.

— Ce que vous avez sur vous : montre, argent, bagues... »

Pierre tira à la hâte sa montre, sa bourse, et eut beaucoup de peine à retirer sa bague de mariage, qui serrait son gros doigt.

« En signe d'obéissance, je vous prie de vous déshabiller. »

Pierre ôta son frac, son gilet, sa botte gauche ; le franc-maçon lui ouvrit sa chemise du côté gauche de la poitrine, et releva son pantalon, également du côté gauche, plus haut que le genou. Pierre se disposait à répéter la même cérémonie du côté droit, pour en épargner la peine à l'Expert, lorsque celui-ci l'arrêta et lui tendit une pantoufle pour mettre à son pied gauche. Honteux, confus, embarrassé comme un enfant de sa maladresse, il attendait, les bras pendants, les pieds écartés, les instructions qui devaient suivre :

« Enfin, en signe de sincérité, faites-moi l'aveu de votre principal défaut ?

— Mon défaut principal ? Mais j'en ai tant !

— Le défaut qui vous entraînait le plus souvent à hésiter sur le chemin de la vertu ? »

Pierre cherchait :

« Est-ce le vin, la gourmandise, l'oisiveté, la paresse, la colère, la haine, les femmes ? » Il les repassait tous, sans savoir auquel accorder la préférence.

« Les femmes ! » dit-il d'une voix à peine distincte.

Le frère ne répondit pas, et resta quelque temps silencieux ; puis, s'approchant de la table, il y prit le bandeau et l'attacha sur les yeux de Pierre :

« Pour la dernière fois, je vous conjure de rentrer en vous-même : mettez un frein à vos passions, cherchez le bonheur, non pas en elles, mais dans votre cœur, car la source est en nous... »

Et Pierre sentait déjà poindre en lui cette source vivifiante, qui remplissait son âme de joie et d'attendrissement.

IV

Son parrain Villarsky, qu'il reconnut à la voix, reparut. A ses questions réitérées sur la fermeté de sa décision, il répondit : « Oui, oui, je consens !... » et, la figure rayonnante, il suivit son conducteur en avançant sa large et forte poitrine, entièrement découverte, sur laquelle Villarsky tenait un glaive nu, et en marchant à pas inégaux et timides, le pied gauche chaussé de la pantoufle maçonnique. Ils traversèrent ainsi des corridors, tournant tantôt à droite, tantôt à gauche, et arrivèrent enfin aux portes de la loge. Villarsky toussa; on répondit par le bruit du maillet, et la porte s'ouvrit devant eux. Une voix de basse lui demanda (ses yeux étant toujours bandés) qui il était, d'où il venait et où il était né; puis on l'emmena plus loin, en lui parlant tout le temps, par allégories, des difficultés de son voyage, de l'amitié sainte, du grand Architecte de l'Univers et du courage nécessaire dans les dangers et les travaux. Il remarqua qu'on lui donnait différentes appellations, telles que « Celui qui cherche », « Celui qui souffre », « Celui qui demande », et à chacune d'elles les glaives et les maillets résonnaient d'une manière différente. Pendant qu'on le menait ainsi, il y eut un moment de confusion parmi ses guides; il les entendit se disputer à voix basse, et l'un d'eux insistait pour qu'on le fît passer sur un certain tapis. On posa ensuite sa main droite sur un objet qu'il ne pouvait voir, et de sa main gauche on lui fit appliquer du même côté un compas sur le sein, en l'obligeant à répéter, après un autre, le serment d'obéissance aux lois de l'ordre. Puis on éteignit les bougies, on alluma de l'esprit-de-vin, ainsi que Pierre le devina à l'odeur, et on lui annonça qu'on allait lui donner la petite lumière. On lui enleva le bandeau, et il aperçut devant lui, comme dans un rêve, faiblement éclairés par la flamme bleuâtre, quelques hommes, portant un tablier pareil à celui de son compagnon, debout devant lui et dirigeant sur sa poitrine des glaives tirés de leurs fourreaux. L'un d'eux avait une chemise ensanglantée. Pierre à cette vue se pencha en avant, comme s'il désirait être transpercé, mais les glaives se relevèrent, et on lui remit le bandeau : « Maintenant on va te donner la grande lumière, » dit une voix..... On ralluma les bougies, on lui ôta le bandeau, et un chœur de plus de dix voix entonna : *Sic transit gloria mundi!*

Après s'être remis de sa première impression, Pierre vit autour d'une grande table, couverte de noir, douze frères, habillés comme les précédents; il en connaissait quelques-uns pour les avoir rencontrés dans le monde. Celui qui présidait était un jeune homme inconnu, portant au cou une croix différente de celle des autres; à sa droite, l'abbé italien que nous avons vu à la soirée de Mlle Schérer; un haut dignitaire de Pétersbourg, et un Suisse, qui avait été gouverneur chez les

Kouraguine, en faisaient partie. Tous écoutaient dans un silence solennel le Vénérable, qui tenait en main le maillet. Sur la paroi du mur brillait une étoile flamboyante ; l'un des bouts de la table était couvert d'un petit tapis représentant divers attributs, et à l'autre bout s'élevait une sorte d'autel sur lequel étaient l'Évangile et un crâne. Autour de la table étaient placés sept grands chandeliers, comme ceux qu'on voit dans les églises. Pierre fut conduit par deux frères devant l'autel. On lui plaça les pieds en équerre, et on lui intima l'ordre de s'étendre tout de son long, comme s'il déposait sa personne au pied du temple.

« Qu'on lui donne la truelle! dit un des frères.

— C'est inutile! » répliqua un autre.

Pierre, ahuri, regarda autour de lui de ses yeux de myope et se demanda avec une certaine hésitation où il était, si l'on ne se moquait pas de lui, et si plus tard il n'aurait pas honte de ce souvenir; mais son doute ne tarda pas à se dissiper devant les figures sérieuses de ceux qui l'entouraient. Il se dit qu'il ne pouvait plus reculer, et se pénétrant de nouveau d'un esprit de soumission, humble et attendri, il se jeta par terre devant les portes du temple. Au bout de quelques instants, on lui ordonna de se lever, on lui passa un tablier de cuir blanc, pareil à ceux des autres frères, et on lui remit une truelle et trois paires de gants. Le Vénérable lui expliqua alors qu'il devait garder immaculée la blancheur de ce tablier, représentant la force et la pureté; la truelle était pour lui servir à déraciner de son cœur les vices et à ramener au bien avec charité le cœur du prochain; il devait conserver la première paire de gants sans en connaître la signification et porter la seconde dans leurs réunions; la troisième était pour une main de femme : « Elle est destinée, cher frère, à être offerte par vous à la Clandestine, que vous respecterez par-dessus toutes les autres. Ce don sera un gage pour elle de la pureté de votre cœur; veillez seulement, cher frère, à ce qu'ils ne gantent pas des mains indignes.... » Au moment où le Vénérable prononça ces paroles, Pierre crut remarquer qu'il se troublait, et lui-même, regardant autour de lui d'un air inquiet, rougit jusqu'aux larmes, comme rougissent les enfants.

Il s'ensuivit un silence contraint que rompit à l'instant un des frères. Ce frère amena Pierre devant le tapis et lui lut dans un cahier l'explication des différents symboles qui y étaient figurés : le soleil, la lune, le maillet, le plomb, la truelle, le cube de pierre de taille, la colonne, les trois fenêtres, etc. On lui indiqua ensuite sa place, on lui expliqua les signes maçonniques, on lui donna le mot de passe, et on lui permit enfin de s'asseoir. Le Vénérable fit la lecture des statuts. Elle fut très longue, et les sentiments dont Pierre était agité l'empêchèrent de l'écouter avec suite : il ne se rappela que le dernier paragraphe :

« Nous connaissons dans nos temples d'autres degrés que ceux qui séparent la vertu du vice. Crains de faire une différence qui puisse détruire cette égalité. Vole au secours de ton frère, quel qu'il soit; ramène celui qui s'égare, relève celui qui tombe ; ne nourris jamais aucun sentiment de haine ou d'inimitié contre lui. Sois bienveillant, affable; allume dans tous les cœurs le feu de la vertu, partage ton bonheur avec le prochain, et que l'envie ne vienne jamais troubler cette pure jouissance. Pardonne à ton ennemi et ne te venge de lui qu'en lui rendant le bien pour le mal. En remplissant ces lois suprêmes, tu retrouveras les traces de ta grandeur ancienne et perdue. »

A ces mots, il se leva et embrassa Pierre, qui, les yeux pleins de larmes de joie, ne savait que répondre aux félicitations de tous, aussi bien de ceux qu'il n'avait jamais vus jusque-là que de ceux qui renouvelaient connaissance avec lui; mais il ne faisait aucune différence entre ses anciens amis et ses nouveaux frères, et n'avait d'autre désir que de se joindre à eux dans l'accomplissement de leur grande œuvre.

Le Vénérable frappa du maillet, tous s'assirent, et, après leur avoir adressé une exhortation à l'humilité, il leur proposa d'accomplir la dernière cérémonie. Le haut dignitaire qui portait le titre de frère trésorier fit le tour de l'assemblée. Pierre aurait voulu s'inscrire sur cette liste pour tout ce qu'il possédait, mais la crainte d'être accusé d'ostentation l'arrêta, et il s'inscrivit pour la même somme que les autres.

La séance terminée, il rentra chez lui, et il lui sembla qu'il revenait, complètement transformé, d'un lointain voyage de plusieurs années, et qu'il n'avait plus rien de commun avec sa vie et ses habitudes passées.

V

Le lendemain de sa réception, Pierre employa la matinée à lire le livre qu'on lui avait remis et à tâcher de se pénétrer de la signification du carré, dont un côté représentait la divinité, le second le monde moral, le troisième le monde physique, le quatrième l'union des deux. De temps en temps il s'arrachait à la lecture et aux carrés pour se tracer un nouveau plan d'existence, car on lui avait dit, à cette réunion, que le bruit de son duel était parvenu aux oreilles de l'Empereur, et qu'il ferait bien de s'éloigner de Pétersbourg. Il comptait donc aller vivre dans ses terres du Midi et s'y occuper de ses paysans. Tout à coup, il vit entrer chez lui le prince Basile.

« Mon cher ami, qu'as-tu fait à Moscou? Que veut dire cette brouille avec Hélène? Tu es dans l'erreur la plus complète : je sais tout, et je puis t'assurer qu'elle est innocente devant toi, comme le Christ devant les Juifs. Pourquoi donc, ajouta-t-il en empêchant Pierre de parler, pourquoi ne pas t'être adressé directement à moi, comme à un ami? Mon Dieu, je le comprends, tu t'es conduit en homme qui tient à son honneur; tu t'es peut-être trop hâté, mais nous en causerons plus tard. Songe à la position délicate dans laquelle tu nous as placés, elle et moi, vis-à-vis de la société, et vis-à-vis de la cour, ajouta-t-il en baissant la voix. Elle est à Moscou et toi ici; dis-toi bien, mon cher, que ce ne peut être qu'un malentendu; j'aime à croire que c'est là ton avis. Écris-lui une lettre, elle te rejoindra, tout s'expliquera; si tu ne le fais pas, mon cher, il est à craindre que tu ne t'en repentes...., » et le prince Basile le regarda d'une façon significative : « Je sais de source certaine que l'impératrice mère prend un vif intérêt à toute cette histoire; elle a toujours été très bienveillante pour Hélène. »

Pierre, qui avait essayé plus d'une fois d'interrompre ce torrent de paroles, ne savait comment s'y prendre pour répondre à son beau-père par un refus catégorique; il se troublait, rougissait, se levait, se rasseyait, se rappelait les exhortations maçonniques à la charité, et se voyait pourtant contraint à être désagréable et à dire le contraire de ce qu'on attendait de lui. Habitué à se soumettre à ce ton assuré de laisser aller, il craignait de ne savoir y résister et sentait que tout son avenir dépendait du mot qu'il prononcerait. Suivrait-il l'ancienne voie, ou bien prendrait-il résolument le nouveau chemin, plein d'attraits, qui lui avait été tracé, et sur lequel il était sûr de trouver le renouvellement de tout son être?

« Eh bien, mon ami, reprit d'un ton léger le prince Basile, réponds-moi : « Oui, je vais lui écrire, » et nous tuerons le veau gras. »

Mais il n'avait pas achevé sa phrase, que Pierre, la colère peinte sur son visage, qui dans ce moment rappelait celui de son père, lui répondit d'une voix étranglée, sans le regarder : « Prince, je ne vous ai pas appelé, éloignez-vous!... et il s'élança pour lui ouvrir la porte. Éloignez-vous, répéta-t-il à son beau-père, dont le visage avait pris une expression terrifiée.

— Qu'as-tu? Tu es malade?

— Éloignez-vous! vous dis-je, » lui cria-t-il encore une fois d'une voix tremblante, et le prince Basile fut obligé de sortir, sans avoir reçu la réponse qu'il demandait.

Une semaine plus tard, Pierre, après avoir fait ses adieux à ses nouveaux amis et leur avoir laissé une somme considérable pour être distribuée en aumônes, partit pour ses terres, en emportant avec lui de nombreuses lettres de recommandation pour les membres de l'ordre à Kiew et à Odessa, et la promesse qu'ils lui écriraient et le guideraient dans sa nouvelle voie.

VI

Malgré la sévérité de l'Empereur pour les duels, l'affaire de Pierre et de Dologhow fut étouffée; ni les deux adversaires, ni leurs témoins, ne furent poursuivis; mais l'histoire elle-même, confirmée d'ailleurs par la séparation des deux époux, se répéta bientôt de bouche en bouche. Pierre, que l'on avait reçu avec une bienveillante condescendance lorsqu'il n'était qu'un bâtard, qu'on avait comblé d'attentions et de flatteries lorsqu'il était devenu le premier parti de la Russie, avait beaucoup perdu de son prestige aux yeux de la société après son mariage; car ce mariage enlevait tout espoir aux mères qui avaient des filles à marier, d'autant plus qu'il n'avait jamais ni cherché ni réussi à s'insinuer dans les bonnes grâces de la coterie du *high life*. Aussi n'accusait-on que lui, et le traitait-on à tout propos d'imbécile, de jaloux et de monomane furieux, en tout semblable à son père. Après son départ, Hélène, de retour à Pétersbourg, fut reçue par toutes ses connaissances avec la bienveillance respectueuse qui était due à son malheur. Si le nom de son mari venait à être prononcé par hasard, elle prenait une expression de dignité, que, grâce à son tact inné, elle s'était appropriée, sans en comprendre la valeur; sa figure disait qu'elle supportait avec résignation son isolement, et que son mari était la croix que Dieu lui avait envoyée. Quant au prince Basile, il exprimait son opinion plus franchement, et ne manquait jamais, à l'occasion, de dire, en portant le doigt à son front :

« C'est un cerveau fêlé, je l'avais toujours dit.

— Pardon, répliquait Mlle Schérer, je l'avais dit avant les autres, dit devant témoins (et elle insistait sur la priorité de son jugement)... — Ce malheureux jeune homme, ajoutait-elle, est perverti par les idées corrompues du siècle. Je m'en étais bien aperçue à son retour de l'étranger, quand il posait chez moi pour le petit Marat... vous en souvient-il? Eh bien, voilà le beau résultat! Je n'ai jamais désiré ce mariage, j'ai prédit tout ce qui est arrivé. »

Anna Pavlovna continuait comme par le passé à donner des soirées, qu'elle avait le don d'organiser avec un art tout particulier, et où se réunissaient, suivant son expression, « la crème de la véritable bonne société » et « la fine fleur de l'essence intellectuelle de Pétersbourg ». Ses soirées brillaient encore d'un autre attrait : elle avait le talent d'offrir chaque fois à ce cercle choisi une personnalité nouvelle et intéressante. Nulle part ailleurs on ne pouvait étudier avec autant de précision que chez elle le thermomètre politique, dont les degrés étaient marqués par l'atmosphère conservatrice de la société qui faisait partie de la cour.

Telle était la soirée qu'elle donnait à la fin de l'année 1806, après la réception des tristes nouvelles de la défaite de l'armée prussienne par Napoléon à Iéna et à Auerstædt, après la reddition de la majeure partie des forteresses de la Prusse, et lorsque nos troupes, franchissant la frontière, allaient commencer une seconde campagne. « La crème de la véritable bonne société » se composait de la malheureuse Hélène abandonnée, de Mortemart, du séduisant prince Hippolyte, arrivé tout dernièrement de Vienne, de deux diplomates, de « la Tante », d'un jeune homme, connu dans ce salon sous la dénomination « d'un homme de beaucoup de mérite », d'une toute récente demoiselle d'honneur avec sa mère, et de quelques autres personnes moins en vue.

La primeur de cette soirée était cette fois le prince Boris Droubetzkoï, qui venait d'être envoyé en courrier de l'armée prussienne, et qui était attaché comme aide de camp à un personnage haut placé.

Le thermomètre politique disait, ce jour-là : « Les souverains de l'Europe et leurs généraux auront beau s'incliner devant Napoléon pour me causer *à moi*, et *à nous* en général, tous les ennuis et toutes les humiliations imaginables, notre opinion sur son compte ne changera jamais. Nous ne cesserons d'exprimer nettement notre manière de voir sur ce sujet, et nous dirons simplement, et une fois pour toutes, au roi de Prusse et aux autres : « Tant pis pour vous. Tu l'as voulu, « Georges Dandin ! »

Lorsque Boris, le lion de la soirée, entra dans le salon, tous les invités y étaient réunis ; la conversation, conduite par Anna Pavlovna, roulait sur nos relations diplomatiques avec l'Autriche et sur l'espoir d'une alliance avec elle.

Boris, dont l'extérieur était devenu plus mâle, portait un élégant uniforme d'aide de camp ; il entra d'un air dégagé et, après avoir salué « la Tante », se rapprocha du cercle principal.

Anna Pavlovna lui donna sa main sèche à baiser, le présenta aux personnes qui lui étaient inconnues, en les lui nommant au fur et à mesure :

« Le prince Hippolyte Kouraguine, — charmant jeune homme. — Monsieur Krouq, chargé d'affaires de Copenhague, — un esprit profond. — Monsieur Schittrow, — un homme de beaucoup de mérite. »

Boris était parvenu, grâce aux soins de sa mère, à ses propres goûts et à son empire sur lui-même, à se créer une situation très enviable : une mission importante en Prusse lui avait été confiée, il en revenait en courrier. Il s'était complètement initié à cette discipline non écrite qui, pour la première fois, l'avait frappé à Olmütz, et qui, permettant au lieutenant d'avoir le pas sur le général, n'exigeait, pour réussir, ni efforts, ni travail, ni courage, ni persévérance, et ne demandait seulement que de l'esprit de conduite avec les dispensateurs des récompenses. Il s'étonnait souvent d'avoir avancé si vite, et de voir que si peu de gens comprenaient combien ce chemin était facile à suivre. A la suite de cette découverte, sa vie, ses rapports avec ses anciennes connaissances, ses plans pour l'avenir, tout avait été changé. Malgré son peu de fortune, il employait ses derniers roubles à être mieux habillé que les autres, et pour ne pas se montrer en uniforme râpé, pour ne pas se promener par les rues dans une vilaine voiture, il était capable de se refuser bien des choses! Il ne recherchait que les personnes placées au-dessus de lui et qui pouvaient lui être utiles; il aimait Pétersbourg et méprisait Moscou. Le souvenir de la famille Rostow, de son amour d'enfant pour Natacha, lui était désagréable, et, depuis son retour de l'armée, il n'avait pas mis les pieds chez eux. Invité à la soirée d'Anna Pavlovna, ce qu'il considérait comme un pas en avant dans sa carrière, il comprit aussitôt son rôle. Laissant à la maîtresse de maison le soin de faire ressortir tout ce qu'il apportait d'intéressant, il se bornait à observer les gens et à méditer sur les avantages qu'il y aurait à se rapprocher de chacun et sur les moyens d'y parvenir. Il s'assit à la place indiquée auprès de la belle Hélène, et écouta la conversation générale.

« Vienne trouve les bases du traité proposé tellement inadmissibles, qu'on ne saurait y souscrire, même à la suite des succès les plus brillants, et elle met en doute les moyens qui pourraient nous les procurer. C'est mot à mot la phrase du cabinet de Vienne, disait le chargé d'affaires de Danemark.

— Le « doute » est flatteur! ajoutait avec un fin sourire l'homme « à l'esprit profond ».

— Il faut distinguer entre le cabinet de Vienne et l'Empereur d'Autriche, dit Mortemart. L'Empereur d'Autriche n'a jamais pu songer à pareille chose, et ce n'est que le cabinet qui le dit.

— Eh! mon cher vicomte, reprit Anna Pavlovna, l'Urope (prononçant on ne sait trop pourquoi « Urope », elle croyait sans doute faire preuve par là d'une finesse de haut goût, en causant avec un Français), l'Urope ne sera jamais notre alliée sincère [1]... » Et elle entama l'éloge du courage héroïque et de la fermeté du roi de Prusse, pour ménager à Boris son entrée en scène.

Ce dernier attendait patiemment son tour, en écoutant les réflexions de chacun, et en jetant de temps à autre un regard sur sa belle voisine, qui répondait parfois par un sourire à ce jeune et bel aide de camp.

Anna Pavlovna s'adressa tout naturellement à lui, et le pria de leur décrire sa course à Glogau et la situation de l'armée prussienne. Boris, sans se presser, raconta, en un français

1. En français dans le texte. (*Note du trad.*)

très pur et très correct, quelques épisodes intéressants sur nos troupes et sur la cour, tout en évitant avec soin d'exprimer son opinion personnelle sur les faits dont il parlait. Il accapara pendant quelque temps l'attention générale, et Anna Pavlovna voyait avec fierté que ses invités appréciaient à sa juste valeur le régal qu'elle leur avait offert. Hélène se montrait plus intéressée que personne par le récit de Boris, et, témoignant une grande sollicitude pour la position de l'armée prussienne, elle lui adressa quelques questions au sujet de son voyage.

« Il faut absolument que vous veniez me voir, lui dit-elle avec son éternel sourire, et d'un ton qui pouvait laisser supposer que certaines combinaisons, qu'il ignorait, rendaient sa visite indispensable. Mardi, entre huit et neuf heures. Vous me ferez plaisir. »

Boris s'empressa de promettre; il allait continuer sa causerie avec elle, lorsque Anna Pavlovna l'appela, sous prétexte que « sa Tante » désirait lui parler.

« Vous connaissez son mari, n'est-ce pas? demanda « la Tante », en fermant les yeux, et en indiquant Hélène d'un geste mélancolique. Ah! quelle malheureuse et ravissante femme! Ne parlez pas de lui devant elle, je vous en supplie, c'est trop pénible pour son cœur! »

VII

Pendant leur aparté, le prince Hippolyte s'était emparé du dé de la conversation.

Étendu à son aise dans un large fauteuil, il se redressa vivement et lança ces mots : « Le roi de Prusse! » après quoi, se mettant à rire, il retomba dans le silence. Tous se tournèrent vers lui, et Hippolyte, continuant à rire et se renfonçant dans son fauteuil, répéta :

« Le roi de Prusse! »

Anna Pavlovna, voyant qu'il ne se décidait pas à en dire plus long, attaqua Napoléon avec violence, et raconta, à l'appui de sa sortie, comment ce brigand de Bonaparte avait volé à Potsdam l'épée de Frédéric le Grand!

« C'est l'épée de Frédéric le Grand, que je... » dit-elle; à ce moment, Hippolyte l'interrompit en répétant : « Le roi de

Prusse!... » et se tut. Mlle Schérer fit une grimace, et Mortemart, l'ami d'Hippolyte, lui dit brusquement :

« Voyons, à qui en avez-vous avec votre roi de Prusse ?

— Oh ! ce n'est rien, je voulais simplement dire que nous avons tort de faire la guerre pour le roi de Prusse ! » Il mitonnait cette petite plaisanterie, qu'il avait entendue à Vienne, et cherchait à la placer depuis le commencement de la soirée.

Boris sourit prudemment, de façon qu'on pût supposer à volonté, ou qu'il raillait, ou qu'il approuvait.

« Il est très mauvais, votre jeu de mots, très spirituel, mais très injuste, dit Anna Pavlovna, en le menaçant du doigt. Nous ne faisons pas la guerre pour le roi de Prusse, sachez-le bien, mais pour les bons principes. Ah ! le méchant prince Hippolyte ! »

La conversation continua à rouler sur la politique, et s'anima sensiblement, lorsqu'il fut question des récompenses accordées par l'Empereur.

« N. N. n'a-t-il pas reçu l'année dernière une tabatière avec le portrait, dit l'homme « à l'esprit profond » ? Pourquoi S. S. ne pourrait-il pas en recevoir autant?

— Je vous demande pardon, une tabatière avec le portrait de l'Empereur est une récompense, mais point une distinction ; c'est plutôt un cadeau, fit observer le diplomate.

— Il y a des précédents, je vous citerai Schwarzenberg.

— C'est impossible, dit un troisième.

— Je suis prêt à parier : le grand-cordon, c'est différent. »

Au moment où l'on se quitta, Hélène, qui n'avait pas ouvert la bouche de la soirée, réitéra à Boris sa prière, ou plutôt son ordre significatif et bienveillant, de ne point oublier le prochain mardi.

« Il le faut absolument, » dit-elle en souriant, et en regardant Anna Pavlovna, qui, d'un triste sourire, appuya l'invitation.

Hélène avait découvert, dans son intérêt subit pour l'armée prussienne, une raison péremptoire pour recevoir Boris, et elle semblait laisser entendre qu'elle la lui dirait à sa première visite.

Boris se rendit au jour indiqué dans le brillant salon d'Hélène, où il y avait déjà beaucoup de monde, et il allait en sortir sans avoir eu d'explication catégorique, lorsque la comtesse, qui jusque-là ne lui avait adressé que quelques mots, au moment où il lui baisait la main en se retirant, lui dit tout à coup à l'oreille, et cette fois sans sourire :

« Venez dîner demain.... le soir.... Il faut que vous veniez.... venez !... »

Et voilà comment Boris devint l'intime de la comtesse pendant son premier séjour à Pétersbourg.

VIII

La guerre se rallumait et se rapprochait de plus en plus des frontières russes. On n'entendait de tous côtés que des anathèmes contre Bonaparte, l'ennemi du genre humain. Dans les villages, où arrivaient à tout moment du théâtre de la guerre les nouvelles les plus invraisemblables et les plus contradictoires, on rassemblait les recrues et les soldats.

A Lissy-Gory, l'existence de chacun avait grandement changé depuis l'année précédente.

Le vieux prince avait été nommé l'un des huit chefs de la milice désignés pour toute la Russie. Malgré son état de faiblesse, aggravé par l'incertitude dans laquelle il était resté pendant plusieurs mois sur le sort de son fils, il crut de son devoir d'accepter ce poste que lui avait confié l'Empereur lui-même, et cette activité toute nouvelle lui rendait ses anciennes forces. Il passait tout son temps en courses dans les trois gouvernements qui étaient de son ressort. Rigoureux dans l'accomplissement de ses devoirs, il était d'une sévérité presque cruelle avec ses subordonnés, et descendait jusqu'aux moindres détails. Sa fille ne prenait plus de leçons de mathématiques; mais tous les matins, accompagnée de la nourrice qui portait le petit prince Nicolas (comme l'appelait le grand-père), elle venait le voir dans son cabinet. L'enfant occupait, avec sa nourrice et la vieille bonne Savichnia, les appartements de sa mère; c'est là que la princesse Marie, lui servant de mère, passait la plus grande partie de sa journée. Mlle Bourrienne semblait aussi s'être passionnément attachée au petit garçon, et la princesse Marie s'en reposait parfois sur elle pour soigner et pour amuser leur petit ange.

On avait fait élever dans l'église de Lissy-Gory une chapelle sur la tombe de la princesse, et, sur cette tombe, un ange en marbre blanc déployait ses ailes. On aurait dit vraiment que l'ange, dont la lèvre supérieure était un peu relevée, se préparait à sourire; aussi le prince André et sa sœur furent frappés de sa ressemblance avec la défunte, et, chose étrange que le prince se garda de faire remarquer à sa sœur, l'artiste lui avait involontairement donné cette même expression de doux reproche qu'il avait lue sur les traits de sa femme, glacés par la mort : « Ah! qu'avez-vous fait de moi?.... »

Bientôt après son retour, le prince André reçut de son père en toute propriété la terre de Bogoutcharovo, située à quarante verstes de Lissy-Gory; aussi, fuyant les souvenirs pénibles et cherchant la solitude, il profita de cette générosité du vieux prince, dont il supportait avec peine le caractère difficile, pour s'y construire un pied-à-terre, afin d'y passer la plus grande partie de son temps.

Il s'était fermement décidé, après la bataille d'Austerlitz, à abandonner la carrière militaire, ce qui l'obligea, à la reprise de la guerre, pour ne point reprendre du service actif, de s'employer sous les ordres de son père, en l'aidant à la formation des milices. Le père et le fils semblaient avoir changé de rôle : le premier, excité par son activité, ne présageait à cette campagne qu'une heureuse issue, tandis que le fils la déplorait au fond de son cœur et voyait tout en noir.

Le 26 février de l'année 1807, le vieux prince partit pour une inspection et son fils resta à Lissy-Gory, comme il faisait d'habitude durant ses absences. Le cocher qui l'avait mené à la ville voisine en rapporta des lettres et des papiers pour le prince André.

Le valet de chambre, ne l'ayant pas trouvé chez lui, passa dans l'appartement de la princesse Marie sans l'y rencontrer; l'enfant, malade depuis quatre jours, lui donnait des inquiétudes, et il était auprès de lui.

« Pétroucha vous demande, Votre Excellence, il a apporté des papiers, dit une fille de service au prince André, qui, assis sur un tabouret très bas, versait d'une main tremblante et comptait avec un soin extrême les gouttes qu'il laissait tomber dans un verre à pied, à moitié plein d'eau.

— Qu'est-ce? » dit-il brusquement, et ce mouvement involontaire lui fit verser quelques gouttes de trop. Jetant le contenu du verre, il recommença son opération.

A part le berceau, il n'y avait dans la chambre que deux fauteuils et quelques petits meubles d'enfant; les rideaux étaient tirés devant les fenêtres; sur la table brûlait une bougie, qu'un grand cahier de musique, placé en écran, empêchait d'éclairer trop vivement le petit malade.

« Mon ami, dit à son frère la princesse Marie debout à côté du lit, attends un peu, cela vaudra mieux.

— Laisse-moi donc tranquille, tu ne sais ce que tu dis.... tu n'as fait qu'attendre, et voilà ce qui en est résulté, dit-il tout bas avec aigreur.

— Mon ami, attends, je t'en prie, il s'est endormi. »

Le prince André se leva et s'arrêta indécis, la potion à la main.

« Vaudrait-il vraiment mieux attendre? dit-il.

— Fais comme tu voudras, André, mais je crois que cela vaudrait mieux, » répondit sa sœur, un peu embarrassée de la légère concession que lui faisait son frère.

C'était la seconde nuit qu'ils veillaient l'enfant, malade d'une forte fièvre. Leur confiance dans le médecin habituel de la maison étant fort limitée, ils en avaient envoyé chercher un autre à la ville voisine et essayaient, en l'attendant, différents remèdes. Fatigués, énervés et inquiets, leurs préoccupations se trahissaient par une irritation involontaire.

« Pétroucha vous attend, » reprit la fille de chambre.

Il sortit pour recevoir les instructions verbales que son père lui faisait transmettre, et rentra avec des lettres et des papiers.

« Eh bien?

— C'est toujours la même chose, mais prends patience : Carl Ivanitch assure que le sommeil est un signe de guérison. »

Le prince André s'approcha de l'enfant et constata qu'il avait la peau brûlante.

« Vous n'avez pas le sens commun, vous et votre Carl Ivanitch! » Et, prenant la potion préparée, il se pencha au-dessus du berceau, pendant que la princesse Marie le retenait en le suppliant :

« Laisse-moi, dit le prince avec impatience.... Eh bien, soit, donne-la-lui, toi! »

La princesse Marie lui prit le verre des mains et, appelant la vieille bonne à son aide, essaya de faire boire l'enfant, qui se débattit en criant et en s'étranglant. Le prince André, se prenant la tête entre les mains, alla s'asseoir sur un canapé dans la pièce voisine.

Il décacheta machinalement la lettre de son père, qui, de sa grosse écriture allongée, lui écrivait ce qui suit sur une feuille de papier bleu :

« Si l'heureuse nouvelle que je viens de recevoir à l'instant même, par courrier, n'est pas une blague éhontée, on m'assure que Bennigsen a remporté une victoire sur Bonaparte à Eylau. Pétersbourg est dans la joie, et il pleut des récompenses pour l'armée. C'est un Allemand, mais je l'en félicite néanmoins. Je ne comprends pas ce que fait le nommé Hendrikow à Kortchew : ni les vivres, ni les renforts ne sont arrivés jusqu'à présent. Pars, pars à la minute, et dis-lui que je lui ferai couper la tête si je ne reçois pas le tout dans le courant de la semaine. On a reçu une lettre de Pétia du champ de bataille de Preussisch-Eylau; il a pris part au combat.... tout est vrai! Quand ceux que cela ne regarde pas ne s'en mêlent pas, un Allemand même peut battre Napoléon. On le dit en fuite et très entamé. Ainsi donc, va de suite à Kortchew et exécute mes ordres! »

La seconde lettre qu'il décacheta était une interminable épître de Bilibine : il la mit de côté pour la lire plus tard :

« Aller à Kortchew?... ce n'est pas certes maintenant que j'irai!... Je ne puis abandonner mon enfant malade!... »

Il jeta un coup d'œil dans l'autre chambre, et vit sa sœur encore debout à côté du lit de l'enfant qu'elle berçait.

« Quelle est donc cette autre nouvelle désagréable que Bilibine me donne? Ah! oui, la victoire,... maintenant que j'ai quitté l'armée!... Oui, oui, il se moque toujours de moi... tant mieux, si cela l'amuse.... » Et, sans en comprendre la moitié, il se mit à lire la lettre de Bilibine, pour cesser de penser à ce qui le tourmentait et le préoccupait si exclusivement.

IX

Bilibine, attaché au quartier général en qualité de diplomate, lui écrivait en français une longue lettre pleine de saillies à la française, mais dépeignant la campagne avec une franchise et une hardiesse toutes patriotiques, et ne reculant pas devant un jugement, fût-il même railleur, sur nos faits et gestes. En la lisant, on s'apercevait bien vite que, ennuyé de la discrétion de rigueur imposée aux diplomates, il était heureux de pouvoir épancher toute sa bile dans le sein d'un correspondant aussi sûr que le prince André. Cette lettre, déjà ancienne, était datée d'avant la bataille de Preussisch-Eylau :

« Depuis nos grands succès d'Austerlitz, vous le savez, mon cher prince, je ne quitte plus les quartiers généraux. Décidément j'ai pris goût à la guerre, et bien m'en a pris. Ce que j'ai vu ces trois mois est incroyable.

« Je commence *ab ovo*. L' « ennemi du genre humain », comme vous savez, s'attaque aux Prussiens. Les Prussiens sont nos fidèles alliés, qui ne nous ont trompés que trois fois depuis trois ans. Nous prenons fait et cause pour eux. Mais il se trouve que l' « ennemi du genre humain » ne fait nulle attention à nos beaux discours, et, avec sa manière impolie et sauvage, se jette sur les Prussiens, sans leur donner le temps de finir la parade commencée, en deux tours de main les rosse à plate couture et va s'installer au palais de Potsdam.

« J'ai le plus vif désir, écrit le roi de Prusse à Bonaparte, « que Votre Majesté soit accueillie et traitée dans mon palais « d'une manière qui lui soit agréable, et c'est avec empresse- « ment que j'ai pris à cet effet toutes les mesures que les cir- « constances me permettaient. Puissé-je avoir réussi ! » Les généraux prussiens se piquent de politesse envers les Français et mettent bas les armes aux premières sommations.

« Le chef de la garnison de Glogau, avec dix mille hommes, demande au roi de Prusse ce qu'il doit faire s'il est sommé de se rendre?... Tout cela est positif!

« Bref, espérant en imposer seulement par notre attitude militaire, il se trouve que nous voilà en guerre pour tout de bon, et, qui plus est, en guerre sur nos frontières avec et pour le roi de Prusse. Tout est au grand complet, il ne nous manque qu'une petite chose : c'est le général en chef. Comme il s'est trouvé que les succès d'Austerlitz auraient pu être plus décisifs si le général en chef eût été moins jeune, on fait la revue des octogénaires, et, entre Prosorofsky et Kamensky, on donne la préférence au dernier. Le général nous arrive en kibik, à la manière de Souvarow, et est accueilli avec des acclamations de joie et de triomphe.

« Le 4 arrive le premier courrier de Pétersbourg. On apporte les malles dans le cabinet du maréchal, qui aime à faire tout par lui-même. On m'appelle pour aider à faire le triage des lettres et prendre celles qui nous sont destinées. Le maréchal nous regarde faire et attend les paquets qui lui sont adressés. Nous cherchons.... il n'y en a point. Le maréchal devient impatient, se met lui-même à la besogne, et trouve des lettres de l'Empereur pour le comte T:, pour le prince V. et autres. Alors le voilà qui se met dans une de ses colères bleues. Il jette feu et flamme contre tout le monde, s'empare des lettres, les décachète et lit celles que l'Empereur adresse à d'autres : « Ah ! c'est ainsi qu'on se conduit « envers moi ! Point de confiance ! Ah ! on a mission de me sur- « veiller ! sortez ! » et il écrit le fameux ordre du jour au général Bennigsen [1] :

« Je suis blessé, je ne puis monter à cheval, et par con- « séquent je ne puis commander l'armée. Vous avez amené « votre corps d'armée défait à Poultousk, où il est exposé sans « bois et sans fourrage ; il faut y remédier, selon votre rapport « au comte Bouxhevden : il faut vous replier vers nos frontières, « vous exécuterez ce mouvement aujourd'hui même. »

« Par suite de toutes mes courses, écrit-il à l'Empereur, la « selle m'a occasionné une écorchure, qui m'empêche de monter « à cheval et de commander une armée aussi importante. J'en ai « remis le commandement à l'ancien en grade, au comte « Bouxhevden, en lui renvoyant tout le service et tout ce qui s'y « rapporte, lui donnant le conseil, s'il manquait de pain, de se « retirer dans l'intérieur de la Prusse, car il n'en reste plus que « pour un jour ; quelques régiments n'en ont pas du tout, « d'après la déclaration des divisionnaires, Ostermann et Sed- « moretzki ; les paysans n'en ont point ; quant à moi, j'attendrai « ma guérison à l'hôpital d'Ostrolenko. En portant à l'auguste « connaissance de Votre Majesté la date de ce rapport, j'ai « l'honneur d'ajouter que, si l'armée bivouaque ici encore quinze « jours, il ne restera pas un seul homme valide au printemps.

« Permettez à un vieillard de se retirer à la campagne, « chez lui, emportant le douloureux regret de n'avoir pu remplir « les grandes et glorieuses fonctions auxquelles il avait été « appelé. J'attendrai l'auguste autorisation ici à l'hôpital, *afin « de ne pas jouer le rôle d'un écrivain, au lieu de celui de com- « mandant*. Ma retraite de l'armée ne causera pas plus de bruit « que celle d'un aveugle. Il y en a mille comme moi en « Russie. »

« Le maréchal se fâche contre l'Empereur, et nous punit tous ; n'est-ce pas que c'est logique ?

« Voilà le premier acte. Aux suivants, l'intérêt et le ridicule vont s'accroissant comme de raison. Après le départ du maréchal, il se trouve que nous sommes en vue de l'ennemi, et

1. En français dans le texte. (*Note du trad.*)

qu'il faut livrer bataille. Bouxhevden est général en chef par droit d'ancienneté, mais le général Bennigsen n'est pas de cet avis; d'autant plus qu'il est, lui, avec son corps en vue de l'ennemi, et qu'il veut profiter de l'occasion d'une bataille, « auf eigene Hand, » comme disent les Allemands. Il la donne. C'est la bataille de Poultousk, qui est censée avoir été une grande victoire, mais qui, à mon avis, n'en est pas une le moins du monde. Nous autres pékins, nous avons, comme vous savez, la très vilaine habitude de décider du gain ou de la perte d'une bataille. Celui qui s'est retiré après la bataille l'a perdue, voilà ce que nous disons, et à ce titre nous avons perdu la bataille de Poultousk. Bref, nous nous retirons après la bataille, mais nous envoyons un courrier à Pétersbourg, qui porte les nouvelles d'une victoire, et le général ne cède pas le commandement en chef à Bouxhevden, espérant recevoir de Pétersbourg, en reconnaissance de sa victoire, le titre de général en chef. Pendant cet interrègne, nous commençons un plan de manœuvres excessivement intéressant et original. Notre but n'est pas, comme il le devrait être, d'éviter l'ennemi ou de l'attaquer, mais uniquement d'éviter le général Bouxhevden, qui, par droit d'ancienneté, serait notre chef. Nous tendons vers ce but avec tant d'énergie, que, même en passant une rivière qui n'est pas guéable, nous brûlons les ponts pour nous séparer de notre ennemi, or notre ennemi pour le moment n'est pas Bonaparte, mais Bouxhevden. Le général Bouxhevden a failli être attaqué et pris par des forces ennemies supérieures, à cause d'une de nos belles manœuvres qui nous sauvaient de lui. Bouxhevden nous poursuit.... nous filons. A peine passe-t-il de notre côté de la rivière, que nous repassons de l'autre. A la fin, notre ennemi Bouxhevden nous attrape et s'attaque à nous. Les deux généraux se fâchent. Il y a même une provocation en duel de la part de Bouxhevden et une attaque d'épilepsie de la part de Bennigsen. Mais, au moment critique, le courrier, qui porte la nouvelle de notre victoire de Poultousk, nous apporte de Pétersbourg notre nomination de général en chef, et le premier ennemi, Bouxhevden, étant enfoncé, nous pouvons penser au second, à Bonaparte. Mais voilà-t-il pas qu'à ce moment se lève devant nous un troisième ennemi : c'est l'orthodoxe qui demande à grands cris du pain, de la viande, des « soukharyi », du foin, — que sais-je? Les magasins sont vides, les chemins impraticables.

« L'orthodoxe se met à la maraude, et d'une manière dont la

dernière campagne ne peut vous donner la moindre idée. La moitié des régiments forme des troupes libres, qui parcourent la contrée, en mettant tout à feu et à sang. Les habitants sont ruinés de fond en comble, les hôpitaux regorgent de malades, et la disette est partout. Deux fois le quartier général a été attaqué par des troupes de maraudeurs, et le général en chef a été obligé lui-même de demander un bataillon pour les chasser. Dans une de ces attaques, on m'a emporté ma malle vide et ma robe de chambre. L'Empereur veut donner le droit à tous les chefs de division de fusiller les maraudeurs, mais je crains fort que cela n'oblige une moitié de l'armée de fusiller l'autre [1]. »

Le prince André avait commencé cette lecture avec distraction ; mais gagné peu à peu par l'intérêt qu'il y trouvait, tout en n'accordant du reste qu'une valeur relative au récit de Bilibine, arrivé à cette dernière phrase, il froissa la lettre et la jeta de côté, dépité de sentir que cette vie, si éloignée de lui à présent, pouvait encore lui causer de l'émotion. Il ferma les yeux, se passa la main sur le front comme pour en chasser toute trace, et prêta l'oreille à ce qui se faisait dans la chambre de l'enfant. Il lui sembla entendre un bruit étrange. Craignant qu'il ne se fût produit une aggravation dans l'état du petit malade pendant qu'il lisait, il s'approcha de la porte sur la pointe du pied. En entrant, il crut voir, à la figure bouleversée de la bonne, qu'elle cachait quelque chose et que la princesse Marie n'était plus là !

« Mon ami ! » dit sa sœur derrière lui. Comme il arrive souvent à la suite d'une insomnie prolongée ou de violentes inquiétudes, une terreur involontaire s'empara de lui : il crut entendre dans ces mots comme un appel désespéré, comme l'annonce de la mort de son enfant, que tout, du reste, semblait rendre probable.

« Tout est fini ! » pensa-t-il, et une sueur froide inonda son front ! S'approchant du berceau avec la conviction qu'il le trouverait vide, que la vieille bonne cachait l'enfant mort, il en tira les rideaux, et ses yeux, effarés par la peur, ne purent rien distinguer. Enfin il l'aperçut. Le petit garçon, les joues rouges, couché en travers du berceau, la tête plus bas que l'oreiller, tétait en rêve ; sa respiration était douce et égale.

Tout joyeux et tout rassuré, il se pencha, et appliquant ses

1. En français dans l'original. (*Note du trad.*)

lèvres sur la peau de l'enfant, ainsi qu'il l'avait vu faire à sa sœur, pour se rendre compte du degré de chaleur, il sentit la moite humidité de son petit front et de ses petits cheveux tout mouillés, et il reconnut à cette abondante transpiration que non seulement il n'était pas mort, mais que cette crise salutaire amènerait une prompte guérison. Il aurait voulu saisir, et serrer contre sa poitrine ce petit être faible; il ne l'osa pas, mais ses yeux attendris suivaient le contour de sa petite tête, de ses petites mains, de ses petits pieds, qui se dessinaient sous la couverture. Un frôlement de robe se fit entendre, et une ombre apparut à côté de lui. C'était la princesse Marie, qui, soulevant le rideau, le laissa retomber derrière elle. Son frère, écoutant toujours la respiration de l'enfant, ne se retourna pas, mais lui tendit la main, qu'elle serra fortement :

« Il est en transpiration.....

— J'allais te le dire, » répondit sa sœur.

L'enfant remua dans son sommeil, sourit, et frotta son petit front contre l'oreiller.

Le prince André regarda sa sœur, dont les yeux lumineux brillaient de larmes de joie dans la pénombre de la draperie. Elle attira son frère vers elle au-dessus du berceau pour l'embrasser; ayant involontairement accroché un peu le rideau, ils furent pris de la crainte de réveiller le petit malade, et restèrent ainsi quelques instants dans cette demi-obscurité, séparés tous les trois du monde entier. Le prince André fut le premier à se retirer, et retrouvant avec peine son chemin au travers des plis du rideau, il se dit en soupirant : « Oui, c'est tout ce qui me reste! »

X

Pierre emportait avec lui de Pétersbourg des instructions complètes, écrites par ses nouveaux frères, pour le guider dans les différentes mesures qu'il méditait de prendre au sujet de ses paysans.

Arrivé à Kiew, il y réunit les intendants de toutes les terres qu'il possédait dans ce gouvernement, et leur fit part de ses intentions et de ses désirs. Il leur déclara qu'il allait incontinent prendre ses dispositions pour libérer ses paysans du servage. En attendant, il fallait leur venir en aide et ne pas les surcharger de travail; les femmes et les enfants devaient en être exemptés; les punitions devaient se borner à des réprimandes, et dans chaque bien il fallait organiser des hôpitaux, des asiles et des écoles. Quelques-uns des intendants (et il y en avait qui savaient à peine lire) l'écoutèrent avec terreur, en prêtant à ses paroles une portée qui leur était toute personnelle : il était mécontent de leur gestion et savait qu'ils le volaient. D'autres, après le premier moment d'effroi, s'amusèrent du bégaiement embarrassé de leur maître, et de ses idées, si étranges et si nouvelles pour eux. Le troisième groupe l'écouta par devoir et sans déplaisir. Le quatrième, composé des plus intelligents, l'intendant général en tête, y découvrirent tout de suite comment il fallait se comporter avec lui, pour en arriver à leurs fins. Aussi les intentions philanthropiques de Pierre rencontrèrent-elles chez eux une grande sympathie : « Mais, ajoutèrent-ils, il est de première nécessité de s'occuper des biens mêmes, vu le mauvais état de vos affaires. »

Malgré l'immense fortune du comte Besoukhow, son fils se trouvait en effet beaucoup plus riche avant d'en avoir hérité, avec les 10 000 roubles de pension que lui faisait son père, qu'avec les 500 000 roubles de rente qu'on lui supposait. Son budget était, en gros, à peu près le suivant : On avait à payer à la banque foncière 80 000 roubles pour l'engagement des terres; 30 000 pour l'entretien de la maison de campagne près de Moscou, la maison de Moscou et la rente à la princesse Catherine et à ses sœurs; 15 000 en pensions et en fondations de charité; 150 000 à la comtesse; 70 000 en intérêts de dettes; 10 000 environ dépensés pendant les deux dernières années pour la construction d'une église, et les 100 000 qui lui restaient s'en allaient, il ne savait comment, si bien que, tous les ans, il était obligé d'emprunter, sans compter les incendies, la disette, la nécessité de rebâtir fabriques et maisons; aussi Pierre, dès son premier pas, se vit forcé de s'occuper lui-même de ses affaires, et il n'avait pour cela ni le goût, ni la capacité voulue.

Tous les jours il y consacrait quelques heures, sans qu'elles avançassent d'une ligne. Il sentait qu'elles continuaient à aller leur train habituel, sans que son travail eût la moindre influence sur leur marche accoutumée. De son côté, l'intendant en chef les lui présentait sous le plus triste aspect, lui démontrant la nécessité de payer ses dettes et d'entreprendre de nouveaux travaux avec la corvée, ce à quoi Pierre résistait, exigeant de son côté qu'on prît au plus tôt les mesures nécessaires pour hâter la libération de ses paysans ; et comme il était impossible d'exécuter ces mesures avant d'avoir remboursé les dettes, elles étaient forcément renvoyées aux calendes grecques.

L'intendant ne se risquait pas à le lui dire franchement, et lui proposait, pour en arriver là, de vendre de beaux bois qu'il possédait dans le gouvernement de Kostroma, de belles et bonnes terres fertilisées par une rivière, et une propriété qu'il avait en Crimée. Mais toutes ces opérations se compliquaient d'une procédure si embrouillée, telle que levée d'hypothèques, entrée en possession, autorisation de vente, etc., que Pierre s'égarait dans ce dédale et se bornait à répéter : « Oui, oui, faites-le. »

Il manquait du sens pratique qui lui aurait facilité le travail, aussi ne l'aimait-il pas, et se bornait-il à paraître s'y intéresser devant son intendant, qui feignait d'y trouver un grand avantage pour le propriétaire, tout en se plaignant du temps que cela lui prenait.

Pierre rencontra à Kiew quelques connaissances, et les inconnus affluèrent également pour faire un accueil hospitalier à ce millionnaire, qui était le plus grand propriétaire de leur gouvernement. Les tentations qui s'ensuivirent furent si grandes, qu'il ne put y résister. Des jours, des semaines, des mois s'écoulèrent, avec le même accompagnement de déjeuners, de dîners, de bals, que durant son existence pétersbourgeoise, et, au lieu de cette nouvelle vie qu'il avait rêvée, il continua l'ancienne, seulement dans un autre milieu.

Il ne pouvait se dissimuler à lui-même que, des trois obligations imposées aux francs-maçons, il ne remplissait pas celle qui devait l'amener à être un exemple de pureté morale, et que des sept vertus à pratiquer, les bonnes mœurs et l'amour de la mort ne trouvaient en lui aucun écho. Il se consolait en se disant qu'il accomplissait l'autre mission, — la régénération de l'humanité, — et qu'il possédait d'autres vertus, — l'amour du prochain et la générosité.

Au printemps de l'année 1807, il se décida à retourner à Pétersbourg, et à faire, en y retournant, la visite de ses propriétés, afin de se rendre compte *de visu* des parties déjà réalisées de son programme, et de la situation où vivait le peuple que Dieu lui avait confié, et qu'il avait l'intention de combler de bienfaits.

L'intendant en chef, aux yeux de qui les entreprises du jeune comte étaient de l'extravagance pure, aussi désavantageuses pour lui que pour le propriétaire et pour les paysans mêmes, lui fit des concessions. Tout en lui représentant que l'émancipation était chose impossible, il fit toutefois commencer dans tous les biens des bâtisses énormes, pour asiles, écoles et hôpitaux. Partout il fit préparer des réceptions pompeuses et solennelles, assuré à part lui qu'elles déplairaient à Pierre; mais il pensait que ces processions, d'un caractère religieux et patriarcal, avec le pain et le sel, et les images en tête, étaient justement ce qui agirait le plus fortement sur l'imagination de son seigneur, et contribueraient à entretenir ses illusions.

Le printemps du Midi, le voyage dans une bonne calèche de Vienne, son tête-à-tête avec lui-même, lui causèrent de véritables jouissances. Ces biens, qu'il visitait pour la première fois, étaient plus beaux l'un que l'autre. Le paysan lui parut heureux, prospère, et touché de ses bienfaits. Les réceptions qu'on lui faisait partout l'embarrassaient sans doute un peu, mais, au fond du cœur, il en éprouvait une douce émotion. Dans un des villages, une députation lui offrit, avec le pain et le sel, l'image de saint Pierre et saint Paul, en lui demandant l'autorisation d'ajouter à l'église, aux frais de la commune, une chapelle en l'honneur de son patron saint Pierre. Dans un autre endroit, les femmes, avec leurs nourrissons sur les bras, le remercièrent de les avoir délivrées des travaux fatigants. Dans un troisième, le prêtre, la croix à la main, lui présenta les enfants auxquels, grâce à sa générosité, il donnait les premiers éléments de l'instruction. Partout il voyait s'élever et s'achever, sur le plan qu'il en avait donné, les hôpitaux, les écoles et les asiles, à la veille de s'ouvrir. Partout il revisait les comptes des intendants des biens, où les corvées étaient diminuées de moitié, et recevait, pour cette nouvelle preuve de bonté, les remerciements de ses paysans, vêtus de leurs caftans de drap gros bleu.

Seulement, Pierre ignorait que le village qui lui avait offert le pain et le sel, et qui désirait construire une chapelle, était un bourg très commerçant et que la chapelle était commencée depuis longtemps par les richards de l'endroit, ceux-là mêmes qui s'étaient présentés à lui, tandis que les neuf dixièmes des paysans étaient ruinés. Il ignorait aussi qu'à la suite de son ordre de ne pas envoyer les nourrices au travail de la corvée, ces mêmes nourrices étaient assujetties à un travail bien autrement pénible dans leurs propres champs. Il ignorait encore que le prêtre qui l'avait reçu la croix à la main pesait lourdement sur les paysans, prélevant de trop fortes dîmes en nature, et que les élèves qui l'entouraient lui étaient confiés à contre-cœur, et rachetés le plus souvent par les parents, au prix d'une forte rançon. Il ignorait que ces nouveaux bâtiments en pierre, élevés d'après ses plans, étaient construits par ses paysans, dont ils augmentaient par le fait la corvée, diminuée seulement sur le papier. Il ignorait enfin que là où l'intendant portait dans le livre les redevances comme moindres d'un tiers, ce tiers était compensé par une augmentation de corvées. Aussi Pierre, enchanté des résultats de son inspection, se sentait réchauffé d'une nouvelle ardeur philanthropique, et écrivait des lettres pleines d'exaltation au frère instructeur, ainsi qu'il appelait le Vénérable.

« Comme c'est facile d'être bon! comme ça demande peu d'efforts, pensait Pierre, et combien peu nous y songeons! »

Il était heureux de la reconnaissance qu'on lui témoignait, mais cette reconnaissance même le rendit tout honteux à l'idée de tout le bien qu'il aurait encore pu faire.

L'intendant en chef, bête mais rusé, avait parfaitement compris le jeune comte, intelligent mais naïf, et le jouait de toutes les façons. Il profita de l'effet produit par les réceptions qu'il avait habilement commandées à l'avance, pour y trouver de nouveaux arguments contre l'émancipation des paysans, et lui assurer que ces derniers étaient parfaitement heureux.

Pierre lui donnait raison dans le fond de son cœur : il ne pouvait se représenter des gens plus contents, et compatissait au sort qui les attendait lorsqu'ils seraient libres; malgré tout, par un sentiment de justice, il ne voulait en démordre à aucun prix.

L'intendant promit de faire tous ses efforts pour exécuter la volonté du comte, bien convaincu à l'avance que son maître ne serait jamais en état de reviser ses actes, de s'assurer s'il avait fait son possible pour vendre assez de forêts et de biens, afin de dégager le reste, qu'il ne ferait pas de questions et ne saurait jamais que les bâtisses élevées dans une intention philanthropique restaient sans usage, et que les paysans continuaient à payer en argent et en travail la même redevance que partout ailleurs, c'est-à-dire tout ce qu'ils pouvaient humainement payer.

XI

A son retour du Midi, Pierre, qui se trouvait dans la plus heureuse disposition d'esprit imaginable, mit à exécution son projet d'aller faire une visite à son ami Bolkonsky, qu'il n'avait pas vu depuis deux ans.

Bogoutcharovo était situé au milieu d'une plaine zébrée de champs et de forêts, dont quelques parties étaient abattues, et qui n'offrait à l'œil rien de bien pittoresque. La maison et ses dépendances s'élevaient au bout du village, dont les isbas [1] s'alignaient le long de la grand'route, au delà d'un étang creusé et empli d'eau si nouvellement, que l'herbe n'avait pas encore eu le temps de verdir sur ses bords, et au milieu d'un tout jeune bois, que dépassaient quelques pins de haute taille.

Les dépendances se composaient d'une grange, d'une écurie et d'un bain; la maison se composait de deux ailes et d'un grand corps de logis en pierre, avec une façade demi-circulaire encore inachevée; elle était encadrée par les contours d'un jardin. Les palissades et les portes cochères étaient solides et neuves; on voyait sous un hangar deux pompes à incendie et un tonneau peint en vert. Les chemins, tracés en ligne droite, étaient coupés par des ponts à balustrades solidement construits. Tout portait l'empreinte de la bonne tenue et de l'ordre. A la question : « Où est le prince? » les gens de service répondirent en indiquant une maisonnette toute neuve, sur le bord même de l'étang. Le vieux menin du prince André, Antoine, aida Pierre à descendre de calèche, et le fit entrer dans une petite antichambre, fraîchement décorée.

Il fut frappé de la simplicité de cette demeure, qui contrastait avec les brillantes conditions d'existence qui entouraient son ami, lors de leur dernière entrevue. Il entra avec précipitation dans la pièce suivante, qui exhalait l'odeur du sapin et qui n'était même pas encore blanchie. Antoine passa devant lui, et courut, sur la pointe du pied, frapper à la porte d'en face.

« Qu'y a-t-il? demanda une voix dure et désagréable.

— Une visite! répondit Antoine.

— Prie-la d'attendre. » Et l'on entendit comme le bruit d'une

1. Maison de paysan russe. (*Note du trad.*)

chaise qu'on reculait. Pierre s'avança vivement, et se heurta sur le pas de la porte contre le prince André. Relevant ses lunettes et l'embrassant, il put l'examiner de près :

« Voilà une surprise!... j'en suis charmé, » dit le prince; mais Pierre gardait le silence, sans quitter des yeux son ami, dont le changement de physionomie l'avait frappé. Malgré la bienveillance de son accueil, le sourire de ses lèvres, et ses efforts pour donner à ses yeux un joyeux éclat, ses yeux restaient mornes et éteints. Maigri, pâli, vieilli, tout témoignait chez lui, depuis son regard jusqu'aux plis de son front, de la concentration de son esprit sur une seule pensée. Cette expression inaccoutumée du visage du prince troublait et gênait Pierre au delà de toute expression.

Comme il arrive toujours après une longue séparation, la conversation, composée de questions et de réponses faites à bâtons rompus, effleurait à peine les sujets les plus intimes, ceux-là mêmes qu'ils savaient devoir exiger une longue causerie. Enfin elle devint peu à peu plus régulière, et les phrases sans suite cédèrent la place aux histoires sur le passé et aux projets pour l'avenir. Il fut question du voyage de Pierre, de ses occupations, de la guerre, et l'expression préoccupée et abattue du prince André s'accentua encore davantage, pendant qu'il écoutait Pierre, et que celui-ci lui parlait, avec une animation fébrile, de son passé et de son avenir. Il semblait que le prince André, alors même qu'il l'aurait voulu, n'aurait pu y prendre intérêt, et Pierre commençait à sentir qu'il n'était pas convenable de se laisser aller, en sa présence, à tous les rêves de bonheur et de bienfaisance qu'il caressait dans son imagination. Il n'osait, par crainte du ridicule, exposer les nouvelles théories maçonniques, que son dernier voyage avait réveillées chez lui dans toute leur force; et pourtant il brûlait du désir de prouver à son ami qu'il n'était plus le même homme qu'il avait connu à Pétersbourg, mais un autre Pierre, meilleur et régénéré.

« Je ne puis vous dire par où j'ai passé dans ces derniers temps; je ne me reconnais plus moi-même.

— Oui, tu es bien changé en beaucoup de choses, dit le prince André.

— Et vous? quels sont vos projets?

— Mes projets? dit-il ironiquement, mes projets? répéta-t-il, comme si ce mot l'étonnait; — tu le vois, je bâtis, et je compte habiter ici tout à fait l'année prochaine.

— Ce n'est pas ça, je vous demandais... dit Pierre.

— Mais à quoi bon parler de moi? ajouta le prince en l'interrompant. Conte-moi ton voyage... Qu'as-tu vu? qu'as-tu fait dans tes biens? »

Pierre entama son récit, en dissimulant le plus possible la part qu'il avait prise aux améliorations introduites dans l'administration de ses terres. Tout en l'écoutant sans grand intérêt, le prince achevait parfois le tableau tracé par Pierre, en le raillant un peu de son enthousiasme à propos des vieilleries usées et ressassées qu'il prenait pour des nouveautés.

Se sentant mal à l'aise dans la société du prince André, Pierre finit par laisser tomber la conversation :

« Ecoute, mon cher, reprit ce dernier, — qui éprouvait, on le voyait bien, la même contrainte, — je suis ici en camp volant, comme tu le vois, je n'y suis venu que pour jeter un coup d'œil, et je m'en retourne ce soir à Lissy-Gory, viens avec moi : je te ferai faire connaissance avec ma sœur... Au fait, ne la connais-tu pas? poursuivit-il pour dire quelque chose à cet ami, avec lequel il ne se sentait plus en communion d'idées. Nous partirons après dîner... et maintenant allons voir ma nouvelle installation. »

Ils sortirent et ne parlèrent plus que de politique et d'objets en l'air, comme des personnes peu intimes. Le prince André ne montra quelque intérêt qu'en faisant à Pierre les honneurs de ses nouvelles constructions, mais là même, en se promenant avec lui sur les échafaudages, il s'arrêta brusquement au milieu de ses explications, et lui dit :

« Allons dîner, tout cela n'est guère intéressant. »

Pendant le repas, le hasard amena sur le tapis le mariage de Besoukhow :

« J'en ai été fort étonné, » lui dit son ami.

Pierre se troubla, rougit et ajouta avec précipitation :

« Je vous raconterai un jour comment tout cela est arrivé. Mais c'est fini, et pour toujours!

— Pour toujours? Le toujours n'existe jamais.

— Mais vous savez néanmoins comment l'affaire s'est terminée? Vous avez entendu parler du duel?

— Oui, j'ai su que tu avais encore dû en passer par là!

— Je remercie Dieu du moins d'une chose, c'est de n'avoir pas tué cet homme, dit Pierre.

— Pourquoi donc? Tuer un chien enragé, c'est même très bien.

— Oui, mais tuer un homme, ce n'est pas bien, c'est injuste...

— Pourquoi injuste? Il ne nous est pas donné de savoir ce qui est juste ou injuste! L'humanité s'est toujours trompée et se trompera toujours sur ce sujet.

— L'injuste, c'est le mal qu'on peut faire au prochain, dit Pierre, voyant avec plaisir que son ami reprenait intérêt à la conversation, et qu'il arriverait à découvrir ce qui l'avait changé à ce point envers lui.

— Qui donc t'a expliqué ce qui est le mal pour ton prochain?

— Mais, dit Pierre, ne savons-nous pas ce qu'est le mal pour nous-mêmes?

— Oui, nous le savons; mais ce qui sera le mal pour moi ne le sera peut-être pas pour un autre, répondit avec vivacité le prince André. Je ne connais que deux maux bien réels, le remords et la maladie; il n'y a de bien que l'absence de ces maux : vivre pour soi et les éviter tous deux, voilà toute ma science.

— Et l'amour du prochain, et le dévouement? s'écria Pierre. Non, je ne suis point de votre avis! Vivre et éviter le mal pour n'avoir pas à s'en repentir, c'est trop peu; j'ai vécu ainsi, et mon existence a été perdue sans utilité, et ce n'est que maintenant que je vis..., que je tâche de vivre pour les autres, que j'en comprends tout le bonheur. Non, mille fois non, je ne suis pas de votre avis, et vous-même, vous ne pensez pas ce que vous dites.

Le prince André, les yeux fixés sur lui, l'écoutait avec un sourire railleur :

« Tu vas faire la connaissance de ma sœur, la princesse Marie, et vous vous conviendrez parfaitement, j'en suis sûr. Après tout, tu as peut-être raison pour toi, et chacun vit à sa façon. Tu dis avoir perdu ton existence en vivant ainsi, et n'avoir compris le bonheur qu'en vivant pour les autres; eh bien, moi, c'est le contraire, j'ai vécu pour la gloire, et qu'est-ce que la gloire, si ce n'est aussi l'amour du prochain, le désir de lui être utile et de mériter ses louanges? J'ai donc vécu pour les autres, et mon existence est perdue, perdue sans retour; depuis que je vis pour moi, je suis plus calme!

— Mais comment est-il possible de vivre pour soi seul? demanda Pierre en s'échauffant. Et votre fils, votre sœur, votre père?

— Ils font partie de mon moi, ce ne sont pas les autres,

et les autres c'est le prochain, comme la princesse Marie et toi vous l'appelez, le prochain, cette grande source d'iniquité et de mal ! Le prochain, sais-tu, ce sont tes paysans de Kiew que tu rêves de combler de bienfaits.

— Vous voulez sans doute plaisanter? s'écria Pierre, excité par cette apostrophe. Quelle erreur, quelle injustice peut-il y avoir dans mon désir, si faiblement réalisé encore, de leur faire du bien? Quel mal y a-t-il à instruire ces pauvres gens, ces paysans, qui sont nos frères après tout, et qui naissent et meurent en ne connaissant de Dieu et de la vérité que des pratiques extérieures et des prières sans aucun sens pour eux? Quel mal y a-t-il à leur apprendre à croire à une vie future, où ils auront la consolation de trouver des compensations et des récompenses? Quel mal et quelle erreur y a-t-il à les empêcher de mourir sans secours, sans soins, lorsqu'il est si facile de leur donner ce qui leur est matériellement nécessaire, un hôpital, un médecin, un asile? N'est-ce pas un bienfait palpable, certain, que les quelques moments de repos que je puis accorder au paysan, à la femme avec enfants, nuit et jour accablés de soucis? Je l'ai fait... sur une très petite échelle, il est vrai, mais enfin je l'ai fait, et vous ne me persuaderez pas que j'aie eu tort et que vous n'êtes pas de mon avis. J'ai, du reste, acquis une autre conviction, c'est que la jouissance que procure le bien que l'on fait est le seul bonheur de la vie.

— Oui, sans doute, si tu poses la question de cette façon, c'est tout autre chose, reprit le prince André. Je bâtis une maison, je plante un jardin, et toi, tu construis des hôpitaux ; l'un et l'autre peuvent être considérés comme un passe-temps. Mais laissons à Celui qui sait tout le droit de juger le bien et le mal. Je vois que tu veux continuer la discussion? Eh bien, allons... »

Et ils sortirent sur le perron, qui faisait office de terrasse.

« Tu parles d'écoles, d'enseignement, etc., etc., c'est-à-dire, ajouta-t-il en lui indiquant un paysan qui passait en les saluant, que tu veux le tirer de sa bestialité, lui donner des besoins moraux, lorsque, à mon sens, le bonheur animal est le seul bonheur possible pour lui... et tu veux l'en priver! Il me fait envie, et tu veux le rendre *moi*, sans lui donner les moyens dont je dispose? Tu veux alléger son travail, lorsqu'à mon avis le travail physique lui est aussi indispensable que le travail intellectuel l'est pour nous? Toi, tu ne peux pas t'empêcher de réfléchir...; moi, je me couche à trois heures du matin et je ne puis dormir : il me vient une foule de pensées, je me tourne, je me retourne, je pense et je repense : c'est une nécessité pour moi, comme pour lui de labourer et de faucher; sinon, il ira boire au cabaret et tombera malade. Huit jours de ce travail physique me tueraient!... De même, il mourrait si, se gorgeant du soir au matin, il menait pendant huit jours ma vie physiquement oisive!... A quoi songes-tu encore? Ah oui, les hôpitaux et les médecins! Il a un coup de sang, il meurt : tu le saignes, tu le guéris, et il vit estropié pendant dix ans à la charge des siens. Il eût été bien plus simple pour lui de le laisser mourir, car il y a toujours assez de ceux qui naissent. C'est tout différent, pour sûr, si tu le considères comme un travailleur de moins, et c'est là, te l'avouerai-je, ma manière d'envisager la question, mais toi, tu le guéris par amour fraternel, et il n'en a nul besoin. Encore une illusion de croire que la médecine a jamais guéri quelqu'un! Quant à tuer, elle y excelle! » ajouta-t-il avec une amertume mal déguisée.

Il était évident, à la façon nette et précise dont le prince André énonçait ses opinions, qu'il y avait pensé plus d'une fois; il parlait avec plaisir et avec feu, comme un homme qui aurait été longtemps sevré de cette satisfaction. Son regard s'animait à mesure que ses jugements devenaient plus désespérés.

« Ah! c'est horrible! horrible! dit Pierre. Je ne comprends pas comment vous pouvez vivre avec des convictions pareilles. J'ai eu, j'en conviens, de ces crises de désespoir, à Moscou, en voyage, mais dans ces cas-là je ne vis pas, je descends si bas, si bas, que tout m'est odieux, à commencer par moi-même...; je ne mange, ni ne me lave....

— Comment, ne pas se laver? Fi donc, c'est sale; il faut au contraire se rendre la vie aussi agréable que possible. Si je vis, ce n'est pas ma faute, et je tâche de végéter ainsi jusqu'à la mort.... sans gêner personne.

— Mais pourquoi avez-vous de pareilles pensées? Vous voulez donc rester à ne rien faire, à ne rien entreprendre?....

— On dirait vraiment que la vie vous laisse en paix! J'aurais été charmé de ne rien faire, mais voilà que la noblesse de l'endroit me fait l'honneur de m'élire pour son maréchal, honneur dont je me suis débarrassé non sans difficulté. Ils ne comprenaient pas que je manquais de cette platitude bonasse et minutieuse qui leur est nécessaire et qu'ils auraient désiré trouver en moi.... Je suis en train de m'arranger ici un coin où je puisse vivre tranquille..... Arrive la milice, dont il faut, bon gré mal gré, que je m'occupe.

— Pourquoi ne servez-vous plus?

— Comment, après Austerlitz? dit le prince André d'un air sombre. Non, je me suis juré de ne plus servir dans l'armée active, et je tiendrai parole, quand même Bonaparte serait là, dans le gouvernement de Smolensk. Il menacerait Lissy-Gory même, que je ne rentrerais pas dans les rangs! Quant à la milice, comme mon père est aujourd'hui commandant en chef du 3e arrondissement, je n'avais d'autre moyen de me délivrer du service actif que de servir sous ses ordres.

— Vous voyez bien cependant que vous servez?

— Oui, je sers!

— Mais alors pourquoi servez-vous?

— Pourquoi? c'est bien simple : mon père est l'un des hommes les plus remarquables de son siècle. Il se fait vieux, et, sans être précisément dur, il a trop d'activité de caractère. L'habitude qu'il a d'un pouvoir illimité le rend terrible, à présent surtout qu'il le tient, en qualité de général en chef, de l'empereur lui-même. Il y a quinze jours, si j'avais tardé de deux heures, il aurait fait pendre un misérable employé à Youknow. Personne, excepté moi, n'ayant d'empire sur lui, je suis obligé de servir, pour l'empêcher de commettre des actes qui, plus tard, le condamneraient à des remords éternels.

— Vous voyez bien!

— Oui, mais ce n'est pas comme vous l'entendez. Je ne souhaitais et ne souhaite aucun bien à ce scélérat d'employé, qui a volé des bottes aux miliciens; j'aurais été même enchanté de le voir pendre, mais c'est mon père qui me faisait de la peine, et mon père ou moi, c'est la même chose! »

Les yeux du prince André s'animaient de plus en plus d'un éclat fiévreux, à mesure qu'il cherchait à prouver à Pierre qu'il ne se préoccupait jamais du bien à faire à son prochain : « Tu veux donner la liberté à tes paysans? c'est une bonne chose; mais, crois-moi, elle ne profitera, ni à toi, qui, je suppose, n'as jamais, ni battu, ni exilé personne, ni à tes paysans, qui ne s'en trouvent pas plus mal pour être battus et envoyés en Sibérie, car là-bas leurs plaies ont tout le temps de se cicatriser.... ils y recommencent la même vie animale que par le passé, et ils se retrouvent exactement aussi heureux.

Mais sais-tu pour qui je la désirerais? Pour ceux dont le moral se dégrade par l'abus qu'ils font de leur pouvoir, en infligeant des punitions arbitraires, et qui, voués par là au remords, finissent par l'étouffer en eux-mêmes et par s'endurcir peu à peu. Tu n'as peut-être jamais vu, comme moi, de bonnes natures, élevées dans les traditions de ce pouvoir sans frein, devenir, avec les années, irritables, cruelles, incapables de se dominer et accroissant ainsi chaque jour la somme de leur malheur. Voilà ceux que je plains, et pour lesquels la liberté des paysans serait un bienfait! Oui, c'est la dignité de l'homme que je pleure, la paix de la conscience, la pureté des sentiments, mais quant aux dos et aux fronts des autres, ils n'en resteront pas moins des dos et des fronts, qu'on les batte ou qu'on les rase! »

A l'emportement que le prince André mettait dans cette discussion, Pierre devinait involontairement que ces pensées lui étaient suggérées par le caractère de son père.

« Non, mille fois non, dit-il, je ne serai jamais de votre avis! »

XII

Ils se mirent en route dans la soirée pour Lissy-Gory; le prince André rompait parfois le silence par quelques mots qui témoignaient de la bonne disposition de son humeur; mais il avait beau lui montrer ses champs et lui expliquer les perfectionnements agronomiques qu'il y avait introduits, Pierre, absorbé dans ses réflexions, ne répondait que par monosyllabes. Il se disait que son ami était malheureux, qu'il était dans l'erreur, qu'il ne connaissait pas la vraie lumière, qu'il était de son devoir à lui de l'aider, de l'éclairer et de le relever. Mais il sentait aussi qu'à sa première parole le prince André renverserait d'un mot toutes ses théories; il avait peur de commencer, peur surtout d'exposer à sa satire l'arche sainte de ses croyances.

« Qu'est-ce qui vous fait penser ainsi? dit-il tout à coup, en baissant la tête, comme un taureau qui s'apprête à donner un coup de corne. Vous n'en avez pas le droit!

— De penser quoi? demande le prince André étonné.

— De penser ainsi à la vie, à la destinée de l'homme. C'étaient aussi mes idées, et savez-vous ce qui m'a sauvé? La franc-maçonnerie! Ne souriez pas : elle n'est pas, comme je le pensais et comme je le croyais, une secte religieuse qui se borne à de vaines cérémonies, mais elle est l'unique expression de ce qu'il y a de meilleur, d'éternel dans l'humanité.... » Et il lui expliqua que la franc-maçonnerie, comme il la comprenait, était la doctrine chrétienne, affranchie des entraves sociales et religieuses, et la simple mise en action de l'égalité, de la fraternité, de la charité.

« Notre sainte association est la seule qui comprenne le vrai but de la vie, tout le reste est un mirage; en dehors d'elle, tout est mensonge et iniquité, si bien qu'en dehors d'elle il ne reste plus à un homme bon et intelligent qu'à végéter, comme vous le faites, en se gardant seulement de faire du tort à son prochain. Mais si une fois vous admettez nos principes fondamentaux, si vous entrez dans notre ordre, si, vous y abandonnant, vous vous laissez diriger par lui, vous sentirez aussitôt, comme je l'ai senti moi-même, que vous êtes un anneau de cette chaîne invisible et éternelle, dont le premier chaînon est caché dans les cieux. »

Le prince André regardait devant lui et écoutait sans mot dire, se faisant parfois répéter ce que le bruit des roues l'avait empêché d'entendre. L'éclat de ses yeux, son silence même faisaient espérer à Pierre que ses paroles n'avaient pas été vaines, et qu'elles ne seraient pas reçues avec ironie.

Ils arrivèrent ainsi à une rivière débordée qu'il fallait traverser en bac; ils descendirent de la voiture, pendant qu'on la plaçait sur le bac avec les chevaux.

Le prince André, appuyé à la balustrade, regardait silencieusement cette masse d'eau qui scintillait au soleil couchant :

« Eh bien, qu'en pensez-vous? pourquoi ne répondez-vous pas?

— Ce que je pense? mais je t'écoute! Tout cela est fort bien! Tu me dis : entre dans notre ordre et nous t'enseignerons le but de la vie, la destination de l'homme et les lois qui régissent le monde. Mais qui êtes-vous donc? des hommes! D'où vient alors que vous sachiez tout et d'où vient que je ne voie pas ce que vous voyez? Pour vous, la vertu et la vérité doivent régner sur la terre, et moi, je ne m'en aperçois pas!

— Croyez-vous à la vie future? lui demanda Pierre, en l'interrompant.

— A la vie future? murmura le prince André. Pierre, trouvant une négation dans cette réponse de son ami, et connaissant de longue date son athéisme, poursuivit :

— Vous me dites que vous ne pouvez voir le règne de la vertu et de la vérité sur cette terre? je ne le vois pas non plus et on ne peut pas le voir, si on considère notre vie comme la fin de tout. Sur cette terre, il n'y a ni vérité, ni vertu..... tout est mensonge; mais dans la création universelle, c'est la vérité qui gouverne. Sans doute, nous sommes les enfants de cette terre, mais dans l'éternité nous sommes les enfants de l'univers. Je sens malgré moi que je suis une parcelle de cet harmonieux et immense ensemble. Je sens que, dans cette innombrable myriade d'êtres, qui sont les manifestations de la divinité ou de cette force supérieure, si vous l'aimez mieux, je suis un chaînon, un degré dans l'échelle ascendante. Si je vois clairement devant mes yeux cette échelle qui monte de la plante jusqu'à l'homme, pourquoi supposerais-je qu'elle s'arrête à moi, sans monter plus haut? De même que rien ne se perd dans ce monde, de même je ne puis me perdre dans le néant! Je sais que j'ai été et que je serai! Je sais qu'à part moi et au-dessus de moi vivent des esprits, et que dans ce monde demeure la vérité!

— Oui, c'est la doctrine de Herder, dit le prince André, mais ce n'est pas elle qui me convaincra! La vie et la mort, voilà ce qui vous persuade!... Lorsqu'on voit un être qui vous est cher, qui est lié à votre existence, envers lequel on a eu des torts qu'on espérait réparer.... (et sa voix trembla)... et que tout à coup cet être souffre, se débat sous l'étreinte de la douleur et cesse d'exister.... on se demande pourquoi! Qu'il n'y ait pas de réponse à cela, c'est impossible, et je crois qu'il y en a une! Voilà ce qui peut convaincre, voilà ce qui m'a convaincu.

— Mais, dit Pierre, n'ai-je pas dit la même chose?

— Non, je veux dire que ce ne sont pas les raisonnements qui vous mènent à admettre la nécessité de la vie future, mais lorsqu'on marche à deux dans la vie, et que tout à coup votre compagnon disparaît, là-bas, dans le vide, qu'on s'arrête devant cet abîme, qu'on y regarde.... la conviction s'impose, et j'ai regardé!...

— Eh bien, alors! Vous savez qu'il y a un *là-bas*, et qu'il y a *quelqu'un*, c'est-à-dire la vie future et Dieu! »

Le prince André ne répondit rien. La calèche et les chevaux avaient depuis longtemps passé sur l'autre rive, le soleil était descendu à moitié, et la gelée du soir couvrait de son givre brillant les mares autour de la descente qui menait à la rivière, pendant que Pierre et André, au grand étonnement des domestiques, des cochers et des passeurs, discutaient encore sur le bac :

« S'il y a un Dieu, il y a une vie future, donc la vérité et la vertu existent; le bonheur suprême de l'homme doit consister dans ses efforts pour les atteindre. Il faut vivre, aimer et croire que nous ne vivons pas maintenant seulement sur ce lambeau de terre, mais que nous avons vécu et vivons éternellement dans cet infini... »

Et Pierre indiquait le ciel.

Le prince André, toujours appuyé contre la balustrade, l'écoutait, pendant que son regard errait sur la surface assombrie de l'eau, à peine éclairée par les derniers rayons empourprés du soleil qui allaient s'éteignant peu à peu. Pierre se tut. Tout était calme, et l'on n'entendait plus contre la quille du bateau, arrêté depuis longtemps, qu'un faible clapotis qui semblait murmurer : « C'est la vérité! crois-y! » Bolkonsky soupira, ses yeux se tournèrent, doux et tendres, vers la figure émue et exaltée de Pierre, intimidé comme toujours par la supériorité qu'il reconnaissait en son ami.

« Oh! si c'était ainsi! dit ce dernier. Mais partons, » ajouta-t-il.

En quittant le bac, il regarda encore une fois le ciel, que lui avait montré Pierre, et, pour la première fois depuis Austerlitz, il retrouva son ciel profond, idéal, celui qui planait au-dessus de sa tête sur le champ de bataille. Un sentiment depuis longtemps endormi, le meilleur de lui-même, se réveilla au fond de son âme : c'était le renouveau de la jeunesse et de l'aspiration au bonheur. Rentré dans les conditions de sa vie habituelle, ce sentiment s'effaça et s'affaiblit peu à peu, mais à partir de cet entretien, et sans qu'il y eût rien de changé à son existence, il sentit poindre au fond de son cœur le germe d'une vie morale toute différente.

XIII

Il faisait déjà sombre lorsqu'ils arrivèrent à l'entrée principale de la maison de Lissy-Gory, et le prince André attira en souriant l'attention de Pierre sur l'agitation qui se manifesta, à leur vue, du côté d'une petite entrée latérale. Une petite vieille courbée sous le poids d'un sac, et un homme de petite taille, à longs cheveux, et habillé de noir, s'enfuirent aussitôt; deux femmes coururent les rejoindre, et tous les quatre, se retournant effrayés pour examiner la voiture, disparurent par un escalier de service.

« Ce sont les hommes de Dieu [1], que Marie recueille, dit le prince André, ils m'ont pris pour mon père, car il les fait chasser, tandis qu'elle les reçoit. En cela seul elle ose lui désobéir.

— Mais qu'est-ce que « les hommes de Dieu »? demanda Pierre.

Le prince André n'eut pas le temps de lui répondre. Les domestiques étant sortis à leur rencontre, il les questionna sur l'arrivée probable de son père, qu'on attendait de la ville voisine à tout instant.

Laissant Pierre dans son appartement, qui était toujours préparé pour le recevoir, le prince André passa dans la chambre de l'enfant et revint ensuite pour mener Pierre chez sa sœur :

« Je ne l'ai pas encore vue, elle se cache avec ses hommes « de Dieu », nous allons les surprendre, elle sera sans doute très confuse, mais tu les verras. C'est curieux, ma parole!

— Qu'est-ce donc? demanda Pierre.

— Attends, tu vas les voir. »

La princesse Marie se troubla et rougit jusqu'au blanc des yeux, quand elle les vit entrer dans sa petite chambre, où brillaient les images dorées éclairées par les lampes. Il y avait, à côté d'elle, sur le canapé, un jeune garçon en habit de frère convers, avec un nez aussi long que les cheveux, et près d'elle également, dans un fauteuil, une petite vieille toute ratatinée, toute ridée, dont la figure avait une expression d'extrême douceur et d'humilité.

« André, pourquoi ne pas m'avoir prévenue? dit la princesse Marie d'un ton de reproche, en se mettant devant ses pèlerins, comme une poule qui cache ses poussins.

— Je suis charmée de vous voir, » ajouta-t-elle en se tournant vers Pierre, qui lui baisait la main. Elle l'avait connu enfant; son affection pour André, ses malheurs et surtout sa bonne et honnête figure la disposaient en sa faveur. Elle le regardait de ses yeux profonds et doux, et semblait lui dire : « Je vous

1. Nom d'une secte religieuse. (*Note du trad.*)

aime bien et, je vous en supplie, ne vous moquez pas des « miens ». Une fois les premiers compliments échangés, elle les engagea à s'asseoir.

« Ah! voilà Ivanouchka, dit le prince André, en indiquant d'un sourire le jeune néophyte.

— André! murmura la princesse d'un ton suppliant.

— Il faut que vous sachiez que c'est une femme, dit le prince André.

— André, au nom du ciel! » reprit sa sœur.

On voyait que les vaines supplications de la princesse Marie et les plaisanteries du prince André au sujet des pèlerins étaient chose habituelle entre eux.

« Mais, ma bonne amie, vous devriez au contraire m'être reconnaissante d'expliquer à Pierre votre intimité avec ce jeune homme.

— Vraiment! » dit Pierre avec curiosité, mais cependant d'un ton grave, qui acheva de lui gagner le cœur de la princesse Marie.

Leur bienfaitrice se préoccupait bien à tort pour « les siens », car ceux-ci n'éprouvaient aucune gêne. La petite vieille, après avoir renversé sa tasse sur sa soucoupe à côté du morceau de sucre tout grignoté, se tenait immobile et les yeux baissés sur son fauteuil, en jetant à droite et à gauche des regards sournois, et en attendant l'offre d'une nouvelle tasse. Ivanouchka buvait à petites gorgées le thé qui remplissait sa soucoupe, et regardait en dessous les deux jeunes gens, de ses yeux qui exprimaient la ruse féminine.

« Où as-tu été? à Kiew? demanda le prince André.

— J'y ai été, mon père, répondit la petite vieille. C'est à Noël que je me suis rendue digne de recevoir, chez les saints, la sainte et céleste communion; maintenant je viens de Koliasine. Une grande grâce s'y est révélée!

— Et Ivanouchka est avec toi?

— Non, je suis seule, répondit Ivanouchka, en s'efforçant de prendre une voix de basse. Nous ne nous sommes rencontrées qu'à Youknow avec Pélaguéïouchka..... »

Celle-ci, ne se possédant pas du désir de raconter ce qu'elle avait vu, l'interrompit :

« Oui, mon père, une grande grâce s'est révélée à Koliasine!

— Quoi donc? de nouvelles reliques? demanda le prince André.

— Voyons, André!... Ne lui raconte rien, Pélaguéïouchka.

— Mais pourquoi donc, ma bonne mère, ne pas le lui raconter? Je l'aime, il est bon, c'est un élu de Dieu, c'est mon bienfaiteur.... Je n'ai pas oublié, vois-tu, qu'il m'a donné dix roubles. Comme j'étais à Kiew, Kirioucha me dit, Kirioucha, vous savez bien, l'innocent, un véritable homme de Dieu, qui marche nu-pieds été et hiver, Kirioucha me dit : « Pourquoi erres-tu en pays étranger? Va à Koliasine, une image miraculeuse de notre sainte mère la Vierge s'y est montrée. » Alors j'ai dit adieu aux saints, et j'y suis allée!... Et arrivée là, poursuivit la vieille d'un ton monotone, ceux que je rencontrais me disaient : « Nous possédons une grande grâce : l'huile sainte découle de la joue de notre sainte mère la Vierge.....

— C'est bon, c'est bon, dit la princesse Marie en rougissant, tu raconteras cela une autre fois.

— Permettez-moi, dit Pierre, de lui adresser une question. Tu l'as vu de tes propres yeux?

— Certainement, mon père, certainement, j'ai été trouvée digne de cette grâce : le visage était tout resplendissant d'une lumière céleste, et l'huile dégouttait, dégouttait de la joue.

— Mais c'est une supercherie! objecta Pierre, qui l'avait écoutée avec attention.

— Ah, notre père, que dis-tu là? s'écria avec terreur Pélaguéïouchka, en se tournant vers la princesse Marie, comme pour l'appeler à son secours.

— C'est ainsi qu'on trompe le peuple, poursuivit-il.

— Seigneur Jésus! s'écria la pèlerine en se signant. Oh! ne répète pas cela, mon père. Je connais un « Génnéral » qui ne croyait pas, et qui disait : « Ce sont les moines qui trompent! » Oui, il l'a dit, et il est devenu aveugle!... Et alors il a rêvé, et il a vu notre sainte Vierge de Petchersk, qui lui a dit : « Crois en moi et je te guérirai! » ..... Et alors il a prié, supplié : « Menez-moi, menez-moi à elle! » ... Je te raconte la sainte vérité, car je l'ai vu, lorsqu'on l'a amené aveugle et lorsqu'il s'est jeté devant elle en lui disant : « Guéris-moi et je te donnerai ce que j'ai reçu en cadeau du Tsar. » Je l'ai vu, et j'ai vu l'étoile qui y est incrustée, car elle lui a rendu la vue!..... C'est péché de parler ainsi, et Dieu te punira.

— Quoi, quelle étoile? demanda Pierre.

— C'est sans doute qu'on a promu au grade de général notre sainte mère la Vierge, » dit le prince André en souriant.

Pélaguéïouchka pâlit, en joignant les mains avec désespoir.

« Dieu, Dieu, quel péché, et tu as un fils! dit-elle en devenant toute rouge, de pâle qu'elle était..... Qu'as-tu dit? Que Dieu te pardonne! » et elle se signa. « Ah! que Dieu lui pardonne, » ajouta-t-elle en s'adressant à la princesse Marie, et en rassemblant ses hardes pour s'en aller.

Elle était prête à pleurer, elle avait peur, elle avait honte de profiter des bienfaits d'une maison où on parlait ainsi, et peut-être en même temps regrettait-elle d'être obligée d'y renoncer.

« Quel plaisir avez-vous à les troubler dans leur foi? dit la princesse Marie. Pourquoi êtes-vous venus?

— Mais, princesse, c'est une plaisanterie que j'ai faite à Pélaguéïouchka! Princesse, ma parole, je n'ai pas voulu l'offenser. Ce n'est pas sérieux, je t'assure! »

Pélaguéïouchka s'arrêta d'un air incrédule, mais la sincérité du repentir qui se lisait sur les traits de Pierre et le regard affectueux du prince André l'apaisèrent peu à peu.

XIV

Remise de son émotion et ramenée à son sujet favori, elle leur parla du père Amphiloche, de sa sainte existence, et comme quoi sa main sentait l'encens; comment aussi à Kiew, à son dernier pèlerinage, un moine de sa connaissance lui avait donné les clefs des catacombes, et comment elle y avait passé quarante-huit heures avec les saints, ayant un morceau de pain sec pour toute nourriture :

« Je priais devant l'un, puis je disais mes prières devant un autre. Je dormais un petit peu, je baisais un troisième; et quelle paix, ma mère, quelle paix céleste! Je n'avais plus envie de remonter sur la terre du bon Dieu. »

Pierre l'écoutait et l'observait attentivement; le prince André quitta la chambre, et sa sœur, abandonnant à elles-mêmes « les hommes de Dieu » , emmena Pierre au salon.

« Vous êtes très bon, lui dit-elle.

— Je n'ai pas voulu l'offenser, croyez-moi; j'apprécie ses sentiments! »

La princesse Marie lui répondit par un sourire :

« Je vous connais depuis longtemps, je vous aime comme un frère. Comment avez-vous trouvé André? Il m'inquiète. Sa santé était meilleure l'hiver dernier, mais au printemps sa blessure s'est rouverte, et le médecin lui conseille de faire une cure à l'étranger. Son moral aussi me tourmente : il ne peut pas, à l'exemple de nous autres femmes, pleurer son chagrin, mais il le porte en dedans de lui-même; aujourd'hui il est gai, animé, grâce à votre arrivée..... c'est si rare! Tâchez de lui persuader de voyager, il a besoin d'activité, et cette vie monotone le tue..... on ne le remarque pas, mais je le vois! »

A dix heures du soir, les domestiques s'élancèrent sur le perron, au tintement des clochettes de l'attelage qui ramenait le vieux prince. Pierre et André allèrent à sa rencontre.

« Qui est-ce? demanda le vieux en descendant de voiture. — Ah oui! très content! ajouta-t-il en reconnaissant le jeune homme, embrasse-moi..... là! »

Il était de bonne humeur, et le combla de tant de prévenances, que le prince André les trouva, une heure plus tard, engagés dans une vive discussion. Pierre prouvait qu'un jour viendrait où il n'y aurait plus de guerre, tandis que le vieux prince, sans se fâcher, mais en le raillant, soutenait le contraire :

« Pratique une saignée, mets de l'eau à la place du sang, et alors il n'y aura plus de guerre! Chimères de femme, chimères de femme! » ajouta-t-il, en tapant affectueusement sur l'épaule de son adversaire, et en s'approchant de la table, où son fils, qui ne voulait pas prendre part à la conversation, examinait les papiers qu'il avait apportés.

« Le maréchal de la noblesse, lui dit-il, le comte Rostow, n'a guère fourni que la moitié de son contingent, et, arrivé une fois en ville, il s'est imaginé de m'inviter à dîner! Je lui en ai donné un... de dîner! Regarde ce papier!... Sais-tu qu'il me plaît, ton ami, il me réveille! Un autre vous raconte des choses intelligentes, et on n'a pas envie de les écouter, tandis que celui-ci me bombarde de balivernes, qui amusent ma vieille tête. Allez, allez souper, je vous rejoindrai peut-être pour me disputer encore... Tu me feras le plaisir d'aimer ma sotte princesse Marie, n'est-ce pas? »

Pendant ce séjour à Lissy-Gory, Pierre apprécia tout le charme de l'affection qui l'unissait au prince André. Le vieux prince et la princesse Marie, qui le connaissaient à peine quand il y était arrivé, le traitaient déjà en ancien ami. Il se sentait aimé, non seulement de cette dernière, dont il avait gagné le cœur par sa douceur envers ses protégés, mais même du petit bonhomme d'un an, le prince Nicolas, comme l'appelait son grand-père; l'enfant lui souriait et se laissait porter par lui. Mlle Bourrienne et l'architecte suivaient d'un air radieux ses conversations avec le vieux prince. Celui-ci avait assisté au souper, c'était une faveur marquée pour Pierre, et son amabilité ne se démentit pas un instant, pendant les deux jours que son hôte passa à Lissy-Gory.

Lorsque la famille se réunit après son départ, et que, par une conséquence naturelle de sa visite, on se mit à analyser son caractère, tous, chose bien rare, s'unirent pour en faire l'éloge et pour exprimer la sympathie qu'il leur avait inspirée.

XV

Rostow, de retour après son congé, sentit, pour la première fois, la force des liens qui l'attachaient à Denissow et à son régiment.

A la vue du premier hussard à l'uniforme déboutonné, à la vue de Dementiew le roux, à la vue des piquets de chevaux alezans, et enfin à la vue de Lavrouchka criant joyeusement à son maître : « Le comte est arrivé! » à l'embrassade de Denissow, ébouriffé, endormi, sortant en hâte de sa hutte, et à l'accolade de ses camarades, Rostow éprouva la même sensation qu'à son arrivée à la maison paternelle, lorsque son père, sa mère, ses sœurs l'avaient étouffé de baisers; et des larmes de joie, lui montant au gosier, l'empêchèrent de parler.

Après s'être présenté au chef du régiment, en avoir reçu les mêmes fonctions dans le même escadron, après s'être enquis des moindres détails, il trouva dans cet adieu à sa liberté et dans le devoir qu'il remplissait en reprenant sa place dans ce cadre étroit, le même sentiment de quiétude et d'appui moral qu'il aurait eu dans sa propre famille; car le régiment, au bout du compte, n'était-il pas devenu pour lui un *home* aussi cher que la maison paternelle? Il n'y avait pas là ce tohu-bohu du monde, qui l'entraînait parfois à des erreurs regrettables; il n'y avait pas Sonia, avec laquelle il ne savait jamais s'il fallait ou non s'expliquer ; il n'y avait plus la possibilité de courir dans dix endroits à la fois, ni ces vingt-quatre heures qu'on pouvait tuer de façons diverses, ni cette foule composée en majeure partie d'indifférents, ni ces demandes d'argent, pénibles et embarrassantes, ni la terrible perte au jeu avec Dologhow : ici, tout était clair et précis. Le monde entier était partagé, pour lui, en deux parties inégales : l'une était *notre* régiment de Pavlograd, l'autre *tout le reste*, dont il n'avait qu'un médiocre souci. Tout y était connu : on savait qui était le lieutenant, qui était le capitaine, qui était un vaurien, qui était un bon garçon, et ce qui primait tout, c'était « le camarade » ! Le cantinier faisait crédit, on touchait sa paye tous les trois mois. Par suite, rien à choisir, rien à combiner; tout se bornait à se bien conduire, et à accomplir exactement et scrupuleusement l'ordre reçu.

Replacé sous le joug et les habitudes de la vie militaire, il était aussi heureux que l'est un homme fatigué, de pouvoir se coucher et se reposer. Cette existence lui fut d'autant plus agréable, qu'il s'était juré, après sa perte au jeu (action qu'il se reprochait toujours malgré le pardon de ses parents), de ne plus jouer, et, pour réparer sa faute, de servir d'une façon irréprochable, en bon camarade, et en officier sans reproches, c'est-à-dire de devenir un parfait galant homme, ce qui dans le monde était loin d'être facile, tandis qu'au régiment rien n'était plus aisé. Enfin il s'était promis de rembourser ses parents en cinq ans, de ne toucher que deux mille roubles sur les dix qui lui étaient annuellement alloués, et de laisser le reste à leur disposition.

•

A la suite de plusieurs retraites, de plusieurs marches en avant et de plusieurs combats à Poultousk, à Preussisch-Eylau, notre armée s'était enfin concentrée à Bartenstein. On attendait l'arrivée de l'Empereur pour commencer la campagne.

Le régiment de Pavlograd, qui avait pris part à celle de 1805, et qui venait seulement de rejoindre l'armée active, après avoir complété ses cadres en Russie, n'avait pas pris part à ces premiers engagements. Dès son arrivée, il fut réuni au détachement de Platow, indépendant du reste de l'armée.

Les hussards avaient eu à plusieurs reprises de légères escarmouches avec l'ennemi, et avaient même fait une fois des prisonniers, en s'emparant des équipages du maréchal Oudinot. Le mois d'avril se passa à bivouaquer près d'un village allemand ruiné et désert.

Le dégel arrivait : il faisait froid et sale, les rivières charriaient, et les chemins, devenus impraticables, arrêtaient la distribution de fourrage pour les chevaux et de vivres pour les hommes. Les soldats se répandaient dans les villages abandonnés, à la recherche de quelques maigres pommes de terre.

Il ne restait plus rien, les habitants étaient en fuite, et ceux qui étaient demeurés en arrière, arrivés au dernier degré de la misère, étaient un objet de pitié pour le soldat, qui, privé de tout, leur donnait encore du sien, plutôt que de leur enlever leur dernière bouchée.

Le régiment avait perdu deux hommes dans les derniers engagements, mais la maladie et la famine l'avaient réduit de moitié. La mortalité était telle dans les hôpitaux, que le soldat, exténué par la fièvre et par l'enflure, résultats de la mauvaise nourriture, préférait continuer son service et traîner dans les rangs ses pieds endoloris, plutôt que d'entrer à l'hôpital. Les premiers jours du printemps, les soldats découvrirent dans la terre une certaine plante semblable à l'asperge, qu'ils appelèrent, on ne sait trop pourquoi, « racine douce », bien qu'elle fût au contraire très amère. On les voyait la chercher de tous les côtés, la déterrer et la manger, malgré la défense qui leur en avait été faite. Une nouvelle maladie, la tuméfaction des pieds, des mains et de la figure, considérée par les médecins comme provenant de l'emploi de cette plante nuisible, fit parmi eux de nombreuses victimes, et cependant l'escadron de Denissow se nourrissait principalement de cette racine. Il y avait quinze jours qu'il ne recevait plus qu'une ration réduite de biscuit, et les pommes de terre qu'on avait envoyées en dernier lieu se trouvaient gelées et germées.

Les chevaux, dont la maigreur était effrayante, ne se nourrissaient que de la paille des toits, et leur poil d'hiver se hérissait en touffes emmêlées.

Malgré toutes ces misères, officiers et soldats continuaient leur même existence. Pâles et la figure gonflée, couverts d'uniformes déchirés, les hussards s'alignaient comme d'habitude, allaient au fourrage, au pansage, nettoyaient leur fourniment, arrachaient la paille des toits, dînaient autour de leur chaudron et se levaient de là affamés, et plaisantant sur leur maigre chère et sur leur faim. A leurs moments de loisir, ils allumaient comme toujours leurs feux, s'y chauffaient tout nus, fumaient, triaient et cuisaient leurs pommes de terre gelées et gâtées, en se racontant des histoires sur les guerres de Potemkine et de Souvorow ou des récits merveilleux sur Alëcha, le panier percé, ou sur Mikolka, le manœuvre.

Les officiers demeuraient par deux et par trois dans des cabanes délabrées. Les anciens s'occupaient de la paille, des pommes de terre (l'argent abondait, quoiqu'on n'eût rien à manger), et la plupart passaient leur temps à jouer aux cartes ou à d'autres jeux plus innocents, tels que les osselets et la svaïka[1]. On causait peu des affaires en général, surtout parce qu'on devinait qu'il n'y avait rien de bon à apprendre.

Rostow logeait avec Denissow, et le premier comprenait que, tout en ne lui parlant jamais de sa famille, c'était à son amour malheureux pour Natacha qu'il devait la recrudescence de son affection, et leur amitié réciproque n'en devenait que plus vive. Denissow exposait le plus rarement possible son ami au danger, et l'accueillait avec une joie expansive, lorsqu'il le voyait revenir sain et sauf. Dans une des reconnaissances où Rostow avait été envoyé pour chercher des vivres, il trouva dans un village voisin un vieux Polonais avec sa fille qui allaitait un enfant. A moitié nus, mourant de faim et de froid, ils n'avaient aucun moyen de s'éloigner. Il les amena au bivouac, les logea chez lui, et les secourut quelque temps jusqu'au rétablissement du vieillard. Un camarade, venant à causer de femmes, assura en riant que Rostow était le plus fin d'eux tous, et qu'il aurait bien dû leur faire faire connaissance avec la jeune et jolie Polonaise qu'il avait sauvée. Vivement blessé de ces propos, il répondit à l'officier par une volée d'injures, et Denissow eut toutes les peines du monde à les empêcher de se battre. Lorsque l'officier fut parti, Denissow, qui ignorait lui-même la nature des relations de son ami avec la Polonaise, lui fit des reproches sur son emportement :

« Mais comment veux-tu que j'agisse autrement ? Je la regarde comme ma sœur et je ne puis te dire à quel point j'ai été blessé... car enfin c'est comme si... »

Denissow lui frappa sur l'épaule et se mit à marcher en long et en large, signe chez lui d'une forte émotion :

« Ah ! quelle diable de race que ces Rostow... » murmura-t-il.

Et Nicolas vit briller des larmes dans les yeux de son ami.

1. Jeu que l'on joue avec un clou à grosse tête et un anneau. (*Note du trad.*)

XVI

Au mois d'avril, les troupes reçurent, avec une joie facile à comprendre, la nouvelle de l'arrivée de l'Empereur. Le régiment de Pavlograd étant placé assez loin des avant-postes, en avant de Bartenstein, Rostow fut privé du plaisir de parader à la revue impériale.

Ils bivouaquaient, Denissow et lui, dans une hutte creusée sous terre et recouverte par les soldats, selon l'usage qui venait d'être récemment introduit, de gazon et de branchages. On creusait un fossé d'une archine et demie de large, sur deux de profondeur et trois et demie de longueur. A l'un des bouts étaient pratiquées des marches, c'était l'entrée; le fossé lui-même formait la chambre, où chez les plus riches, tels que le commandant de l'escadron, une grande planche, occupant tout le fond du côté opposé à la sortie, et posée sur des pieux, représentait la table; le long du fossé, la terre formait un rebord d'une archine, c'étaient les deux lits et le canapé; le toit permettait de se tenir debout au milieu, et on pouvait même être assis sur son lit, en se rapprochant un peu de la table. Denissow, aimé de ses soldats, vivait toujours largement: aussi avait-on appliqué sur le fronton de sa hutte une planche avec un carreau brisé et recollé avec du papier. Lorsqu'il faisait très grand froid, on plaçait sur les marches, décorées par Denissow du nom de salon, une plaque de métal couverte de charbons allumés, tirés du foyer des soldats, et il en résultait une si bonne chaleur, que les officiers, réunis chez lui, y restaient simplement en manches de chemise.

Rostow, rentrant un jour de son service, tout mouillé et tout harassé après une nuit de veille, se fit apporter un tas de ces charbons allumés, changea de vêtements, fit sa prière, avala son thé, rangea ses paquets dans le coin qui était à lui, et s'étendit bien réchauffé sur sa couche, les bras passés sous sa tête, pour réfléchir tout à son aise à l'avancement qu'il allait recevoir à propos de la dernière reconnaissance qu'il avait faite.

Il entendit tout à coup dehors la voix irritée de son ami; s'étant penché vers la fenêtre pour voir à qui il en avait, il reconnut le maréchal des logis Toptchenko :

« Je t'avais pourtant défendu de leur laisser manger cette racine, criait Denissow, et cependant j'en ai vu un qui en emportait.

— Je l'ai défendu, Votre Noblesse, mais on ne m'écoute pas. »

Rostow se recoucha en se disant avec satisfaction : « Ma foi, j'ai fini ma besogne, c'est à lui maintenant de s'occuper de la sienne ! » Lavrouchka, le domestique madré, se joignit à la conversation du dehors ; il prétendait avoir aperçu, en allant à la distribution, des convois de bœufs et de biscuit.

« En selle, le second peloton ! s'écria Denissow en s'éloignant.

— Où vont-ils ? » se demanda Rostow.

Cinq minutes plus tard, son camarade rentra et se jeta, les pieds tout crottés, sur son lit, fuma une pipe d'un air de mauvaise humeur, fouilla dans ses effets, qu'il bouleversa, prit son fouet, son sabre, et disparut.

« Où vas-tu ? » lui cria Rostow ; mais l'autre, grommelant entre ses dents qu'il avait à faire, s'élança au dehors en s'écriant :

« Que Dieu et l'Empereur me jugent ! »

Rostow entendit le bruit des pieds des chevaux dans la boue, et il s'endormit bien à son aise, sans s'inquiéter du départ de Denissow. Réveillé vers le soir, il s'étonna d'apprendre que son ami n'était pas revenu. Le temps était beau : deux officiers et un junker jouaient à la svaïka ; il se joignit à eux. Au beau milieu de la partie, ils virent arriver des charrettes escortées d'une quinzaine de hussards sur leurs chevaux efflanqués. Arrivés au piquet, ils furent entourés par leurs camarades.

« Voilà les vivres ! dit Rostow.... et Denissow qui se lamentait !

— Quelle fête pour les soldats ! » ajoutèrent les officiers.

Denissow parut le dernier, accompagné de deux officiers d'infanterie ; ils causaient tous les trois avec vivacité :

« Je vous avertis, capitaine.... cria l'un d'eux, maigre, de petite taille, et très irrité.

— Et moi je vous avertis que je ne rends rien !

— Vous en répondrez, capitaine, c'est du pillage.... enlever les convois aux siens ! Et nos soldats qui n'ont rien mangé depuis deux jours !

— Et les miens depuis deux semaines !

— C'est du brigandage, vous en répondrez ! répliqua l'officier d'infanterie en haussant la voix.

— Laissez-moi donc tranquille ! s'écria Denissow en s'échauffant tout à coup. Eh bien, oui, c'est moi qui répondrai, et pas vous ! Que me chantez-vous là ?.... Prenez garde à vous. Marche !

— C'est bien ! s'écria à son tour le petit officier, sans broncher, ni quitter la place.

— Au diable.... marche !.... et prenez garde à vous !.... et Denissow fit tourner la tête au cheval de son antagoniste.

— Bien, bien, dit celui-ci d'un air menaçant et il prit un trot qui le secouait sur sa selle.

— Un chien, un chien vivant, un vrai chien sur une palissade !... » C'était la raillerie la plus sanglante qu'un cavalier pût adresser à un fantassin à cheval. — Je leur ai enlevé de force leur convoi ! dit-il en riant et en s'approchant de Rostow.... Impossible de laisser nos hommes crever de faim ! »

Les charrettes capturées étaient destinées à un régiment d'infanterie, mais, ayant appris par Lavrouchka qu'elles n'étaient pas escortées, Denissow s'en était emparé avec ses hussards. On distribua aussitôt des doubles rations de biscuit, et les autres escadrons en eurent leur part.

Le lendemain, le chef du régiment fit venir Denissow et le regardant à travers ses doigts écartés :

« Voilà, dit-il, comment j'envisage la chose : je ne veux rien en savoir et ne fais aucune enquête, mais je vous conseille de vous rendre à l'état-major, et d'y arranger votre affaire avec la direction des vivres. Faites votre possible pour donner un reçu constatant qu'il vous a été fourni tant ; car autrement ce sera inscrit au compte du régiment d'infanterie, et l'enquête, une fois commencée, peut tourner mal. »

Denissow se rendit immédiatement à l'état-major, tout disposé à suivre ce conseil, mais à son retour il était dans un tel état, que Rostow, qui ne l'avait jamais vu ainsi, en fut terrifié. Il ne pouvait ni parler, ni respirer, et ne répondait aux questions de son ami que par des injures et des menaces lancées d'une voix faible et enrouée....

Rostow l'engagea à se déshabiller, à boire un peu d'eau, et envoya chercher le médecin.

« Comprends-tu cela ?.... On veut me juger pour pillage !.... Donne-moi de l'eau !.... eh bien, qu'on me juge, mais je punirai toujours les lâches, je le dirai à l'Empereur. Donne-moi de la glace ! »

Le médecin le saigna, et un sang noir remplit toute une

assiette. Une fois soulagé, il fut en état de raconter à Rostow ce qui lui était arrivé :

« J'arrive.... où est le chef?.... on me l'indique.... Il faudra que vous attendiez!.... Impossible, mon service me réclame, j'ai fait trente verstes, je n'ai pas le temps d'attendre, annoncez-moi!.... Il daigne enfin paraître, ce voleur en chef; il me fait la leçon : « C'est du brigandage!.... — Le brigand, dis-je, n'est pas celui qui s'empare des vivres pour nourrir ses soldats, mais celui qui les fourre dans sa poche! » Bon, il m'engage alors à signer un reçu chez le commissaire, et m'annonce que l'affaire suivra son cours. J'entre chez le commissaire, il est à table.... Qui vois-je? Voyons, devine!.... Qui est-ce qui nous affame? s'écria Denissow, en frappant la table de son bras malade avec une telle violence que la planche vacilla et que les verres s'entrechoquèrent.... Telianine! « Comment, c'est toi qui arrêtes nos vivres? Une fois déjà on t'a tapé sur la figure et tu t'en es tiré assez heureusement.... » et je lui en ai dit, que c'était un plaisir! poursuivit-il avec une joie féroce, en montrant ses dents blanches sous ses noires moustaches.

— Voyons, ne crie pas, calme-toi, voilà le sang qui coule de nouveau; attends que je te bande le bras. »

On le coucha, et il se réveilla dans son état habituel.

Le lendemain, la journée n'était pas encore passée, que l'aide de camp du régiment vint le trouver d'un air sérieux et chagrin pour lui montrer le papier officiel du chef du régiment, et lui adressa des questions au sujet de l'aventure de la veille. Il lui confia également que l'affaire semblait prendre une tournure fâcheuse, qu'une commission militaire était nommée, et que, vu la sévérité déployée habituellement dans les cas de maraude et d'indiscipline, il devrait s'estimer heureux s'il n'était que dégradé.

L'affaire avait été exposée ainsi de la part des plaignants : le major Denissow, après avoir enlevé de force un convoi, s'était présenté sans y être invité, et « pris de vin », devant l'intendant en chef, l'avait appelé voleur, l'avait menacé de le frapper, et, emmené de là, s'était élancé dans les bureaux, y avait battu deux employés, dont l'un avait eu le bras foulé.

Denissow répondit en riant que c'était une histoire faite à plaisir, que ça n'avait aucun sens, qu'il n'avait peur d'aucun jugement, et que, si ces misérables l'attaquaient, il saurait bien leur fermer la bouche, et qu'ils s'en souviendraient.

Nicolas ne fut pas dupe du ton léger avec lequel il parlait de l'affaire, il le connaissait trop bien, pour ne pas deviner ses inquiétudes au sujet d'une affaire qui pouvait lui causer de grands désagréments. Tous les jours on venait l'ennuyer de nouvelles questions, de nouvelles explications, et, le premier mai, il reçut l'ordre de passer son commandement au plus ancien et de se présenter en personne à l'état-major de la division, pour y rendre compte du pillage dont l'accusait l'intendance. La veille, Platow fit une reconnaissance avec deux régiments de cosaques et deux escadrons de hussards. Denissow y fit preuve de son courage habituel, en s'avançant jusque sur les lignes des tirailleurs ennemis. Une balle française l'atteignit à la jambe. En temps ordinaire, il n'aurait fait aucune attention à cette légère blessure et n'aurait pas quitté le régiment, mais cette fois elle lui servit de prétexte pour se débarrasser de sa visite à l'état-major, et se faire envoyer à l'hôpital.

XVII

Au mois de juin eut lieu la bataille de Friedland, à laquelle les hussards de Pavlograd ne prirent aucune part, et qui fut suivie d'un armistice. Rostow, se sentant tout isolé sans son ami, n'en ayant eu aucune nouvelle depuis son départ, et inquiet des suites qu'avait pu avoir sa blessure, profita de la trêve pour se rendre à l'hôpital, situé dans un petit bourg, deux fois saccagé par les troupes russes et françaises. L'aspect en était d'autant plus sombre, que la saison était belle et que les champs réjouissaient la vue, pendant qu'on ne voyait dans ces rues ruinées que des habitants déguenillés, et des soldats ivres ou malades.

Une maison en pierres, dont les vitres étaient à moitié brisées, et entourée des restes d'une palissade, portait le nom d'hôpital. Quelques soldats, dont les membres étaient entourés de linge, pâles et bouffis, assis ou errants, se chauffaient au soleil.

A peine entré, Rostow fut saisi à la gorge par l'odeur de pharmacie et en même temps de décomposition qui y régnait. Il rencontra sur l'escalier un médecin militaire russe, un cigare à la bouche, accompagné d'un chirurgien :

« Je ne puis pas me fendre en deux, disait le premier, je t'attendrai ce soir chez Makar Alexéïévitch. Fais ce que tu pourras! N'est-ce pas la même chose?

— Qui demandez-vous, Votre Noblesse? dit le docteur à Rostow, pourquoi venez-vous ici chercher le typhus, quand vous avez échappé aux balles?.... C'est ici la maison des pestiférés!

— Comment? demanda Rostow.

— Le typhus est terrible; qui entre ici est mort. Nous y avons résisté, Makéïew et moi, ajouta-t-il en montrant son collègue : cinq de nos confrères y ont succombé. Une semaine après l'entrée d'un nouveau...., et c'est fini. On nous a adjoint des Prussiens, mais cela leur déplaît, à nos alliés! »

Rostow lui expliqua qu'il désirait voir le major Denissow :

« Je ne sais pas, je ne le connais pas, et ce n'est pas étonnant; j'ai trois hôpitaux sur les bras, et quatre cents malades et plus! C'est encore heureux que les charitables dames allemandes nous envoient deux livres de café et de charpie par mois, sans cela nous n'y résisterions pas.... quatre cents, entendez-vous, sans compter les nouveaux à recevoir. »

L'air fatigué et épuisé du chirurgien trahissait son impatience de voir le docteur bavard continuer son chemin.

« Le major Denissow, répéta Nicolas, blessé à Molliten?

— Ah oui! je crois qu'il est mort, n'est-ce pas, Makéïew? dit le docteur avec la plus parfaite indifférence; mais le chirurgien fut d'un autre avis.

— Est-ce un roux, de haute taille? » demanda le docteur, et au signalement que lui en donna Rostow, il s'écria avec joie :

« Oui, oui, je me rappelle, il doit être mort. Du reste, je vais regarder sur mes listes. Sont-elles chez toi, Makéïew?

— Elles sont chez Makar Alexéïévitch. Ayez l'obligeance, dit Makéïew, en s'adressant à Rostow, d'entrer vous-même dans la salle des officiers.

— Je vous engage, mon cher, à ne pas y aller, vous risqueriez d'y laisser votre peau, dit le docteur; mais Rostow prenant congé de lui, pria le chirurgien de l'y conduire.

— Ne vous en prenez qu'à vous-même s'il vous arrive malheur, » lui cria le médecin du bas de l'escalier.

L'odeur de l'hôpital était si écœurante dans le sombre corridor qu'ils traversaient, que Nicolas se boucha les narines, et s'arrêta même tout étourdi. Une porte s'ouvrit à droite, un squelette en sortit pâle, maigre, nu-pieds, marchant sur des béquilles, et regardant les nouveaux venus avec envie. Notre hussard jeta un coup d'œil dans la salle, et vit des malades et des blessés couchés par terre sur de la paille, ou sur leurs manteaux.

« Peut-on entrer? demanda-t-il.

— Il n'y a rien à voir, » répliqua le chirurgien ; mais, cette réponse ne faisant qu'aiguillonner sa curiosité, Rostow entra dans les chambres des soldats. L'odeur y était encore plus âcre et plus violente, car c'était là le foyer même de l'infection.

Dans une longue salle, exposée à un soleil ardent, étaient alignés, la tête contre le mur et laissant un passage au milieu, les blessés et les malades, dont la plupart avaient le délire et ne s'inquiétaient guère des survenants. Les autres, relevant la tête en les voyant entrer, tournèrent vers eux leurs figures de cire, sur lesquelles on lisait l'espérance d'un secours providentiel, et une jalousie involontaire à la vue de la bonne mine de Rostow. Celui-ci s'avança jusqu'au milieu de la chambre, et portant au loin, par les portes entr'ouvertes, son regard jusque dans les sections voisines, il n'aperçut partout que le même spectacle sinistre, qu'il considéra en silence. A ses pieds, presque en travers du passage, gisait un malade, un cosaque sans doute, facile à reconnaître à la coupe de ses cheveux; les jambes et les bras écartés, le visage enflammé, les yeux retournés et n'en laissant plus voir que le blanc, les veines des pieds et des mains gonflées et près d'éclater, il frappait sa tête contre le plancher, et répétait d'une voix rauque toujours le même mot. Rostow se pencha pour mieux entendre :

« A boire, à boire! » disait ce malheureux.

Regardant autour de lui, il se demanda où il pourrait transporter le mourant et lui donner de l'eau.

« Qui donc les soigne? » demanda-t-il au chirurgien.

Au même moment, un soldat du train, sortant de l'autre pièce et le prenant pour un des chefs inspecteurs de l'hôpital, fit le salut militaire en passant devant lui :

« Transporte-le ailleurs et donne-lui de l'eau.

— Entendu, Votre Noblesse, répondit le soldat sans bouger.

— On n'en fera rien, » se dit Rostow, et il allait sortir, lorsqu'il se sentit instinctivement attiré vers un coin de la chambre par un regard fixé obstinément sur lui. Un vieux soldat, au teint jauni, à l'expression sombre, à la barbe grise et inculte, semblait vouloir lui demander quelque chose. Il s'approcha de lui et vit qu'une de ses jambes avait été amputée au-dessus du genou. Son voisin, un tout jeune homme, immobile, étendu la tête renversée en arrière, le visage d'une blancheur mate, les yeux fixes sous ses paupières à demi closes, attira l'attention de Rostow. Il frémit :

« Mais il me semble, dit-il, que celui-ci est...

— Oui, Votre Noblesse, et nous avons déjà tant supplié! dit le vieux soldat dont la mâchoire tremblait. Il est mort à l'aube... Ce sont pourtant des hommes et pas des chiens!

— On va l'emporter à l'instant, s'empressa de dire le chirurgien : venez, Votre Noblesse.

— Allons, allons, » dit Rostow avec la même hâte, en baissant les yeux, et, essayant de passer inaperçu sous le feu croisé de ces regards, braqués sur lui avec une expression de reproche et d'envie, il sortit de cet enfer.

XVIII

Après avoir traversé le corridor, ils entrèrent dans la section des officiers, qui était composée de trois pièces communiquant entre elles : il y avait là des lits, sur lesquels les malades étaient couchés ou assis. Quelques-uns d'entre eux se promenaient en robe de chambre. Le premier que remarqua Rostow fut un petit homme maigre avec un bras de moins, en bonnet de coton, une pipe à la bouche, arpentant de long en large la première pièce. Il essaya de se rappeler où il l'avait déjà vu.

« Voilà comme on se retrouve, dit le petit homme. C'est moi, Touschine, celui qui vous a ramené là-bas à Schöngraben, et vous voyez, ajouta-t-il en montrant sa manche flottante, on m'a enlevé un petit morceau!... Vous cherchez Denissow... c'est mon compagnon!... Venez par ici, » et il l'emmena dans la chambre voisine, où l'on entendait rire aux éclats.

« Comment ont-ils envie de rire ici? » se demanda Rostow qui ne pouvait ni se débarrasser de l'odeur du mort, ni oublier les regards qui l'avaient suivi à sa sortie.

Denissow, la tête enfouie sous sa couverture, dormait encore, quoiqu'il fût déjà midi :

« Ah! Rostow! bonjour, bonjour! » s'écria-t-il de sa voix

habituelle; mais Rostow remarqua avec peine qu'à travers sa vivacité et son insouciance ordinaire un sentiment étrange d'aigreur perçait sur sa figure et dans ses paroles.

Sa blessure, malgré son peu d'importance, n'était pas encore guérie après un séjour de six semaines à l'hôpital; son visage était bouffi et pâle comme ceux de ses camarades; mais ce n'était pas là ce qui avait frappé Rostow : c'était le sourire forcé de son ami, qui semblait ne pas se réjouir de sa visite, et qui ne le questionnait ni sur le régiment, ni sur ce qui s'y passait; il se bornait à l'écouter lorsque Nicolas en parlait.

Il ne témoignait aucun intérêt à rien : on aurait dit qu'il s'efforçait d'oublier le passé, et qu'il n'avait qu'une seule et constante préoccupation, son affaire avec l'intendance. Quand Rostow lui demanda où elle en était, il tira de dessous son oreiller plusieurs papiers, entre autres celui qu'il avait reçu en dernier lieu de la commission et le brouillon de sa réponse, qui évidemment lui plaisait, car il faisait remarquer à Rostow les réflexions piquantes dont il l'avait émaillée. Ses camarades, qui avaient entouré avec empressement le nouveau venu, porteur de nouvelles du monde extérieur, s'éloignèrent peu à peu, aussitôt que Denissow commença à lire. Leur figure disait assez qu'ils avaient par-dessus la tête de toute cette histoire. Seul son voisin de lit, un gros uhlan qui fumait sa pipe d'un air sombre, et le petit Touschine, branlant la tête d'un air désapprobateur, continuèrent à l'écouter :

« A mon avis, dit le uhlan en l'interrompant au beau milieu de sa lecture, il n'y a qu'une chose à faire, s'adresser à la clémence de l'Empereur. Il y aura, dit-on, une pluie de récompenses, et il graciera, c'est sûr....

— Moi, demander une grâce à l'Empereur! s'écria Denissow d'une voix irritée, bien qu'il tâchât seulement de lui rendre son énergie d'autrefois. Pourquoi? Si j'avais été un brigand, j'aurais pu demander ma grâce, et c'est parce que j'attaque des misérables?.... Qu'on me juge, je n'ai pas peur : j'ai servi honorablement l'Empereur, la patrie, je n'ai pas volé! Et l'on me dégraderait pour... Allons donc!... Écoute ce que je leur dis plus loin : « Si j'avais volé le gouvernement.... »

— C'est bien écrit, assurément cela saute aux yeux, dit Touschine, mais là n'est pas la question, Vassili Dmitritch, il faut se soumettre.... et il ne le veut pas, ajouta-t-il en s'adressant à Rostow; l'auditeur lui a bien dit que son affaire était mauvaise.

— Eh bien, tant pis, repartit Denissow.

— L'auditeur vous a pourtant préparé une supplique, dit Touschine ; vous devriez la signer et la remettre à Rostow : il a sûrement des accointances avec l'état-major, et vous ne trouverez pas de meilleure occasion.

— J'ai déclaré que je ne ferais point de bassesse, » répondit Denissow, et il reprit sa lecture.

Rostow partageait l'opinion de Touschine et des autres officiers ; c'était, il le sentait d'instinct, la seule et véritable voie à suivre ; il aurait été heureux de rendre ce service à son camarade, mais, connaissant sa volonté inébranlable et le juste motif de son emportement, il n'osait l'y engager.

Lorsque cette lecture irritante, qui avait duré plus d'une heure, fut terminée, les groupes se reformèrent autour d'eux, et Rostow, profondément attristé, passa le reste de la journée à causer de choses et d'autres, et à écouter les récits de ces pauvres blessés, tandis que Denissow, sombre et morne, gardait constamment le silence.

S'étant enfin décidé à partir, fort avant dans la soirée, Rostow lui demanda s'il n'avait pas de commissions ?

« Si ! un moment, » répondit-il, et, tirant de dessous son oreiller les mêmes papiers, il s'approcha de la fenêtre, sur l'appui de laquelle il y avait un encrier, et il y trempa une plume :

« Il n'y a pas à dire, un fouet ne peut briser une hache, » dit-il en remettant à Rostow une grande enveloppe.

C'était sa supplique à l'Empereur, dans laquelle, sans parler de ses griefs contre l'intendance, il demandait sa grâce pure et simple :

« Tu la remettras à qui de droit ; on voit bien.... » Il n'acheva pas, un sourire douloureux et forcé contracta ses lèvres.

XIX

Revenu au régiment, Rostow, ayant mis le colonel au courant de la situation de Denissow, partit aussitôt pour Tilsitt, avec la supplique de Denissow dans sa poche.

Le 13/25 juin, eut lieu l'entrevue des deux Empereurs, Alexandre et Napoléon. Boris Droubetzkoï obtint d'un haut personnage de faire partie ce jour-là de sa suite.

« Je voudrais voir le grand homme, » avait-il dit en parlant de Napoléon, qu'il avait jusque-là, comme tous les autres, appelé Bonaparte.

« Vous voulez dire Bonaparte? » répondit le général en souriant.

Boris comprit aussitôt que c'était une manière aimable de le mettre à l'épreuve.

« Mon prince, je parle de l'Empereur Napoléon... »

Et le général lui tapa amicalement sur l'épaule.

« Tu iras loin, » lui dit-il, et il le prit avec lui.

Ce fut ainsi que Boris fit partie des élus qui assistèrent à l'entrevue sur les bords du Niémen. Il vit les tentes et les radeaux ornés des chiffres des deux souverains. Napoléon, sur la rive opposée, passant devant le front de sa garde, l'Empereur Alexandre, pensif, attendant dans un cabaret l'arrivée de son futur allié. Il vit les deux souverains monter en bateau et Napoléon, abordant le premier le radeau, s'avancer rapidement vers Alexandre, lui tendre la main, et disparaître avec lui sous la tente. Depuis son entrée dans les hautes sphères, Boris avait pris l'habitude d'observer attentivement tout ce qu'il voyait autour de lui et d'en tenir note; il s'informa donc du nom des personnages de la suite de Napoléon, s'inquiéta de leurs uniformes, écouta les propos des dignitaires importants, regarda à sa montre pour savoir au juste l'heure à laquelle les Empereurs s'étaient retirés sous la tente, et ne manqua pas d'en faire autant à leur sortie. L'entretien dura une heure cinquante-trois minutes, et il le nota aussitôt parmi les autres faits historiques qui avaient leur importance. La suite de l'Empereur Alexandre n'étant pas très nombreuse, il devenait dès lors très important de se trouver à Tilsitt à cette occasion, et Boris ne tarda pas à s'en apercevoir. Sa position se raffermit, on s'habitua à lui, il fit dorénavant partie de ce milieu choisi, et il fut chargé deux fois d'une mission pour l'Empereur. Ce dernier le connaissait, et l'entourage, ne le considérant plus comme un nouveau venu, aurait été même étonné de ne plus le voir.

Il logeait avec un autre aide de camp, le comte Gelinski, un Polonais élevé à Paris, très riche, partisan enthousiaste des Français, et dont la tente devint pendant ces quelques jours à Tilsitt le point de réunion, pour les dîners et les déjeuners, des officiers français de la garde et de l'état-major.

Le 24 juin, le comte Gelinski organisa un souper : un aide de camp de Napoléon y occupait la place d'honneur, et parmi les autres invités on voyait quelques officiers français de la garde, et un tout jeune homme, d'une grande et ancienne famille, qui était page de Napoléon. Ce même jour, Rostow, profitant de l'obscurité pour ne pas être reconnu en habit civil, se rendit tout droit chez Boris.

L'armée, qu'il venait de quitter, n'était point encore au diapason des nouveaux rapports établis au quartier général avec Napoléon et les Français, nos anciens ennemis devenus nos amis; rapports qui étaient la conséquence naturelle du changement survenu dans la politique des deux pays. Bonaparte y inspirait encore à tous le même sentiment de haine, de mépris et de terreur. Rostow, discutant peu de jours auparavant avec un officier du détachement de Platow, s'était acharné à lui prouver qu'on traiterait Napoléon en criminel, et non en souverain, si on avait la bonne fortune de le faire prisonnier. Une autre fois, causant avec un colonel français blessé, il s'était échauffé au point de lui dire qu'il ne pouvait être question de paix entre un Empereur légitime et un brigand! Aussi éprouva-t-il un singulier étonnement à la vue des officiers français et de ces uniformes qu'il avait l'habitude de ne rencontrer qu'aux avant-postes. A peine les aperçut-il, que le sentiment naturel à un militaire, l'animosité qu'il ressentait toujours à leur vue, se réveilla en lui. Il s'arrêta sur le seuil du logement de Droubetzkoï, et demanda en russe s'il y était. Boris, au son d'une voix étrangère, sortit à sa rencontre, et ne put s'empêcher de laisser percer un certain déplaisir :

« Ah! c'est toi! je suis très content de te voir, dit-il néanmoins, mais pas assez à temps pour que Rostow n'eût pas saisi sa première impression.

— Je viens mal à propos? dit-il froidement, je viens pour affaire, autrement.....

— Mais pas du tout : je suis seulement étonné de te voir ici!... Je suis à vous dans un moment, répondit-il à quelqu'un qui l'appelait de l'autre chambre.

— Ah! je le vois bien..... je viens mal à propos, répéta Nicolas; mais Boris avait déjà arrêté sa ligne de conduite, et il l'entraîna avec lui. Son regard calme et tranquille semblait s'être voilé et se dérober derrière « les lunettes bleues » du savoir-vivre.

— Tu as tort de le croire. Viens! » Le couvert était mis, il le présenta à ses invités, et leur expliqua qu'il n'était pas un civil, mais un militaire et son ancien ami. Rostow regardait les Français d'un air maussade et les salua avec raideur.

Gelinski, nullement satisfait de l'apparition de ce Russe, ne lui fit aucun accueil. De son côté, Boris faisait mine de ne point s'apercevoir de la gêne qu'il avait ainsi introduite dans leur cercle, et s'efforçait de ranimer la conversation. Un des hôtes s'adressant, avec une politesse toute française, à Rostow qui gardait un silence opiniâtre, demanda s'il n'était pas venu avec l'intention de voir l'Empereur Napoléon.

« Non, je suis venu pour affaire, » répondit brièvement Rostow.

Sa mauvaise humeur, accrue par le déplaisir évident qu'il causait à son ami, lui fit supposer que tous le regardaient également de travers. Ce n'était du reste que trop vrai : sa présence les gênait, et à cause de lui, la conversation languissait.

« Que font-ils ici? » se demanda-t-il à lui-même.

« Je sens que je suis de trop, dit-il à Boris, laisse-moi te conter mon affaire, et je m'en vais.

— Mais non, reste! Si tu es fatigué, va te reposer un peu dans ma chambre. »

Ils entrèrent dans la petite pièce où couchait Boris. Nicolas, sans prendre même la peine de s'asseoir, lui déroula, d'un ton irrité, toute l'affaire de Denissow, et lui demanda carrément s'il pouvait et voulait remettre sa supplique au général, pour être transmise à l'Empereur. Pour la première fois, le regard de Boris lui produisit un effet désagréable : Boris, en effet, les jambes croisées, regardait de côté et d'autre, et ne prêtait qu'une vague attention à son ami; il l'écoutait comme un général écoute le rapport de son subordonné :

« Oui, j'ai entendu conter beaucoup de choses de ce genre, l'Empereur est très sévère à ce sujet. Il vaudrait mieux, à mon avis, ne pas la faire parvenir jusqu'à Sa Majesté, et l'adresser tout simplement au chef du corps d'armée; ensuite, je crois que.....

— C'est-à-dire que tu ne veux rien faire, dis-le-moi tout net! s'écria Rostow avec irritation.

— Au contraire, je ferai ce que je pourrai. »

Gelinski appela Boris à travers la porte.

« Vas-y, vas-y... » dit Nicolas, et, refusant de prendre part au souper, il resta dans la petite chambre, qu'il se mit à arpenter dans tous les sens, au bruit animé des voix françaises.

XX

Le jour était mal choisi pour faire des démarches de ce genre. Il était impossible de se présenter chez le général de service, en frac et sans congé, et quand même Boris l'aurait voulu, celui-ci n'aurait pu rien faire le lendemain 27 juin (9 juillet), jour où furent signés les préliminaires de la paix. Les Empereurs échangèrent les grands-cordons de leurs ordres : Alexandre reçut la Légion d'honneur, et Napoléon, le Saint-André. Un grand banquet, auquel les Empereurs devaient assister, fut offert par le bataillon de la garde française au bataillon de Préobrajensky.

Plus Rostow pensait à la façon d'agir de Boris, plus il en était affecté. Il feignit de dormir quand Boris rentra, et le lendemain matin il s'éclipsa de bonne heure, pour aller courir les rues en habit civil et en chapeau rond, et examiner les Français, leurs uniformes et les maisons occupées par les deux souverains. Sur la place, on commençait à disposer les tables destinées au repas, et à pavoiser les façades des maisons de drapeaux russes et français, ornés des chiffres A et N.

« Il est évident que Boris ne veut rien faire, se disait Nicolas, et tout est fini entre nous !... mais je ne m'en irai pas sans avoir tenté l'impossible pour Denissow. Il faut que sa lettre parvienne à l'Empereur..... et l'Empereur est là ! » ajoutait-il mentalement en se rapprochant sans le vouloir de la demeure impériale.

Deux chevaux tout sellés attendaient devant la porte : la suite se rassemblait pour escorter Alexandre.

« Je le verrai, mais comment lui remettrai-je moi-même la supplique ? Comment lui dirai-je tout ?... M'arrêterait-on par hasard à cause de mon habit civil ?... Non ! non ! Il comprendra que c'est une injustice, car Il comprend tout, lui... Et si l'on m'arrête ?... Après tout, le grand mal... Ah ! on se rassemble... Eh bien, j'irai et je la remettrai : tant pis pour Droubetzkoï, qui m'y oblige !... »

Et avec une décision dont il ne se serait pas cru capable, il se dirigea vers l'entrée.

« Cette fois-ci, je ne laisserai pas échapper l'occasion comme à Austerlitz. Je tomberai à ses pieds, je le prierai, je le supplierai! » Son cœur battait avec violence à la pensée de le revoir : « Il m'écoutera, me relèvera, me remerciera! Il me dira : « Je suis heureux de pouvoir faire le bien et réparer les injustices! ».....

Et il passa, sans faire la moindre attention aux regards curieusement dirigés sur lui.

Un large escalier montait du perron au premier étage; à droite était une porte fermée, et sous la voûte de l'escalier une autre porte, qui conduisait au rez-de-chaussée.

« Qui demandez-vous? lui dit-on.

— C'est une supplique à remettre à Sa Majesté, répondit Nicolas d'une voix tremblante.

— Veuillez alors passer de son côté. »

A cette invitation faite avec indifférence, Rostow s'effraya de son entreprise; la pensée de se trouver inopinément face à face avec l'Empereur était si séduisante et si terrible à la fois, qu'il était presque sur le point de s'enfuir, mais le fourrier de la chambre lui ouvrit la porte et le fit entrer chez l'officier de service.

Un homme de taille moyenne, de trente ans environ, en pantalon blanc, en bottes fortes, qui venait de passer une fine chemise de batiste, se faisait boutonner ses bretelles par son valet de chambre :

« Bien faite et la beauté du diable! » disait-il à quelqu'un dans la pièce voisine. A la vue du jeune homme, il fronça le sourcil et se tut.

« Que désirez-vous? Une supplique?...

— Qu'est-ce que c'est? demanda une voix dans l'autre chambre.

— Encore un pétitionnaire! répondit celui qui s'habillait.

— Dites-lui d'attendre, remettez-le à plus tard. Il va sortir, il faut l'accompagner.

— Demain, demain, il est trop tard à présent..... »

Rostow fit quelques pas vers la porte :

« De qui est la supplique, et qui êtes-vous?

— Du major Denissow.

— Mais vous, qui êtes-vous? un officier?

— Le comte Rostow, lieutenant.

— Quelle hardiesse! La supplique aurait dû être remise par votre chef. Partez vite, partez vite!... »

Et il reprit sa toilette interrompue.

Rostow sortit; le perron était envahi par une foule de généraux en grande tenue, devant lesquels il se trouvait forcé de passer.

Et, mourant de peur, rien qu'en songeant qu'il pouvait rencontrer l'Empereur, il craignait de se couvrir de honte, d'être mis aux arrêts devant lui, il comprenait et regrettait toute l'inconvenance de sa conduite, et se glissait les yeux baissés hors de cette brillante réunion, lorsqu'une voix de basse bien connue l'appela par son nom, et une main se posa sur son épaule :

« Que faites-vous donc là, mon cher, et en habit civil encore? »

C'était un général de cavalerie, ancien divisionnaire de Rostow, qui avait su pendant cette campagne conquérir les bonnes grâces de l'Empereur.

Le jeune homme, effrayé, s'empressa de se justifier, mais, la bonhomie railleuse de son chef l'ayant rassuré, il le prit à part, lui exposa l'affaire d'une voix émue et implora son appui. Le général branla la tête d'un air soucieux :

« C'est triste pour ce brave,dit-il, donne-moi la supplique. »

A peine la lui avait-il remise, qu'un bruit d'éperons résonna sur l'escalier, et le général se rapprocha des autres. C'était la suite qui descendait et qui se mit immédiatement en selle. L'écuyer Heine, le même qui était à Austerlitz, amena le cheval de l'Empereur; un léger craquement de bottes se fit entendre, et Rostow devina aussitôt quel était celui qui descendait les degrés. Oubliant sa crainte d'être reconnu, il s'avança au milieu de quelques autres curieux, et revit, après un intervalle de deux ans, ces traits, ce regard, cette démarche, cet ensemble séduisant de douceur et de majesté qui lui étaient si chers..... Son enthousiasme et son amour se réveillèrent avec une nouvelle force. L'Empereur portait l'uniforme du régiment de Préobrajensky, le pantalon de peau collant, les bottes fortes, et sur la poitrine la plaque d'un ordre étranger (la Légion d'honneur) que Nicolas ne connaissait pas. Tenant son chapeau sous son bras, et mettant ses gants, il s'arrêta au haut des marches du perron, et éclaira tout ce qui l'entourait de son lumineux regard. Il jeta quelques mots en passant à certains privilégiés, et, reconnaissant le général de cavalerie, il lui sourit et l'appela à lui d'un signe de la main.

Toute la suite recula, et Rostow put s'apercevoir qu'une assez longue conversation s'engageait entre eux deux.

L'Empereur fit un pas vers son cheval, la suite et la foule

de la rue s'élancèrent en avant, et Alexandre, saisissant le pommeau de la selle, se retourna encore une fois vers le général, et lui dit d'une voix accentuée, comme s'il tenait à être entendu de tous :

« Impossible, général, et c'est impossible parce que la loi est au-dessus de moi ! » Il posa le pied dans l'étrier, le général s'inclina respectueusement. Pendant que l'Empereur s'éloignait au galop, Nicolas, oubliant tout dans son exaltation, courut à sa suite avec la foule.

XXI

Les bataillons de Préobrajensky et de la garde française avec ses hauts bonnets à poils étaient alignés, le premier à droite, le second à gauche.

Au moment où l'Empereur s'avançait vers eux et où ils lui présentaient les armes, un autre groupe de cavaliers, en avant desquels s'avançait un personnage que Rostow devina tout de suite être Napoléon, déboucha de l'autre côté de la place. Il arrivait au galop sur un cheval gris, pur sang arabe, couvert d'une chabraque amarante brodée d'or. Il portait son petit chapeau, le grand cordon de Saint-André et un uniforme bleu foncé entr'ouvert sur un gilet blanc. Dès qu'il fut près de l'Empereur Alexandre, il souleva son chapeau, et l'œil exercé de Rostow remarqua qu'il ne se tenait pas bien en selle. Les bataillons crièrent : « Hourra ! » et « Vive l'Empereur ! » Ayant échangé quelques paroles, les illustres alliés descendirent de cheval et se donnèrent la main. Le sourire de Napoléon était contraint et désagréable, tandis que celui d'Alexandre se distinguait par une bienveillance toute naturelle.

Rostow ne les quitta pas des yeux, malgré les ruades des chevaux de la gendarmerie française, chargée de contenir la foule ; il était stupéfait de voir l'Empereur traiter Napoléon d'égal à égal, et ce dernier en faire autant avec une parfaite aisance.

Les deux souverains, accompagnés de leur suite, s'approchèrent du bataillon de Préobrajensky ; Rostow, qui se trouvait au premier rang d'une foule considérable massée en cet endroit, se trouva si près de son Empereur bien-aimé, qu'il eut peur d'être reconnu.

« Sire, je vous demande la permission de donner la Légion d'honneur au plus brave de vos soldats, » dit une voix nette, en prononçant distinctement chaque syllabe. C'était le petit Bonaparte qui parlait ainsi, en regardant, de bas en haut, droit dans les yeux du Tsar, qui, l'écoutant avec attention, lui sourit en lui faisant un signe affirmatif.

« A celui qui s'est le plus vaillamment conduit dans cette guerre! ajouta Napoléon avec un calme irritant pour Rostow, et en regardant avec assurance les soldats russes alignés, qui présentaient les armes et fixaient, immobiles, les yeux sur la figure du Tsar :

— Votre Majesté me permettra-t-elle de demander l'avis du colonel? » dit Alexandre, en faisant quelques pas vers le prince Kozlovsky, commandant du bataillon. Bonaparte ôta avec peine de sa petite main blanche son gant, qui se déchira, et le jeta. Un aide de camp s'élança pour le ramasser.

« A qui la donner? demanda l'Empereur Alexandre, assez bas et en russe.

— A celui que Votre Majesté choisira. »

L'Empereur fronça le sourcil involontairement et ajouta :

« Il faut pourtant lui répondre. »

Le regard de Kozlovsky parcourut les rangs et glissa sur Rostow.

« Serait-ce à moi par hasard? » se dit celui-ci.

« Lazarew, » dit le colonel d'un air décidé, et le premier soldat du rang en sortit aussitôt, le visage tressaillant d'émotion, comme il arrive toujours à un appel fait inopinément devant le front.

« Où vas-tu? ne bouge pas! » murmurèrent plusieurs voix, et Lazarew, ne sachant où aller, s'arrêta effrayé.

Napoléon tourna imperceptiblement la tête en arrière, et tendit sa petite main potelée comme pour saisir quelque chose. Les personnes de sa suite, devinant à l'instant son désir, s'agitèrent, chuchotèrent, se passèrent de l'une à l'autre un petit objet, et un page, le même que Nicolas avait vu chez Boris, s'élança en avant, et, saluant avec respect, déposa dans cette main tendue une croix à ruban rouge. Napoléon la prit sans la regarder et s'approcha de Lazarew, qui, les yeux écarquillés, continuait obstinément à regarder son Empereur. Jetant un coup d'œil au Tsar pour bien lui prouver que ce qu'il allait faire était une gracieuseté à son intention, Napoléon posa sa main, qui tenait la croix, sur la poitrine du soldat, comme si son attouchement seul devait suffire à rendre à tout jamais ce brave heureux d'avoir été décoré et distingué entre tous. Sa main daigna donc toucher la poitrine du soldat, et la croix qu'il y appliquait fut aussitôt attachée par les officiers empressés des deux suites. Lazarew suivait d'un air sombre les gestes de ce petit homme, et reporta, sans changer de pose, son regard sur son souverain, comme pour lui demander ce qu'il devait faire; n'en recevant aucun ordre, il resta pendant un certain temps dans son immobilité de statue.

Les Empereurs remontèrent à cheval et s'éloignèrent. Les Préobrajensky rompirent les rangs, se mêlèrent aux grenadiers français et s'assirent autour des tables.

Lazarew occupait la place d'honneur; militaires et civils, officiers russes et français, tous l'embrassaient, le félicitaient, lui serraient les mains, l'entouraient à l'envi, et le bourdonnement des deux langues, mêlé aux rires et aux chants, s'entendait de tous côtés sur la place. Deux officiers, aux figures échauffées et joyeuses, passèrent devant Rostow :

« Quel régal, mon cher!... et servis avec de l'argenterie!... As-tu vu Lazarew?

— Je l'ai vu.

— On assure que demain les Préobrajensky traiteront les Français.

— Quel bonheur pour ce Lazarew! 1 200 francs de pension à vie!

— En voilà un bonnet! criait un Préobrajensky, en mettant sur sa tête le bonnet à poil d'un grenadier.

— C'est charmant!

— Connais-tu le mot d'ordre? disait un officier de la garde à un camarade. Avant-hier c'était : « Napoléon, France, bravoure »; hier c'était « Alexandre, Russie, grandeur » Un jour c'est Napoléon qui le donne, le lendemain c'est l'Empereur, et demain il enverra la croix de Saint-Georges au plus brave soldat de la garde française. On ne peut faire autrement que de lui rendre la pareille. »

Boris, qui, avec son ami Gelinski, était venu pour admirer le banquet, aperçut Rostow appuyé au coin d'une maison :

« Nicolas! bonjour; qu'es-tu donc devenu?... nous ne nous sommes pas vus. Qu'as-tu donc? ajouta-t-il, en remarquant son air farouche et défait.

— Rien, rien.

— Tu viendras tantôt?

— Oui, j'irai. »

Rostow resta longtemps adossé contre la muraille, suivant des yeux les héros de la fête, pendant qu'un douloureux travail intérieur s'accomplissait en lui. Des doutes terribles envahissaient son âme, et il ne pouvait leur donner de solution satisfaisante. Il pensait à Denissow, à son indifférence chagrine, à sa soumission inattendue; il revoyait l'hôpital, sa saleté, ses épouvantables maladies, ces bras et ces jambes qui manquaient, et il croyait encore sentir l'odeur du cadavre. Cette impression fut si vive, qu'il chercha instinctivement autour de lui d'où elle lui montait à la gorge. Il pensait à Bonaparte, à son air satisfait, à Bonaparte empereur, aimé et respecté de son souverain bien-aimé! Mais alors, pourquoi tous ces membres mutilés? pourquoi tous ces gens tués? D'un côté, Lazarew décoré, de l'autre Denissow puni sans espoir de grâce!... Et il s'effrayait lui-même du tour que prenaient ses réflexions.

La faim et le fumet des plats le tirèrent de cette rêverie, et comme, après tout, il fallait manger avant de s'en retourner, il entra dans l'auberge voisine. Un grand nombre d'officiers, arrivés comme lui en habit civil, y étaient réunis, et ce fut à grand'peine qu'il parvint à se faire servir à dîner. Deux camarades de sa division se joignirent à lui : on causa de la paix, et tous, comme du reste la majeure partie de l'armée, en exprimèrent leur mécontentement. Ils assuraient que si on avait tenu bon après Friedland, Napoléon était perdu, parce qu'il n'avait plus ni vivres ni munitions. Nicolas mangeait en silence et buvait encore plus qu'il ne mangeait; deux bouteilles de vin y avaient déjà passé, et cependant le chaos qui était dans sa tête l'accablait toujours et ne se débrouillait pas; il avait peur de s'abandonner à ses pensées et ne pouvait parvenir à les écarter. Tout à coup, à la réflexion d'un officier qui disait que la vue des Français était chose humiliante, il s'écria, avec une violence que rien ne justifiait dans ce moment et qui étonna son voisin, qu'il ne lui convenait pas de juger ce qui aurait le mieux valu. Sa figure s'empourpra :

« Comment pouvez-vous censurer les actions de l'Empereur? poursuivit-il. Quel droit avons-nous de le faire? Nous ne connaissons ni son but, ni son mobile!

— Mais je n'ai pas dit un mot de l'Empereur, reprit l'officier, ne pouvant attribuer qu'à l'ivresse cette étrange sortie.

— Nous ne sommes pas des bureaucrates diplomates, nous

sommes des soldats et rien de plus, continua Rostow exaspéré. On ordonne de mourir et l'on meurt!... et si l'on est puni, eh bien, tant pis, c'est qu'on l'a mérité!... ce n'est pas à nous de juger! S'il plaît à notre souverain de reconnaître Napoléon comme Empereur, et de conclure avec lui une alliance, c'est qu'il faut que ce soit ainsi; et si nous nous mettons à tout juger, à tout critiquer, il ne restera bientôt plus rien de sacré pour nous. Nous finirons par dire que Dieu n'existe pas, qu'il n'y a rien! » ajouta-t-il en frappant du poing sur la table, et ses idées, tout incohérentes qu'elles paraissaient évidemment à ses auditeurs, étaient au contraire la conséquence logique et sensée de ses réflexions.

« Nous n'avons qu'une chose à faire : remplir notre devoir, nous battre et ne jamais penser, voilà tout! s'écria-t-il en terminant.

— Et boire! ajouta un des officiers, désirant éviter une querelle.

— Oui, et boire! répéta avec empressement Nicolas. Eh! garçon, encore une bouteille! »

FIN DU PREMIER VOLUME

Coulommiers. — Typ. Paul BRODARD et Cie.

www.ingramcontent.com/pod-product-compliance
Lightning Source LLC
LaVergne TN
LVHW010527100826
845148LV00001B/118
9782012561540